浙江省"十一五"
重点教材建设项目

新闻写作实训教程

Xinwen Xiezuo Shixun Jiaocheng

纪树仁 编著

浙江工商大学出版社
ZHEJIANG GONGSHANG UNIVERSITY PRESS

图书在版编目(CIP)数据

新闻写作实训教程 / 纪树仁编著. — 杭州：浙江工商大学出版社，2011.12(2021.2 重印)
ISBN 978-7-81140-450-0

Ⅰ. ①新… Ⅱ. ①纪… Ⅲ. ①新闻写作—高等学校—教材 Ⅳ. ①G212.2

中国版本图书馆 CIP 数据核字(2011)第 272324 号

新闻写作实训教程

纪树仁 编著

责任编辑 张婷婷
责任校对 周敏燕
封面设计 刘 韵
责任印制 包建辉
出版发行 浙江工商大学出版社
(杭州市教工路 198 号 邮政编码 310012)
(E-mail:zjgsupress@163.com)
(网址:http://www.zjgsupress.com)
电话:0571-88904980,88831806(传真)
排　　版 杭州朝曦图文设计有限公司
印　　刷 广东虎彩云印刷有限公司绍兴分公司
开　　本 710mm×1000mm 1/16
印　　张 18
字　　数 383 千
版 印 次 2011 年 12 月第 1 版 2021 年 2 月第 5 次印刷
书　　号 ISBN 978-7-81140-450-0
定　　价 34.00 元

浙江工商大学出版社营销部邮购电话 0571-88904970

前　言

本书作为高等院校“十一五”省级重点教材，以新的教育教学理念贯穿于始终。

一是突出了创新性。打破了传统教材的体例构建模式，根据理论与实训有机结合的教学需要，以内容服从形式，来完成教材文本的写作，为此，本教材体例具有鲜明的独到性。

二是突出实际应用性。根据“任务驱动”、“项目引导”的教学要求，充分体现“教、学、作”一体化的能力培养教学模式。通过新闻名篇名作案例分析，诠释枯燥的理论；章节中提供大量的素材，将学生引入课堂实训，强化其动手能力；通过设定相关任务，实现理论指导实践的有效操作。

三是突出快捷易学性。本教材深入浅出，化难为易，便于学生把握重点、难点。学生不仅学得快，而且运用在新闻写作的实践中，会达到即刻构思与快速成文的理想效果。

四是突出了融合性。本教材融合了本人新闻教学工作的教案与从事新闻报道工作的笔记，力求将学院派的严谨性与实践派的应用性有机结合。本书既可作为高等院校新闻传播专业的教材，也适合新闻从业人员阅读参考，还可以作为对新闻感兴趣的朋友的自学材料。

五是突出了接轨性。教材最后特别附加了“新闻写作实训专用材料”六大类近30篇文章，这些材料是教师和学生一时不容易搜集到的，教材中有针对性地提供这部分材料，以助学生进行模拟新闻写作之用，解决学习与实战的接轨问题。

该教材的编写和出版，得到了同事们的大力支持，得到了本人所在学院领导们的热切关心，得到了浙江工商大学出版社领导和朋友的鼎力相助，还得到了浙江省教育厅相关领导及“浙江省‘十一五’重点教材建设项目”评委们的把关指导，为此，本人深表感谢！

由于本人水平有限，书中难免存在问题和不足，诚望新闻学专家、广大同仁和社会各界朋友提出宝贵意见。作者邮箱：jidongshan@163. com。

纪树仁

2011 年 5 月

目　　录

第一章 新闻文体

第一节 文体的分类

为了更好地将新闻文体搞清楚，我们有必要了解一下整个文体的分类。

古代教育、文化权力掌握在统治阶级手中，文书写作主要是为统治阶级服务，所以较早的文体划分也就为奴隶主或封建统治阶级所用。东汉郑玄的《毛诗传笺》在解释《诗·鄘风·定之方中》时，对古代写作提出了“九能”，即“建邦能命龟，田能施命，作器能铭，使能造命，升高能赋，师旅能誓，山川能说，丧纪能诔，祭祀能语”，并明确指出“君子能此九者”“可以为大夫”。这说明当时文人已掌握九种文体的重要性——可以做官；也可以说，早时文体的划分是因为政治需要。

随着文化生活的扩展、文学的繁荣，写作功能在逐步扩大，文体划分愈来愈细。曹丕、陆机、挚虞、刘勰、萧统的著作或文选，都对我国文体划分作出了重要贡献。尤其是刘勰在《文心雕龙》中有很多篇关于文体的专论，他是我国古代文体研究最杰出的代表。刘勰的主要贡献在于：(1)不仅以文章的功能为辨别文体的标准，而且重在以文章的性质别体，并给各体以一定的含义；(2)论述各体的流派和沿革；(3)辨析各体不同的特点和风格；(4)评述各体的代表作家和作品。可以说，刘勰为我国文体学奠定了坚实的理论基础。与刘勰同时期的萧统为了编选文章总集的需要，将文体分为 38 类。

此后，文体分类或简或繁，多有变化。明代徐师曾的《文体明辨》将文体分为 132 类，其烦琐程度已达顶点。清代姚鼐的《古文辞类纂》化繁为简，归纳为 13 类，日臻科学。曾国藩的《经史百家杂钞》进一步分为 10 类，划归 3 门，即著述门、告语门、记载门，有类有属，易于运用掌握，便于区分理解。曾国藩的“三门”说，已接近现代的论说文、应用文、记叙文的划分。这种划分虽有不足，却使新的写作文体分类初具雏形。这是他的一大贡献。

五四新文化运动，解放思想，兴起了白话文的写作。文章要反映新的现实，文章写作普及开来，文体有更大的变动。封建时代的某些文体如诏令、奏议已趋于消亡，宣扬科学文明的说明文章、记载社会变动的通讯文章等新文体应运而生，需要有新的文体划分标准。夏丏尊先生首先参考日本文体分类法，于 1919 年提出了记事文、叙事文、说明文、议论文的分类法(1922 年又增加了小品文)。① 随后,1921 年,陈望道先生根据表达方式的不同,将文章分为五类:记载文、记叙文、解释文(说明文)、论辩文、诱导文。② 从此,奠定了现代写作文体分类法的基础。

新中国成立后,高等学校开设了文选写作课,由于教学的需要,依据文章的性质、作用、特点,有一些大同小异的分类法,但基本未脱离记叙文、议论文、说明文、应用文的划分,这也成为写作文体的划分依据。随着文化与信息传播的发展,各类文体都有新的增加,如新闻体、调查报告、总结、回忆录、科普小品等,使写作教学的内容不断丰富。

尹均生主编的《新闻写作学概论》曾经概括地绘出了文体分类表③,将写作文体划分为文学文体和非文学文体两大类。文学文体包括诗歌、散文、杂文、小说、戏剧、影视剧;非文学文体包括新闻文体、理论学术文体、应用文体,以及其他文体。由于文体学是一门专门科学,这个简表只是便于教学的划分,并不是严格与完整的。比如调查报告、思想评论也属于新闻文体,报告文学也属于文学范畴,公文、简报等应用文体不必列入写作教材。同时,由于社会素养的提高,写作作为社会交流手段有着多样化的趋势,文体的某些界标有所突破,各种表现手法综合运用的现象时常出现。所以,完全从表现手法上区分文体会感到困难。美国麻省理工学院教授弗雷德里卡・兰达尔在其《学者为什么成为小说作者》的论文中,提出了一个有趣的现象,一些社会科学方面的学者对小说和社会学写作的共同方面感兴趣,在叙述结构、风格、象征性解释方面向文学渗透。当今美国写作上的这一侧面,在我们今天的写作中也初见端倪,这种文体渗透情况,应该引起写作学者的注意和研究。但这也并不意味着科学和文学写作界限的消失,它们在语言风格和表达方式上仍有着严格的区别。

第二节　文体的意识

写作文体是写作学的重要内容。文体具有某些规范性,有实际运用价值,文体掌握得愈好,写作效率就愈高,写作教学必须重视文体教学和文体意识的培养。

写作文体意识是在基本掌握文体知识原理,并经过初步训练实践之后,才会显现的思维意识。即掌握了材料,明确了写作目的,在动笔写作时,就立即意识到需要运用什么文体,使材料和文章的结构形式有机融汇,甚至运用的词汇、语式也对应产生,就像熟悉武艺的人拿起什么兵器就想起什么招式一样,写作就成为得心应手的技能了。相反,缺乏文体意识的人,在写作时,运用什么文体、采用什么形式

① 此为教学讲义,后与刘薰宇先生合编为《文章作法》,1926 年由开明书店正式出版。

② 此书定名为《作文法讲义》,1922 年由民智书局出版。

③ 尹均生:《新闻写作学概论》,湖北教育出版社 1987 年版。

（某些应用文体甚至有格式），常常不得其门，觉得无从下笔，影响写作的效率。因此，培养文体意识是搞好写作中不容忽视的重要环节，新闻文体写作是新闻写作课的重要内容。

新闻文体适合于对事实的报道，它有助于记者实现对人类社会实践的翔实记录，展现当今时代，反映时代脉搏。

新闻文体是一个内涵丰富的载体，许多政治的、经济的、社会文化的直至记者个体的因素都会通过影响新闻文体而影响新闻写作。从整个新闻写作史来看，我们也同样能感受到这一点，新闻文体以其话语体式和结构变易及认识事实的方法和思维格式的变化，折射出新闻记者的感受—体验模式，折射出新闻反映世界的独特方式，从而集中体现了新闻写作的特殊性。

要搞好新闻写作，必须明确新闻文体的内涵。新闻文体是“新闻的形式问题，是新闻写作表现内容所运用的文字技巧与方法”[①]。也就是说，新闻文体一方面体现新闻作品的形式层面，其基本含义和实存状态是一种话语体式，记者为结构特定的报道而选择的一切语言手段都可划入新闻文体的范畴。新闻文体另一方面还反映记者对新闻事实的认知与把握，借用别林斯基的话来说，它是“思想的浮雕性、可感性；在文体里表现着整个的人；文体和个性、性格一样，永远是独创的”[②]。

首先，我们看到，一个新闻事实往往有多种表现形式，每一个记者都可选择特定的话语体式去表达一个新闻事实。如“工程师谢中秋离厂出走”这一事实，我们既可选择平面化的话语体式、概念化的话语体式、因果式的话语体式等形式去表达，也可选择中性语言、评述语言等技巧去切入。在这样的选择过程中，我们实际上是在寻找特定的话语体式与该事实的内在联系以及对该事实所能达到的深度和表现效果。《光明日报》记者樊云芳苦苦思索之后，选择了中性语言的表达方式，成为自己对该事实认识与表现的“外壳”。这种普遍存在于新闻写作过程中的自觉不自觉的文体选择向我们表明，新闻文体本身就包含对于一定新闻事实的特定的认识方法和思维格式，并非一种纯粹的语言技巧和方法。

其次，从历时文体学的角度看，新闻文体变革的主体是记者，每一次文体的改造与创新，都凝聚了记者对于变动了的社会生活及其新闻事实本质的认识与把握，凝聚了记者的自由创造。如从倒金字塔结构向散文式新闻的变化，就反映出记者对多样化世界的认识以及对新闻事实主体化表现的追求。这一过程比起文体的选择，是更为深刻、更为复杂的认识过程，是对整个社会生活认识产生飞跃的结果。

再次，从表述过程来看，“表述不仅是一种行为，而且也是贯穿写作始终的心理要求；不仅是一种手段和能力，也是一种一开始就与思维相依从的言语活动”[③]。表述对于新闻思维来说，不是被动的、机械的语言文字的复录，也不是单纯为了给

---

① 戴邦等：《新闻学基本知识讲座》，人民日报出版社 1983 年版。

② 别林斯基：《1843 年的俄国文学》，见《别林斯基论文学》，新文艺出版社 1958 年版。

③ 周姬昌等：《写作学高级教程》，武汉大学出版社 1989 年版。

主观化的新闻事实套上语言的外壳，而是有语言参与的新闻思维活动的内容。也就是说，表述是与记者对事实的感知、主题的提炼等融合着向前发展的。

因此，从总体上描述新闻文体，实际包含了两个层次的内涵：一是外形式（表层形式），二是内形式（深层形式）。外形式是新闻报道的话语体式和结构方式，内形式则是由一定的语言所负载、蕴含的记者对新闻事实的认识方法和思维模式。其中，外形式是内形式的某种折射，内形式是外形式的深化与延伸，两者互相依从并互相转化。认识到这一点，我们的新闻写作就有了规律可循，在一定的写作规律前提下去操作新闻写作，就可以将这项工作变得更加轻松自如。

第三节　新闻文体的划分

在新闻写作学的研究中，最混乱的要数新闻文体的分类，这反过来造成对新闻文体的理解混乱。20 世纪 50 年代是新闻写作的总结期，在这一时期，有人把新闻文体分为八大类：(1)新闻（又分为简讯、短消息、评论、特长新闻、新闻展望）；(2)新闻通讯（又分为报告、特写、速写、旅行纪事、介绍）；(3)访问记；(4)新闻公报；(5)文件公布；(6)报刊评论（又分为报纸述评、版面介绍、报刊文字推荐）；(7)新闻解说；(8)新闻资料。[①] 到了 20 世纪 80 年代，又出现了更为复杂的新闻体裁，令人目不暇接。使人难以把握的是五花八门的划分标准，诸如按报道分工、组织报道的不同划分，按发稿对象的不同划分，按报道的地域性划分，按报道题材划分，等等。一个共同的现象是：抛弃了以文体为主要依据的划分方法。

在文学史上，文体特征是文学的类型划分的主要依据。[②] 无论是陆机的《文赋》、挚虞的《文章流别论》，还是刘勰的《文心雕龙》，都十分注意文类的文体特征。从文章学上而论，这种划分原则适用于一切表述活动，当然应包括新闻表述活动在内。从理论上而言，如果仅仅从题材（报道的对象）上进行划分，那就只有社会学的意义，而没有“用事实说话”的新闻的意义，也就把握不住真正的新闻写作类型。因为与其他写作比较而言，新闻写作的特征不在于它表达了什么，而在于如何表达；不在于它所处理的材料、对象，而在于它处理材料、对象的方式。如“政治报道”、“军事报道”、“经济报道”、“文教报道”等只具报道分工的意义，而不具新闻文体的意义，只具对社会的题材化分割，而丝毫不能体现新闻写作的独特处理方式。从客观上而言，长期只注重从题材上分类，导致了一种新闻写作的“误区”：只注重去抓什么而不研究怎么表达。久而久之，把某一题材的表达外化为一种经验式的写作样式，从而不仅失去了对现实生活的多样化表达，而且也极大地限制了记者的主体创造，让一些经验式的新闻报道概念系统笼罩记者的新闻思维，形成“千人一面、千

---

① 任稚犀、张雷：《新新闻体写作》，北京日报出版社 1989 年版。

② 陶东风：《历时文体学：对象与方法》，《文艺研究》1992 年第 6 期。

事一法”的报道陋习。比如在经济报道领域，过去我们常常看到这类句型：“在工业学大庆旗帜的指引下，某厂抓革命、促生产，到本月为止，已完成产值多少，比去年同期增长多少”，“某厂狠抓新技术改造，生产成本降低，产量大幅度上涨”，“某厂狠抓阶级斗争，提高了工人的劳动热情，生产出现了新面貌”。以至于今天，经济报道虽然逐步在从生产报道转向市场报道，内容上发生了转型，但形式上大多仍是经验式的：“某厂狠抓股份制企业内部改造，实现生产翻三番”，“某厂面向市场求生存，大力开发新技术、新产品，效益逐年上升，本年度上缴利税多少”，诸如此类。的确，我们非常赞同“经济报道的目光要转向市场”的观点，但我们认为仅仅强调报道内容上的转换而忽视形式上的创造是不可取的，否则新闻写作只能在经验式的老路上走下去。

另外，真正的新闻写作类型总是反映特定的文体特征，是依据新闻作品在文体上的相似性而归纳出来的。像消息、通讯、评论、调查报告等新闻写作文类都有一套基本的结构方式和话语体式，而且是真正属于新闻的，离开了这些基本的结构方式和话语体式，新闻写作将不复存在。

第四节 新闻文体的演变

现在，大多数新闻学专家都认为，新闻文体最初包孕在文学、史学文体的母体之中，而独立的新闻文体的产生则以倒金字塔结构为标志。新闻学家们常常从共时性角度对新闻文体作静态的、横向的分析、比较、归纳，对消息、通讯、评论、调查报告等文体作机械而烦琐的区分，而很少从历时性角度对新闻文体作动态的、纵向的描述。即便是作了这样的描述，也很少从新闻文体内部寻找其演变规律，仅仅把一些外部背景当成新闻文体变化的直接原因，忽视新闻写作的特殊性。

实际上，只注重新闻文体的某种概念化、有序化、规则化研究，不仅不能为新闻写作实践提供可遵循的规律和有益探索的参照，相反会人为地制造许多樊篱，或者使新闻写作变成一种按图索骥的机械操作。因此，我们必须对新闻文体作出共时(即新闻文体的逻辑构成)和历时(即新闻文体的历史变易)基础上的全面描述和阐释，而对于新闻文体演变的研究，要充分考虑到影响新闻文体发展的内部和外部因素，但首要的是对新闻文体演变的内在规律作出说明，而且这种说明必须既是外形式的，又是内形式的。在我们的初步研究结果中，主要得出了以下几点认识。

其一，记者对事实的认识方法和思维模式的转型，是某种支配性思想的移位，并直接导致新闻文体内部支配性规范的移位。

一种认识方法和思维模式是由记者头脑中的某种支配性思想支撑着的，如：纯客观报道的思维模式主要是由“纯客观”认识论支撑的，这种认识论认为人可以全面、准确、不偏不倚地知觉或认识一个事物；用事实印证主题的思维模式，主要由“工具论”思想支撑；单一线性因果思维模式，主要由形而上学支撑；非好即坏、非此即彼的思维模式主要由两极价值判断思想支撑;全方位、立体化的思维模式,主要由系统论思想支撑。诸如此类,新闻文体内部的每一种认识方法和思维模式都有一种占支配地位的核心思想,尽管外部因素(新闻业的发展、读者的需要、政治经济环境等)常常发生影响,但思想的支配是关键。试想,当"工具论"思想占主导地位时,读者的需要是难以对认识方法和思维模式产生直接驱动的,一切外部的因素必须通过影响记者的某种支配性思想进而影响认识方法和思维模式,或者记者的某种支配性思想顺应外部环境的变化而变化,从而改变认识方法和思维模式。一旦支配性思想发生移位,就会导致认识方法和思维模式的根本性变化。比如在西方,倒金字塔结构产生不久,"工具论"思想向"纯客观"认识论转移(19 世纪,"客观"一词在美国相当盛行),不仅促进了独立新闻学的产生,而且形成了全新的"以客观求真实"的认识方法和思维模式;第一次世界大战后,"纯客观"认识论又向"社会责任论"思想转移,使得记者的认识方法和思维模式转向揭示新闻背后的新闻,生动、综合、系统而有意义地报道社会生活。在中国,"工具论"思想长期占据支配地位,民国初年出现的纯客观报道由于不是建立在对"工具论"思想否定的基础上,而是一种逃避控制、回避矛盾的策略,所以并没有形成认识方法和思维模式上的转换。新中国成立初期,新建设新成就新人物的报道中,"工具论"思想仍占支配地位,只是到后来教条主义、形而上学及两极价值判断思想交互影响新闻写作,形成了非好即坏、非此即彼、单一线性因果律、完成式、总结式等认识方法和思维模式。"文革"中的专制思想对新闻文体的支配,形成了独断式的思维模式,但这些并不是根本性的位移,只不过是"用事实印证主题"的具体化而已。到了 20 世纪 80 年代,"新闻为政治服务"的思想受到否定;"工具论"思想得到某种程度的消解,尽管"用事实印证主题"依然盛行,但已打破了单一的政治主题,而是向多元的社会生活主题发展。与此同时,"实践是检验真理的唯一标准"的思想占据支配地位,形成"以客观求真实"的认识方法和思维模式;接着系统论等思想占据支配地位,认识方法和思维模式向"全方位、立体化"移位,目前在社会主义市场经济条件下,这种移位现象仍在继续。需要指出的是,新闻文体内形式的这种移位并不是以取代形式出现的。也就是说,新的认识方法和思维模式的形成并不意味着旧的认识方法和思维模式的消失;相反,它们还会互相转换,落后的认识方法和思维模式最终会受到淘汰。

认识方法和思维模式的移位直接导致新闻文体内部支配性规范的移位。一种特定的新闻文体往往是一个由众多规范所组成的系统,而标志其根本特征的往往又是其中某一个占支配地位的核心规范,根据前面所讲的新闻文体的内形式与外形式的关系,这种支配性规范随认识方法和思维模式的转移而转移。比如,认识方法和思维模式从完成式、结论式向进行式、动态式转化,使消息写作的倒金字塔结构、综合性结构这一支配性规范发生移位,形成追踪事实、追踪信息的连续开放性结构这一新的支配性规范。对人物通讯、事件通讯而言,认识方法和思维模式从单一线性因果律、两极思维向全方位、立体化的转变,使全人全貌、全知全能的情节化结构规范发生变形,转而以非情节化、信息组合式结构为中心,这便是通讯的新形式——深度报道；而工作通讯中原先那种经验罗列式结构规范向问题研究式结构规范的移位，显然是认识方法和思维模式从直觉感知向科学实证转化的结果，诸如此类。认识方法和思维模式的变化总是牵动新闻文体外形式支配性规范的移位。当然，这类支配性规范的移位并不意味着某种结构规范的消失，而是多种结构方式的共存，新的支配性规范只是对传统的支配性规范的变形。

其二，不同文体的多种结构规范的交叉、渗透、移植常常导致新新闻文体的产生，从而成为新闻文体演变的常见途径。

比如散文式新闻就是散文与消息这两种文体结构特征相互交叉、相互渗透的结果，是散文的以情感秩序为主的开放式结构与消息的以事实秩序为主的封闭式结构之间的相互融通、转化；新闻特写则包含了通讯的结构规范与文学性特写、电影特写的结构规范的交叉、渗透；新闻小故事又存在于故事性结构规范向通讯的渗透之中；消息式通讯表现出消息结构规范的创造性移植。在中国新闻写作史的初期，记者直接运用小说、史传、游记、书信等形式写新闻。五四运动以后，这些形式均创造性地移入"用事实说话"的新闻叙事结构之中，从而形成了中国新闻写作的民族特色。进入20世纪80年代以来，各种结构规范像受到某种感召一样蜂拥而入，电影蒙太奇式、相声对话式、戏剧小品式、会议纪要式、杂文式等结构样式在新闻写作艺苑里找到了各自渗透的领地。

其三，新闻的话语体式与认识方法和思维模式紧密相关。

新闻语言承载着记者的新闻思维，而新闻语言作为一个事实表达符号系统而存在的时候，又制约着记者的新闻思维，潜在地影响记者对新闻事实的认识方法和思维模式，阻碍新闻文体的发展。例如，在报道体育比赛时，记者常常同时使用"十分激烈"、"扣人心弦"，在报道欢乐场面时又常常不约而同地使用"掌声雷动"、"尽情欢呼"，一种单一的新闻语言系统奴役了记者的思维，使其认识方法和思维模式陷入平面化，从而限制了记者对事实的丰富内涵的把握；久而久之，文体也就僵化了，失去了创造性。当然，新的话语体式是对旧的话语体式的创造性转化。也就是说，新闻的语言系统总是同传统语言系统相连，但新闻的语言系统更应具有时代性。试想，如果我们的语言系统仍旧处于"忠、孝、仁、义"或者"阶级斗争、专政、再教育"等旧的语言系统中，就不可能报道现实生活。现实的情况是，记者只有不断反抗原来的带束缚性的新闻语言规范，不断变革新闻语言系统，才能激活新闻文体。

另外，新闻结构也是一种新闻语言，例如倒金字塔结构便规定着一种话语体式，而认识方法和思维格式的变化就是新闻思维力图冲破新闻语言结构束缚的结果。比如倒金字塔结构所创建的语言结构帮助我们传播千千万万的信息，也由于它对记者思维的限制而淘汰了千千万万的信息，而记者对倒金字塔结构的突破就是为了创造新的语言结构，扩大新闻语言系统的容载量，尽可能多地容纳新闻思维信息，减少对新闻思维的限制度，这也是新闻文体演变的内在动力。

第五节 新闻文体的发展

新闻文体的发展并不是孤立封闭的，它有一个广阔而深厚的政治、经济、文化及新闻业发展背景。新闻属于社会意识形态，这使得新闻文体天然地与政治因素相关联。

一、新闻文体的发展受上层建筑的影响比较明显

一方面，政治观念深刻地影响着新闻文体的话语体式和结构方式。我们以五四前后的中国新闻为例来作一分析。五四运动以前，新闻文体就开始充塞政治斗争的硝烟，诸如改良与保守、革命与保皇、共和与立宪、复辟与反复辟的斗争，使中国社会处于瞬息万变之中，各种各样的政治题材新闻大量涌现。各派政治力量为宣传各种思想，特别是新兴的资产阶级代表人物为宣传自己的新思想，必须创造新的表现形式。[①] 以康有为、梁启超为代表的报人开创的"政治时代"，从结构上突破了古典文学的框框，话语体式上则中西并用，变矫揉造作、艰涩生僻为浅显流畅、明白通晓，充分运载新的政治观念。五四运动时期，在科学、民主的旗帜下，旧的语言结构和文体规范被彻底打破，同时也带来了新闻文体内形式的彻底解放，记者对事实的认识方法和思维模式趋于多样化。

另一方面，单一的政治教化又常常使新闻文体呈现单向度、平面化的认识方法和思维模式，以至于用事实印证某一政治主题成为一种固定的新闻思维，构成对新闻文体多样化发展的制约。

二、经济对新闻文体的影响是隐形的

一定的经济形式不仅决定着经济新闻题材的取舍，同时也制约着新闻文体的变化，制约着记者对事实的认识方法和思维模式。比如，在自然经济条件下，人对外界的信息需求量很少，经济活动方式比较固定，新闻在这种情况下本身就很难生存，更不用说新闻文体的发展了。而在产品经济条件下，人们的目光只盯住生产活动，思维只限于生产活动的有限范围，这样，在新闻报道领域就有了唱不完的"农业四季歌"，报不完的"工业产量"，新闻的话语体式和结构方式在这种情况下被凝固了，记者对事实的认识方法和思维模式也在一种无竞争的环境中失去了变革的动力，只习惯于采取单一视角和单一形式来处理信息。现在，我们惊喜地看到，充满活力的市场经济成为新闻文体变革的一个直接动力，市场经济把记者带到了一个瞬息万变的社会，记者对事实的认识方法和思维模式，开始顺应这种变化，向多维化方向发展。在把目光投向市场的过程中，旧的话语体式和结构方式也开始创造

---

① 李良荣：《中国报纸文体发展概要》，福建人民出版社 1985 年版。

性地转化，新闻语言的稳定性、逻辑性向流变性、心灵性移位，即原先那种从党的领导、工人的努力、技术的革新到某项经济成就的稳定的语言秩序解体了。代之以从多角度描述社会生活的变化，用心灵去体验多向的生活流程和多维的社会现象，注意事件的深层内脉和与之相联系的社会底蕴。

三、新闻文体发展的最深层的动因还在于文化

首先，新闻文体的外形式层次——话语体式和结构方式集中地体现着文化的精神，同时也受文化的制约。比如资产阶级在它上升时期救亡图强的蓬勃朝气、奋发求变的文化精神，便被梁启超政论文的自由放纵、感情充沛的话语体式和结构方式所承载；五四运动时期自由洒脱、开放灵活的新闻文体规范，则强烈地体现了科学民主、崇尚个性自由的文化立场；解放区强调生动鲜明、朴实通俗的群众化新闻文体规范，则与当时反对脱离实际、脱离群众的文化趣味相适应。

其次，新闻文体的创造和演变本来就扎根于某种文化环境之中，记者对事实的认识方法和思维模式是民族传统文化的积淀物。从总体上而言，中国记者单一的新闻思维是与中国文化的超稳定结构相适应的，记者的思维方式常常被求同的传统文化倾向所导引，把复杂的社会生活简单化，把不同的事件一律化，偏向于表达一种共有的情感，而忽视个性化的表述。

再次，感时忧国、文以载道的精神传统突现了政治观念对新闻文体的影响，使新闻文体结构偏向于新闻的教化功能，而诗歌、戏剧文化传统使新闻叙事结构侧重于抒情细节，强调写现场情景，写人物思想感情的细节，从而达到以情动人的目的。与此同时，在对传统叙事文化的创造性吸收中，在新闻文体的内形式与外形式的演变中，又构筑起新闻叙事的文化传统，表现出继承发展的过程。

四、新闻文体发展的最直接的背景是新闻业的发展

首先，新闻文体的发展直接与读者需求相关联。一方面，新闻作品的话语体式总是与读者的语言习惯、思维习惯呈大致(而非绝对的、完全的)对应性，否则，新闻便无法传播；另一方面，为适应多种多样的读者，新闻文体就得创造多种多样的形式。

其次，新闻文体直接与新闻媒介的特点以及新闻媒介之间的竞争相关联。报纸、广播、电视三大媒介都各自有各自的传播特点，这样就构成了三大媒介文体的各自特点，一切违背媒介自身特点的新闻文体都不可能长久存在，一切适应媒介自身特点的新闻文体就会有生命力；而媒介之间的竞争客观上刺激了记者的多样化表达追求，也使新闻文体的多样化成为媒介自身的活力所在。

再次，新闻文体直接与新闻业的发展状况相关联。比如新闻业在处于专制主义控制之下时，在没有形成新闻市场竞争机制时，新闻文体就会相应地处于稳定状态；新闻业的传播技术、人员素质长期处于落后状态时，新闻文体的发展就呈缓慢甚至僵化趋势；新闻业的文化风尚趋于崇尚某种新闻叙事风格时，新闻文体就会更

多地体现这一风格。

第六节　新闻文体演变的趋势

20世纪70年代末的思想解放，为中国新闻文体的变革提供了历史契机。十几年来，新闻文体努力追逐着改革开放的时代大潮，已经发生和正在发生着重大变革。

新时期新闻文体的变革，首先是针对记者的认识方法和思维模式而展开的，它所要冲击的主要是近几十年来形成的新闻文体的形式规范。这种变革趋势主要表现为改变原来平面、单向度的思维，而代之以立体思维；改变原来的静态思维，而代之以动态思维。所谓立体思维，就是运用空间思维形式，对一个认识对象进行多方位、多层次、多角度、多侧面、多变量的系统的透视，即从事物发展纵横交叉的立体网络中透视新闻事实的本质和意义。所谓动态思维，即记者根据报道环境和报道对象的发展，着眼于事物发展趋势，不断改变自己的思维程序、思维方向、思维内容，对报道对象进行追踪、调整、控制，从而达到优化报道目标的思维过程。滚动式报道、系列报道、组合报道、多侧面报道、预测性报道、思考性报道等，无一不是这种变革的产物。

新闻文体演变的第二个趋势便是新闻结构方式的多样化。20世纪五六十年代，新闻文体的多样化曾多次被提倡，但由于政治、经济及新闻业发展状况的限制，多样化并没有真正得以实现。现在，这种多样化成了一种不可阻挡的潮流，记者们再也不愿拘泥于某种文体规范而失去新闻思维的自由，失去对事物的真实把握。《人民日报》记者林里的说法表达了中国记者们的一种新追求——“管它什么形式、什么体裁哩，什么体裁得心应手、适合于我，什么体裁能够表达现实、抒发感情，我就用什么体裁，动用什么武器”①。

新闻文体演变的第三个趋势是变革文件化、公报化的概括性新闻语言，向信息化、主体化的流变性新闻语言转化，原先的那种新闻八股调开始逐步被抛弃，而体现出个体风格极强的语言，有时甚至用无结构的结构来叙述语言的信息，扩大新闻语言系统的信息容载量。

新闻文体演变的第四个趋势是更加贴近读者，更注重从读者角度去调整新闻语言、新闻结构和思维方式，“为读者服务”成为大多数记者的写作信条，“可读性”也成了新闻作品的风格追求。

---

① 樊凡：《中西新闻比较论》，武汉出版社1994年版。

第二章　消息的基本写作形式

消息基本写作的课堂实训任务

请认真阅读以下给出的材料，根据材料后面所提出的要求进行思考。在学习本章之后，按要求完成课堂实训任务。

材料来源

2010 年 6 月 22 日，一位新闻工作者在浙江省台州市参加了“全市公安机关集中整治网络赌博违法犯罪活动专项行动新闻发布会”，在会场上拿到了一份材料，即市公安局党委委员、副局长的讲话。

材料内容

各位记者朋友，大家好！

近年来，网络赌博作为从互联网发展衍生出来的一种新型赌博违法犯罪活动，在我国境内迅速蔓延。这一新型的网络违法犯罪活动，严重扰乱国家经济秩序，诱发社会治安问题，败坏社会风气，破坏家庭和睦，人民群众反响强烈。

为严厉打击整治网络赌博违法犯罪活动，遏制网络赌博的蔓延，切实维护国家经济安全，促进社会和谐，按照公安部等八部委和省公安厅等八单位的统一部署，自今年初开始，全市各级公安机关在各级党委、政府的正确领导下，密切会同相关部门，共同组织开展了全市集中整治网络赌博违法犯罪活动专项行动。

一、精心组织，周密部署

市公安局会同市委宣传部、市综治办、市法院、市检察院、人行台州中心支行、台州银监局、市电信、市移动、市联通等 10 家单位成立了集中整治网络赌博违法犯罪活动专项行动协调小组，市公安局副局长朱希望任组长，10 家单位具体分管此项工作的领导任协调小组成员，下设办公室，由市公安局网警支队支队长吴凌兼任主任。同时全市各县(市、区)均成立了相应的专项行动协调小组，开展集中整治网络赌博违法犯罪活动专项行动。

二、强化措施，密切配合

(一) 深挖情报线索，全力侦破一批案件

全市公安机关充分发挥职能作用，深挖了一批网络赌博犯罪线索，重点追查境外赌博集团在境内发展的上层代理人、代理机构以及为赌博集团提供服务的地下钱庄，收集、固定相关证据，及时抓捕犯罪嫌疑人，破获了一批网络赌博大案要案。对于重大、复杂、疑难的案件，公安机关则及时商请检察院、法院提前介入，共同研究解决案件适用法律问题和跨地域案件管辖问题。

（二）追查赌博组织者，集中切断赌资流通渠道

全市公安机关将追查网络赌博组织者作为本次专项行动的工作重点，对每条网络赌博线索都自下而上逐级追查上层组织源头，逐级追查赌博资金去向直至查清境内向境外转移资金的最终渠道。同时充分发挥反洗钱机制的作用，加强对涉赌可疑资金的监测分析，及时发现并调查可疑交易信息，最大限度地阻断赌博资金流通渠道，严厉打击和取缔为网络赌博活动提供资金转移的地下钱庄。

（三）全面清理违法网站，加大互联网监管力度

全面清理市内互联网、WAP网站上涉及网络赌博的违法信息，关闭、查处专门为赌博集团宣传赌博网址、赌博赔率等信息的违法网站，及时封堵境外赌博网站。对明知是赌博网站，而为其提供虚拟主机、服务器托管等互联网接入服务的经营者，依法进行查处；对管理秩序混乱，多次出现赌博网站链接的，要依法从重处罚。对明知他人实施网络赌博犯罪活动，而为其提供资金、网络接入、费用结算、广告服务、投注软件开发等直接帮助的单位或者个人，则依法予以打击。

（四）建立整治、打击网络赌博活动工作长效机制

整治、打击网络赌博违法犯罪活动是一项长期艰巨的工作任务，我们坚持立足当前、着眼长远、标本兼治、综合治理，在建设长效工作机制上下工夫。通过开展专项行动，建立健全了网络赌博信息情况通报机制、多部门协同整治打击网络赌博违法犯罪的联动机制、切断网络赌博活动“资金流”和“信息流”的防控机制以及人民群众广泛参与的社会监督机制，从源头上铲除网络赌博活动赖以生存的基础。

三、有效推进，成效明显

目前专项行动已取得明显成效。据统计，自专项行动开展以来，全市公安机关共侦破网络赌博刑事案件18起，抓获违法犯罪嫌疑人60名，其中已逮捕10名，刑事拘留45名，治安处罚15名；查扣冻结涉案赌资1500余万元，并查扣作案用的电脑40余台。经过专项行动的前期严厉打击，网络赌博在我市蔓延渗透的情况得到初步遏制。

3月1日，经前期线索经营核查，三门县公安局成立由网警、治安等部门组成的专案组，对本地人员利用境外“蓝盾在线”赌博网站组织赌博一案进行专案调查。3月5日至24日，专案组在三门、临海、宁海等地先后抓获黎某某等犯罪嫌疑人9名，扣押作案用电脑7台、银行卡90张，查扣赌博资金200余万元，冻结涉赌资金940余万元，从而成功捣毁该特大百家乐网络赌博犯罪团伙。经审查，黎某某团伙从境外“蓝盾”赌博集团取得代理资格后，通过朋友介绍等方式发展下线，组织多人参与赌博，并从中收取抽成。该案系专项行动以来，我市乃至我省公安机关扣押冻结涉赌资金最多的一起网络赌博案，也是我市破获的抓获嫌疑人、刑事拘留最多的

一起网络赌博案件，此案为全省11起督办案件之一。

据侦查发现，自2010年1月以来，犯罪嫌疑人曾某等人组织多人在玉环县以营利为目的，利用俄罗斯转盘网络软件开设赌场，并从中非法获利，案件参赌人员众多，同时涉及跨省、跨地域作案。在前期秘密排查和调查取证的基础上，玉环县公安局组织网警、治安、派出所等部门警力，3月2日，在玉环县芦浦镇百丈村三个小店内同时抓获曾某等3个犯罪嫌疑人。同时，专案组先后赶赴湖南永州、长沙等地抓获犯罪人唐某某等3人。此案共抓获犯罪嫌疑人6人，目前已经批准逮捕4人。该案系专项行动以来，我市破获的涉案范围最广、逮捕人数最多的一起网络赌博案件。

4月23日，在前期调查取证的基础上，台州、黄岩市区两级公安机关组织网警、治安、派出所等多个部门，对以王某为首的组织网络赌球犯罪团伙展开集中抓捕行动，先后抓获包括主要犯罪嫌疑人王某在内的违法犯罪嫌疑人员5人，刑事拘留2人，收缴赌资100余万元，扣押作案用电脑2台。该案系专项行动以来，我市破获的首个网络赌球案件，此案为全省11起督办案件之一。

从已破获案件情况来看，当前我市网络违法犯罪活动具有以下三个方面的特点。

一是形式多样、手段隐蔽。有的以“百家乐”、“赌球”网站代理的名义发展会员组织赌博活动；有的以“六合彩”形式招揽网民进行所谓的博彩；有的以网络游戏为平台，通过非法提供“虚拟货币”下注和“虚拟货币”与现实货币兑换交易服务从中牟利。为逃避打击，大部分赌博网站都采取了加密技术措施，有的还经常变更赌博网站域名和地址，或不定期变换赌博网站登录账号和密码；有的在资金流转上耍花招，采取临时开户、异地取款的方式，或是利用第三方支付平台进行赌资结算。此外，他们大多采取总代理、代理、会员三级运营模式，上下级间均单线联系，隐蔽性极强。

二是涉及面广、参与人数多。由于网络赌博消除了传统赌博犯罪在时间、空间上的局限性，加之组织实施上的低成本性，使得这类犯罪在我市蔓延广泛。从涉及地域来看，目前网络赌博已经遍及全市10个县市区；从参与人数看，一些网络赌博团伙仅代理级会员就有几十人，普通参赌人员更是多达上千人；从参赌人员身份来看，网络赌博活动向社会各阶层、各群体蔓延，参赌人员既有企业老板，也有企事业单位普通职工、农民工；既有党政机关工作人员，又有基层农村组织的干部。

三是赌资巨大、危害严重。从我市侦破的网络赌博案件来看，涉案金额少则几十万元，多则上亿元。由于不少案件的庄家位于境外，使大量赌资都通过地下钱庄流至境外，对我市经济安全和市场经济秩序构成了巨大威胁。

当前，治理网络赌博活动面临的形势仍然非常严峻，特别是随着第十九届“世界杯”足球赛的开赛，境外赌博集团还会千方百计地将“网络赌球”渗透到境内，一些不法分子受利益驱使还会充当代理铤而走险。对此，公安机关将与有关部门一起，继续保持对网络赌博违法犯罪的高压态势，进一步加大侦查力度，严惩网络赌博犯罪分子;同时,强化对可能成为网络赌博活动利益链的第三方支付平台和网络服务商、网站租赁服务商以及网络广告宣传推广商的监管,积极构建整治网络赌博的长效工作机制,坚决遏制网络赌博蔓延态势。

整治网络赌博违法犯罪活动,离不开全社会的广泛参与和大力支持。为此,我们倡议各网站、各互联网运营企业,各类提供上网服务、虚拟空间出租服务、主机托管服务、广告链接服务、第三方支付平台的企业,通过建立健全内部监管制度,积极落实必要的安全保护技术措施,共同构筑起强大的网络安全防范体系,为预防和打击网络赌博违法犯罪活动打下坚实的社会基础。

同时,我们还倡议广大网民坚持从我做起,深刻认识网络赌博活动的迷惑性和危害性,自觉遵守国家法律、法规,规范自身上网行为,坚决抵制网络赌博违法犯罪活动。我们希望广大群众和网民积极向公安机关举报网络赌博违法犯罪活动的线索,公安机关接受举报的网站地址是 www. tzwj110. com,举报电话是 110 或 88206163,我们将根据有关规定予以奖励。

最后,希望媒体单位和记者朋友继续关心、支持公安工作,多提宝贵意见和建议,共同为弘扬社会正气、打击网络赌博犯罪、维护社会稳定而努力!

谢谢大家!

写作任务要求

该消息不能写成对会议的报道;不能写成对领导讲话的报道;写作要体现文体规范,要素齐全,结构正确;用规范的消息报道语言;要求用两行标题;报道的内容要完整;对读者要有吸引力;不超过 700 字。

第一节　对消息的认识

一、消息是硬新闻

在新闻报道文体里,消息承担着硬新闻的任务。

当我们翻开一张报纸,或收听广播、收看电视的新闻节目时,就会发现,消息是它们传播的主要内容。如果把各种新闻文体比做一个人丁兴旺的大家族,那么,消息就是这个家族中的主力军。消息的这种主力军地位,至少可从以下三个方面得到印证。

首先,从新闻媒介的角度看,发布消息是各类媒介最主要的职能。现代报刊自 16 世纪末问世以来,主要任务是传播新闻(消息),所以报纸又称为“新闻纸”。“报纸者,以发布新闻、载揭评论为主的定期出版物。”[①]在现代社会,随着经济的发展,

---

① 戈公振:《中国报学史》,生活·读书·新知三联书店 1955 年版,第 6 页。

人们之间的联系变得越来越密切和广泛，新闻媒介传播信息、发布新闻的职能日益受到重视和加强。以新华社、美联社、合众社等几大世界性通讯社为例，在它们每天成千上万字的发稿量中，消息都占到三分之二以上。

其次，消息报道面广、量大、迅速及时，能将瞬息万变的客观事实报道给受众，消息对受众的影响和指导作用超过其他的新闻体裁。

第三，从新闻写作的角度看，消息写作可以说是新闻写作的基础，是新闻工作者应该掌握的基本功和看家本领、常规武器。其他的新闻体裁大多具备消息写作的基本特征，从一定意义上说，是消息写作的延伸、扩展和补充。写好消息，对于写好通讯、特写等具有很大的促进作用。

二、消息的定义

什么是消息？

在了解消息的概念之前，我们有必要先了解一下新闻的概念。

新闻这一内涵，一般体现为三个方面的内容：最广义的新闻概念，是指报纸、广播等新闻传播媒介发布的各种新闻文体的总称，它包括消息、通讯、特写、调查报告和新闻评论等；其次是泛指消息、通讯等以叙事为主的各种新闻报道体裁；最狭义的新闻概念，专指新闻报道所用的体裁。

陆定一对新闻所下的定义是："新闻的定义，就是新近发生的事实的报道。"[①]这一新闻定义是陆定一同志早在1943年提出的，当时就得到我国新闻界和学术界的普遍称赞和接受，并在以后几十年中对中国新闻事业产生了深远的影响。

对新闻的定义曾经有多种说法，我国基本上认可的是陆氏定义。

杨保军先生认为："在对各种新闻定义简单分析和归类介绍之后，我们可以给新闻概念一个描述性的界定：新闻本质上是一种新近发生或正在发生的事实信息，真实、新鲜是其内容的本质特点，及时、公开是其具有的传播特征。"[②]

消息，通常被称作"新闻"。消息作为新闻的基本体裁，是我国新闻媒体上最早出现也是最常用的报道形式。

根据新闻的概念，可以确认消息的定义：消息是以简洁的语言，迅速、及时地报道新近发生或正在发生的事实的一种新闻文体。所谓语言的简洁，不是语言的简单，简洁是要求语言更加精练准确，要在用字用词上下工夫锤炼，使之具有表现事实的分量；所谓迅速及时，就是所报道的事实必须是当前的，最好是当天的新闻当天报道出去，陈旧的事实不能进入消息文体进行写作。

---

① 陆定一：《我们对于新闻学的基本观点》，原载于1943年9月1日《解放日报》；《中国共产党新闻工作文件汇编》下册，新华出版社1980年版，第187页。

② 杨保军：《新闻理论教程》，中国人民大学出版社2005年版。

三、消息的特点

（一）内容真实，事实准确

真实是消息的生命，是力量所在。事实是它的本源，也是它令人信服的基础。真实，就是事实真实，所写的人物、时间、地点、事情发生发展的经过不能虚构。准确，就是每个事实，包括细节在内都准确无误。如果一条消息失真或有差误，不仅会减低其新闻价值，失信于民，而且还会损害党和人民的事业。

（二）内容新鲜，有价值

新闻贵在新，而且有认识意义、启迪和指导意义。消息只有新，才能引起读者的注意，先睹为快。新，不仅要把新人物、新事件、新经验及时报道给读者，而且要选择有意义、有价值，给人以启迪、有指导性的事物。那种一味追求猎奇的"狗咬人不是新闻，人咬狗才是新闻"的观点，是我们所不取的。

（三）迅速及时，有时效性

迅速是消息的价值，消息报道迟缓便会降低消息的价值，"新闻"变成了"旧闻"。有时效，就是速度要快，内容要新。对新人、新事、新情况、新问题，要敏锐地发现，尽快地了解，迅速及时地反映。

1963 年 11 月 22 日，美国总统肯尼迪路过达拉斯市的时候遇刺，记者 4 分钟就将消息通过广播发布出去，半个小时时间，美国各大城市都知道了这一消息，一个小时时间，美国各个角落的人都知道了这件事情。

1990 年北京亚运会期间，当日上午游泳运动员庄泳打破亚洲纪录时，新华社 9 点 18 分就发出了快讯，9 点 49 分发出内容详尽的消息，而一向以快著称的法新社，直到 9 点 58 分才发稿。

（四）简明扼要，篇幅短小

简短是消息区别于其他文体的主要标志。所谓简短，就是"三言两语，记清事实，寥寥数笔，显出精神，概括而不流于抽象，简短而不陷于疏漏"，用笔要简洁利落，内容集中精练。报纸上的消息，一般只有四五百字左右，有的只有一句话，即所谓标题新闻或一句话新闻；在广播电视中，消息播放的时间一般不超过 2 分钟。唯其简短，它才能更加迅速及时地报道大千世界；唯其简短，消息才能面广量大，更多地传播信息；唯其简短，消息才能吸引受众，更好地发挥引导舆论的社会作用。

（五）必要的生动

一般而言，消息是新闻大家族中最简短的文体，它只要求把最重要的事实叙述清楚就行了。把消息写得简短而生动，是记者们天天遇到、必须解决的难题，是一篇消息能否吸引受众的关键，也是衡量记者业务水平的一个标准。毛泽东同志是写新闻的大家，解放战争时期，他给新华社写过许多脍炙人口的消息，大多具备简短生动的特色，是我们学习的典范。

下面就是毛泽东同志为新华社写的新闻稿。

我30万大军胜利南渡长江

新华社长江前线1949年4月22日2时电 英勇的人民解放军21日已有大约30万人渡过长江。渡江战斗于20日午夜开始，地点在芜湖、安庆之间。国民党反动派经营了3个半月的长江防线，遇着人民解放军好似摧枯拉朽，军无斗志，纷纷溃退。长江风平浪静，我军万船齐发，直取对岸，不到24小时，30万人民解放军即已突破敌阵，占领南岸广大地区，现正向繁昌、铜陵、青阳、荻港、鲁港诸城进击中。人民解放军正以自己的英雄式的战斗，坚决地执行毛主席、朱总司令的命令。

（六）消息的标题有自身的特点

消息的标题形式，也与其他新闻体裁不同，从报纸上看最为明显。有的消息一个标题，有的两个标题，有的甚至多达四个标题。不仅有主题，还有引题或者副题。内容重要的消息，有时兼有主题和引、副题。

四、消息案例分析

【案例】（载于《广州日报》2010年7月8日第一版第一条）

文强昨日被执行死刑

重庆有人拉横幅庆祝

本报讯（记者 **杜安娜**）昨日上午，记者从重庆高级人民法院获悉：经最高人民法院核准，原重庆市司法局局长文强昨日在重庆被执行死刑。

2010年2月2日至6日，重庆市第五中级人民法院公开开庭审理了重庆市人民检察院第五分院指控被告人文强犯受贿罪、包庇纵容黑社会性质组织罪、巨额财产来源不明罪、强奸罪一案，并于同年4月14日作出一审刑事判决，认定文强犯受贿罪，判处死刑，剥夺政治权利终身，并处没收个人全部财产；犯包庇、纵容黑社会性质组织罪，判处有期徒刑十年；犯巨额财产来源不明罪，判处有期徒刑八年；犯强奸罪，判处有期徒刑四年，决定执行死刑，剥夺政治权利终身，并处没收个人全部财产。

一审宣判后，文强提出上诉。重庆市高级人民法院经依法公开开庭审理，于今年5月21日作出刑事裁定，驳回文强上诉，维持原判，并依法报请最高人民法院核准。

经最高人民法院复核认为，被告人文强身为国家工作人员，利用职务便利，为他人谋取利益，非法收受他人财物，其行为已构成受贿罪；包庇、纵容黑社会性质的组织进行违法犯罪活动，其行为已构成包庇、纵容黑社会性质组织罪，情节严重；财产、支出明显超过合法收入，差额特别巨大，不能说明来源，其行为已构成巨额财产来源不明罪；违背妇女意志，强行与妇女发生性关系，其行为已构成强奸罪。被告人文强受贿数额特别巨大，情节特别严重，社会危害性极大，依法应当判处死刑，并与所犯包庇、纵容黑社会性质组织罪、巨额财产来源不明罪、强奸罪数罪并罚。第一审判决、第二审裁定认定的事实清楚，证据确实、充分，定罪准确，量刑适当。审判程序合法。遂依法核准重庆市高级人民法院维持原判的刑事裁定，并下达了执行死刑的命令。

文强叮嘱儿子不要埋怨社会

昨日，在文强进行一审的五中院门前，有不少群众聚集围观。

同时，在重庆市多处出现庆祝文强被处决的条幅。重庆市高级人民法院、市委、市纪委门口均有群众拉着横幅。重庆步行街解放碑、观影桥商圈则挂满了竖幅标语，整个城市洋溢着庆祝的装扮。

条幅上写着："贪官亡，冤魂安，党英明，国昌盛"、"文强死，百姓欢，重庆安"、"处决文强是重庆打击腐败的重大胜利"、"处决文强，共产党万岁，法律万岁"、"党中央打黑除恶，国泰民安"、"胡总书记倡和谐，万众拥护"等字样。

文强的一审辩护律师杨矿生、二审辩护律师宣东，先后10多次会见文强。他们介绍，每次会见，文强的情绪总的来说，十分稳定。一审宣判文强死刑后，虽然是他没有想到的结果，非常不能接受，但是当时他还是十分冷静。这与他多年担任重庆公安系统的要职有关。

宣东说，最后一次会见文强的时候，文强最牵挂的是他的儿子文伽昊，因为自文强"双规"后，他的儿子也不知所终。他也希望能够见上儿子一面。

在执行死刑的前一天，即7月6日晚6时，文强大姐文万琴接到专案组人员通知称文强想见她，核实几个问题。昨日上午7时，专案组派车去接，文万琴提出带上文强儿子文伽昊，一同见面。对方答复，他们自有安排。后来文强如愿见到了儿子文伽昊。

文强临别前，对儿子文伽昊说："爸爸有罪，不能埋怨社会，要听话，要好好做人。"说完这些，文强及其大姐、儿子在会见室失声痛哭。

辩护律师：文强求生欲很强烈

宣东告诉记者，根据以前办理的死刑案件来看，死刑犯被注射时一般是在一审判其死刑的法院。"所以，文强可能是在重庆市第五中级人民法院被注射药物执行死刑的。当然，执行过程不会持续太久，也不会有太多痛苦。"

昨日，文强被执行死刑之后，文强的二审律师宣东告诉记者，没想到最高法院核准文强死刑的速度这么快。

二审之后，宣东最后一次会见文强，求生欲望十分强烈的文强再次要他预测最高法院的复核结果，宣东当时告诉他，核准或者不核准都有可能。文强听了这话，显得十分无奈。

宣东还是坚持他在二审期间的辩护意见，无论是从文强的受贿金额，还是从文强对社会造成的危害来讲，这个案子都不是最大的。但是文强案通过媒体的报道，可以说是家喻户晓，形成了很大的民愤。

法学专家:文强判死刑立即执行罚当其罪

西南政法大学刑诉法教授梅传强接受本报记者采访时说,文强被处以死刑还不能说是重庆打黑的终结,这只是一个阶段性的小结。

梅传强说,在学界,文强案也有一些争论,焦点是他的受贿金额。“法院认定的受贿金额只有一千多万元,并不至于判死刑立即执行。有人会说,好多受贿几千万甚至上亿的都没有判死刑立即执行。”

他解释道,因为文强比较特殊,他的身份是公安局副局长,却是黑社会性质组织保护伞,这个性质很恶劣。此外,他还犯有强奸罪、巨额财产来源不明等数罪并罚,最后判为死刑立即执行。

他说,文强案二审时法院听取了多方建议,也采纳了文强律师的观点,“可以看到,在二审判定中,法院对文强一审中的许多情节未予认定。比如,除去了被错认为价值300多万元的青绿山水画,减少了他的受贿金额”。

【分析】 1.该消息时效性突出,发稿及时迅速。突出体现为一个“快”字:一是记者采访快,当日上午的消息,杜安娜当日上午及时作了采访;二是记者写稿快,杜安娜7月7日上午采访到的新闻8日就向《广州日报》发了稿件;三是报纸刊发快,记者当天发来的稿件,《广州日报》当天(7月8日)就刊发出来,使这一消息及时与广大读者见面。

2.内容新鲜,事件重要,有价值。文强一案早已轰动全国,该案的一审、二审都被大家所关注。对文强的审判,关系到了我们共产党领导下法律的尊严问题。所以在对文强处以死刑的时候,人们打出了标语,喊出了口号。

3.内容真实,表现了事实的准确性。事情的现场是记者亲眼所见、亲耳所闻,并且还在消息的开头特别阐明了新闻的来源:“记者从重庆高级人民法院获悉……”

4.简明扼要,语言精练。现场有许多内容,但是记者并没有全部罗列,而是报道了最有影响力、最能说明问题的几个方面,包括罪行的主要内容、法律判决与重庆人民法院驳回其上诉、文强对亲人的牵挂、辩护律师的介绍及其看法、文强求生的愿望,以及专家的评价等。

5.该消息用了两个标题,一个标题表现事件本身,一个标题表现现场人们不同寻常的反应,两个标题都反映出新的内容和新闻的价值,起到了夺人眼目的效果。

五、中国消息体裁的形成

(一) 中国消息写作的萌芽

消息这一体裁,来源于西方。

中国式新闻体裁主要源于中国古典文学。我国的新闻通讯、特写写作至今仍与古典文学有着很深的渊源关系。消息等新闻体裁在发展进程中,也曾受到某些古代应用文的影响。后来,又直接吸收了西方新闻形式的一些长处,使新闻写作发展为一个新阶段。

我国古代的“邸报”、“小报”，写作上所采用的纯属古文体。明朝“京报”，偶尔出现的报道文字，尽管内容似与新闻基本要素吻合，但也没有形成具有体裁意义的新闻形式。19 世纪初叶陆续出现近代中文报纸，当时有些西方国家已经有很长的办报历史，并已形成比较成熟的新闻体裁，而在我国还没有一种文体能够完全适应新闻的传播，加上我国读者习惯于旧文学的表现形式，所以早期报纸上的新闻不得不模仿古典文学来进行写作。有些所谓新闻，分不清是文学作品还是新闻稿，有的更是仿照中国古典小说写法，连结尾也是“现今未知如何，下月细传”(类似章回小说中“且听下回分解”)。

《察世俗每月统记传》是历史上第一家以中国人为阅读对象的近代中文报刊，该刊第 2 期载有一条题为《月食》的预告消息：

查照天文，推算今年 11 月 6 日晚上，该有月食，始蚀于酉时约六刻，复原于亥时约初刻之间。若是晚天色晴朗，呷地诸人俱可见之。

有人认为，这一报道是中国近代报刊第一条新闻(消息)。这样的新闻，虽在早期报刊上不过偶有所见，从中却看出新闻体裁从模仿古典文学中孕育萌生的趋势。

这个时期出现的消息，主要有三种写法：一种是以《左传》和大部分笔记小品为蓝本，不分内容的轻重缓急，按时间先后为序，一概从头说起，顺叙事情的经过；一种是套《史记》、《聊斋》格式，边叙事、边议论，多的也在末尾加一段评语，只不过去掉“太史公曰”字样；另一种是史书中编年史格式，一条新闻只一两句话，有的已把事件说清，有的则过于简略，也无时间的交代。这几种写法虽未脱古代记叙文窠臼，作为改进新闻写作的尝试和起步，却在逐渐地萌生有别于文学的新闻体裁。那时面临的矛盾是，一些反映商情、灾害、战争的消息，要求准确、快速、一目了然，而古代记叙文对此难以适应，这便使写作上有所突破和创新，实际上有的消息已初具体裁雏形。此后一段时间，对报道商业、灾情等一类消息，大都比较注意文字简明，叙事直截了当，新闻要素也较齐备，从而逐渐形成与新闻特点相适应的写作体裁。

报纸上的“电讯”开始出现在 19 世纪 70 年代。1874 年 1 月 30 日《申报》刊载的“伦敦电”(报道英国内阁改组)是我国中文报纸上第一则新闻电讯。这种电讯的使用，对新闻体裁的变革和改进写作产生了巨大的影响。

(二) 中国消息体裁的独立与发展

19 世纪后期到 20 世纪初，中国社会处于大动荡、大变化时期。新闻体裁也随之发生剧烈的变革。这一变革的标志是，具备体裁意义的消息从古典文学中脱颖而出，以报道简明、平实、快速和具备新闻要素为其特点，形成别具一格的崭新的独立文体。

新闻体裁逐步独立化，以最能体现新闻特点的消息日趋成熟为象征。这一时期，国人自己办的报纸发展较快，设置的“访事人”专门采写消息，写作技术愈见改进，消息体裁的确定性日益明显。由于时局瞬息万变，读者对新闻的需求更为迫切，普遍希望报道简洁明了，事情和时间、地点清楚，并且愈快愈好。主要从古代记叙文转化而来的新闻基本体裁——消息，正是为了适应这种社会需要而在不断变革中诞生的。从古代记叙性散文脱胎而来的通讯，这个时期也从中分离开来，并显示出它与消息同中有异的个性特色，即重在纪实详尽和信息量，也可结合纪事，或抒发情感，或议论讽讥，逐渐成为新闻的一种不可欠缺的写作体裁。当时的通讯往往从外地用平信寄来，主要是为弥补消息报道的不足，所以早时概称"通信"。一些富有形象性的通讯，过后又演变成新闻特写，现场感颇强，文字生动活泼。

五四运动期间和以后的年代，新闻界既扬弃古典文学框框，又继承它反映现实方面的优秀传统，同时借鉴西方新闻形式，进而丰富发展了以消息为主的新闻体裁，并越来越接近现代新闻写作规范。自从电讯稿问世，凡是消息都采用一事一报方式，一条消息只报道一件事实或事实的一个片段。20 世纪 20 年代开始，除了一事一报的消息以外，又出现报道多件事实的综合消息，并在结构上使用新闻导语。

新中国成立以来，特别是在社会主义建设新时期，面对新形势、新内容，消息的写作有新的发展。这主要表现在坚持马克思主义唯物论的反映论，强调用事实说话和思想性、指导性，并在真实基础上求新、求短、求活和争取时效，以更好地发挥消息在信息传播和宣传教育等多方面的作用。

消息体裁经过长期的实践、改革、再实践，在写作上已形成相对稳定的一些基本要求，并已有所规范，即为大家约定俗成的体裁标准。

实训练习题

1997 年 7 月 1 日，中央电视台对香港各界群众热情欢迎解放军进驻香港一事，作了现场直播报道，这条消息的文字稿全文如下。按本节所讲授的知识，认真分析以下这则消息的特点。分析要充分体现知识要点，内容要条理化。

今天早晨天空下起了大雨，进驻香港部队的数百辆军车依然阵容整齐地通过各个口岸。

各位观众，你们现在看到的是香港各界群众冒雨欢迎解放军进驻香港的热烈场面。

今天清晨 6 时 25 分，记者随部队在新界看到驻军沿途经过的公路两旁挤满了欢迎人群，近万名香港市民涌上街头，挥动着国旗和区旗向驻香港部队表达真挚的感情。

我们是香港华侨华人总会的文艺队伍，我们今天早晨 3 点就起来了，很兴奋，一定要见到我们最可爱的亲人解放军，这是我们香港有史以来最伟大的事情之一，大家都很兴奋。

有着光荣爱国传统的新界群众，向驻香港部队赠送了一块刻有"威武文明之师"的牌匾，表达了他们对人民解放军的企盼和赞誉。

这是中央台记者从香港发回的报道。

第二节　消息的构成部分

写消息一定要在消息的文体基本结构上进行研究，而消息的结构是由各部分构成的，因此我们首先要了解构成消息的每一个部分。

在这里，我们仅讲述消息除标题以外构成文章的各组成部分，消息标题在第三节中进行讲述。

构成消息正文的，通常涉及消息的导语、消息的背景、消息的主体和消息的结尾四个部分。以下，我们就对构成消息的各个部分进行简单的阐述。

由于本章讲述的是消息写作的最基本构成形式，所以对消息的每个构成部分，我们只作概略介绍，相关内容将在“消息各部分写作”中展开。

一、消息的导语

中文“导语”一词出自英文“lead”，即“率先”、“领导”或“引导”。消息的导语是一篇消息开头的第一段或第一句话，除正金字塔结构之外，它一般都是概括地揭示消息最重要的内容，它是消息的核心，导语在消息中尤为重要。

【案例】（《吴邦国会见法国总统萨科齐》中的导语，载于《人民日报》2010 年 7 月 11 日第一版）

本报巴黎 7 月 9 日电（记者　**马剑　顾玉清**）正在法国进行正式友好访问的中国全国人大常委会委员长吴邦国当地时间 9 日下午在总统府会见了法国总统萨科齐。双方在坦诚友好的气氛中，就深化两国战略合作关系、推动中欧关系发展以及共同关心的重大国际问题深入交换了意见，达成重要共识。

【分析】 1. 导语明确告诉读者，记者写这篇消息的地点和时间。

2. 导语告诉读者，吴邦国会见法国总统。

3. 导语告诉读者，会见时双方交换了哪些意见，达成了共识。

以上都是重要的内容，通过概括的语言写进了导语里，构成了消息中重要的一段。

二、消息的背景

消息背景又称新闻背景，就是用来对新闻事实进行解释的材料。西方一位新闻学者说：“新闻背景就是用来解释新事实的旧事实。”我们知道任何事物（新闻事实）都不是孤立的，它总跟周围的事物有着千丝万缕的联系，为了使受众明了消息中所报道的事实，就必须交代背景；为了使消息深化，就必须交代背景；为了使消息增加信息量，就必须交代背景。

【案例】（载于《人民日报》2010年7月11日第四版）

提升传统产业　开辟发展新路

郴州从矿产依赖中"转身"

本报郴州7月10日电（记者　**吕明军　颜珂**）日前，中南大学与郴州矿产企业西河集团联合共建的"中南大学金荣电工材料产业化基地"揭牌，双方将在超细银粉、导电浆料制造等方面进行合作。矿业与科技"联姻"，这是湖南矿产资源大市郴州摆脱资源依赖，转变经济发展方式的又一重要举措。

素有"中国有色金属之乡"的郴州，因矿而兴，也因矿而累。由于长期开采，郴州部分矿山资源已经濒临枯竭，转变经济发展方式，摆脱资源依赖，对郴州而言，尤为紧迫。早在两年前，郴州就按照"四个控制"（控制矿权，适度集中；控制总量，配额管理；控制流向，引导精深加工；控制新探资源，政府主导风险探矿）的思路，大力推进资源整顿整合。两年时间内，郴州煤矿由整合前的576个减少到目前的270个，金属矿山由177个减少到128个。

摆脱资源依赖，绝不单是减少煤矿和矿山数量。郴州市决策层认识到，要实现可持续发展，必须走出一条以科技创新为驱动的新路子。通过拉长产业链，郴州正从原来的"卖矿产"，向"卖产品"、"卖科技"转变。郴州市竹园有色金属有限责任公司和郴州钻石钨公司，引进湖南首个"院士工作站"，承担了"钨产业链关键技术开发及产业化"项目，矿石中的钨回收率达70%以上，高纯度硬质合金轧辊等关键技术处于国际领先水平。

摆脱资源依赖，还必须培育新的经济增长点。郴州利用地处湘粤赣边界的区位优势，大力承接产业转移，已成为湖南省与"珠三角"对接的"桥头堡"。今年1—4月，郴州新批外商投资项目24个，实际利用外资18151万美元，同比增长13.36%；实现内联引资项目425个，实际到位资金62.89亿元，同比增长23.9%；建成标准厂房55.6万平方米，实现外贸进出口总值28181万美元，同比增长255%。同时，郴州还大力发展现代物流业，郴州出口加工区、叠加保税物流功能区、湖南省唯一的供港澳农产品集中验放场等一大批物流功能区先后建成，湘粤赣边界最大的"无水港"，已初具雏形。

【分析】　这条消息的第二段就是新闻背景。

1. 文中交代了素有"中国有色金属之乡"的郴州原来的情况。让读者们了解，由于长期开采，郴州部分矿山资源已经濒临枯竭，转变经济发展方式，摆脱资源依赖对郴州而言尤为紧迫。

2. 接着，又介绍了早在两年前郴州就按照"四个控制"的思路，大力推进资源整顿整合情况。背景使读者了解了新闻事件产生的来龙去脉，帮助读者对新闻作进一步理解。

3. 这一背景材料放在了导语之后，起到了承上启下的作用。

三、消息的主体

消息的主体是新闻的躯干。它要承接导语，用足够的、典型的、有说服力的材料，阐述导语所揭示的主题思想。有人把它叫做“正文”，有人称它为“展开部分”。消息的主体主要担负着两大任务：一是解释和深化导语，二是补充导语所没有涉及的新事实。第二项任务表明，导语一般只涉及最重要和最新鲜的事实，而且简明扼要，不能扩及多个有关方面，这就要求主体补充导语尚未涉及而又应当涉及的内容。

【案例】 （载于《南方日报》2010年7月11日第三版，作者：周志坤）

我省第六批援藏干部进藏

平均年龄38.4岁

南方日报讯 前日下午，我省举行第六批援藏干部进藏工作欢送会。省委常委、组织部长胡泽君，省人大常委会副主任陈小川，以及省援藏援疆工作联席会议成员单位负责人出席会议。

我省这次选派到西藏林芝地区工作的49名干部，是各地各单位按照“严格条件、扩大视野、按需选派、好中选优”的原则层层遴选出来的，他们的平均年龄38.4岁。

胡泽君勉励援藏干部要切实增强使命感和责任感，认真贯彻中央西藏工作座谈会和全国对口援藏工作会议精神，继承和发扬特别能吃苦、特别能忍耐、特别能战斗、特别能奉献的“老西藏”精神和我省前五批援藏干部的光荣传统，承前启后，求真务实，开拓创新，扎实工作，为加快推进西藏林芝地区的跨越性发展和长治久安，再立新功，再创佳绩。同时要严格要求，确保安全，让家人安心、组织放心。

昨日，49名第六批援藏干部正式奔赴西藏林芝地区，开展为期三年的援藏工作。

【分析】 1.将导语里提到的内容进行展开报道，进一步进行阐述。

2.内容与导语统一，不旁生枝叶。

3.主题表述更具体，有利于读者将新闻了解清楚，但它不能取代导语。

四、消息的结尾

所谓消息的结尾，就是消息的主体部分已经将新闻事实阐述清楚，作者出于新闻事实的整体和阐明主题的需要做一个“结”的工作，即从全盘考虑作出进一步的总结、概括、说明或补充。它有时作为消息的最后一段，有时是消息的最后一两句话。

有的消息不需要故作结尾。

第三节 消息的结构

认识了消息的各部分,我们就可以研究消息的结构了。

消息的结构通常指两个方面的意思:一是指消息的构成,即一篇消息稿内容上的结构成分,一般由标题、消息头、导语、主体、背景、结尾组成;二是指消息的结构形式,即作者对已过滤的新闻材料进行总体性安排或布局的方式。

经过长期的新闻写作实践,消息的结构已经形成了相对稳定、特征鲜明的形式,即倒金字塔式结构、正金字塔式结构、倒金字塔式与正金字塔式结合结构、并列式结构和散文式结构。

一、倒金字塔式结构

(一)倒金字塔式结构的含义

倒金字塔式结构,就是把最重要的事实、最重要的材料放在开头,次要材料放在后面。按照新闻内容的重要程度或读者关心的程度先主后次地安排事实材料。即把最重要、最新鲜的事实放在导语里,而且在导语中也是把最重要的内容放在最前列;然后按事实重要性递减的顺序来安排,形成最重要——重要——次重要的形式,借以突出最重要、最新鲜的事实。形象地看,这种结构从形式上像一个锥体,或者说像一座倒置的金字塔,故名倒金字塔式。

【案例】 (载于《人民日报》2002年7月2日,该新闻作品曾获2002年中国新闻奖二等奖)

世界屋脊舞铁龙,雪域高原架金桥

青藏铁路开始铺轨

本报格尔木6月29日电(记者 **马应珊 彭俊**)今天上午10时20分,巨大的铺轨机伸出钢铁长臂,青藏铁路格尔木至拉萨段的第一排枕轨,稳稳地铺在路基上。

青藏铁路铺轨仪式今天在青海省格尔木市南山口铺轨基地举行,中共中央政治局委员、国务院副总理吴邦国致信祝贺。

吴邦国在信中说,建设青藏铁路是党中央、国务院作出的重大战略决策,是实施西部大开发的一项标志性工程。格尔木至望昆段正式铺轨,这是青藏铁路开工一年来取得的重要阶段性成果。吴邦国要求,青藏铁路各参建单位和全体建设者一要精心设计,精心施工,解决好冻土工程问题,确保工程质量;二要增强环保意识,高度重视并切实搞好生态环境保护工作;三要克服严寒缺氧,搞好卫生防疫,保障建设者身体健康。要齐心协力,扎实工作,奋勇拼搏,全力以赴打好攻坚战,创造铁路建设史上的伟大壮举,把青藏铁路建设成世界一流高原铁路。

青藏铁路于2001年6月29日开工建设，它北起格尔木，南至拉萨，全长1142公里。途经海拔4000米以上的地段960多公里，海拔最高点为5072米，连续多年冻土地段550公里以上，计划工期为6年。

在党中央、国务院的亲切关怀和广大参建职工的艰苦努力下，青藏铁路自开工以来，各项工作扎实推进，施工进度快，工程质量好。全线上场24000名人员，监理人员149名，机械设备近6000台（套），累计完成投资超过24亿元，路基土石方1480万立方米，桥梁19910延长米，涵洞9060横延米，隧道2800成洞米。冻土实验研究取得初步成果，环保工作取得明显成效，职工卫生保障措施不断完善。

青藏铁路建设领导小组组长、国家计委主任曾培炎在铺轨仪式上说，青藏铁路是我国铁路建设史上最艰难、最伟大的工程，今年将进入建设的攻坚阶段。希望广大铁路建设者牢记党中央和全国人民的重托，努力实践江泽民总书记“三个代表”重要思想，为实施西部大开发战略、造福各族人民作出新的贡献，以优异成绩迎接党的十六大召开。

青藏铁路建设领导小组副组长、铁道部部长傅志寰在讲话中希望全体参建职工进一步增强光荣感、使命感和责任感，团结拼搏，夺取新的更大的胜利。

据悉，从今年开始，青藏铁路筑路大军要在海拔4500米至5000米的艰苦条件下施工，点多、线长，战线长达500多公里。施工进入著名的可可西里和三江源自然保护区边缘，唐古拉山以北的连续多年冻土工程已经展开施工。

青藏铁路今年计划投资50亿元，计划11月底铺轨至望昆。

【分析】 该消息的结构由导语，到新闻主体，再到新闻背景；所述事件由重要到次要。其构建像一座倒置的金字塔。

第一，本消息对青藏铁路第一排枕轨稳稳地铺在了路基上进行了报道，导语成为倒金字塔的塔底。

第二，消息写举行青藏铁路铺轨仪式，党中央、国务院领导致信祝贺。这一层的重要性次于导语。

第三，消息介绍青藏铁路开工建设的时间、全长、地理环境和计划工期。由于党中央、国务院领导致信比这一层内容重要，所以，这一内容排在其后。

第四，消息阐述青藏铁路自开工以来的施工进度等情况。这一层的内容又次一些，所以排在这里。

第五，消息概括了领导在铺轨仪式上的讲话内容。这里的内容再次之。

第六，消息写了当前的工程进展情况。这是施工中的常理，所以排的次序再次一些。

第七，记者交代了今年的投资和计划。这一计划还没有实施，只是决定了个想法，没有实质性的成效，所以放在最后。

（二）消息倒金字塔式结构的优点

倒金字塔式的结构是使用最多、最广泛的消息结构方式。其优点主要表现在以下三个方面。

一是突出新闻的特点。新闻要求短、新、快。倒金字塔式的结构有利于快速组织材料，有利于突出新闻的特点。写作时记者只要对新闻素材的主、次、重、轻判断清楚，便可依其重要程度顺序写作，不需在结构上多费心思便可以很快组成一篇报道。同时，这种结构往往篇幅短、段落短，一段话一个事实，显得行文简洁明快、干净利落。

二是符合受众的信息接受特点。现代生活节奏下，受众接受信息往往取决于最初的几秒钟。而倒金字塔式的结构开门见山，高潮在前，便于一目而过的读者用最短的时间迅速得到自己需要的信息。当他们读到自己不感兴趣的内容时，也可以随时停下来。或者因为时间关系，无法看完全文，则只要读了导语，便可以把握住这类消息的精华，欲详欲略，尽可以自由掌握。同时，这种结构也适合受众最关心事情的结果、结论的心理。

三是便于编辑处理。现代新闻媒体的竞争，要求新闻编辑迅速处理稿件，倒金字塔式的结构，使编辑对稿件的篇幅进行调整非常快捷，可以轻而易举地从后往前倒删上去，虽大刀阔斧地砍削，但不致伤筋动骨，编辑由后向前倒删，消息主要内容仍是相对完整的。

当然，倒金字塔式结构只是消息写作诸种结构形式中最基本的一种。它较适用于写时效性强、事件单一的新闻，而对某些非事件性新闻、富有故事性和人情味的新闻不太适宜。此外，其缺点是难以有所变化，导语、正文、标题容易重复，文意跳跃性较大。写这类消息要特别注意各段间的衔接和逻辑关系，最忌互不关联、支离破碎，写成一盘散沙。

倒金字塔式结构是一种最基本的消息结构方式。无论对于报纸、广播、电视来说，都是行之有效的。对于网页来说，它的重要性可能会更加突出。因为，在网络上，人们一次只能浏览一个屏幕大小的页面，也许就包括两三个段落，如果第一屏的信息显得没有价值，那么，人们就不会有兴趣拖动鼠标接着往下看。所以更宜采用倒金字塔式。

【案例】（荣获1984年全国好新闻特等奖的消息《我国选手获得奥运会第一块金牌》）

新华社洛杉矶7月29日电（记者　**高殿民**）中国在奥运会历史上“零的纪录”的局面在今天11时10分（北京时间30日凌晨2时10分）被中国射击选手许海峰突破。许海峰以566环的成绩获得男子自选手枪冠军，夺得了本届奥运会的第一块金牌。

中国体育代表团副团长陈先在许海峰获得金牌后对新华社记者发表谈话说，这对中国运动员是极大的鼓舞，这是中国在奥运会历史上得到的第一枚金牌，实现了“零”的突破，在中国体育史上具有深远的意义。他表示感谢运动员和教练作出的艰苦努力。

许海峰今年27岁，是安徽省供销社的职员。他在获得金牌后对新华社记者说，这还不是他最好的成绩，只不过是正常发挥技术。他最好的成绩是583环。他表示要不骄不躁，继续努力，争取今后取得更大成绩。

【分析】 1.这条消息采用的是倒金字塔写法，新闻的重要内容在第一段得到表述，读者对中国选手夺得奥运会第一块金牌一目了然，不读第二段和第三段，也知道了消息的主要内容。

2.假如编辑拿过这篇报道，根据版面位置需要，从后面向前进行删改，删除最后的一段，不影响消息主要内容的报道，再接下去删除第二段内容，仍然不影响主要内容的报道。

二、正金字塔式结构

（一）正金字塔式结构形式的含义

消息的正金字塔式结构，也称为时间顺序式结构、编年体式结构、延缓兴趣式结构，也是一种常见的消息写作方式。总体上看，是按时间顺序组织材料，从头到尾完全按事实发生的时间顺序或情节发展来安排材料的。消息的开头就是事件的开头，结尾就是事件的结束。可以在前面设置某种悬念，引发读者的兴趣，使读者带着好奇或疑问必欲弄清楚事情的全貌。因为是按照受众接受信息的正常思路渐进过程安排材料，因而易为其接受和理解，具有较强的生动性和吸引力。

【案例】（载于《齐鲁晚报》2003年11月30日）

从“尽情搞笑”到“一声叹息”

重庆力帆告别中超

重庆11月30日电（记者　**于欣**）阴冷的天气丝毫没有减弱重庆球迷的热情，大家一脸喜色地从四面八方汇聚到大田湾，一场盛大的冲中超“派对”就在球迷们热切的期盼中开始了。

离比赛还有半个小时，球迷们没有像以前那样早早坐在看台上，而是聚集在大田湾四周，酝酿着自己的情绪。一个球迷将写有“让我们尽情搞笑”的牌子刚刚举起，立即得到大家的欢迎，“没错，我们要的就是这种感觉”。

球迷的热情在比赛哨响的那一刻得到爆发，全场齐声高喊“青岛队加油”。而球一到力帆队员脚下，球迷更是比谁都急，近三万名球迷一起支招儿：不进攻了。这边刚喊完“李章洙雄起”，场上彼得洛维奇的单刀球就被力帆队门将李健扑出，气得球迷又是一阵齐声谴责。就这样提心吊胆地看了9分钟，重庆球迷心里的一块石头才算落了地，青岛队的重庆籍队员姚夏率先打破僵局，在他破门得分的瞬间，全场球迷欢声雷动。在之后几分钟里，球迷们又两次享受到这种被“痛击”的快感，青岛队三球在握，球迷们开始有心情玩起了人浪，乐队也奏起欢快的曲子。

眼看上半场比赛就要结束了，这时有球迷得到了天津队以一球领先的消息。这条“噩耗”迅速在球迷中传开来，起初大家都不相信，得到证实后开始指责上海国际队，骂着骂着又回过味来，因为进中超的希望现在要寄托在国际队身上。下半场的比赛已经很少有人关注了，刚才还热闹的大田湾里，人浪也歇了，乐队也哑了，球迷们只是呆呆地坐在那里，盼望着有好的消息传来。

“国际队把比分扳回来了。”不知是谁喊了一声，看台上一下子沸腾起来，很快每个看台上都有球迷举着小喇叭在广播这条消息，沉寂的大田湾一下子又炸了窝。

然而，这个令人振奋的消息很快被认定为“假货”。因为天津队在第79分钟时又进球了。此时，悲情大田湾里又响起了乐队的声音，不过已不是《北国之春》，而是《送战友》。零星地，还夹杂着“李章洙回来”、“尹明善下课”的喊声。

奇迹终于没有发生，心情沉痛的重庆球迷没用过激行为来发泄不满，而是选择了离开。只有知名球迷“猴皮球”等少数球迷站在大田湾门口，整齐地喊着：“力帆是冠军，中甲的冠军。”喊声有些凄凉。

【分析】 消息根据事件顺序的发展脉络结构全篇，像一座正立的金字塔。由于该事件本身有较强的故事性，这一新闻的开头就带有悬念，具有人们对下文的期待性，记者选择了这样的消息结构，对报道这一消息是较为恰当的。

（二）正金字塔式结构的合理选用

对消息的结构形式，我们应该合理选用。正金字塔式结构的消息，最宜用来客观地叙述一些内容复杂但线条单一的故事性强、人情味较浓、以情节取胜的事实，写成人们惯称的新闻故事或新闻小品，尤其适合写现场目击记。

【案例】（载于1979年解放军报社《新闻通讯选》）

共产党员刘胡兰慷慨就义

新华社晋绥1947年2月7日电 文水县云周西村17岁的女共产党员刘胡兰，在上月20日被阎军逮捕，当众审讯。阎军问她是不是共产党员，她答“是”。又问：“为什么参加共产党？”“共产党为老百姓做事。”“今后是否还给共产党办事？”“只要有一口气活着，就要为人民干到底。”至此，阎军便抬出铡刀，在她面前铡死了70多岁的老人杨柱子等人，又对她说：“只要今后不给八路军办事，就不杀你。”这位青年女英雄坚决回答：“那是办不到的事！”阎军又说：“你真的愿意死？”“死有什么可怕！”刚毅的刘胡兰，从容地躺在切草刀下大声说：“要杀由你吧，我再活17岁也是这个样子。”她慷慨就义了。

全村父老怀着血海般的深恨，为痛悼这位人民女英雄，决定立碑永远纪念。

【分析】《刘胡兰慷慨就义》一文按照事件发展的时间顺序组织材料，故事开头的本身就构成了悬念，读者会根据消息的开头了解事情的发展和最终结果。

但是，这篇消息写成于我国新闻的发展阶段，没有导语，结构也不甚合理，这种表现形式的新闻今天已经不多见。

三、倒金字塔式与正金字塔式结合结构

（一）倒金字塔式与正金字塔式结合结构的内涵

倒金字塔式与正金字塔式结合结构，是将倒金字塔式和正金字塔式结合在一

起的结构方式。一般而言，第一段导语完全按照倒金字塔式导语的写法，充分发挥导语突出最重要新闻事实的优势，新闻感强烈。导语之后就完全按照事实发生的时间顺序或情节发展来安排材料，给人以叙事具体完整、线索清晰、重点突出的感觉。根据某些报道的需要，这种结构避免了倒金字塔式与正金字塔式两种结构之短，既能开门见山，引人入胜，又能脉络清晰，层层推进，符合受众的接受习惯。

【案例】（载于《人民日报》2010 年 7 月 10 日第一版）

以城带乡　以旅促农　城乡互动　协调发展

三亚初步实现城乡基本公共服务均等化

本报三亚 7 月 9 日电（记者　**马应珊　陈伟光　罗昌爱**）到过海南三亚的人都说“分不清哪是城哪是乡，看不出谁是农民谁是市民”，而这正是三亚市推进城乡一体化和基本公共服务均等化的成效。

中国农业科学院“三亚统筹城乡发展战略”课题组研究成果显示，三亚市将于 2013 年全面实现小康目标，非农业人口比重达到 72%，人均地区生产总值达到 2.8 万元，基本消除城乡二元结构。

自 2008 年底被确定为海南省城乡一体化建设试点城市以来，三亚市全面开展城乡统筹工作，其中包括城乡土地资源统筹利用、基础设施统筹建设、劳动力就业统筹安排、社会事业统筹发展、旅游布局统筹规划等。

到 2009 年底，三亚累计投入 9 亿多元建设乡村公路 1200 多公里，硬面路网连通所有村庄，三成以上村庄开通了公交线路。与此同时，供水、供气、文化娱乐、环境卫生等公共基础设施也快速向农村延伸，农村清洁能源使用率超过 50%，自来水普及率达到 60%，垃圾无害化处理达到 100%。

今年，三亚市确定城乡统筹发展项目共 198 个，涉及道路交通、市政设施、旅游业、现代农业、教育产业、文化体育、医疗卫生、住房保障、就业工程等 13 个方面。三亚市市长王勇透露，2009 年至 2013 年，全市财政投入城乡一体化建设的资金预算将超过 140 亿元。

【分析】　首先，消息在导语中报道了三亚的感观，巧妙地报道了三亚城市建设的成效。接下来，记者又在消息的第二段用数据报道了三亚市建设的成绩。通过这样的两部分内容，构成了本消息结构的金字塔倒置的塔底。

其次，从第三段开始，记者通过介绍新闻背景把正置的金字塔结构了上去。然后以时间顺序发展为脉络进行结构完成了新闻主体的写作。

最后，记者写到了今年，从另一角度写成绩内容，这样完成了正置金字塔的塔底写作。至此，消息倒金字塔和正金字塔结构成功对接。

（二）运用好两种金字塔兼而有之的消息写作结构

正金字塔式结构也有其缺点，就是有的消息写作，一开头往往难以吸引人，消息的精华部分，淹没在长篇叙述之中，需要耐心读完全文，才能了解事件真相。可以说，正金字塔式结构的缺点恰恰是倒金字塔式结构的优点，反之亦然。正是这样，新闻工作者创造了另一种兼具二者优点的倒金字塔式与正金字塔式混合结构形式。

这种结构形式适合于需要阐述背景的动态消息，也适合于综合消息等。

【案例】（载于1982年3月19日《湖北日报》，该消息被评为全国好新闻）

张旗击鼓三进"衙"

本报讯 从3月2日到7日，记者耳闻目睹了一件趣事：黄石市黄石港区新街居民委员会的22位老太婆，臂戴黄袖章，高举红旗，敲锣击鼓三进市委大院检查环境卫生，监督关养鸡鸭，对领导干部发表讲话。

这是由56岁以上、75岁以下的"老来红"自愿组成的一支"文明礼貌月宣传队"，队员是退休老工人，有5名党员。

开始检查前，老人们在一块议论：这次开展全面文明礼貌月活动，市委机关应作表率，我们先到市委大院去看看环境卫生情况。越是领导机关，越是要接受群众监督，相信市委是会支持的。

3月2日晚，老太婆们第一次悄悄来到市委大院进行上下左右摸底检查，她们发现，办公楼及公共场所十分清洁卫生，可住宅区有些不被注意的角落，又脏又乱，鸡屎鸭粪多，有的二楼上养猪，三楼上养狗。针对这个现象，她们向有关人员提出：要讲究环境卫生，杜绝敞放乱养牲畜。

3日下午，细雨蒙蒙。市委领导正在打扫卫生。突然，婆婆们高举红旗，敲锣打鼓"闯"进了大院。她们一不看已经擦得又明又亮的门窗，二不看扫得干干净净的走廊过道，而是径直走到住宅楼前查看鸡笼、猪圈。结果，有两只鸡、三只鸭在锣鼓中惊飞起来。一会儿，市委干部自动集中到大院门口，聆听江学华发布的讲话："以前我们只是听领导作报告的，今天大张旗鼓而来，是要斗胆进一言。有的干部可能太忙，忘记关鸡锁猪，让它们污染环境，被我们捉住了。这次是初犯，鸡鸭无罪，请总务科代还原主；事不过三，下次捉住就要照章罚款！"她的话一落音，响起一片掌声。

7日是星期天，上午10点钟，一阵锣鼓声打破了市委大院的宁静，太婆们冒雨三进"衙"了。这一次，她们没捉到鸡，没看到狗，只发现干部住宅楼后新栽下一排夹竹桃，紧靠大院的马路边，市劳动局副局长容作周正在拆除违章修建的厨房。检查完毕，江学华高兴地告诉记者："到底是领导机关，行动快，效果好。"

【分析】 这里主体部分新闻内容的展开是这样的：开始检查前，老人们在一起议论的内容；3月2日晚，老太婆们第一次悄悄进"衙"的情况；3月3日，她们第二次进"衙"的情形；7日上午10点钟，她们第三次进"衙"的情景。写得具体实在，很有生活气息，反映了在建设社会主义精神文明中广大群众的主人翁精神，机关领导干部甘当人们公仆、自觉接受群众监督的精神风貌。

1. 在消息的开头部分，作者先将事情的主要内容进行了概括，形成了倒金字塔的塔底，使读者在开篇就能了解到新闻的重点。

2. 消息简单交代了“宣传队”的背景，为以下的内容作铺垫。

3. 消息主体部分便是按时间顺序来写的，跟导语形成了倒正两个对接的金字塔。这种结构，使读者很快了解所报道的主要内容；又由于新闻主体部分以时间为序，适应了读者的一般阅读习惯，为人们了解事情的全貌提供了顺畅阅读的条件。

四、并列式结构

消息的并列式结构，也称梯形结构。这一结构形式往往有一个概括性导语，随后的几个自然段所涉及的内容基本上是并列关系。并列式结构特别适用于那些公报式新闻或经验性新闻等。只要有个提纲挈领的概括性导语，后面的内容要展开是比较方便的。

【案例一】（载于2005年10月27日《环球时报》，有删改，作者：青木）

随着国力的强盛，中国文化的影响力也正在增强

中国作家成世界出版社新目标

10月19日至23日，世界上最大的图书博览会——第57届法兰克福国际书展隆重举行。这一世界图书、文化界的盛会，不仅吸引了来自100多个国家和地区的7000多家出版商，同时也给众多中国作家提供了“走出去”的绝好机会。

卖出的版权是前些年的总和

古色古香的长城灯箱，装帧精美的各类图书……走在精心布置的中国展厅内，记者强烈感受到中国参展团朝气蓬勃的气息。为了展示中国出版业的形象，中宣部、国家新闻出版总署首次代表中国政府统一组团，成员包括中国出版集团、上海世纪出版集团、辽宁出版集团等8大主力参展单位。

这些天，各参展人员每天工作10小时以上，不过成绩也喜人。中国的出版社共输出图书版权约500多种，这个数字可是前些年中国图书输出的总和。一位参展人员说，以前中国图书版权贸易输出与输入比例一直在1∶10左右，现在终于有所改观。

在书展上，受国外出版社欢迎的书籍主要有：文化知识类，如《中国读本》、《中国的西藏》以及有关中医、食疗等书籍；文学作品类，如《中国短篇小说选》等；少年读物类，如《天堂街3号》；学术著作类，如《中国市场经济的长征》等；工具书则有《互动汉语》等。

输出地区一改以前东亚地区市场的小框框。来自欧美的大客户越来越多，非洲、南美洲的出版商也达成不少交易。特别是很多中国书籍频频被国际主流出版社看中。难怪《明镜》周刊撰文说：“中国图书已成为世界出版业的新焦点。”

四类中国作家最受青睐

一位法国出版商告诉记者，过去欧美出版社发表中国的文学作品往往跟在电影后面，某部电影受到关注了，他们会追踪电影剧本是谁写的，再翻译其同名小说，借电影之势出版小说。

如今，中国作家受青睐的范围日益扩大。一是写中国老百姓现实生活的，风格较现代。如美国企鹅出版集团就买下了姜戎的《狼图腾》，准备于2007年在全球英语国家同步发行。曾获“五个一工程”奖和国家图书奖的《中国读本》，作家苏叔阳以散文诗的语言，深入浅出地介绍了中国几千年的历史文明和文化传统等，被贝塔斯曼集团买下版权。二是写自我的，如出生在上世纪70年代的一批中国作家，拥有自己的写作方式。代表作有棉棉的《糖》和卫慧的《上海宝贝》等。三是旅居国外的中国作家，他们当中大部分用旅居国语言创作。记者看到，裘小龙的《红英之死》等系列推理小说、虹影的《中国情人》等爱情小说、戴思杰的《巴尔扎克和小裁缝》等成了各国出版社的“抢手货”。一些中国学术带头人的专业作品也受到广泛关注，如经济学家吴敬琏等人的作品。

德国汉学家顾武教授表示，总体而言，20世纪80年代中期，中国的文学作品作为国外了解中国的途径深受欢迎。20世纪90年代以来，中国加入《伯尔尼公约》，西方开始重视中国文学作品，用文学的眼光关注我们的作品。

“中国作家只要真正关心人类共同的话题、人类的终极关怀，就可能走向世界，并得到世界的关注。”

国力强盛，文化才有吸引力

实际上，任何一个国家的文化要走向世界，从来都是由外在和内在的诸多因素所决定。在采访中，记者感受最深的是，随着中国国力的强盛，文化的影响力也正在增强。兰登书屋总裁彼得·奥尔森说，全世界的读者都期望能了解创造了经济奇迹的中国文化。中国的新秀作家不胜枚举，其中的大多数尚未在世界范围内找到出版机会。“在21世纪，以中国为代表的亚洲作者可能崛起成为全球图书内容的最大源泉。”

除了外因，内因更起主导作用。翻译一直是中国图书版权输出的最大障碍。为此，2005年国务院新闻办公室、新闻出版总署联手，正式启动“中国图书对外推广计划”。国务院新闻办公室对购买或获赠国内出版机构版权的国外出版机构进行翻译费资助。展会上，很多欧美出版商对这一决策深表感谢，这解决了他们的后顾之忧。

中国作家苏叔阳则告诉记者，以前中国作家的作品往往是通过汉学家推荐给出版商。现在，很多中国作家找国际经纪人解决国外的版权问题，因为国际经纪人对国际市场的情况十分了解且谈判能力强。他们按版税比例提取佣金，大概在10%—15%，操作很规范。

同时，中国国际出版集团等还大力实施对外出版“本土化”，在美国、俄罗斯、埃及等国家设立出版机构，以当地出版社名义出版中国书籍，取得良好效果。此外，出版的书籍请熟悉中国文化和各种外语的人撰写书评，刊登在西方国家的主流报刊上，以吸引国外出版商的注意。难怪，不少国外作家羡慕地说：“有这么好的基础，国际文坛早晚会发出中国作家强有力的声音。”

【分析】 首先，消息的导语言简意赅，将新闻的核心内容进行了报道，引起读者的注意力。

其次，消息的主体分三个小标题，每一个小标题所涉及的内容都处在平等的状态，这样在三部分内容上无主次之分，形成了平衡的、并列的关系，一直保持消息结构的始终。

这样的消息，在内容上，给读者带来清晰的类别结构感。

【案例二】（新华社1983年2月22日电讯稿）

我国八亿农民搞饭吃的旧局面开始发生变化

新华社北京1983**年**2**月**22**日电**（记者　**柳梆　马成广**）我国10亿人口有8亿农民搞饭吃的旧局面已经开始发生变化。最突出的表现，目前全国大约有1亿左右的农民已经从插秧种粮中转移出来。他们从事养殖业、加工业、经济作物种植业、农副产品运销业等商品生产，在农村这块广阔土地上绘出了“种田里手包粮田，能工巧匠搞专业”的生机勃勃的新画卷。

据分析，从粮食种植业中转移出来的1亿左右的农民，目前正在更多的领域向生产的广度和深度进军：

——约有3000万个农村劳动力放下锄头镰刀进入了社队企业，由农民变成了主要以农副产品为原料的商品生产者。这3000万个劳动力，占农村总劳动力的10%。也就是说，每10个劳动力中现在就有1个从农民变成农村的经营者和职工。他们借助现代科学技术，在变低值产品为高值产品方面大显身手。

——全国17600多万农户中，平均每10户就有1户是从事养殖业或其他行业的专业户或重点户。这1700多万户开始脱离或半脱离土地的农民，以商品生产者的面貌出现，因地制宜地经营着天上飞的、地上跑的、圈里卧的、笼中养的、水里游的、山野放的、盆里栽的养殖业，源源不断地为城乡市场提供丰富多彩的农副产品。沈阳郊区农村，目前占农户总数14.6%的养猪专业户（重点户），向国家交售的商品猪占全地区收购生猪总数的46%。

——全国农村还有一大批劳动力加入服务性行列，进行农村的生产前和生产后的服务。他们当中有供应种子的，有供应饲料的，有搞防疫植保的，有提供技术咨询的，有从事产品加工和购销的，也有干修理和运输的。

——据统计，到1982年秋，全国农村社员经营个人工商业的有127万户。全国社员个人购买的拖拉机已有50万台。这意味着至少有50万个懂技术的劳动力加入了农机、运输队伍。

与此同时，我国粮食生产也获得了可喜的成就。从1978年到1982年，我国的粮食播种面积由于进行了合理调整，大约减少了近1亿亩，经济作物播种面积扩大了6800万亩。在这种情况下，粮食总产量不仅没有减少，反而有较大幅度的增长。1981年比1978年增加400亿斤，1982年增产的粮食，从许多地区未经最后正式公布的材料看，可能接近于前三年增产的总和。粮食平均亩产量，1979年为370多斤，1982年突破了400斤大关。各地都涌现出一批粮食高产、商品率很高的种粮专业户。江西省新建县去年有5252户社员(占全县总户数的15.6%)向国家交售商品粮在1万斤以上,其中超过4万斤的有18户,最多的一户交了9万斤。

我国一些农业经济专家说,人们都还记忆犹新,在那个单打一抓粮食的年代,许多省市区为了达到粮食增产的目的,砍果树,伐桑麻,开山劈岭,拦湖围海,造田又造田,种粮还种粮,结果并没有给全国人民带来丰富的食品。现在,按照党的现行政策办事,不用8亿农民都去搞饭吃了,结果大家反而吃得饱、吃得好。这种历史性的变化表明,我国农业正稳步而健康地走向专业化、社会化,正在从自给半自给生产向着较大规模的商品生产转化,从传统农业向着现代化农业转化。这种转化不仅关系着全国农村经济的繁荣兴旺,也关系着整个国民经济的繁荣兴旺。

【分析】 这一消息在导语中进行了总结式阐述后,接下来的主体部分进行了分述,消息中的分述内容不存在主次关系,它们各自独立,不可或缺,形成了并列关系。

五、散文式结构

所谓消息的散文式结构,主要是散文式笔法构建在消息的写作中,其主要表现为两种形式:一是指散文式写作笔法依附在某种金字塔结构之上的写作形式,语言上自然流畅,读来轻松愉快;二是指完全按照散文形式构建的一种比较轻松、自由的写作方式,在层次段落的安排以及文字上,适当吸收散文写法。散文式结构的消息,开头可以先简笔描绘有关场面、情景、气氛、色彩,或即兴抒发见闻感触,或设置悬念等;然后,再有节奏地和盘托出新闻事实。

以下是《羊城晚报》1999年1月就沈阳冬雪发出的一则综合新闻。

【案例】

沈阳40年今最冷

雪频、雪急、雪大!入冬以来,经历了六场大雪的沈阳,昨天气温降至零下30℃左右,是当地40多年来的最低气温。资料显示,沈阳只有1955年的同期气温在零下30℃。

零下30℃的寒冷和接二连三的大雪使习惯"暖冬"的沈阳人吃惊不小。居民裹着厚重的冬装,臃肿不堪,男女难分。一些街道积雪足足齐腰深,出行难度虽赶不上走"蜀道",但也都哆哆嗦嗦、战战兢兢;冰雪路上的汽车们不时上演"雪地轻吻"的"浪漫"活剧;红绿灯们全没了往日绿行红止的威严,眼睁睁地看着眼皮底下乱作一团,操持煤水电气和农贸市场等与人民生活密切相关的行当的人,无不提心吊胆,恐有闪失。

把人们捉弄成这样的祸首是什么?雪没除净。据悉,沈阳今冬累计除雪人数已达533万人次,出动除运雪车辆累计8000台次,共抛撒除雪剂3560余吨……

天气奇冷,感冒患者爆满,各大医院诊室、观察室、候诊室、走廊内到处都是抱着孩子挂点滴的家长,暖气管子、消防设备,凡是可利用的地方均挂上了滴流瓶,有的家长干脆举着瓶子给孩子打点滴。

尽管天寒地冻，乐观的沈阳人却从容面对。他们说罕见低温虽对各行各业造成不便，但这样才像一个东北的冬天，真过瘾！

【分析】 首先，这消息由于用了散文结构的写法，尽管报的是寒冷的冬天，但读来却轻松愉快，让人从另外一个角度感受到了东北大自然的美。

其次，该消息的内容组织上艺术感突出。“雪频、雪急、雪大”的沈城严冬特色跃然纸上，这是大角度。为此，又选取了市民“冬装臃肿不堪”、“雪路浪漫”、“医院感冒患者爆满”几个小角度，全都是现场目击文字，这样很能唤起读者求读的欲望。

消息的散文式结构“松”而不“散”，谋篇布局多有变化且较有文采，容易激发受众的联想和兴趣。某些特定内容的消息，为求生动活泼和形象化，借散文之长补新闻叙事的平实，无疑是可取的并富有建设性的。20世纪40年代美国就曾有过近于散文写法的“新新闻体”。可是，终因叙事节奏较慢，新闻性不易突出，未能被新闻界广泛采用，大量的消息也无法散文化。

实训练习题

下面所给的材料是一篇2010年7月11日刊登在《人民日报》第一版上的消息。请分析这篇消息的结构特点。要求：分析达到清晰的条理化，语言表达准确、专业，分析要落实到文字表述方式上。

吉林现代农业又好又快发展

本报长春7月10日电（记者 **刘亮明 刘文波**）盛夏时节，吉林农村满眼绿色，生机无限。丰收在望，农安县合隆镇陈家店村农民“嘎嘎乐”：开春期间，“种庄稼的做法变样了”，“面朝黄土背朝天”分散劳作的情景不见了，村农机合作社以每公顷1万元价格，集中村里401户的301公顷土地，从种到收全程负责，农民参与机械耕作再付给工资。

今年以来，吉林积极推进农业科技创新和制度创新，不断提高农业综合生产能力，加快构建农业现代产业体系，全力转变农业发展方式。预计全年粮食产量将再创新高，达568亿斤；农业总产值将增长15%左右，达2150亿元。

新形势下，吉林省委提出建设“五大一强”的发展战略，即把吉林建成粮食、牧业、林业、北方特产业、农产品加工业大省和农村经济强省。省委书记孙政才表示，吉林要加快构建现代农业产业、基础保障、科技创新、制度支撑“四个体系”，着力推进传统农业向现代农业、主要依靠物质投入向科技支撑、靠天吃饭向提高物质装备技术水平、分散经营向产业化经营和合作经营等方面的转变，真正实现农业的又好又快发展。

加大农业科技研发投入，吉林粮食作物品种研究取得突破性进展：培育出了世界上第一个大豆杂交种“杂交豆1号”，单位增产可达20%以上；培育出优质“超级稻1号”，水稻大面积单产提高15%以上。今年全省超级稻推广面积达500万亩，占全省水田种植面积的50%。

以农业机械化促进土地规模经营，吉林在30个产粮大县实施全程农机化示范区建设，总投资达10.3亿元，新增建设面积300万亩。目前，全省农机总动力已达到2000万千瓦，特别是制约传统农业向现代农业转变的关键环节机具水稻插秧、收获机和玉米收获机等都有了长足发展，全省农作物耕种收综合机械化水平达到55%。

经过努力，吉林农业综合生产能力得到明显提高。今年，吉林省增产百亿斤粮食工程建设力度进一步加大，总投资将达80亿元，相当于前两年的总和。粮食播种面积达到6870万亩，玉米、水稻、大豆三大主要粮食作物优质专用品种种植面积达到4801万亩，比上年增加396万亩。百亿斤肉类工程扎实推进，全省15个牧业产业园区和1000个牧业小区发展迅猛，截至5月末，全省猪、肉牛、羊、禽数同比增长均在4%—10%之间。截至5月，全省农产品加工业实现销售收入1140亿元，比去年同期增长35.7%。

第三章　消息各部分的写作

消息各部分写作的课堂实训任务

请认真阅读以下给出的材料，根据材料后面所提出的要求进行思考。在学习本章之后，按要求完成课堂实训任务。

材料来源

新华社1980年5月23日电讯稿。

材料内容

飞向太平洋

——我国运载火箭发射试验目击记

天刚黎明，火箭发射场区一片紧张的战斗气氛。人们盼望已久的发射运载火箭的试验就要开始了。

高大的发射塔架，环抱着乳白色的巨型运载火箭，耸立在发射场上。各专业的工程技术人员对火箭起飞前进行了最后的检查和操作，随即撤离现场，满怀激情地等待着发射时刻的到来。

在地下发射控制室里，指挥员凝视着电子钟的时间指示，听取各操作手报告的每一个字，作出决断，发出口令："十分钟准备"……"五分钟准备"……"一分钟准备"……随着最后几秒钟的到来，场区上的各种跟踪测量设备开机，高速摄影机、磁带记录仪等记录设备启动起来。

"点火！"令下。发射控制台上年轻的操纵员沉着果断地按下了电钮。火箭发射场立即传来连绵不绝的巨大轰鸣声。这声音像山崩，像海啸，震颤大地。巨大的火箭拔地而起，冉冉上升，尾部喷着辉煌的火焰，直上云天。

"发射成功了！"人们欢呼着、目送着腾空而去的火龙，心潮像海浪一样翻滚。

多少个日日夜夜，无数战斗在国防科研阵地上的尖兵，为研制、发射大型运载火箭付出了多么艰辛的劳动。

火箭在蓝天扶摇直上。几秒钟后，垂直上升的火箭开始拐弯，几十秒后，火箭排出的燃气在空中凝成烟雾，宛如一条白练在长空向东南方向延伸，最后在茫茫的天际里渐渐变成了一个小亮点，穿出了大气层，从人们的视野中消失了。

然而，从我国本土到远洋测量船队，几百套我国设计制造的现代化测量通信设备，却紧紧“咬”住人们肉眼看不见的小亮点，精确地测定、记录和报告着火箭在每瞬间的飞行速度、高度和姿态。每一秒钟都有大量的测量数据，从四面八方汇集到测控数据交换中心。测控中心通过各种精密设备和线路，把所有参试单位联结成一个紧张的战斗集体，及时地汇集、交换各参试单位之间的数据资料，不断地向各测量台站报告着火箭飞行数据，引导它们准确地跟踪火箭，并且把各台站所测信息和火箭飞行情况及时转送给发射场区的计控中心和指挥中心。喜讯不断传来：“跟踪良好！”“工作正常！”“飞行正常！”

在飞行控制中心，一排排电视屏幕上，频频交换着五颜六色的数码。自动记录仪在显示板上轻轻地描下了火箭飞行轨迹的曲线，这条曲线与事前标上去的理论弹道曲线紧密地吻合在一起，它形象地告诉人们：火箭内部仪器工作正常，火箭飞行正常！

火箭在太空飞行了一长段时间后，再次进入大气层，直向太平洋预定海域飞来，一切正常，胜利在望了。人们个个喜形于色。

太平洋上，波光粼粼。飘扬着五星红旗的一艘艘测量船、打捞船，宛如迎宾的仪仗队，整齐地排列在火箭预定落区的两侧。人民海军的一艘艘驱逐舰在船队周围巡逻。一架架遥测直升机飞上了蓝天，配合测量船上的各种测量设备，捕捉着它的踪迹。

火箭高速向预定海域飞来。

“发现目标”，人们纷纷拥上甲板，目不转睛地向船队西北上空望去。不一会，一个亮点钻出云层，拉出一道耀眼的白光，直向预定海域飞来。亮点越来越大，在距离海面还有几千米高度时，装有火箭飞行重要参数的仪器舱，自动从火箭头部弹射出来，打开降落伞，徐徐飘落洋面。火箭头部则“扑通”一声入海，激起冲天的水柱。仪器舱落水时荧光染色剂把蔚蓝色的海水染成翠绿色，像一条数百米长的锦带漂浮在洋面上，绚丽多彩，好看极了！

这时，早就在附近等待的一艘工作快艇如离弦之箭向落区开进。我打捞直升机迅速向落点飞去。直升机到达仪器舱上空，垂直悬停在离洋面 30 米的空中。潜水战士沿着悬梯，跳入海洋，仅用 5 分 20 秒就把仪器舱打捞上来。直升机载着仪器舱，安全飞回打捞船的飞行甲板。至此，我国从本土向太平洋海域发射的运载火箭，飞越万里长空，获得了圆满成功。

“火箭落入预定海域！”“测量回收任务完成！”这胜利的消息，通过测量船上强大的通讯电波，迅速传到祖国各测控台站，传到发射场，传到首都北京。船队汽笛长鸣，彩旗飘舞，远离祖国的人们在甲板上欢呼、跳跃，争相握手庆祝。

“我们胜利了！”从陆地到海洋，各参加实验的单位，直到总指挥部的人们，顿时掌声雷动，欢庆胜利。

写作任务要求

请根据所给材料写3篇以上同一内容的消息。这些消息的写作要求事件相同，导语表现形式各异；每一篇消息体现文体规范，要素齐全，结构正确；用规范的消息报道语言；用两行标题；篇幅控制在600字以内。

第一节　消息导语的写作

前一章我们讲过，消息导语是引导读者阅读新闻的开头语。它是新闻特有的一个概念和组成部分，除正金字塔结构外，它能概括新闻内容、揭示新闻主题、提炼新闻精华，是消息中最有价值的部分。

由于导语在新闻中的地位和内容的重要性，历来的新闻工作者都很重视它。导语言简意赅，能起到吸引读者的作用，对一条新闻的优劣成败有极大关系。因此，有经验的记者无不在导语上绞尽脑汁。记者们甚至认为，写好了导语，新闻就成功一半。英国新闻学者赫伯特·里德在强调导语的重要性时说："新闻导语，是新闻的生命。"

一、消息导语的产生与发展

消息导语产生于美国南北战争时期(1861—1865)。当时人类的新闻传播活动刚进入电子新闻时期。1844年，美国油漆匠出身的科学家赛缪尔·莫尔斯发明了莫尔斯电码，这是人类第一种表达信息的共同语言。

1851年，美国港口新闻联合社(即美联社前身)，第一次用电报信号传送消息，揭开了电讯新闻的第一页。1861年至1865年期间，正值美国南北战争时期，那时写的报道常常把重大军事消息夹在长篇叙述的中间或结尾。由于当时电报刚刚发明，技术尚未完善，一篇新闻往往传了一半甚至刚开了一个头，就因技术原因中断了，于是记者采取这样的对策：把最重要的新闻事实写在前头，略显次要的随后再介绍，这样即使电报中断，也有可能将新闻的核心内容传递出去。后来的消息报道中，纽约的一位报纸编辑在编稿时把文中所有关键内容都提到消息的开头，并称之为导语。到1880年，导语已经在新闻写作中普遍使用。

发展至今100多年，导语产生了三种不同类型，即要素齐全型导语、要素突出型导语和丰富型导语。

(一) 要素齐全型导语(第一代导语)

早期的导语对五要素的要求很严。一般都不省略，称为要素齐全型导语、全型导语、全要素导语，又称第一代导语。那时导语往往写得很长，容易与标题和正文重复。但是在用电报发消息时，即使电讯中断，只要导语发出，也能把最主要的信息传布开去。伴随着这种写作格式出现的还有倒金字塔式结构。导语和倒金字塔式结构的产生，标志着新闻传播文体的独立和走向成熟。到了1898年，美联社总经理维尔·斯通明确提出，美联社记者所发出的每一条新闻报道，必须具备“5个W”。从此，五要素俱全的导语被世界各国的新闻界奉为金科玉律，大约持续了近半个世纪。

“5个W”即何时(when)、何地(where)、何人(who)、何事(what)、何因(why)。后来，又加了“如何”(how)，成为新闻的六要素。

【案例】（美联社记者约翰·唐宁于1889年发的一条消息）

萨莫亚·阿庇亚3月30日电 南太平洋沿岸有史以来最猛烈、破坏性最大的风暴，于3月16日、17日横扫萨莫亚群岛，结果有6条战舰和10条其他船只要么被掀到港口附近的珊瑚礁上摔得粉身碎骨，要么被掀到阿庇亚小城的海滩上搁了浅。与此同时，美国和德国的143名海军官兵有的葬身珊瑚礁上，有的则在远离家乡万里之外的无名墓地上为自己找到了永远安息的场所。

上述这条导语被西方新闻学者奉为第一代导语的楷模。

直到20世纪二三十年代，这种新闻“五要素”甚或“六要素”俱全的导语写法，普遍被奉为必须遵循的金科玉律。

（二）要素突出型导语（第二代导语）

随着电讯技术的发展，到了20世纪30年代，要素齐全型导语的缺点逐渐显露出来。一是导语易与后面的内容重复，二是导语冗长、繁杂、重点不突出，有人讥笑为“晾衣绳式”导语。

第二次世界大战加快了新闻传播的速度和节奏，人们对这种导语发起猛烈的攻击。不少记者对导语写作进行了改进，不仅文字简练，还常常把有些要素省略掉，或分散在正文内阐述，称为要素突出型导语、部分要素导语，又称第二代导语。这种导语，从事实要素中挑选出一两个最重要的、最能激发读者兴趣的要素，突出地写进导语，其他的要素放到后面各个段落分别叙述。这样既可以突出新闻事实中最重要的内容，又可以避免要素齐全型导语的缺点。

1954年美国《纽约时报》总编辑在采访部里贴出了一个布告，说：“我们认为没有必要，也许永远没有必要，把传统的‘5个W’都写在一个句子或一个段落里了。”杰克·海敦在《怎样当好新闻记者》一书中也写道：“把各种情况都塞进导语里去，这种做法在新闻写作中已经过时了。”

根据“要素突出”的需要，现在记者往往把导语写成“一句话导语”。

（三）丰富型导语（第三代导语）

20世纪中叶，随着广播电视的异军突起，传播媒介的竞争更为激烈，受众的需求呈多元化趋势。为了更好地调动读者的阅读兴趣，很多记者运用多种表现手法写导语，于是产生了丰富型导语，又称当代导语、第三代导语。这种导语在20世纪50年代我国报纸上曾出现过，但真正的活跃还是在20世纪90年代之后，丰富型导语的写作没有固定的格式，要求根据消息内容和读者兴趣精心设计。要用最精练的语言，把最重要的新闻事实，用最吸引读者的方式来撰写。

【案例】

新华社北京 1982 年 7 月 16 日电 鲜花、翠柏丛中，安放着中国共产党党员金山同志的遗像。千余名群众今天默默走进首都剧场，悼念这位人民的艺术家。

这条导语有三个特点，一是用最吸引读者的方式来撰写，二是用最精练的语言进行表达，三是导语内容是最重要的新闻事实。

二、消息导语的作用

消息导语的出现是消息体裁趋于成熟的象征，也是消息写作的一大难点，中外新闻界都讲究如何把导语写好。我国新闻工作者起初用“冒头”、“开句”称谓导语，并强调导语的重要性。

20 世纪 30 年代，燕京大学新闻系出版的《新闻学研究》发表苏良克《特别作品》一文，其中写道：“开句极属重要，苟开句不佳，无论该文内容如何富丽，亦难望多人读毕全文。盖文章即不能发言，其所恃以引人读阅者，则只开句之吸力也。”

美国新闻学家麦尔文·曼切尔在《新闻报道与写作》一书中说：“写作过程中的第一步，也是最重要的一步，那便是写作导语了。”他甚至说：“写好导语相当于写好消息。”

三、消息导语的写作形式

（一）消息导语的特点

合格的导语至少应该体现出三个方面的特点。

第一，将消息重点内容展现在导语里。一是展现人们最感兴趣的内容，二是展现记者最需要告诉人们的内容，三是选取消息中的要点事实进行展现。

第二，交代新闻源。一是交代新闻的来源，二是交代新闻的根据。

第三，语言简洁明了。文字精练，语言明快，内容醒目。

（二）导语的分类

导语千姿百态，为了易于把握，可以划分为直接导语和间接导语两大类。

1. 直接性消息导语，即开门见山地突出最为新鲜、重要或有个性特色的事实，也就是最具新闻价值的内容，可分为陈述式、总结式、评述式等。

（1）陈述式导语也称叙述式导语，是一种以简约凝练的文句直截了当陈述新闻事实要点或特点的导语形式。事件性新闻，其导语多用陈述式。陈述式导语有两种表现形式：一是单一式陈述导语，二是复合式陈述导语。

①单一式陈述导语是由一个自然段来表现，由于导语的内容所需要的语言少，层次单一，读来一目了然，不需要分段，这种表现形式比较常见。

【案例】

1945 年 8 月 14 日，美国杜鲁门总统宣布，日本已无条件投降。美联社在抢发这条爆炸性的新闻时，导语干脆利落：

日本投降了！

【分析】 这条短而有力的导语“抢耳”、“抢眼”，开门见山、一语破的，当时就被新闻界公认为“最佳导语”。

②复合式陈述导语由消息开端的两个自然段组成，这种导语内容含量不单一，所需的表达语言含量较多，为了使读者看了更清晰，便将不同内容进行分段表达。

【案例】

我国已经与外国签订了许多引渡条约，及时制定引渡法有利于促进我国在打击犯罪上与外国开展的合作。

这是全国人大法律委员会副主任委员乔晓阳在今天召开的九届全国人大常委会第十八次会议上作《关于中华人民共和国引渡法草案审议结果的报告》中所说的。

(2)总结式导语也称概括式导语，即在导语中扼要地概述新闻主要内容。这种导语的基本特征是把主要内容加以总结概括，简要介绍新闻内容的梗概，具有提示内容重点及其意义的作用。

【案例一】 (《六金铸就“中国日”》开头的一段便是直接性总结式导语)

射击、举重、柔道、乒乓球、羽毛球……6枚光灿灿的金牌，使悉尼奥运会第七天成了“中国日”。

【案例二】

新华社北京2006年3月5日电 第十届全国人民代表大会第四次会议5日上午在人民大会堂开幕。这次会议将审议政府工作报告，审查和批准国民经济和社会发展第十一个五年规划纲要，为今年和未来五年我国经济社会发展作出重大战略部署，推动我国在新的历史起点上朝着全面建设小康社会的目标继续前进。

(3)评述式导语也称解释性导语，是着重对新闻事实进行评论的一种导语。评述式导语的基本特征是，把叙述和议论交织在一起，用虚实结合、夹叙夹议的方式，对所报道的新闻事实进行分析或解释，从而揭示出新闻事实的价值和意义。这种导语的写法有两种：一种是先述后评式，一种是先评后述式。

①先述后评式导语是先叙述事实，然后进行评论。

【案例】 (《新乡七里营“视察田”调茬后又获好收成》导语如下)

当年毛泽东同志视察过的河南省新乡县七里营大队的350亩棉花地，改茬种小麦和水稻后，今年又获得和将获得好收成。小麦亩产高达700多斤，水稻碧绿茁壮，丰收在望。这是这个大队的干部和群众在真理标准讨论中破除迷信，解放思想，实事求是，按科学精神办事所得到的又一丰硕成果。

【分析】 这就是先概述新闻事实，然后进行评论的评述式导语。七里营大队的“视察田”连续20年种棉花，地力减退，产量逐年下降；“视察田”改种小麦和水稻却获得好收成。这些事实的含义深刻，如果不点明一些道理，受众难以一下子领会和把握。

②先评后述式导语是先作评论，然后再写出评论的根据即事实。

【案例】

新华社北京1983年2月22日电(记者 **柳梆 马成广**)我国十亿人口有八亿农民搞饭吃的旧局面已经开始发生变化。最突出的表现是，目前全国大约有一亿左右的农民已经从插秧种粮中转移出来。他们从事养殖业、加工业、经济作物种植业和农副产品运销业等商业生产，在农村这块广阔土地上绘出了“种田能手包农田，能工巧匠搞专业”的生机勃勃的新画卷。

【分析】 这则导语，记者先作评论，然后再叙述作出这一论断的客观事实依据。近几年来，农村“种田能手包农田，能工巧匠搞专业”的景象是许多人都能感受到的。但它意味着什么呢？记者一开头便通过评论表明见解，即“我国十亿人口有八亿农民搞饭吃的旧局面已经发生变化”。

2.间接性消息导语又称延缓性导语，它不是直接而是间接地表述新闻事实要点，是相对于直接性导语的写作形式。

间接性消息导语尤其适用于时效要求较为宽松的非事件性新闻，可分为描写式、引语式、对比式、提问式等。

(1)描写式导语是运用文学描写手法再现生动事实或现场气氛、情景的一种导语。描写式导语的基本特征是：记者根据目击的事实，运用白描手法，作简洁质朴的描绘，使之富有现场感和形象性。描写式导语多种多样，我们从见闻式、特写式两个方面去把握。

①见闻式描写，主要用于记叙、描绘比较大的场面，以叙事为主，并穿插形象进行描写。这种表现形式，主要从新闻所处的特定环境着笔，即从现场、气氛写起，或选取某一形象侧面，作简洁朴素而有特点的描写。特别是从记者目击的情况具体写来，一开始就给人一种具体的强烈气氛和印象，增强新闻的生动和现实感。

【案例一】 (《纽约时报》1944年4月29日)

墨索里尼昨晚回到了他的法西斯主义诞生的那个城市。他是被一辆大篷货车载到这里来的——他的尸体躺在一堆尸体上，躺在同他一道被枪毙的他的情妇和12个男人的尸体上。这一伙都是在昨天被意大利游击队员击毙的。墨索里尼的垮台、逃跑、被捕和处决构成了一出丑剧。今天上午，在洛莱特市场，这出丑剧的最后一幕，终于结束了。

【案例二】 (《钱塘江源头生态保护工程初露风采》的导语运用了白描写法)

沿钱塘江溯流而上，行至开化境内，只见清澈的江水中鱼儿嬉戏，葱郁的青山间鸟儿啁啾。然而就在两年前，这里流淌的还是泛着泡沫的浊流。喜人的变化，是开化县大力实施钱塘江源头生态保护工程的结果。

【案例三】 (《河南日报》1986年7月14日《中州平原绿正染》的导语用泼墨式描写法)

树！树！还是树！我省平原地区正在绿化。

【分析】 作者仅用15个字就把中州大地的概貌作了宏观描写，形象地展现了河南绿化工作所取得的成就,使读者如临其境,仿佛置身于树的海洋中。

②特写式描写,抓住人物的表情或一些事物的局部进行描绘,给人留下特写镜头般的印象,使人身临其境、如见其人。

【案例一】 (载于《人民日报》2010年8月5日)

8月3日,国务院总理温家宝在吉林省永吉县考察指导防汛抗洪工作时,穿着雨鞋,踩着泥泞的道路,沿着县城主要街道察看灾情。

描写型导语的注意事项:明确描写的目的,不是为描写而描写。描写要简洁而传神,避免陈词滥调和过分矫饰。

【案例二】 (《湖北日报》1981年发表了一篇歌颂老师的消息,由于导语中用了一个"老师为学生送棉大衣"的特写,很感人)

9月初的一天早晨,从钟祥县开往武汉的长途汽车就要发动了。考取了北京大学的农家子弟柯洪云欢欢喜喜地登上了汽车。这时,一位中年妇女急急忙忙地赶来,把一件棉大衣塞到了他手上。乘客们以为,这一定是这个学生的妈妈!可是,人们怎么也没有想到,这位妇女却是柯洪云的老师。

(2)引语式导语是引用文件、公报或新闻人物的谈话,或引用诗词、格言、警句等,准确、鲜明地突出主题。

【案例一】 (美联社)

一位以色列动物学家说,骆驼的生命力顽强,其秘密不仅仅在于驼峰,更重要的在于其鼻子。希科尔尼克教授声称,他已发现了"沙漠之舟"能在炎热干燥气候中长期生存的秘密。

【案例二】 (消息《我省旅游事业取得突破性进展》的导语颇具文采,载于《湖南日报》1987年1月9日)

"养在深闺人未识"的武陵风光,已经撩开面纱,深深地吸引着众多的海内外旅游者。

【分析】 古诗名句,不仅意境深远,而且文采飞扬,可以大大增强新闻对受众的吸引力。

【案例三】 (《邓副委员长一行在京都等地游览》就是以邓颖超同志的一句话作为导语的)

邓颖超副委员长今天在欣赏日本名胜琵琶湖春色的时候,对当地记者说:"中日两国的友谊就像琵琶湖的波浪一样,一浪一浪地流传下去。"

【分析】 这则导语引用邓颖超同志游览日本琵琶湖时,由湖光春色托景"起兴"所说的话,映衬事实的新闻价值,引出消息报道的主题——中日人民的友谊世代相传,这对受众显得更具有感染力。

(3)对比式导语指使用今昔、正反、彼此等对比方式写成的导语。可作纵的对比,也可以作横的对比,通过强烈的反差,以显现新闻事实的个性特征及其意义。

对比式导语实际上是在导语里运用背景材料的一种形式,用来与新闻事实作对比的背景材料,要有的放矢,能够衬托和突出新闻事实的新意,或有利于解释、回答有关问题。

①个别与普通的对比。新闻往往在普遍之中出现个别现象，我们将这种个别放在普遍之中形成对比，加以表现，就会令人耳目一新。

【案例】（《合肥晚报》2006年2月11日）

就在相声正走下坡路时，近来北京突然掀起了一种文化现象——“非著名相声演员”郭德纲和他的传统相声火爆京城。

②常态与意外的对比。该手法在导语中表现出先抑后扬或先扬后抑的效果，一起一伏，峰回路转，使人读来耐人寻味。

【案例一】（美联社1979年3月28日发了一条关于我国河北任丘油田的稿子，导语如下）

在这里，地面上燃料奇缺，农民不得不靠挖掘玉米根来生火取暖、煮饭。然而，在3200米的地下，地质学家们发现了大量石油和天然气。

【案例二】（汉城奥运会乒乓球比赛，我国选手的意外受挫成了国内外舆论的焦点，法新社的消息导语如下）

统治世界乒坛数十年的中国男子乒乓球队今天在这里遭受到前所未有的毁灭性失败，这一严重挫折使中国人感到十分沮丧。今天，乒乓球赛新闻层出不穷，倒霉的不仅限于中国人。但是，对中国人来说，这一天将作为黑色的星期四而永远留在记忆中。

③愿望与现实的对比。在社会生活之中，现实有时与人们的愿望大相径庭，表现在导语写作中，有一张一弛的效果。

【案例】（《解放军报》1988年6月26日的这条消息导语，从妈妈的美好愿望，到“痛心疾首”，反差极大，深具人情味）

天下做女人的，谁不想当个健康孩子的母亲！然而，事与愿违的是，目前在我国，每出生1000名婴孩中，就有13个是缺陷儿，使得不知有多少这种孩子的妈妈为此泪水涟涟，痛心疾首。

④过去与现在的对比。这属于历史发展性对比，通过前后对比，使事件的新闻价值与新闻意义更加突出。

【案例一】（中新社2001年4月11日）

昔日被中国农业作为学习榜样的山西昔阳大寨村，如今正大力发展旅游业，并逐步成为中外游客向往的地方。

【案例二】

新华社合肥1980年11月17日电　历史上以讨饭出名，两年前还要吃国家供应粮的安徽省凤阳县，今年成了全省最早完成全年粮食征购、超购任务的一个县。

【分析】 凤阳县历史上以讨饭出名，两年前还吃国家供应粮，而如今有了完全变样的另一番情景。导语用纵向的对比法，凸显了消息的新闻价值，读来令人振奋。推行农业生产责任制才短短两年，原先那么穷的地方就取得如此了不起的成绩，富有说服力地表明党的十一届三中全会制定的农村政策具有何等巨大的威力。

(4)提问式导语也叫设问式导语，是在消息开头设置问题，引起受众的“新闻欲”。这一提问形式导语通常也有两种写法，一种是已知问题提问，一种是未知问题提问。

①已知问题提问，是在导语中提出本来并无疑问的问题，目的在于诱发受众的注意和兴趣。

【案例】

你想现场目睹第45届世乒赛冠军的精彩绝技吗？这一愿望即将成为现实。笔者昨日获悉，我国乒乓球健儿刘国梁、王楠、马琳、张莹莹、李菊、孔令辉，将由中国乒乓球队总教练蔡振华率领，来杭参加8月29日在省体育馆举行的“农夫山泉世界乒乓球冠军挑战对抗赛”。

②未知问题提问，是先提出公众欲解而未解的问题，使得新闻更加引人注目，并对新闻事实留下深刻的印象。

【案例一】（《北京日报》）

这几天，北京满街筒子闹腾扑棱蛾子。人们纳闷：这些黄褐色小东西是什么？它们打哪儿来？

【案例二】（新华社1987年6月15日电讯《一些中央国家机关的情况表明需要加强劳动纪律》的导语）

8点上班的钟声响过之后，中央国家机关多少人迟到？

【分析】 该导语提出的问题非常敏感、突出，一开始就抓住了读者的心：把广大读者普遍关心的、感兴趣的、新闻报道里已经解决了的问题，先用疑问句式鲜明地提出来，而后用事实加以回答，使之更加引人注目，发人深省。

(5)解释式导语。有的报道，需要作些解释方能显示其特有的意义，吸引读者。有些技术性、专业性强的术语，一般人看不懂，更要作必要的解释。

【案例一】（新华社）

人们乘沪宁铁路火车旅行的时候，感到有一段行车特别平稳，车厢很少震动，这是上海铁路局铺设的无缝铁路。它由苏州附近的百洋湾到望亭，全长5公里。

【案例二】（法新社1982年在联合国发的一条电讯稿的导语）

如果把联合国去年在纽约和日内瓦印刷的全部文件首尾相连排列起来，总长度将达27万公里。

数字是枯燥的，但数字是最有说服力的。把新闻中的主要数字，或读者关注的数字，巧妙地运用到新闻导语中，回答读者的问题，就能提高新闻的价值，给读者留下难忘的印象。

(6)假设式导语。有些事情的意义或严重性一时还看不出来，就把它放在某种假设的条件下，让读者能透过现象看实质，清楚地了解作者的意图。

【案例】（路透社）

在西欧的塞纳河，你也许会捉到一条鱼。但这条鱼可能因河水污染而变成盲眼，而且身上没有鱼鳞。在莱茵河，你什么也捉不到。鱼群的健康状况，相当准确地显示了西方世界大河流的污染程度。

(7)谈心式导语,采用促膝谈心的方式,写出读者急欲知道或感兴趣的事,以诱发读者阅读新闻的欲望。导语里一般都出现第二人称,直接称读者为您或你,同时又用读者容易接受的语气来表达。这种导语亲切、自然,如同拉家常,能体现与读者切身利益的接近性,能诱发读者好奇心,促使读者非往下看个明白不可。

【案例】 (《北京日报》)

如果你愿意花两元钱购买一张信用卡,那么在购买商品时,将得到以下方便:俏货优先,电话预约,送货上门,商品保质、保量、保修、保退。

(8)悬念式导语,指的是在新闻导语上设置"悬念",事情先不直说,吊起读者的胃口,"逼"得人们不得不继续读下去。

【案例】 (载于《人民日报》1978年6月25日)

财贸大会上传说着这样一件事:上海服装进出口公司床上用品组的职工,"救活"了两只鸳鸯,挽回了一大笔外汇。

【分析】 为什么要"救活"鸳鸯?"救活"了两只什么样的鸳鸯?又怎样挽回了外汇?导语对此一概不说,读者想知道就得往下读。

(9)比拟式导语。一个事件性的新闻,用静态的记叙手法写,其导语往往比较枯燥、呆板、索然乏味,但若用比拟表现手法去写,将静态变成动态,导语就会新颖有趣,活脱而有生气,所报道的新闻也就有了灵性,引人入胜。

【案例一】

一支中国军队到达了布鲁塞尔。威武的士兵身穿紧身盔甲,随后行进的是军乐队和骑兵,最引人注目的是他们的身材。

【分析】 1974年,我国在西安出土了秦始皇兵马俑,引起了国内外的强烈关注。当兵马俑复制品在比利时首都布鲁塞尔巡回展出时,美国《国际先驱论坛报》记者罗娜·多布森发了一条消息,导语直接用拟人手法表现,起到了夺人耳目的效果。

【案例二】

中国新闻史上第一次响起了一个与众不同的声音:"嗨,下午好!"我国第一张下午版报纸今日由《杭州日报》正式创刊。

【分析】 1993年11月1日,《杭州日报》创办了我国历史上第一张下午版报纸。当天,新民晚报发了一则消息,导语也是用拟人手法表现,不仅写出了声音,而且写出了感情。

(10)重复式导语。新闻导语最忌重复,颠三倒四地重复一句话,既浪费时间,又浪费版面,还会使读者云里雾里。然而,对于报道一些特殊的事件,有意识地重复一些关键词语,反而会收到一些意想不到的效果。

【案例】 (新华社华盛顿1989年7月21日电《泰森:85秒卫冕成功》)

85秒!拳王泰森击败挑战者。85秒!历史上最短的拳王卫冕战。85秒!1300万美元尽入腰包。

【分析】 导语特意重复,使用了3个带感叹号的"85秒!"加深了读者的印象。

四、导语的写作要求

（一）要突出最主要、最新鲜的事实

事实有主有次，有先有后，有新有旧，放在导语里的事实材料一定要是最主要的、最新鲜的、离报道时间最近的，对所选用的材料在表述上要明确、具体，不能抽象笼统、含糊其辞。要突出新鲜点、着重点、特殊点和受众兴趣点。美国新闻学教授威廉·梅茨说得好："把太多的事实塞进导语里，是造成文章不明晰的最常见的原因。应该在导语中传达新闻的精髓或本质的东西，不要把你手头所有的每一件事都写进去。"①

【案例一】 （载于《文汇报》）

市纪委筹备组昨天就长宁区粮食局原副局长、常委委员董耀祖利用职权，伙同他人非法取得20余套公房的支配权，进行私分和私自处理，从中接受贿赂，并将公房交换到的私房出售，与他人共同侵吞售得的赃款，以及盗卖公家建筑材料，贪污公款的典型案件发出通报。

【分析】 这条导语写董耀祖的错误有四：(1)他"利用职权，伙同他人非法取得20余套公房的支配权，进行私分和私自处理，从中接受贿赂"；(2)他"将公房交换到的私房出售，与他人共同侵吞售得的赃款"；(3)他"盗卖公家建筑材料"；(4)他"贪污公款"。

有人对这条导语作了改写，缩短了一半：

长宁区粮食局原副局长董耀祖，利用职权，伙同他人私分公房20余套，从中贪污受贿，得到了可耻下场。

改写的导语突出了董的主要错误：私分公房20余套。对其他三条错误按其性质概括为"贪污受贿"4个字，前面冠以"从中"，说明它与错误的关系。改写后的导语和原导语相比，减少了73个字，给人的印象却更明确。

【案例二】 （一则关于山东医学院附属医院治疗骨科肿瘤的消息）

一是新华社记者写的导语：

中国外科大夫采用新的接骨方法来治疗良性和恶性的骨肿瘤。

二是法新社转发这条消息时，作了这样的改写：

新华社今天宣布，中国外科大夫采用新方法，从死尸那里把骨组织移植到活着的病人身上，来治疗良性和恶性的骨肿瘤。

【分析】 法新社这样一改，就把原来含糊、笼统的导语改得明确具体了，效果当然比原来好得多了。

（二）要有实质性内容

导语里单纯突出事实还不够，还要具体实在，突出实质性内容，给读者以新的

---

① ［美］威廉·梅茨：《怎样写新闻——从导语到结尾》，新华出版社1983年版。

启示。这就要求记者具备训练有素的分析能力，在叙述事实时不要空泛虚夸，不要就事论事，而要深刻揭示其内在的含义，鲜明地体现消息的主题。

以下是关于报道天津引滦工程的两条导语。

【案例一】（新华社 1983 年 9 月 11 日）

今天清晨，当天津千家万户拧开水龙头，从 200 多公里外引来的滦河水源源流淌的时候，海河两岸的群众再也控制不住内心的喜悦，奔走欢呼："滦河水真甜呀！"饮水思源，到处响起了《献花歌》的嘹亮歌声："金色的秋天飞彩霞，彩霞化作鲜艳的花，鲜花献给解放军呀，它把我们的敬意来表达……"

【案例二】（路透社 1983 年 9 月 18 日）

滦河引清水，人民品香茶，天津 230 万户人家每户免费供应 50 克龙井茶。

【分析】 很明显，路透社的这条导语突出了实质性内容。它抓住千家万户用滦河甜水品龙井香茶这一典型事实说话，很有说服力和感染力。

（三）要简洁明了

澳大利亚记者杰维斯说："简洁确实是导语的灵魂，每个字都必须值得写，每个字都必须准确得当。"要使导语简洁明了，最重要的就是要突出新闻诸要素中最有价值的要素，而把其他要素放在后面，或根据需要予以省略。例如，对一场战争的报道，一般是强调战果的，但有时又根据不同情况强调不同的要素。如果敌方特别强大，我们的力量特别弱小，就要突出这场战争的对象。如果战争发生在历史上的兵家必争之地或当前的战略要地，就要突出战地。如果是半夜奇袭，或者在一个很有意义的时刻获胜就要强调时间。如果这场战争爆发的原因读者很想知道，就要在导语中突出原因。可见，在导语中突出哪个要素，一个很重要的标准就是看读者的需要和兴趣。

下面是一条新闻的两种写法，通过对比说明力求从读者角度去选择要素，是一个成功的经验。

【案例一】（新华社）

中华人民共和国邮电部 7 日召开座谈会，畅谈对人大常委会"告台湾同胞书"的感想，积极建议与台湾邮电部门通邮通电。

【案例二】（路透社）

北京已建议就恢复台湾与大陆之间的通邮通电的业务问题进行商谈。

【分析】 很显然，路透社转播稿所选择的要素，最能反映这篇新闻的价值。

【案例三】（载于《人民日报》2001 年 10 月 16 日）

联合国教科文组织第 31 届大会今天上午在巴黎总部正式开幕。教科文组织 188 个成员国的约 3000 名代表将参加从 10 月 15 日至 11 月 3 日的会议，多位国家元首、200 位部长参加本届大会。本次大会有 32 项主要内容：通过一个文化多样性宣言、举行一个约有 50 位部长参加的题为"生物伦理学：国际挑战"的圆桌会议，评估 2000 年 4 月达喀尔国际教育论坛会议以来在全球普及基础教育的情况。此外，会议还将审议并通过教科文组织 2000—2007 年中期战略，改选执行局等。

【分析】 这则导语罗列的材料太多，没有突出重点，自然显得冗长臃肿。

（四）要力求生动有趣

记者要认真研究读者心理，针对读者欲知未知的急迫心理，选择新鲜而又重要的事实或问题切入，吸引读者阅读全篇。

【案例一】 （新华社）

我国政府最近颁布了一项计划生育政策，即一对夫妇只准生两个孩子，最好只生一个。

【案例二】 （路透社）

生两个好、生一个更好——这就是中国政府和中国共产党制定的生娃娃的新政策。

【分析】 以上两则导语，后一则导语只是在文字上稍作变动，就显得生动、亲切了。

要用上述要求写好导语，一个最好的办法是多拟几条，反复比较，精益求精。下面以一篇报道出口活梭子蟹的消息为例，记者设计了12则导语进行比较，以便从中选出最佳的导语。现摘录几则如下。

【案例一】

最近两个多月来，一批批活梭子蟹由福州运往日本和香港地区，从而结束了我国内地只能出口冷梭子蟹的历史。

【案例二】

奇迹！从福州运到日本的梭子蟹，成活率竟达90%，成活期在6天以上，连经营有道的日本商人也不禁啧啧称赞。

【案例三】

中国的梭子蟹不再是冰冷僵硬而是神气活现地出现在日本市场上。日本商人称赞经过长途运输的福建梭子蟹十有九活，是个奇迹。

【案例四】

在福建平潭县外贸公司储养仓库里，一筐筐八足乱舞、吱吱叫唤的梭子蟹浸入冰水之后立即安静下来，进入冬眠状态。当它们一觉醒来时，却发现已是“身在异乡为异客”，置身于东京超级市场的货架上了。

【案例五】

我国福建出产的梭子蟹，如今已能活着运销日本和香港地区了。而过去，即使在沿海城市也没有供应活梭子蟹的。

【分析】 事情不仅新鲜，它还显示出中国出口海产品的新途径。

【案例六】

历史上被称作“隔夜愁”的只能冷冻出口的福建梭子蟹，现在却八足挥舞、神气十足地出现在国际市场上。近两个月来，由福州出口的28万斤梭子蟹，成活率高达90%，日本商人称之为奇迹。

【案例七】

一变为五。中国梭子蟹活着从福州外销日本和香港地区，身价猛增，每吨价值与过去出口的5吨冻蟹相当。

【分析】 以上案例中，一件事情，记者写了多条导语，通过比较，选择其中一条使用。这种认真的新闻写作态度令人称赞。

第二节　消息背景的写作

写消息之所以注重背景，是因为世间一切事物都不是孤立存在的。任何事物都有它的来龙去脉，都有它存在的客观环境，这些就是我们所说的背景。任何消息都在一定历史条件或现实环境中产生，把背景交代清楚，就能更好地道出新闻的由来。美国哥伦比亚大学教授李尔文·曼切尔说过："不使用背景材料，几乎没有什么报道是全面的。"

一、消息背景写作的分类

新闻背景写作可概括为历史背景、地理背景、人物背景、事物背景和社会背景五个方面。

（一）消息的历史背景

历史背景是通过引用介绍久远历史所发生过的事实，来表明消息中事件的重要价值。

【案例】（消息《中国开始人口普查》）

中国是世界上最早进行人口数字调查的国家之一。据《后汉书》载：公元前2200年，中国有1355万人。《周礼》载："民数自生齿以上，登于天府。"

（二）消息的地理背景

地理背景是通过介绍消息相关的地理环境，进行必要的特点铺垫，使消息写作更易于主体内容展开。

【案例】（消息《上海加快建设松江大学城》）

松江大学城位于上海松江新城区，北临佘山国家风景旅游度假区，南靠松江历史文化名镇。

（三）消息的人物背景

人物背景是通过介绍人物的历史成就、某方面的造诣，或某些特点来暗示新闻事件的意义。

【案例】（消息《徐悲鸿纪念馆建成》）

徐悲鸿先生在国画、油画、素描方面都有很高的造诣，尤以画奔马、雄狮和晨鸡著名。

（四）消息的事物背景

事物背景是通过介绍事物特点，来阐释消息事件突出的特点，起到引人重视的报道效果。

【案例】（消息《太平洋牡蛎育苗成功》）

太平洋牡蛎原产于日本沿海，其肉色美味鲜，蛋白含量高，被誉为"海中牛奶"。乐清湾早在1979年就引进太平洋牡蛎养殖，但以前种苗渠道一直依赖于港湾内的自然繁殖。

（五）消息的社会背景

社会背景范围广泛，消息写作经常被运用，通过介绍消息相关的社会背景，阐明新闻事件的特殊情况，得到人们的关注。

【案例】（消息《我国加强野骆驼研究》）

我国政府很早就把野骆驼定为国家一级保护动物，并从1959年起多次进行考察。1986年在新疆阿尔金山北麓建立野骆驼保护区。前不久，全球环境基金、英国野骆驼基金会等国际组织无偿资助72.5万美元，计划在新疆的沙漠边缘设立5个检查站，严禁捕杀野骆驼。

二、消息背景写作的注意事项

（一）不要把背景材料当主体来写

消息背景是消息的从属部分，背景材料应该和主体事实直接有关，运用背景材料是为了更好地说明和衬托主题，不能滥用，不能为交代背景而交代背景。两者的关系是宾与主的关系，是"红花"与"绿叶"的关系。作为起映衬作用的"绿叶"，一定不能压倒"红花"。

（二）不要将背景材料写得繁琐杂乱

写消息不需要也不可能多处交代背景，一定要在重要问题上简单扼要地交代背景，有时只要用一两句话甚至几个字，画龙点睛把背景点一下就足够了。不能事无巨细地写上许许多多背景材料，冗长累赘，令人生厌。因此，写背景要简洁凝练、通俗易懂。

（三）不要将背景材料格式化

背景材料没有固定格式，应该在读者最需要的地方出现，可以写在新闻的最后、中间或导语中，可以专设背景段，也可以穿插在几个地方。背景材料多的话，最好不要集中在一起作一次性交代，可化整为零，灵活穿插，或作对比，或作陪衬，或用于画龙点睛，或用于描花添叶，要尽量把背景材料和新闻融合在一起，和新闻事实巧妙地穿插在一起。什么地方需要写背景材料，什么地方不必用背景材料，要根据新闻事实本身的逻辑和读者的需要而定。它的出现在逻辑上应当是顺理成章，在文体上应当是一气呵成，而不应该由于硬插入背景材料而打乱新闻的节奏。

(四)不要用背景材料贴标签

背景材料同新闻事实一样,必须坚持实事求是的原则,要用真实可靠的材料反映背景与新闻之间的本质联系,力戒空洞抽象的议论和牵强附会地贴标签。

对背景材料要从各个角度去观察,了解它与周围事物、周围环境的纵横关系,从而把它放在整体的背景之下加以分析。要把背景材料用在消息的三个关节上,即新闻中需要解释的关键问题,需要回答的读者关心的问题,需要阐明的新闻事实之间的关联问题。

【案例】

健康的生活需要口腔卫生　卫生部召开世界卫生日座谈会

本报北京4月7日讯(记者　**陈光曼**)今天是世界卫生日,今年的主题是"口腔卫生"。卫生部今天在京组织有领导、专家和世界卫生组织(WHO)代表及联合国开发计划署代表参加的座谈会,围绕"健康的生活需要口腔卫生"这个口号进行了座谈。

据介绍,龋齿被WHO认定为除恶性肿瘤、心脏病以外的第三大疾病。随着人民生活水平的明显改善,我国口腔疾病的发病率呈上升趋势,自然人群口腔疾病患龋率为60%—80%,其中城市儿童患龋率超过80%,农村为50%左右。

全国人大常委会副委员长陈慕华在座谈中说,搞好口腔卫生需要全社会的共同努力,要把口腔卫生纳入初级卫生保健工作之中,把牙防工作提到防病工作的重要议事日程。

【分析】 该消息的第二段,提供的就是说明性背景材料。如果没有这段背景材料,受众就不能深刻理解围绕"健康的生活需要口腔卫生"这个口号进行座谈的意义,更不能理解在陈慕华座谈会上所说的"要把口腔卫生纳入初级卫生保健工作之中,把牙防工作提到防病工作的重要议事日程"的原因。这条消息也就成了一条非常简单,没有多大意义,不会引起公众关注的一般化的动态消息。

第三节　消息展开部分及消息结尾的写作

一、消息展开部分的写作

(一)消息展开部分的含义和功能

展开部分又称新闻主体,是新闻的躯干。它要承接导语,用足够的、典型的、有说服力的材料,阐述导语所揭示的主题思想。导语中提出的问题和展开部分的具体内容一般要一致,不能"走调"。

展开部分有两个功能:一为阐述和深化导语。对于导语中所涉及的内容,加以解释、补充和叙述。二为提供新的事实，深化主题。展开部分能提供导语中未涉及的新闻内容，使消息更为充实饱满，更为生色。

能提供新的思想、观点，使主题的表达得到加强、深化。能提供有关的背景材料，使读者对消息的来龙去脉有更深刻的理解。

（二）消息展开部分的叙述方式

1.按时间顺序写。根据事物发展的先后，按时间顺序排列事实。可以是顺序，也可以是倒序，能清楚地反映新闻事件，有头有尾，层次分明。

2.按逻辑顺序写。作者从所采写的新闻事件中，提炼出各个有内在联系的因素，并按其逻辑关系来安排材料，或者是因果关系，或者是并列关系，或者是主次关系，或者是点面关系。在组织材料时，一般先写主要的、具有特点的事实，而后安排较次要的、一般的材料。要注意逻辑性，不能把互不相干的许多问题，形式主义地罗列在一起，不要把不相干的或游离主题的材料扯在一起。

3.时间顺序和逻辑顺序相结合。有些新闻事实既有事件的发展，又有很严密的逻辑关系，在写展开部分时就需要把两种方法结合起来写。这种写作形式比前两种难度要大一些，处理得好，扣紧主题，说清问题；处理得不好，眉目不清，支离破碎。因此，用这一形式表现的新闻，在层次与层次之间，问题与问题之间，要特别注意逻辑上的严密性、连贯性。

4.不拘一格。消息的展开部分也可不遵循某一固定格式，应在表现形式上不断创新。可根据新闻内容的需要和读者口味，使展开部分的形式向轻松、活泼的形式发展；也可不紧扣导语，而别开生面，另辟新途，这样可以避免和导语重复，不断给读者新鲜感，吸引他们饶有兴趣地读完全篇。这一类的展开部分，在写作时段落的排列不能机械地按重要性依次递减，而是分段选择其中精彩的事实，作为有机的组成部分，渐次展开。

（三）展开部分的写作要求

1.承应导语，说清事由。展开部分要承应导语的内容，说清新闻事实发生的根由，交代消息的来源。注明消息的来源，可以采用明示的方法，也可采用暗示的方法；可以用直接引语，也可用间接引语。根据美国《全能的记者》一书的概括，常用的方法如下。

第一，注明消息的来源。如“汤姆斯市长说罢工将于星期四中午告终”。

第二，暗示新闻的来源。如“囚犯10名于今天清晨越狱潜逃”暗示的新闻出处是郡长或狱长。

第三，不涉及出处。为了保护某些人或者加强新闻的可信性，记者可以有目的地不涉及出处。如“据记者昨晚向权威方面探悉，尽管总督辟谣，立法机构的特别会议将在30天内召开”。

第四，交代出处。记者对所有议论性的材料务必交代出处。如“市议员哈克莱宣称：汤姆斯市长不能胜任他的职务”。

2. 紧扣主题，阐明事理。展开部分不能写得杂乱无章，一定要紧扣主题。要合乎逻辑地展开，以更好地阐明事理，揭示事物的本质特点与意义。从消息的特性来看，作为叙事性传播，在展开部分一定要按事实的逻辑来安排事实。按照事物的内部联系、特点和规律，按照事物的本来面貌说明事物，阐明事物的意义。要按照科学思维的原则和方法来说明事理，有根据、有条件、有层次、有分析，有因有果，合乎科学。

【案例】（《日本出现大量畸形鱼》这则消息在导语后的展开部分是这样写的）

这种畸形鱼被日本水产学者暂定为“弯骨鱼”。根据学者们分析，有三种情况可以造成大量畸形鱼的产生：一、在海底工程中，使用炸药进行爆炸，鱼受到水中的突然压力，而使背骨弯曲；二、寄生虫进入鱼体内部；三、农药和稀有金属等积存于鱼体内，引起鱼神经异常，筋肉萎缩，背骨逐渐弯曲。这三种情况产生的“弯骨鱼”对人体有害的可能性很大。

【分析】 这里，对大量畸形鱼作了三种可能性的解释，并引用“据学者们分析”，就使展开部分有很强的说服力。若能对这三种情况作进一步分析，指出哪一种可能性更大些，就能对事由说得更清楚。

3. 条理清晰，段落短小。展开部分要做到条理清晰，首先要讲究结构和层次。结构是运用自然段表述消息内容的技巧，层次是运用剪裁衔接的手法组合消息的技巧。要运用消息的结构和层次，巧妙地将信息传播给读者。

展开部分要做到条理清晰，还要讲究提行分段。提行分段属于消息写作的意念表述和组织结构的方法技巧问题。消息写作要善于运用简洁明了的行文传播信息，在提行分段上宜短不宜长。当前，长段落的展开部分较多，有的消息把许多内容塞在一个长段落里，致使段落过长，内容过多，层次不清，给读者阅读带来很多不便。还有的消息把结构段落与自然段落混而为一，将提行自然段误解为结构段，导语、背景、展开部分和结尾各为一段，致使段落冗长，意念不清，重点不突出。我们提倡短小的新闻段落，一段一层意思，用许多紧密相连的小段区分内容。杰克·海敦在《怎样当好新闻记者》一书中说：“好的新闻写作是干脆而明快的。简短的句子和段落是它的特征……为了便于阅读并在报纸版面上多留一点空白，有意把段落弄得很短。”可见，提倡分段多、文句短至少有这样三个好处：一是消息内容层次清楚，二是版面编排清晰美观，三是读者阅读节奏明快。当然，也不能认为段落越小越好，那样使消息给人一种支离破碎的感觉。

要做到条理清晰，段落短小，首先要分清层次，把各层意思划分清楚，作合理安排。其次要讲究提行分段的技巧。段落和层次是既有联系又有区别的两个概念，层次是内容上的含义，段落是结构上的含义。层次没有外在标记，段落有换行的明显标志，层次可以是一个段落，也可以是几个段落。要使段落短小，最好的办法是词语凝练，尽量用一两句话表达一个独立完整的意思，让其形成一个短小的段落。

4. 内容充实，手法多样。展开部分的内容要丰富充实，不仅要有面上的概括材料，还要有点上的具体的典型事例。展开部分除了要补充和完善导语中所涉及的内容外，还可提供与之有关的新的事实材料。

展开部分的写作手法要多种多样，波澜起伏。要用灵活多样的表现手法，叙事时可以顺叙、倒叙、插叙，有时也可以描写、抒情，要围绕主题选材，多变换几个角度提出和解答问题，每篇消息都要写出自己的个性和独特的风格。在写作手法上要尽量灵活多样，生动有趣。

【案例】（新华社的消息《〈象棋〉月刊创刊》，导语很简要，展开部分却写得非常生动）

这是一本风格别致和内容有趣的杂志。创刊号封面的一边印有一张双马单相紧缠单炮双士的残局棋图。这盘残局从来被人认为是无法取胜的和局，连最老的古谱和最好的名手都这样看法。但是在这一期《象棋》创刊号内，却揭示了这盘残局的奥秘，披露了双马可以战胜单炮双士的看法。

展开部分的写作还要善于运用细节。美国两位名记者约翰·钱塞勒和沃尔特-米尔斯在《记者生涯》中非常强调细节的重要，认为"记者的工作就是要把这些生活细节精心编织到报道中去，以使新闻有血肉，富有生气和特色"。他们举例说，一篇报道中有这样一句话："两个少年在一起车祸中丧生。"后来加了这样一个细节："其中一个身穿短袖 T 恤衫"，汗衫上印着"我在人世并不求长寿，而要过得快乐"，这样一加就形象多了。

二、消息结尾的写作

结尾在消息中有着重要的作用。一个好的结尾，能使消息在结局达到高潮，或给读者留下很深的印象。

好的记者非常讲究结尾的构思，总是想方设法用别致的结局吸引读者读完整篇报道。美国名记者威尔·格里姆斯利说："一篇好的报道是具有对称美的。它必须有一个好的开头。然后，它应该平稳流畅地过渡到文章的高潮；如果可能的话，要用一个出乎意料的结尾使之达到高潮。"

消息结尾的写法很多。或总结全篇，揭示主旨；或展示未来，鼓舞斗志；或抒发情怀，增强感染；或词语含蓄，使读者遐思不已。总之，应能够深化主题，并简短有力。就一般消息而言，写结尾还提倡这样两种手法：一是没有结尾的结尾，二是新开篇的结尾。

（一）没有结尾的结尾

没有结尾的结尾，是指写消息时不要故意设计结尾或结尾句，而是顺着消息的发展，自然地把必要的消息内容、事件、新闻诸要素交代完毕，水到渠成，自然结尾。像《百万雄师横渡长江》、《上海最后两辆人力车进了博物馆》等，都没有专门的结尾段、结尾句，而是用具体的事实或细节作结尾的，是典型的没有结尾的结尾。这种方法干脆利落，毫无拖泥带水之感，却能余味无穷，含蓄不尽，能起到深化主题的作用。

（二）新开篇的结尾

新开篇的结尾，指消息写到结尾时，用另一个新的信息来做结尾。看来像是另一消息的开端，却毫无游离之感，反而让读者感到还有新的消息在等待自己去看。

【案例】（《欧战结束！德国无条件投降！》写的是德国的投降仪式，结尾却是仪式之外的新信息）

盟国的官方通告将于星期二上午九时颁布，届时杜鲁门总统将在广播电台宣读一项声明，丘吉尔首相将发表"欧洲胜利日"公告，查尔士·戴高乐将军也将同时对法国人民发表讲话。

新闻的结尾特别要注意防止画蛇添足，用空泛的政治口号拖在尾巴上，给人以拉杂累赘之感。还有，不当结束而结束，使人感到似乎未完，或含义不清，也是要防止出现的。

第四节　消息标题的写作

消息标题是消息精华的集中体现，是对消息内容的提示和评价，是吸引读者的重复手段。它能帮助读者选择新闻信息，帮助读者加深对新闻信息的理解，能满足读者扩大新闻信息的需求。

一、消息标题的种类

消息标题由主题、辅题组成。辅题有引题、副题、插题、提要题等。也就是说，除主题外，均属辅题。排版上，辅题字号较小。

主题是标题中最主要部分，说明最主要的事实和思想，也是标题中最受人注意的部分。

引题又称眉题、肩题、上辅题。它是主题的先行官，从属于主题，为主题交代背景，说明原因，烘托气氛，阐明观点，或以鼓动、揭示、含蓄、抒情、讽刺等手法，表示记者的观点和态度。引题的位置在主题前，可以是明确的完整句子，也可以是有意表达含蓄语义的词组，起抛砖引玉的作用。

副题也叫子题、下辅题。它排在主题之后，用以补充说明主题，交代新闻的次重要事实，起着印证、注释、补充作用。副题一般从实处着手，内容较多，比较具体，文字一般长于肩题和主题，有时副题可以多行。

插题又称分题、小题。它穿插在消息中，是某一段段意的概括，有分段分类的作用。既便利读者，又能美化版面。插题亦可点出某段中最精彩的地方，或把某段开头一部分突显出来。

提要题又称提示题、纲要题，一般在新闻的前边。它集中概括新闻的主要事实、做法、经验或问题等，对读者作概括介绍。有时在总标题前，有时在题后文前，近似副题或编者按的作用。

栏题又称大标题、总标题，居于一个版或一个专栏最显要的位置，字号大而醒目，统率所属的各篇稿件。栏题所提出的是一个时期带有普遍性的大问题，用语要正确全面。

【案例一】 （载于《人民日报》1997 年 3 月 3 日）

一条消息三个标题：

与大海同在　与祖国同在　与人民同在(引)

邓小平同志骨灰撒入大海(主)

受中央委托，胡锦涛同志和邓小平夫人卓琳等亲属护送骨灰撒放(副)

【案例二】 （载于《江淮晨报》2004 年 2 月 11 日）

一条消息两个标题：

“霸王别姬成绝唱　人间不见程蝶衣”(引)

张国荣跳楼自杀(主)

二、消息标题的写作要求

(一) 一语中的

消息标题的写作要做到一字千金，用最凝练的语言表明最想告诉人们的内容，标题要“点睛”。

1982 年初，团中央致全国一、二年级小朋友的信中宣布，年满 7 岁的少年儿童都可以戴红领巾。由此产生的消息标题有以下情况。

【案例一】

共青团中央在致全国一二年级小朋友的信中宣布(引)

年满七岁的少年儿童都可以戴上红领巾(主)

【案例二】

共青团中央作出决定(引)

让适龄少年儿童全部戴上红领巾(主)

【分析】 第一条标题，“都可以戴上红领巾”，含有条件性。第二条标题，“全部戴上红领巾”，表明不考虑任何条件。两条标题对比，显然第一条标题在写作中，记者理解文件更到位。

(二) 简短易读

消息标题应该用最精确、最简短的语言，将新闻的主要内容告诉人们，让人一看就懂。

【案例】 （毛泽东撰写或修改过的三个消息标题）

人民解放军百万大军横渡长江

南京国民党反动政府宣告灭亡

北平解放

（三）旗帜鲜明

消息标题要表明立场，是非有别，以旗帜鲜明的态度呈现给人们，达到引导舆论的目的。

【案例】

来的都是客　全凭嘴一张（引）

风口镇被吃穷了（主）

（四）生动活泼

根据消息相关内容需要，标题写得生动活泼会起到感染人、影响人的艺术效果。

【案例】

上面来一斗决不给农民九升九（主）

海堰乡化肥供应实行“三公开”、“一证管”（副）

三、消息标题的构成形式

（一）完全式

引题、主题、副题齐全，表明内容比较重要，使用时要注意相互间内在的逻辑关系，形成一个有机整体。

【案例】（载于《文汇报》2005 年 10 月 17 日）

一条消息，四个标题：

4 时 33 分航天员报告：安全着陆，身体状况良好（引）

神六飞船今晨凯旋（主）

中共中央国务院中央军委致电祝贺（副）

吴邦国　贾庆林　黄菊　吴官正观看飞船返回实况　吴邦国宣读贺电（副）

（二）主标题式

只有主标题，没有辅标题，可以是单主题，也可以是多主题。单主题以一行居多，若字数多也可并列地排成两行。多主题以两行居多，没有特殊需要不宜增加行数，行数太多会影响中心的突出。

【案例】（载于《新安晚报》1999 年 12 月 21 日）

双行主题：

失学娃越来越少

女干部越来越多

（三）主引式

由主题和引题组成。

【案例】（载于《中国青年报》2006 年 1 月 27 日）

中国选手首次在大满贯赛事中夺冠（引）

郑洁晏紫澳网女双折桂(主)

(四)主副式

【案例】(载于《江淮晨报》2006年2月4日)

埃及一客轮红海沉没(主)

载有1400多人,已有100余名幸存者获救(副)

四、消息标题的制作程序

(一)紧扣内容,构思立意

标题产生在构思与动笔之前,最终完成是文成之后。紧扣内容是精心制作标题的前提,只有把消息的内容搞清,抓住实质,才能反映深刻,做到言近旨远。标题制作不能就事论事,要立意高,要贴近实际需要,从中确立富有时代精神的新意。在构思时要做到内容具体、概括准确、题文一致、突出精华,还要避免歧义。

(二)先搭框架,反复比较

制作标题是一个复杂的过程,有时灵感到了大笔一挥,一则好标题跃然纸上,有时却苦思冥想,不见踪影。因而不要希图一口吃成个胖子,要下工夫反复琢磨。可根据立意,先搭架子,然后再作加工,反复比较,到满意为止。

(三)先讲准确,后求生动

准确是标题的生命,这是毫不含糊的。标题的准确既不能夸大事实,亦不能缩小事实,反映主次要得当,概括事实要无差错。消息标题要讲究准确,还要力求生动。只有生动活泼才能打动读者,生动的标题就像磁铁石一般,能把读者这块铁紧紧吸住。

(四)细心斟酌,力求简洁

标题要力求"一言理尽,两字穷形",以至于"增一字则太长,减一字则太短"。用最少量的字词表达最丰富的内容,这就是简练的内涵。标题不简洁,拖泥带水,就会使人觉得不快意,激起不了阅读的兴趣。

五、消息标题的制作技法

标题讲究词以达意,崇尚准确、生动、鲜明,要求标出特色,标出精神,标出意境,不能含含糊糊、模棱两可。具体技法如下。

(一)精心提炼

消息标题要求文字简练,一定要在词语的提炼上下工夫。可以多提炼出一些词或字,反复比较、推敲、选择,找出最佳词语,制作出最佳的标题。

【案例】(载于《光明日报》1979年7月26日)

为马寅初平反的报道,当时绝大多数报纸都做了类似公告式的标题,最吸引人的是下列标题:

错批一人　误增三亿(主)

党组织为马寅初彻底平反，恢复名誉(副)

(二) 开拓延伸

标题的字数有限，要在很少的文字中展示更多的内容，揭示更深的内涵，就要善于开拓延伸。

【案例】

报道第二次世界大战意大利投降，在制作标题时开拓延伸至整个法西斯阵营的必然灭亡，拟了下列标题：

一叶知秋(引)

意大利投降(主)

(三) 纵横对比

对事物之间的异同点或者同一事物的不同处加以对比，形成鲜明的落差，使事物的差异、特点及变化等性质得到强调和突出，引起读者的关注。

【案例】 (《经济日报》2000年4月5日)

一边是用水短缺，一边是雨水白流(引)

北京尝试截留雨水扩大水源(主)

(四) 借助修辞

修辞是指对标题遣词用字的斟酌和推敲，是修饰标题使语词更形象生动的一种技巧。汉语的修辞方式非常丰富，在消息标题的制作中被广泛引用。

【案例一】 (运用拟人法)

珠穆朗玛峰边走边长(主)

从1966年到1992年的27年间长396厘米(副)

【案例二】 (载于《羊城晚报》2001年2月18日，运用双关法)

中山图书馆“钱途”尴尬(主)

藏书量曾居全国前列，目前却对这三年出版的书都无力购买(副)

【案例三】 (运用对偶法)

踢两场输两场攻无力守无方(引)

球迷说:“国安今年要降级”(主)

【案例四】 (运用问答法)

有吐痰恶习者知多少? 三亿

(五) 巧用诗词

很多优秀诗词不论内容还是形式都非常精美，在拟制标题时，恰当地运用能收到很好的效果，使语言表达更精练、更形象、更鲜明，意境丰富，引人联想。

【案例】 (载于《文汇报》1982年12月10日)

由宋代诗人林升《题临安邸》一诗中的“暖风熏得游人醉，直把杭州当汴州”衍化而成的标题：

春风熏得远客醉　直把店家当自家(主)

镇江饮食店热情待客真个名不虚传(副)

(六) 叙议结合

为了达到新闻导向的作用，消息的标题写作，要用叙述加议论的表达方式，将明确的观点、主张体现在标题中。

【案例一】

车辚辚马萧萧　凯歌贯云霄(引)

最可爱的人回来了(主)

安东市举行盛大欢迎大会和欢迎宴会(副)

【案例二】

生"财"要找才(主)

徐州市从外地请进老工人、技术员和企业管理干部，轻纺产品质量提高(副)

实训练习题

1. 根据身边新发生的事件，完成10篇消息稿件的写作练习。
2. 要求于报刊上发表3篇以上消息作品。

第四章　消息的类别写作

消息类别写作的课堂实训任务

请认真阅读以下给出的材料，根据材料后面所提出的要求进行思考，在学习完本章之后，按要求完成课堂实训任务。

材料来源

2010年7月12日《人民日报》第一版刊载，新华社记者邹声文写的通讯。

材料内容

转变方式促发展　中原崛起谱新篇

——记胡锦涛总书记在河南考察工作

盛夏时节，中原大地满目葱绿、生机勃发。

7月9日至11日，中共中央总书记、国家主席、中央军委主席胡锦涛在河南考察工作。总书记深入洛阳的大型企业、科研机构和乡村农户，就保持经济平稳较快发展、加快转变经济发展方式、保障和改善民生、加强和改进党的建设等进行调查研究、提出殷切希望，给正在着力推进中原崛起的河南干部群众增添了新的力量……

总书记希望国有企业：适应形势变化，转变发展方式，创造新的辉煌

洛阳是我国重要工业基地，“一五”期间国家有7个重点项目安排在这里。在新形势下，当年建设的国有企业如何转变发展方式、增创竞争优势？带着这一问题，胡锦涛先后前往3家国有大型企业考察。

中国一拖集团有限公司建于1955年，是一个有着光荣传统的企业，新中国第一台拖拉机就诞生在这里。1999年3月，胡锦涛曾到这家企业考察。在总装车间流水线旁，在“东方红”牌新型拖拉机展品前，总书记看得仔细、问得深入。他还兴致勃勃地登上一台最新研发的大功率轮式拖拉机察看。企业负责人告诉总书记，一拖集团实施战略重组以来，已逐步转型升级为集科研、生产、销售于一体的大型综合机械制造企业。听了这些情况，看到企业欣欣向荣的景象，胡锦涛非常高兴。他希望企业干部职工大力弘扬光荣传统，继续深化企业改革，着力增强自主创新能力，不断适应市场新变化，努力创造一拖集团新的辉煌。

洛阳轴承控股有限公司和中信重工机械股份有限公司也都是有50多年历史的国有企业，并通过重组改造实现了快速发展。在洛阳轴承控股有限公司“二次创业”的标志性工程——新洛轴工程现场，胡锦涛走进刚刚投产的风力发电轴承项目车间考察。总书记对企业负责人说，你们企业现在站在了一个新的起点上，要深化企业改革，一靠机制，二靠创新，努力做到人无我有、人有我精，把新洛轴工程建成世界一流的轴承研发生产基地。在中信重工机械股份有限公司，胡锦涛详细了解这家企业近年来加快从生产型向研发型转变、成为国内最大矿山机械制造商的历程，称赞这是转变经济发展方式在企业的成功实践。总书记说，企业的生命在于创新。希望你们再接再厉，不断增强自主创新能力，全面提升企业竞争力，努力在世界装备制造业占有一席之地。

总书记希望科研机构：发挥人才作用，加强科研攻关，加快成果转化

依靠科技进步和创新，大力发展战略性新兴产业，是加快经济发展方式转变的重要内容。考察期间，胡锦涛专程到两家科研机构进行调研。

在中航锂电研发中心，胡锦涛考察了锂离子动力电池实验室、中央控制室和生产车间，详细询问产品的研发、生产、应用情况。了解到这个中心成立时间不长就开发了多项核心关键技术，生产的电池容量大、倍率高、寿命长，市场占有率不断提高，总书记对他们取得的成绩给予充分肯定。他对中心负责人说，目前，我国新能源产业正在加快发展，市场需求不断扩大。希望你们抓住这一机遇，充分发挥技术优势，加大科技成果产业化力度，努力在发展新能源产业中有更大作为。

在中船重工船舶材料研究所，胡锦涛详细了解这里的科研开发和人才队伍建设情况。研究所负责人介绍说，所里注重人才强所，充分调动科研人员的积极性。总书记说，你们所能够取得这么多成果，说到底就是因为有一支实力雄厚的人才队伍。他希望研究所坚持尊重人才，进一步做好引进、培养、使用人才工作，使这支科研团队在未来发展中发挥更大作用。

总书记希望粮食主产区：稳定播种面积，努力提高单产，抓好粮食生产

河南是全国第一粮食生产大省，粮食总产量连续10年居全国首位，连续4年稳定在千亿斤以上。对河南的粮食生产，总书记尤为关心。

考察途中，看到路边农田里绿油油的玉米已有一尺来高，胡锦涛让停下车来，沿着田垄走进田间，仔细察看玉米长势。几位正在施肥、除草的农民见到总书记，个个喜出望外，纷纷围上前来。胡锦涛同大家亲切聊了起来，问夏粮的收成、售价，问气候对玉米生长的影响，问对中央政策还有什么要求。总书记对乡亲们说，扶持粮食生产是国家的长期政策。国家正在制定“十二五”规划，“十二五”期间我们将继续把解决好“三农”问题作为重中之重，今后扶持粮食生产这一政策的力度只会加大、不会减弱。这么做，就是要让乡亲们放心种粮，通过种粮实现增收致富。听了总书记的话，大家连声感谢党的好政策。

考察过程中，胡锦涛反复强调，我国粮食已经连续6年增产，今年夏粮生产在不利气候条件下再获好收成。越是在这种情况下,各级党委和政府越不能放松粮食生产。粮食主产区在确保国家粮食安全方面责任重大,一定要坚定不移抓好粮食生产,努力提高粮食综合生产能力和生产水平,为保障国家粮食安全作出新的贡献。

总书记希望农村基层党组织:积极创先争优,推动生产发展,服务农民群众

洛阳市孟津县平乐镇妯娌村是个移民村,1995 年因兴建小浪底水利枢纽工程整体搬迁到现址。来到妯娌村,胡锦涛首先观看了反映这个村搬迁前后情况的图片。搬迁前,村里群众居住分散,耕作条件差,年人均纯收入只有 680 元;搬迁后,村里规划兴建了整洁的移民生活区,家家户户通上了自来水、看上了有线电视,年人均纯收入增加到 4950 元。搬迁以来,村党支部积极为村民解决实际困难,带领大家建设新家园、开创致富路,赢得了群众支持和拥护。总书记边看边问,为乡亲们生产生活条件的改善感到欣慰,对村党支部扎实有效的工作表示赞许。

在村党支部,胡锦涛翻看党支部活动记录,同党员、干部交谈,深入了解党支部建设情况。村支书李东风向总书记汇报,党支部正在开展创先争优活动,党员、干部确定了帮扶对象,力争两三年内让村里贫困户的收入赶上全村平均水平。胡锦涛语重心长地对大家说,农民要致富,关键看支部。希望你们把开展创先争优活动与发展生产、服务群众紧紧结合起来,在建设社会主义新农村过程中更好地发挥战斗堡垒作用。

随后,胡锦涛走进村卫生所、便民超市、沼气技术服务站、村务监督室,考察村民享受公共服务、参与村务管理等情况。总书记还察看了村民办的梨园和小型养猪场,实地了解发展林果业、养殖业给村民带来的收益。

村民李治安家原来住在一孔简陋的土窑洞里,移民搬迁后住上了两层小楼,还用上了方便、清洁的沼气。胡锦涛来到他家看望时,特意走进厨房,试试沼气炉、沼气灯好不好用。宽敞的客厅里,总书记摇着蒲扇,同主人一家和村民代表亲切唠起家常。房子什么时候盖起来的?搬来后分了多少地?都有哪些收入来源?……总书记问得实在,村民们答得直率,屋里气氛十分融洽。

胡锦涛对村民们说,为了建设小浪底水利枢纽工程,你们响应国家号召,把家搬到了这里。这些年来,在村党支部带领下,你们的生产生活条件得到很大改善,我看了很高兴。总书记诚挚地说:"党和政府所做的工作就是为了使人民群众生活得更好。今后,我们还会继续采取更多惠农政策,帮助群众发展经济、增加收入。相信妯娌村和其他地方一样也会有更好的前景。"

听说总书记来到妯娌村,村民们纷纷拥到路口,热情向总书记问好。胡锦涛走到乡亲们中间,问这个现在的收入,听那个今后的打算,人群中不时传出阵阵笑声。临上车时,总书记握着村支书李东风的手再一次叮嘱:"一定要把开展创先争优活动与发展经济、服务群众结合好,拜托你们了!"李东风大声回答:"请总书记放心!"

考察结束时,胡锦涛听取了河南省委、省政府的工作汇报,充分肯定了河南经济社会发展取得的成绩。总书记希望河南广大干部群众以邓小平理论和"三个代表”重要思想为指导，深入贯彻落实科学发展观，牢牢把握国家加大促进中部地区崛起力度的宝贵机遇，以更加振奋的精神、更加开阔的视野、更加务实的作风，全力做好推动科学发展、促进社会和谐各项工作，在全面建设小康社会、加快推进社会主义现代化的征程上谱写中原崛起新篇章。

胡锦涛指出，转变经济发展方式是破解发展难题、实现科学发展的根本之策、关键之举。必须以只争朝夕的精神，在加快转变经济发展方式上花大气力、下真工夫，大力调整经济结构，大力提高自主创新能力，大力做好节能减排和环境保护工作，大力推进改革开放，务求取得突破性进展。

胡锦涛强调，正在全国基层党组织和党员中全面展开的创先争优活动，是巩固和拓展学习实践科学发展观活动成果的重要举措，是加强新形势下党的先进性建设的有效载体和有力抓手。要在开展这项活动过程中，努力做到党组织争先进、党员干部作表率、人民群众得实惠，把党的政治优势和组织优势转化为推动科学发展、促进社会和谐的强大力量。

考察期间，胡锦涛在中共中央政治局委员、中央军委副主席郭伯雄等陪同下，接见了解放军驻洛阳某部官兵。胡锦涛勉励他们大力加强思想政治建设，全面提高部队战斗力，为党和人民再立新功。

中共中央书记处书记、中央办公厅主任令计划，中共中央书记处书记、中央政策研究室主任王沪宁一同考察。

写作任务要求

请根据所给材料写一篇消息。该消息写作要体现文体规范，要素齐全，结构正确；用规范的消息报道语言；要求用两行标题；篇幅控制在1000字以内。

第一节　消息的各种分类

消息的种类繁多，分类的方法五花八门。在新闻界，常常从各自不同的视角，对消息进行不同的分类。

一、按事实特性分类

按事实特性，可把消息分为两种，即事件性消息和非事件性消息。

（一）事件性消息

事件性消息，是指反映客观世界发生的事件的新闻，也就是围绕某一新闻事件而作出的消息报道。这类消息，事件发生一般有其确定的时态，报道的时间性要求很强。事件性消息写作形式，大量的是动态消息，包括要闻、快讯、简报、综合报道等。人们对新闻事件发生的把握情况不同，又可分为突发性事件和可预知性事件。

【案例】（新华网 2010 年 7 月 11 日）

杭州萧山机场不明飞行物引发猜想　专家一一驳斥

新华网杭州 7 月 11 日电(记者　**张遥　章苒**)7 日晚间杭州萧山机场上空不明飞行物短暂现身 8 分钟，致使机场封锁 1 小时。不明飞行物下落不明，官方调查组至今未有结果，由照片引发的种种猜想也被专家一一驳斥。8 日上午开始流传于网络的一张照片，引爆了公众对于萧山机场不明飞行物的猜想。从照片中看，夜空中飞行的物体带有五个亮点，并带有红色和白色的亮光，飞行高度大约十五层楼高。

照片的拍摄者麻世俊告诉新华社记者，当晚他正陪妻子在家附近散步，并带上了新买的单反相机拍夜景。

“感觉到头顶有亮光，我抬头一看，一道明亮的白光正从天空中飞过，就拿起相机拍了下来。”麻世俊说，“拍摄时间是 8 点 26 分。”“不过，那天晚上拍到的是不是飞机，是不是萧山机场上空的那个不明飞行物，我也很难说清。”麻世俊说，照片中的飞行物他也只看到了十几秒，等拍完第一张抬头再看，飞行物已经不见了。

“外星人真的来了吗?”“UFO 为何青睐杭州?”麻世俊拍摄的疑似不明飞行物照片被各大论坛广为转载，出现在杭州萧山机场的不明飞行物，迅速引发了人们的好奇。五花八门的网民猜想中，有关外星人、未来人的猜测层出不穷。

一些媒体和网民也随即对各类 UFO 现象进行搜罗盘点，从中国到土耳其，自宋朝至今，连苏东坡前往杭州赴任途中写下的古诗也成为推测依据。“真的有外星人来杭州了!”成为近日的热门话题。

中国科学院国家天文台研究员胡景耀表示，照片中的飞行物应该就是普通飞机，不会是地外生物的飞行器。“我们国家过去也出现过不明飞行物，每次都会引发关于外星人的猜测。不过从现有的记录来看，这些不明飞行物目前还没有一例被确认为地外来客。”胡景耀说。

北京天文馆馆长朱进看过这张照片后告诉新华社记者，飞机的频闪灯一闪一闪，夜晚拍摄下来就是照片中的样子。

朱进认为，网上流传的照片与萧山机场所说的不明飞行物并不是同一个物体，“老百姓拍到的肯定是飞机”。

据了解，当时目击不明飞行物并通知机场的东航机组人员，其所在的飞机正在萧山机场上空备降，飞行高度约为 1000—1200 米，不明飞行物也在这个高度，这与照片中“十五层楼”的高度并不吻合。

据了解，当时有机场工作人员也拍到“疑似不明飞行物”的照片，后经查证，拍到的只是机场中的高感灯。据了解，目前民间摄影爱好者提供给调查组的照片，并没有拍到不明飞行物。

事实上，不只是杭州，最近新疆、江苏、湖南等地也都有人表示看到不明飞行物。杭州高级中学天文社成员朱逢源等猜测，萧山机场不明飞行物可能是一枚试射的导弹。“照片是在夜晚拍摄的，不明飞行物本身应该不会发光，看到的白色光线可能是导弹与大气层摩擦产生的。”

有关导弹的猜想，胡景耀表示，从网络提供的照片来看，照片中的不明飞行物体带有五个亮点，而如果是导弹，会因为与大气层的摩擦而发光，但只会有一个亮点。

香港天文学会前会长陈铸略在接受凤凰卫视采访时也表示，杭州不明飞行物不可能是导弹。陈铸略认为，杭州出现的不明飞行物最可能是火箭碎片。此外，对于网络流传的“不明飞行物是军事探测器”一说，胡景耀认为“说不通”——用相机就能拍摄到的飞行器，显然会容易被击落，现有的侦察卫星已经可以分辨地面十公分大小的物体，连汽车牌照都能看得清，没有必要动用这种飞行器进行侦察。

对于坊间流传的种种猜测，记者10日再次致电参与本次调查的民航浙江监管局空管处处长汪建。汪建表示：“不明飞行物仍在调查中，暂时没有结论。”

（二）非事件性消息

非事件性消息，是指与事件性消息相对区别的新闻，即报道的事实不是一个具体事件，而是一种情况、经验或问题（倾向），其发生时态多为渐变性，是在一段时间内逐步形成的事实。

非事件性消息常见的形式，有专题新闻、典型报道、经验消息及新闻综述等。

【案例】（载于《人民日报》2010年7月11日第一版）

吉林现代农业又好又快发展

本报长春7月10日电（记者　**刘亮明　刘文波**）盛夏时节，吉林农村满眼绿色，生机无限。丰收在望，农安县合隆镇陈家店村农民“嘎嘎乐”：开春期间，“种庄稼的做法变样了”，“面朝黄土背朝天”分散劳作的情景不见了，村农机合作社以每公顷1万元价格，集中村里401户的301公顷土地，从种到收全程负责，农民参与机械耕作再付给工资。

今年以来，吉林积极推进农业科技创新和制度创新，不断提高农业综合生产能力、加快构建农业现代产业体系，全力转变农业发展方式。预计全年粮食产量将再创新高，达568亿斤；农业总产值将增长15%左右，达2150亿元。

新形势下，吉林省委提出建设“五大一强”的发展战略，即把吉林建成粮食、牧业、林业、北方特产业、农产品加工业大省和农村经济强省。省委书记孙政才表示，吉林要加快构建现代农业产业、基础保障、科技创新、制度支撑“四个体系”，着力推进传统农业向现代农业、主要依靠物质投入向科技支撑、靠天吃饭向提高物质装备技术水平、分散经营向产业化经营和合作经营等方面的转变，真正实现农业的又好又快发展。

加大农业科技研发投入，吉林粮食作物品种研究取得突破性进展：培育出了世界上第一个大豆杂交种“杂交豆1号”，单位增产可达20%以上；培育出优质“超级稻1号”，水稻大面积单产提高15%以上。今年全省超级稻推广面积达500万亩，占全省水田种植面积的50%。

以农业机械化促进土地规模经营，吉林在30个产粮大县实施全程农机化示范区建设，总投资达10.3亿元，新增建设面积300万亩。目前，全省农机总动力已达到2000万千瓦，特别是制约传统农业向现代农业转变的关键环节机具水稻插秧、收获机和玉米收获机等都有了长足发展，全省农作物耕种收综合机械化水平达到55%。

经过努力，吉林农业综合生产能力得到明显提高。今年，吉林省增产百亿斤粮食工程建设力度进一步加大，总投资将达80亿元，相当于前两年的总和。粮食播种面积达到6870万亩，玉米、水稻、大豆三大主要粮食作物优质专用品种种植面积达到4801万亩，比上年增加396万亩。百亿斤肉类工程扎实推进，全省15个牧业产业园区和1000个牧业小区发展迅猛，截至5月末，全省猪、肉牛、羊、禽数同比增长均在4%到10%之间。截至5月，全省农产品加工业实现销售收入1140亿元，比去年同期增长35.7%。

二、按报道内容分类

按报道内容分类，通常把消息区分为经济新闻、社会新闻、人物新闻和国际新闻等。

经济新闻指以反映经济活动、经济生活为内容的消息报道。它还可以细分为工业新闻、农业新闻、财贸新闻、金融新闻、交通新闻等。

社会新闻指报道社会、家庭生活和社会问题、社会风尚一类的新闻(消息)，旨在崇尚社会公德和家庭伦理道德，并与社会上不良现象作斗争。

人物新闻是以写人物为主的一种消息，简要反映人物突出的事迹及其精神风貌，或只报道人物的某种行为、某个侧面，时效性较强。

国际新闻是对外国的经济、政治等情况和国际性活动的报道。

以此类推，另有政治新闻和文教、科技、教育、卫生、体育、法制、军事各种新闻及会议新闻等。

三、按篇幅长短分类

按篇幅长短分类，可分为长消息、短消息、简讯、一句话新闻和标题新闻。

长消息是对文字篇幅较长、内容较为详细的消息的统称，通常用来报道公众关注的重要新闻，包括政治、经济及人物活动新闻和重要会议新闻。

短消息篇幅短小，三五百字，而内容仍较充实。

简讯又称短讯、新闻简报、简明新闻，大都百来字，多则200字左右，只简单告知有个什么事，一般不交代新闻背景与“何故”。

一句话新闻，顾名思义，即以一句话表述新闻事实，它比简讯更“简”。

标题新闻是用新闻标题形式出现的消息报道，以题代文，题含文意。

【案例】

日本右翼分子再登钓鱼岛

中国外交部2日向日方提出严正交涉

四、按其他样式分类

按其他样式分类，则有目击新闻、解释性报道、背景报道、公告新闻等。

目击新闻，也就是现场新闻、视觉新闻，是指记者在新闻事件发生现场采写的新闻（消息）。目击新闻的特点在于“目击”，主要通过视觉反映变动着的事实，新闻报道的现场感强烈，也可以用特写手法写作。

解释性报道侧重于说明新闻事实的来龙去脉，阐释事件发生的原因、结果或趋向，以及与有关事物的联系，从中体现记者的思想观点。

背景报道与解释性新闻类似，着重报道“新闻背后的新闻”，揭示新闻事件的“背景”，即其历史、环境、因果关系和事件发生的主客观条件。

公告新闻，也叫公报式消息，是权威媒体就国家政治、经济、军事、外交等重大事项，经党和国家授权发布的新闻，具有官方性和严肃性，实际上是以新闻形式发表的官方文件。

五、按内容的写作强调性分类

按内容的写作强调性分类，主要是西方新闻界对消息的分类，即硬新闻和软新闻。

硬新闻，一般指题材较严肃、时效性较强的重要新闻（消息），或是较具影响的公众事件的报道。

软新闻是指时效性要求不高而社会性强，人情味、趣味性较浓，且笔调轻松的消息。我国新闻界，也通常把带有广告性质的报道叫做软新闻。

六、按新闻事实性质和不同的写作特点分类

我国新闻界长期比较通行的，是按新闻事实性质和不同的写作特点，把消息归结为四大类，即动态消息、经验消息、综合消息和述评性消息。这四大类消息可以大体上涵盖上述各种分类的消息报道，而目击新闻、解释性报道、新闻专稿等，也可以说是这四大类消息写法的变化与发展。

关于这四大类消息的内涵、特点，以及写作要求，我们将作为重点，展开讲述与研究。

实训练习题

1. 新闻界对消息有哪些不同的分类？各有什么特点？
2. 根据你对各类消息的理解，通过报纸将每类消息找出一则，并且抄写下来。

第二节　动态消息及其写作

一、对动态消息的认识

动态消息，又称“纯新闻”，是最常见的一种消息类型，也是用以传播信息的主要消息类别。

这类消息与事实变动时态并不明显的消息相区别，及时报道正在发生或新近发生的新闻事实，迅速反映社会各方面的新情况、新事物、新动向。新闻传播的广大受众正是从各种动态消息中了解变动着的客观世界，沟通情况，获得信息，把握国内外形势。

二、动态消息的写作特点

（一）突出“动态”

这类消息反映新闻事实发生、发展的最新变动状态，最能体现新闻姓“新”的特征和优势。它在形式上可以是长消息，也可以是短消息，还可以是简讯，又可以是一句话新闻或标题新闻。当然，更多的是短消息，简要报道事实变动经过和前因后果，新闻“五要素”或“六要素”较为齐备，让受众了解新闻的基本事实。

（二）时效性强

新闻时效性是新闻在一定时间内所产生的社会效果，新闻发生与新闻传播的时间差愈小，其效果愈大；反之，则效果愈小以至失去时效。动态消息一般报道事件性新闻，无论是突发性或是可预知的，事件的变动时态非常明显，什么时候发生、什么时候有了发展变化都是动态消息所涉猎的内容。因此，动态消息的写作，通常注重时间要素，特别强调新闻的时效性，当天的新闻事件当天报道，甚至在事实发生时同步作出报道。

这类消息根据事件发生与相隔发稿的时间，确定为“电头”或“讯头”。在报纸上，时效最好的，冠以某地某时“电”，时效性较次的，冠以“本报讯”。在电台、电视台里，冠以“本台消息”。电头是对新闻稿发稿单位、地点和时间的说明，常见的电头形式有“某通讯社某地某月某日电（讯）”，或在其前面加一“据”字，表明对电讯稿作过删节。“本报讯”或“本台消息”，指新闻稿是本报（台）记者或通讯员（撰稿人）采写的。为突出新闻的重要性、及时性，在电头部分，有时还标明“本报（台）记者某日报道”、“本报（台）记者某地专电”等。

（三）一事一报

一条动态消息往往集中报道一件事，或者只反映事实发生和发展的一个阶段、一个侧面。消息从总体上看，一事一报作为它的体裁特征之一，也就是根据消息的主要品种——动态消息的特点形成的。

动态消息多为独立的单个事件的报道，而单独的新闻事件，其发生、发展到结束的全过程常在较短时间内完成。

【案例】（《我国第一艘无人飞船发射成功》便属于动态消息，消息的导语如下）

北京时间2001年1月10日1时零分，我国自行研制的“神舟二号”无人飞船在酒泉卫星发射中心发射升空，10分钟成功进入预定轨道。这是我国载人航天工程第二次飞行试验，它标志着我国载人航天事业取得了新进展，向实现载人飞行迈出了重要的一步。

另外，动态消息也适合报道持续性变动事件。这就是一条消息反映的只是事件变动过程的某一个阶段的情况，随着事件的发展过后再作报道。

比如，某地公路桥今日凌晨突然坍塌，有关部门正在组织力量抢修，这可以先发动态消息，至于事故原因、何时修复，则可进行持续性报道。尤其是对一些重大事件，有时要经历一个较长的发展过程，要是等待事件终结之后再作总结式报道，就会因为前后时间跨度较大而失去新闻的时效性，以致严重影响传播效果。

对此，符合新闻规律的做法应当是：记者要根据事件进程的一定阶段，陆续作出及时报道。即便是同一天发生的事件，如若事关重大，也可根据事态发展，分阶段迅速反映。

【案例】

1949年4月22日，新华社连续播发3篇关于人民解放军渡江作战的消息报道，都是动态消息的精品，也是成功地运用连续报道及时反映重要动态的范例。

第一篇：《我三十万大军胜利南渡长江》，电讯发于4月22日2时，报道的是中国革命事业中具有重大历史意义的事件：中国人民解放军“打过长江去，解放全中国”的渡江战斗已于20日午夜打响，“不到二十四小时，三十万人民解放军即已突破敌阵，占领南岸广大地区”。

第二篇：《我军九个师继续渡江》，报道的是4月21日下午5时我西路军开始横渡长江战绩：“至22日晨止，已有九个整师渡过长江到达南岸，并已占领贵池以西乌沙闸附近和东流以北黄石矶附近的阵地；解放军的另一个军占领马当以西江心八保洲。”

第三篇：《人民解放军百万大军横渡长江》，报道的是：“截至发稿时4月22日22时止，我人民解放军中路军、西路军、东路军的百万大军，西起九江（不含），东至江阴，从一千余华里的战线上冲破敌阵，横渡长江。”

各篇不失时效地着重报道一个阶段或一个侧面的动态，虽然只是整个新闻事件长链中的一个个环节，但联系起来，它们便完整地展现了我军渡江战斗壮阔的画卷。

三、写作案例分析

【案例】（载于2010年7月12日《人民日报》第五版）

世博展示“人类海上生活”蓝图(世博写意)

本报上海7月11日电(记者　**谢卫群**)中国船舶馆今天借中国航海日之际，为馆内展出的一批未来概念船举行命名仪式，8艘船舶有了自己的名号。

海上航行城市被命名为中船“世博未来”号，这是一艘海上巨无霸型船舶，船上拥有商业楼宇、学校、医院、机场、码头、天文台、气象中心等陆域城市所拥有的各种齐全的设施。它航行在海上，就像一座浮动的城市。依靠自身强大的环境监测能力，中船“世博未来”号可以永远航行在四季如春、气候宜人的海域，躲避各种自然灾害对人类生活构成的威胁。而为了解决能源问题，设计者又在船舶尾部甲板区域安排了巨大的太阳能和风能发电站，这些设施为船舶源源不断地提供清洁的能源。

漂移农场船被称为中船“世博绿洲”号。为了实现移居海上的梦想，在“拥有”海上城市和航行城市的基础上，解决“海上居民”的食物问题首当其冲。于是，漂移农场船应运而生。它是海上城市和航行城市的主要食品生产、供给基地。

海上游乐船被命名为中船“世博梦幻”号。这是一艘被誉为“海上迪斯尼”的大型游乐船。船上有豪华的七星级酒店、游乐场、摩天轮、歌剧院、影视城、人造沙滩、空中观光平台及各种游乐设施，营造出一个移动的海上欢乐天地。船上还配有能够上天观光的飞艇和下潜入海的潜艇，使它“上天入地”无所不能。

风帆客船被命名为中船“世博希望”号。这艘船最大的亮点是它的环保性。船舶的推进和燃料采用高效率的POD形式电力推进，电力供应采用模块式氢燃料电池或氢燃料内燃机发电，真正实现了零排放。氢燃料电池采用标准集装箱式封装，以便于运输和储存、堆放；根据实际需要，可配置4至6具可折叠收存式风帆作为辅助动力，风帆的帆面由复合材料制成，由计算机自动控制帆的方向，配以低速运转的POD推进系统可达到5节航速；船舶还配置了太阳能天幕，作为内部空调的辅助电能源。零排放的船舶航行在海上，如同一个自然之子，与环境融合为一。

除了上述未来船外，中国船舶馆还将正在该馆展出的海上休闲船命名为中船“世博畅想”号，两栖观光船命名为中船“世博辉煌”号，三体客船命名为中船“世博曙光”号，水上列车命名为中船“世博和谐”号。这些未来概念船围绕海上城市和航行城市，为其提供粮食、能源，满足其交通、休闲需求，从而绘就了完整的“人类海上生活”蓝图。而为了进一步加深人们对未来概念船的认识，中船集团公司还举办了“中船理想杯”未来船舶创意大赛，结果将于10月12日揭晓。

【分析】 1. 本消息时效性强，记者7月11日写的新闻稿，《人民日报》于7月12日就刊出，与读者见面。

2. 记者采访到的事实属于发生、发展的最新变动状态，最能体现新闻姓“新”的特征和优势。

3. 消息的导语冠以电头，与时效性吻合。

4. 本消息报道的是独立的单个事件，其发生、发展到结束的全过程都是在较短时间内完成的。

5. 根据事件内容，记者合理选用了并列式结构新闻写作形式。

实训练习题

以你身边发生的事件为素材，写一篇 300—500 字左右的动态消息。

第三节 经验消息及其写作

一、对经验消息的认识

经验消息是对某一单位、某一部门或某一地区，一个时期以来某一方面的成功做法或典型经验的报道。经验消息注重报告情况、介绍做法、综述变化与效果，最终达到传播先进经验、引导舆论方向、推广与指导工作的目的，是一种常用的新闻体裁。它既有概括的观点，又有具体的做法，偏重于交代情况、叙述做法、反映变化、总结经验。

经验消息中经验的选取是全方位的，有综合经验、专题经验或专项经验、工作经验、学习经验，等等。

经验消息属于非事件性新闻，是典型报道的一种，通常用于指导工作、推动全局，政策性极强。这类消息，在我国新闻媒体中占有相当的比重。

消息的写作目的是根据实际工作中急需解决的问题或关键性问题，运用某一地区或某一单位的先进经验，在政策上、措施上作出正确的引导。经验消息报道，介绍先进经验，要着重于表现取得经验的指导思想、政策措施，而不能陷入业务技术性的圈子，不要一味罗列那些具体做法。经验消息的指导作用，主要是政策的指导、思想的指导。

二、经验消息的特点

（一）时效性可适当放宽

经验消息报道的事实不是突发性的，其变动时态并不表现在“一点”（某日某时），而是有个渐变的过程，所以又称静态新闻。它不像动态新闻那样，强调“今日”或“昨日”，时效性要求相对宽松一些。

（二）含量较大篇幅较长

经验消息的内容，主要报道各方面的工作经验，特别是贯彻党和政府的方针、政策的典型经验。这类消息的篇幅往往稍长一些,要比较完整地交代有关情况,介绍有效措施、工作方法和取得的成绩。一般在文章中设小标题,由不同部分完成写作。这种消息有较强的针对性,具有普遍的指导意义。

【案例】

既炒"大众菜" 又烩"特色肴"

平果铝热辣"烹制"质量月"大餐"

本报讯 在以"新世纪、新质量、新生活"为主题的"2001年质量月"活动期间,平果铝将传承与创新相结合,既炒"大众菜",又烩"特色肴",在金秋9月热热辣辣地推出了浓香飘逸的质量月"大餐"。

平果铝利用自办报纸、广播、电视、黑板报等大众媒体,广泛宣传开展质量月活动的重要意义,并且首次利用CIMS系统中的电子网络办公信息平台实时发布质量月活动信息,增添了质量管理的科技含量和时代特色。在举办全面质量管理知识讲座的基础上,在全公司范围内开展"全面质量知识竞赛"活动,有4700名职工参加答题;紧紧围绕公司ISO9000质量体系2000版换版工作召开"诸葛亮"会议,发动职工为公司"质量兴企、名牌战略"和我国加入WTO后迎战国际竞争献计献策;公司团委组织了以生产质量、工作质量和产品质量为主题的青工技术大比武,举办了青年创新创效成果展;公司拿出15万元对获得国家级、区(省部)级、区行业级优秀QC小组称号的15个优秀QC小组予以重奖;针对生产经营情况,公司还开展了"查质量意识、查质量水平、查保证体系、查标准执行情况、查计量检测保证、查现场管理、查质量损失、访问用户"的"七查一访"活动。

质量月活动在平果铝并不是摆花架子,既开展得轰轰烈烈,又扎扎实实富有成效,增强了职工质量意识,促进了公司质量管理水平的进一步提高。目前,QC活动已渗透到公司生产经营的各个方面,ISO9000质量体系运转正常,正按"ISO9001要求性标准、ISO9004指南性标准"进行持续改进,以适应我国加入WTO后全球一体化经济国际竞争的新形势。

三、经验消息的写作要求

经验消息要写得全面具体,一般要交代经验产生的条件和背景,注重理论与实践的有机结合。在经验消息的采写中,要注意选择典型的、成熟的和有针对性的经验,这样的经验才具有示范性、普及性和指导性。

(一) 及时报道新鲜经验

经验消息的时效性要求,虽然不像动态消息那样严格,但不等于可以不讲新闻的时效。这就要配合中心工作,善于把握报道时机,特别是要发现富有创造性的新经验,并尽快予以报道。

(二) 突出最主要、最具特色的经验

经验消息有别于经验总结文章,切忌贪大求全、面面俱到。如果在一篇消息中

介绍几条经验，也要分清主次，突出其重点，力求内容精、篇幅短、文字简洁。

（三）用事实阐述经验

消息报道离不开事实。经验性消息要求用事实阐述、体现经验，把经验寓于事实之中，切忌概括太多，过于笼统。因为要使报道的经验为受众所信服、所接受，只有用具体、典型的事实来体现和说明经验，通过事实提出问题和解决问题，才能使受众感到经验看得见、学得到、用得上，才能使经验发挥启迪指导的作用。为此，不能只是把经验概括成几条抽象化、概念化的条文，说的又多是一些原则性的认识，那种“观点、议论＋例子”的模式要竭力避免。

实训练习题

根据下面所给的材料，写一篇经验消息。

四川黔江区狠抓饮水大事情

盘活脱贫一盘棋

黔江地区于1988年5月18日经国务院批准成立，所辖石柱、彭水、黔江、酉阳、秀山5个少数民族自治县，均为国家重点扶贫县。全区集石山区、地方病高发区、多灾区、老区、少数民族地区、边区、贫困地区、三峡库区于一体。总人口275万，其中农业人口255万，辖区面积1.7万平方公里，有耕地309万亩。由于特殊的地理位置和特殊的喀斯特灰岩地质构造，广大人民群众深受饮水极度缺乏之苦，一水多用，地方病流行，成为加剧贫困的重要因素，致使人民贫穷，经济落后。近几年来，在国家和省委、省政府的关怀下，在省水电厅及省级有关部门的大力支持下，我们坚持把解决群众饮水难的问题纳入国民经济和社会事业的重要基础设施，作为温饱攻坚战的重要大事来抓。几年的实践使我们深深感受到：贫困地区解决温饱、摆脱贫困、奔向小康必须从改变农业生产条件、加快基础设施建设入手，而改变生产条件必须从解决广大人民群众最基本的生存生活条件入手，大搞人畜饮水工程建设，否则既不能解决饱，也不能解决温，更不可能摆脱贫困，奔向小康。

我们为什么要以大搞人畜饮水为突破口来加快农业基础设施建设呢？1988年地区建立之初，我们面临着农民贫穷、财政拮据、基础设施脆弱、发展后劲不足的特殊现实：全区80%的农民人均收入不足150元，粮食不足200公斤，除黔江区以外的四县人均财政收入不到20元，100万农民闹春荒，40万多人住岩洞或窝棚，105万人饮水困难，60万人患地方病，5万适龄儿童无法上学。对此，地委、行署通过大量的调查研究，果断地提出了“顺民心、重效益、促发展”的指导方针和“打基础、建基地、立支柱”的战略任务，明确了从农业入手，集中全力打好温饱攻坚战，加快富民富县步伐的工作思路，在已经实施的第一阶段温饱攻坚战和正在实施的第二阶段脱贫攻坚战中，始终把解决人畜饮水难工作作为解决群众温饱、加快脱贫致富的一项最基本、最重要、最紧迫的基础设施来抓。由于人畜饮水难的加快解决，给全区广大农民跨越温饱、摆脱贫困、奔向小康和农村两个文明建设带来了5个重要变化。

一是改变了农业基础条件，形成了新的生产力。1987年底，我区严重缺水吃的农民群众还有105万人。8年来，我区人畜饮水工作始终瞄准这个目标，一步一个脚印、一年一个台阶，累计完成总投资7968.4万元(其中国家投资3633.67万元，占总投资的45.68%，财政投资1098.86万元，占投入的13.76%，群众投资3236.29万元，占总投资的40.61%)。新建成人饮工程10829处，其中县城自来水厂一座，乡镇供水站69座，农村人饮工程10759处，解决了地区所在地黔江县城和69个乡场镇以及101个乡镇共65万人、65.77万头大牲畜的饮水困难。一大批人饮工程的建成使用，为改变农业基础设施条件打下了坚实基础，形成了新的生产力。

二是解放农村劳动力，推动了贫困山区农业内部结构的调整和骨干商品基地建设，促进了农民收入的稳定增长。我区大多数贫困高寒区农民长期贫困的原因在于“以粮为纲”，单一结构，长期备受缺水、缺粮、缺钱的困扰。结构调整迈不开步伐的一个重要原因是大量农业强劳动力被耗费在寻找用水上，人畜饮水难问题的解决，把一大批终年为水劳作的劳动力解放了出来，使每年近400万个劳动力用到了商品农业的开发上，从而加快了农业结构和农村产业结构调整步伐。目前已初步建成了烤烟、蚕桑、畜牧、经济林4大骨干商品基地，农民人均粮食由1987年的298公斤增到1994年的534公斤，预计今年可达550公斤；农民人均纯收入由1987年的182元增加到1994年的626元，1995年达750元。

三是改变了群众的健康状况，促进了农村精神文明建设。随着一批人饮工程的竣工使用，使那些过去严重缺水而卫生状况差、地方病流行区域的群众卫生状况得到很大改善，长期困扰的地氟病等地方病得到基本消灭，群众健康状况有了根本性改观。凡是人畜饮水解决的地方，群众精神面貌焕然一新。

四是履行了党和政府为民谋福的宗旨，进一步密切了党群、政群、干群关系。解决群众的饮水困难，是农民最盼望、最欢迎、最拥护的事，随着人畜饮水难的解决，党和政府为民谋福的宗旨得到具体体现，党群、政群、干群关系更加密切。不少基层党委、政府和基层干部深深地感受到：凡是召开解决人畜饮水的会议群众到得最齐，凡是发动筹集人畜饮水的资金群众交得最快，凡是解决了人畜饮水难的地方，政府的各种号召贯彻最力，开展的各项工作效果最好。不少地方就是用为群众解决人饮难带动商品基地建设、计划生育、社会治安综合治理等各项农村工作和任务的完成。

五是初步走出一条以水养水、增强水管单位实力的路子，为水利部门实施产业化奠定了基础。随着一批县城、区乡(镇)场镇供水站的建成，逐步形成了水利作为基础产业的产业龙头。酉阳、石柱、彭水等县的场镇供水站，统一实行了由县水电局归口管理，按照成本加微利收取水费，统收统支，独立核效，自负盈亏，初步形成了以供水为龙头，积极开展多种经营的格局。

虽然我们取得了可喜的成就，但摆在我们面前的尚有解决40万人、40.52万头牲畜饮水困难的任务。这些困难解决的难度是相当之大，交通不便，居住分散，经济基础薄弱，但我们有信心将这一“硬骨头”拿下，为全区各族人民脱贫致富奔小康作出贡献！

（刘学普）

第四节　综合消息及其写作

一、对综合消息的认识

综合消息是围绕一个中心，把不同地区、不同战线、不同部门的同类情况，综合起来加以报道的一种消息。综合消息的特点是报道面广，声势较大，在同时间段内发生的同类事件，可给读者全局性的认识。

二、综合消息的特点

（一）不受空间限制

由多件新闻事实组成的综合消息可以用来报道各地区、各系统在同一时间或不同时间发生的事实，这就体现了它的综合性。当然，这多件新闻事实应当是具有同类性质的。

（二）表现共同的主题

综合消息所报道的多件新闻事实，何时、何地、何人、如何等新闻要素各异，从表面上看似乎互不关联；实质上，它们既不是随意地拼凑，也不是简单地重复，而是选取各自具有个性特点的事实，从不同侧面来阐明共同的主题，使之成为一个有机的整体。

（三）报道面广，声势大

综合消息就某项工作、某项活动、某一成就或某一方面的问题，综合反映全国范围或一个省（市、自治区）、市（地）的有关情况、动态、成就、经验或值得注意的倾向，等等。这就可以让受众宏观纵览事物发展的规模和声势，比较全面清晰地认识全局性的概貌。

【案例】（载于《工人日报》1992年5月5日）

洛杉矶种族歧视事件在各国反应强烈

美国法院偏袒白人警察作出的不公正裁决而引发的洛杉矶暴力冲突，在世界范围内引起了强烈的反响。许多国家的领导人和新闻媒介都纷纷对此发表评论，分析这场冲突的原因和性质。

伊朗总统拉夫桑贾尼5月2日直截了当地指出，洛杉矶的种族歧视事件表明，美国需要对社会进行改革，美国比其他国家更需要对自己的事务进行改革。他呼吁人权活动家们放弃在其他国家的活动，去美国调查。

马来西亚总理马哈蒂尔发表谈话指出，洛杉矶之所以发生流血冲突，其原因是美国政府没有帮助黑人赶上越来越富的美国白人，也反映出美国黑人对白人越来越严重的抵触情绪。法国总统密特朗在电台指出，美国社会是保守的，但它在经济上走自由主义道路，此次暴力冲突实际上就是由此形成的经济矛盾而引起的。一位不愿透露姓名的日本官员说，洛杉矶事件暴露出美国社会的弊病。

美国在东方的盟友韩国对洛杉矶事件的反应迅速，它立即派外务部代表赴洛杉矶同加州州长和洛市市长会晤，强烈要求对在这次种族歧视事件中蒙受严重损失的朝鲜移民给予赔偿(朝裔美国人有85家商店被焚烧)。同时汉城已关闭了它在洛杉矶的领事馆。

印度公众在美国驻新德里新闻中心外举行反美示威，高喊“该死的种族主义”、“停止对黑人的袭击”等口号。

新加坡报纸一针见血地指出，美国习惯于大谈特谈人权，而实际上是“口惠而实不至”。菲律宾《商报》概括地说：“美国没有人权可言！”埃及的报纸说，洛杉矶事件使人对美国的司法制度的公正性表示怀疑。日本《朝日新闻》指出：“冲突事件表明，黑人的权力在白人占多数的情况下是何等的微弱。”德国《南德意志报》评论说，洛杉矶事件宣告了所谓“各种族结合的大美国神话”的破灭。印度报纸说，洛杉矶事实是对“鼓吹人权”的美国的讽刺。英国评论家认为，洛市冲突是美国少数民族愤怒和绝望的征兆。甚至美国的《纽约时报》也批评美国政府长期无视种族问题。西方分析家指出，洛杉矶暴力事件的蔓延表明，美国确实存在着种族歧视和侵犯人权等不平等现象。

【分析】 1. 以上这篇消息，对美国法院偏袒白人警察作出的不公正裁决而引发的洛杉矶暴力冲突，在全世界引起的强烈反响作了综合报道，多国发生的事件表现了一个共同的主题。

2. “许多国家的领导人和新闻媒介都纷纷对此发表评论，分析这场冲突的原因和性质”，针对的是同一事件，举动发生在同一时间段，报道打破了空间限制。

3. 消息中所反映的事件涉及面广，声势大。

三、综合消息的写作要求

(一) 点面结合

综合消息中的每一个新闻事实都是一个“点”，若干个“点”共同构成一个整体的“面”。作者的主要意图是让读者了解整体的情况，但整体是由许多局部构成的，没有“点”的合构也就没有“面”。因此在综合消息的写作中选择哪些“点”，如何构成“面”，是写作中的关键问题之一。为此可注意以下几点。

1. 所选的“点”数量要适度。不能太少，至少应有三个，否则难以构成整体；也不能太多，太多了繁杂臃肿，哪一个都难以留下深刻印象。

2. 每个“点”都要有典型性。综合消息中的材料，都是从众多同类材料中精选出来的，本身就应具有一定的代表性，能够反映同类事物的共同特点。

3. 组成的“面”要完整而且有深度。若干个“点”组织在一起后，应该结合成一个完整的“面”，不能是挂一漏万的，也不能是以偏概全的。另外，若干材料组织在一起后，相互的支持和补充应使文章达到更理想的深度。也就是说，综合消息的思想含义不应是若干个材料简单相加之和，而应该有“1＋1＞2”的效果。

（二）详略有别

综合消息中的各个材料，不能占据同等的地位，作者在表达的时候，也不能平均分配气力。较典型较深刻的材料，可详写；略差一些的材料，则略写。这样不仅使行文富于变化，而且能够突出要点，强调重点，使读者的注意力能有效集中，从而把握住最本质的内涵。

（三）言之有序

多个材料组织在一起，哪个在前，哪个在后，互相之间怎样过渡，怎样呼应，这些在动态消息中无需更多考虑的问题，在综合消息中就要花较多的精力进行斟酌了。具体地说，可并列，可递进，可对比，可总分。至于具体到某一篇应该如何安排，那就没有一个标准尺度了，只能是具体文章具体分析，找出其最佳方案来。

四、案例分析

【案例】（载于2001年12月1日《羊城晚报》）

几大“贴身政策” 今日新鲜施行

本报今日综合消息：今日是12月的头一天，好些与百姓相关的政策法规今起施行。

赴港商务签注有效期放宽

今日开始，内地居民赴港澳地区商务签注分为有效期为15天一次和3个月、1年、3年多次四种类型，每次在港澳地区停留期统一不超过14天。取消原二次商务签注、有效期为1个月、6个月多次商务签注和每次在港澳地区停留期不超过7天的限制。

公安部规定，各地可根据本地区经济发展的实际情况，研究制定有效期1年和3年多次商务签注的审批标准。有效期3年多次商务签注应签发给所在企业信誉良好，确需长期、经常前往港澳地区且以往赴港澳地区无不良记录的人员。

留学换美元两万可找银行

今天开始，我国对自费留学购汇管理进一步放宽，赴国（境）外攻读正规大学预科以上学位（含预科）的自费留学人员，年购汇金额在等值2万美元以下（含2万美元）的，可持有效凭证直接到外汇指定银行办理。这一标准较以前的2000美元提高了10倍。

广州个人存款可"跨行划账"

今日起，广州地区的居民个人储蓄存款可按个人意愿，由开户银行自动转账到其他银行的个人或企业账户，一个工作日即可到账，改变了以往个人只能在同一银行系统转账的状况，这在全国尚属首次。

广州医改正式实施

广州医疗保险制度改革今起实施。今日参保的单位，其职工可从明年1月1日起享受基本医疗保险待遇。其中，"基本医疗保险"和"重大疾病补助"必须强制参保。"基本医疗保险"的缴费比例是：职工个人缴纳工资的2%，单位缴纳8%。看病时，先用个人账户内的款项支付，超过一定的起付线，再由统筹账户支付。

商标注册个人也能申请

今起施行的新《商标法》内容将作重大改变，商标权利主体扩大到了自然人和法人。今后，个人也可以像企业一样申请注册商标了。同时，亲兄弟也不必为了一块老字号招牌大打出手了，因为商标的共有权扩大了，可以是两个或两个以上自然人、法人共同所有。

电话磁卡换IC卡

今日起，中国电信用新的IC卡，更换消费者没用完的电话磁卡。更换工作到明年3月31日止。未使用过的电话磁卡，更换成等值的中国电信IC电话卡；使用过的电话磁卡根据卡上的剩余金额，更换成IC电话卡。

职业中介允许外资进入

自12月1日起，我国允许外商以合资、合作形式进入中国职业中介服务市场。

另外，新修订的《药品管理法》也从今日起实施。

【分析】 1.本新闻体现记者的综合能力，将同一天实施的新政策集中在一篇消息中进行报道。

2.所综合的内容条理清晰，让读者一目了然。

3.所报道的内容详略得当，有的作了必要的解释说明，有的一笔带过。

4.内容主次分明，排列合理，符合消息的结构。

5.语言表述清楚明白，适合于不同文化层次的读者需要。

实训练习题

请根据以下5个材料给报纸写一篇综合消息。

材料一：

自贡市局党支部开展"七一"送温暖活动

7月1日，自贡市防震减灾局党组成员、副局长、局党支部书记牟陆寿率局支委、"挂包帮"活动驻村干部，在庙坝镇党委负责人的陪同下，深入"挂包帮"对口联系村——大安区庙坝镇贾石村，开展“七一”走访慰问活动，向村全体党员送去了节日的问候，并向党支部和贫困老党员赠送慰问金和大米、食用油等。

慰问组一行参加了贾石村党支部举行的庆“七一”升国旗仪式，参加了贾石村党支部党员大会暨创先争优承诺大会，大会回顾了中国共产党建党89年来的光辉历程和丰功伟绩，听取了镇党委、村党支部干部关于农村基层党支部建设、农民收入、产业发展、基础设施建设、下一步发展思路及目前急需解决的实际困难等情况的介绍。慰问组指出，村党支部和村全体党员要在镇党委的领导下，充分发挥党支部的战斗堡垒作用和党员的先锋模范作用，积极带领广大村民立足村情，自力更生，围绕社会主义新农村建设加快脱贫致富步伐。同时表示要继续加强同贾石村的联系、牵线搭桥，实现党建共抓、贫困共帮、资源共享、环境共创。希望镇党委、政府和村两委会加强对帮村干部的管理和联系，支持帮村干部的工作。帮村干部要在镇党委、政府和村两委会的领导下，向基层干部、群众学习，努力工作，充分发挥桥梁纽带作用，努力推进全村经济社会又好又快发展。

（来源：自贡市防震减灾局，2010 年 7 月 9 日）

材料二：

德阳市局支部召开“七一”座谈会

6 月 30 日，德阳市防震减灾局党支部召开了“七一”座谈会，全体在职和退休党员参加了会议，由局党支部书记、副局长李刚主持。会议传达了德阳市“七一”座谈会议精神；回顾了我党的光辉历程；对荣获 2010 年度局“优秀共产党员”者进行了表彰；与会新老党员就党的光辉历史和自身的成长过程进行了座谈，大家表示要紧密团结在党中央周围，牢记党的宗旨，坚定信心，努力工作，为德阳地震灾后恢复重建和推进“两个加快”作贡献。

（来源：德阳市防震减灾局，2010 年 7 月 9 日）

材料三：

绵阳市局开展庆“七一”座谈暨中华经典诵读比赛活动

6 月 30 日，为隆重庆祝建党 89 周年生日，绵阳市防震减灾局组织机关全体党员和干部职工参加了庆“七一”座谈会暨中华经典诵读比赛活动。座谈会上，支部书记、副局长安心灵组织学习了胡锦涛总书记就加强党的基层组织建设问题进行第二十一次集体学习时的重要讲话精神；党组书记、局长夏建国通报了半年来全局的工作情况；随后，进行了中华经典诵读比赛。

整个比赛展现了党员干部、职工斗志昂扬、奋发向上的精神面貌。80 高龄的退休老党员、老领导林开性同志在会上激动地诵颂了自己为庆祝建党 89 周年而填的词《沁园春·庆祝建党八十九周年》，代表全局老党员和退休老同志向党的生日献上了厚礼。

（来源：绵阳市防震减灾局，2010 年 7 月 7 日）

材料四：

大坪乡庆“七一”

7月1日，在党的89岁生日之际，大坪乡100多名党员齐聚一堂，共同庆祝党的生日。

在庆祝大会上，该乡全面总结了前段创先争优工作，并对下阶段工作进行了安排部署。会议要求：全乡党员要在活动中进一步提高认识、理清思路、细化方案；进一步加大宣传，营造气氛，进一步务实工作，兑现承诺，通过创先争优活动，让老百姓真正得到实惠。

会上，11名新党员在鲜红党旗下，高举右手，光荣地加入了中国共产党。该乡党委负责人还就党中央为什么要开展创先争优活动和党员干部如何加强自身修养和与会党员进行了交流。

（来源：魅力澧州，2010年7月5日，作者：刘敏）

材料五：

市财政局：开展“庆七一、学沈浩、创先争优”活动

近日，市财政局召开“庆七一、学沈浩、创先争优”动员大会，对全市财政系统广泛开展“创先争优”活动作了部署。

该局要求全体职工把“创先争优”活动作为推动中心工作、提高工作效能的有效抓手，围绕实施好积极的财政政策，推进财税体制改革，提高财政科学化精细化管理水平等中心任务，认真谋划和推动“创先争优”活动，努力营造干事创业的氛围。要聚焦“干”字，在本职工作中创造佳绩。全体党员要以百折不挠的韧劲、敢闯敢试的拼劲、一抓到底的狠劲，事事争一流、件件争先进、项项争第一，在干事创业的过程中发挥先锋模范作用。他们将加快提高创新能力，围绕发展创新型经济、加快城乡统筹、现代服务业发展和现代社会管理等重点，加强新理论、新经济、新产业、新知识、新经验的学习研究，使自身知识水平和创新能力不断适应发展形势的新要求。他们将积极投身创新实践，敢闯、敢试、敢当，以创新思维推动重点难点工作的突破和全局工作的创新。在全局上下广泛营造鼓励探索、激励成功、宽容失误的浓厚氛围，树立保护改革、支持干事、鞭挞空谈的鲜明导向。在开展“创先争优”活动中，该局将把保障和改善民生作为“创先争优”活动最大的实践，全面落实全民创业和促进就业再就业的各项优惠政策，切实解决群众最关心、反映最强烈的就学、就医、住房等民生问题，积极为群众提供政策、信息、技术、法律等各方面服务，帮助群众解决生产生活中遇到的实际困难。

（来源：金坛市新闻中心，《今日金坛》2010年7月6日，作者：练美琴）

第五章　通讯写作(一):对通讯的认识

通讯写作的课堂实训任务(一)

请认真阅读以下给出的材料,根据材料后面所提出的要求进行思考。在学习本章之后,按要求完成课堂实训任务。

材料来源

本文原载于《经济日报》2000年5月29日—6月23日,作者:罗开富。

材料内容

纪念建党80周年革命圣地踏访

“天火”燃起的地方

建党80周年纪念日就要来临。按照报社编辑部的计划,我的采访活动将从上海开始。为了准备资料,我在北京跑了几次图书馆,并特地去瞻仰了地处沙滩的红楼。

红楼,在我们党的历史上十分著名,因为那是“五四”新文化运动的一个重要场所,同时也是中国早期马克思主义传播者酝酿成立共产主义小组的地方之一。

我凝望着红楼,它的古朴与庄重告诉我,只有北京也即当年的北平,这个“五四”新文化运动的策源地,才能承接博大精深的马克思主义,才能完成中国共产党的孕育。

有人评价说,马克思主义传入中国犹如普罗米修斯引来了“天火”。北平,正是“天火”最早燃起的地方。

诚然,仅从文字上讲,中国人第一次从报章上接触到马克思,还要早上20多年,那是英国传教士1899年所办的《万国公报》里提到的。当时自然既无可能也无条件燃起“天火”,而这倒告诉我们,马克思主义真理是深深扎根在革命实践的土壤里,并在革命实践中开辟自身的道路。由于俄国十月革命一声炮响,送来了马克思主义,既深化了“五四”新文化运动,也直接推动了马克思主义的广泛传播。

十月革命的成功,使马克思主义成为中国革命者的一种必然选择。但要使这种必然燃烧成烧毁旧世界的“天火”,至少需要三个条件:一是先进的知识分子群体，二是大批进步的出版物，三是在革命知识分子中出现具有号召力的思想先行者。在当时，三个条件兼备的城市也只有北平。

1916年5月，李大钊由日本回到上海。一年后来到北京，再一年后进入红楼，任图书馆主任。陈独秀则是1915年从日本回到上海的，两年后也被北京大学校长蔡元培聘为北大文科学长，他所主编的《新青年》也迁往北京。当时曾有诗流传："北大红楼两巨人，纷传北李和南陈，孤松独秀如椽笔，日月双悬照古今。"除此之外，中国共产党第一批英才高君宇、邓中夏等也是从红楼走出来的。

众所周知，毛泽东当年也在红楼工作过。为了寻求救国的真理，恰同学少年的毛泽东从长沙北上北平，曾在北大图书馆当助理员。提到这段往事，毛泽东后来对斯诺诙谐地说那时"他们都是大忙人，没有时间听一个图书馆助理员说南方话"。但红楼的工作和北平求学，的确是毛泽东一生中的重要一程。从北平回湘，湖南的共产主义小组就诞生了。

北平孕育了中国共产党雏形。1920年1月，李大钊送陈独秀离京赴上海。在京津路上，两人对建党事宜取得进一步共识。一个影响整个世纪的伟大的无产阶级政党开始酝酿，中国的历史将因此要掀起新的一页。

在朝阳下，红楼映出一片金红的颜色，它不仅使人怀念，也使人遐想。李大钊等先烈很早就献身革命事业，在革命战争和社会主义建设实践中形成的党的第一代领袖也相继离我们而去，但我们眼前仍能浮现他们的音容，耳边也似能听到他们的脚步声。从这里到上海、瑞金，再到遵义、延安和西柏坡……

一条红色道路向前延伸，一直到共和国在战火中诞生，恢宏壮丽的北京又成为建设有中国特色社会主义的心脏，成为新的"天火"继续燃起的地方。

成熟于窑洞中的伟大思想

6月2日，来到久别16年的延安。

16年前，为纪念红军长征50周年，我受报社编辑部的派遣，按当年中央红军长征同样的路线，同样的时间，历经368个日日夜夜，终于走完了二万五千里，到达陕北，到达延安。

16年过去，我和延安谁也不认识谁了：我无疑斗不过岁月，而延安却变得年轻：山梁变绿了，空气变清新了，依山而凿的排排窑洞也变得讲究起来：水泥砌墙，精心装饰的门窗，当年简陋的土窑洞已经很难见到了。

走在延安的黄土地上，走到杨家岭、枣园的窑洞前，我想起了当年毛泽东的一句名言："山沟沟里能出马克思主义。"就是在这里，一个伟大的理论——毛泽东思想成熟起来，并成为中国革命的指导思想，靠这面旗帜的指引，中国共产党从胜利走向胜利，建立了新中国。

在炎热的阳光下，我站在延安杨家岭窑洞前的中央大礼堂门口，想起了中国共产党的"七大"。从中国共产党成立的第一天开始，毛泽东思想就已经开始孕育和发展，但它作为一种理论被确立，特别是作为中国共产党的指导思想被确立，则是"七大"的功劳。这次大会通过的党章规定：中国共产党，以马克思列宁主义的理论与中国革命的实践之统一的思想——毛泽东思想,作为自己一切工作的指针。

“七大”的召开,是延安对中国革命贡献的最大功绩之一。1945 年 4 月 12 日,毛泽东在“七大”筹备会上说:“‘七大’在陕北开会,这是陕北人的光荣,陕北已成为我们一切工作的试验区。”

延安的变化实在太大了,我走访了 3 天,还是不知如何下笔。延安市委书记王侠笑着对我说,那就让我讲讲延安“九五”期间的数字吧:5 年间,全市国内生产总值年均增长 9.2%,财政收入年递增 24.1%,高于全国、全省平均水平;全社会固定资产投资累计完成 151.2 亿元,是“八五”的 3.1 倍;粮食生产跨 8 亿公斤、9 亿公斤两大台阶;农民人均纯收入达到 1444 元,比 1995 年增加 532 元。

延安在变,变得更美好。我从王侠那里得知:“延安山水唯一没有变的就剩下宝塔了。”

这话引起了我的兴趣:当年敌机经常对延安狂轰滥炸,为什么宝塔却安然无恙呢?延安市委副秘书长李竹林告诉我:从飞机上往下看,陕北全是茫茫一片模样相同的黄土高坡,只有宝塔,标明着延安的位置。于是宝塔成了敌机轰炸延安的“航标”幸存下来。我想:既然如此,为什么我们的军队不把宝塔拆掉呢?从史料上我了解到:宝塔是文物,毛泽东一进延安,就告诫延安军民:文物是一个民族的精华,文物动不得。延安的老百姓当年都说:就凭这一点,共产党肯定会成大气候。

宝塔没变,但我看到的延河变了:干涸的河床边,只剩下一湾细流,当年的奔腾已不复存在。不过,我在延河边却想起了一件事,56 年前,有一个人在河边曾写过一首很伤感的诗:“延河岸草绿,嘉岭山花红,春色空依旧,人心感不同。”这个人就是王明,他写这首五绝《延安春兴》时在 1945 年的春天,那时的延安正在准备召开党的“七大”。王明为何而伤感?原因是政治上的垮台,以他为代表的教条主义在延安被中国共产党彻底地抛弃,毛泽东思想成为中国共产党的指导思想。王明的伤感标志着教条主义的彻底破产,也标志着毛泽东思想的确立,消除了最后一个障碍。

我尝试着回顾毛泽东思想的形成历程:

中国共产党从成立之日起,便开始了马克思主义与中国实际相结合的实践,但在早期较长的一个时期里,这个结合并未得到成功的完成:由于对共产国际和外国经验的过分依赖,这种结合事实上变成苏联革命模式在中国的“克隆”,教条主义成为当年对中国革命事业的最大危害。

值得庆幸的是:在照搬照抄苏联模式的同时,以毛泽东为代表的一大批共产党人始终在探索马克思主义与中国具体国情相结合之路,但当时被王明之流视为“山沟里的马列主义”。到了遵义会议,毛泽东取得了胜利,中国革命第一次摆脱了共产国际脱离实际的领导,开始用科学的理论来确定革命的方向。毛泽东思想第一次占据主导地位。

不过,遵义会议的胜利只是阶段性的,1935 年 11 月下旬,中共驻共产国际代表团成员林育英历经艰难回到陕北,中共中央与共产国际之间中断了一年之久的联系又得到恢复，共产国际又开始对中国共产党行使指挥权力。特别是1937年11月29日，王明从苏联回到延安，凭借共产国际的威望，以“钦差大臣”的身份，又开始实施右倾投降主义路线。一时间，所谓“山沟沟里的马克思主义”与教条主义又展开了激烈的斗争。近一年后，前者取得了决定性的胜利，它的标志是1938年9月29日至11月6日中央在延安召开的六届六中全会；由于新任中共驻共产国际代表任弼时及在苏联治病的王稼祥向共产国际汇报了中国共产党革命斗争的真实情况，使共产国际对中国革命实际情况有了正确的了解，会议第一项议程就是由从苏联回来的王稼祥传达共产国际的重要指示：“一年多来，中共中央的政治路线是正确的……中国共产党在复杂的环境及困难的条件下，真正运用了马克思列宁主义，中共中央要以毛泽东为首解决统一领导问题。”这个指示，给王明致命一击。

从1942年春天起，中国共产党在延安的窑洞里展开了全党整风运动，重点批判教条主义错误，统一了思想。1943年5月，共产国际解散，以马克思主义理论家自居的王明，只剩下孤家寡人独自跑到延河边去看落花流水了。

在许多人的印象中，王明是中国共产党内很神秘的人物，在很长一个时期里，大家只闻其名，不见其人。实际情况是：1931年，王明即赴苏联，任中共驻共产国际代表团团长。以后的6年中，他一直在苏联“遥控”中共中央的所有决策。这种脱离实际的指挥，注定了王明的教条主义的或“左”或右的错误，也注定了王明政治生命的脆弱。

6月3日，我又一次来到延安杨家岭当年召开“七大”的“中央大礼堂”，来感受一个伟大思想被确立的庄严。

杨家岭旧址管理处的江林、贺延荣告诉我：中央大礼堂是专门为“七大”的召开而修的，一共修了两年，这在中共历史上还是第一次；“七大”会议召开时间为1945年4月23日至6月11日，共开了50天，这是中共七次代表大会中时间最长的一次。

在这里，两个问题也得到解答：其一，第一个提出“毛泽东思想”的是谁？其二，中国共产党党旗第一次使用为何时？

我了解到的答案是：第一个提出“毛泽东思想”科学概念的是王稼祥，他在《中国共产党和中国民族解放的道路》中写道：“毛泽东思想是创造的马克思列宁主义，它是马克思列宁主义在中国的发展，它是中国的共产主义，中国的布尔什维主义。”这篇文章发表于1943年7月8日延安《解放日报》上。

1943年中共中央政治局会议曾决定党旗的样式：“长宽为三与二之比，左上角有斧头镰刀，无五角星。”由此证实，中国共产党从“一大”至“六大”均无正式党旗，第一次使用自己党旗的代表大会是“七大”。

走进“七大”当年的会场，最吸引我的仍然是主席台上的横幅“在毛泽东的旗帜下胜利前进”。这是“七大”最主要的功绩。它的其他几个功绩是：总结了党成立24年来的经验，制定了党在民主革命时期的总路线，第一次从组织上选举了以毛泽东为首的中央委员会。

为了毛泽东思想这面旗帜,中国共产党人经历了 24 年血与火的实践,我想起了 1927 年国民党对共产党人的“四一二”大屠杀,想起了湘江战役那被红军鲜血染红的江水,想起了雪山草地那不屈的红军英灵……

同时,我也想起了延安的窑洞,想起了延安革命纪念馆研究员刘煜对我说的一段话:毛泽东思想,是在延安的窑洞里成熟的,是在陕北的黄土地上成熟的,《毛泽东选集》四卷 159 篇文章中,有 112 篇是在延安窑洞里写的,我想:窑洞和黄土地,是中国国情形象的说法,马克思主义融合于中国的国情中,这就是毛泽东思想。

站在延河边,遥望宝塔山,我不禁心潮澎湃,我想毛泽东思想不能简单理解为“毛泽东的思想”,它是无数共产党人在无数革命实践中总结出来的理论体系,它无疑是另一个开放的体系,具体时空发生变化,毛泽东思想也将向前发展。我想起了邓小平理论,想到了江泽民总书记提出的“三个代表”等一系列重要思想,因为领袖们的这些杰出贡献,马克思主义才能永葆革命的青春。

万里长征的第二步

历史,在西柏坡留下了深长的回味。

今天,在西柏坡唤起了无限的深思。

西柏坡村对中国革命的贡献是很特殊的:它不仅以交公粮、参军、支前和保卫中央机关等方式支援了革命战争,而且在这块土地上,中国共产党还开始了对新中国经济建设的构想和实践。可以说,新中国经济制度的构架和中央财经的雏形就是在“西柏坡时期”完成的。这种构架和雏形的意义,可以从 1949 年庆祝中国共产党成立 28 周年时毛泽东的一段讲话中看出来。毛泽东说,在过去 28 年的长时期中,“我们仅仅做了一件事,这就是取得了革命战争的基本胜利……但是我们的事情还很多,比如走路,过去的工作中只不过是像万里长征走完了第一步”。西柏坡时期的贡献在于:第二步怎么走,在此已开始探索和实践了。

中国共产党第一次具体系统地讨论新中国的经济问题,是 1948 年 9 月 8 日至 13 日在西柏坡召开的政治局会议。当年的会场是在中央机关的小食堂,会议桌是由饭桌拼的,据了解,散会后就在这里就餐。由于这次会议重要,史称“九月会议”。

这次会议由刘少奇主持,毛泽东作报告,提出了全党将要面临的新的经济建设的任务。在 13 日的会议上,刘少奇提出了新民主主义经济的构成:国家经济、国家资本主义经济、合作社经济、私营经济。他认为尽管新中国成立后较长一个时期整个国民经济是新民主主义经济,但国家经济是重要的社会主义成分。围绕这个问题,毛泽东和刘少奇提出:新民主主义经济中基本矛盾是资本主义与社会主义的矛盾。毛泽东指出,对资本主义斗争有两种形式:竞争和没收。竞争现在就要,没收现在还不要,过早地采取社会主义政策是要不得的。毛泽东预测:到底何时对资本主义全线进攻?也许全国胜利后还要 15 年。

在九月会议的基础上,中共七届二中全会在西柏坡召开。毛泽东在会上概括说:社会主义性质的国营经济,半社会主义性质的合作经济,私人资本主义经济,个体经济,加上国家和私人合作的国家资本主义经济,“这些就是人民共和国的几种主要的经济成分,这些就构成新民主主义的经济形态”。毛泽东指出:对内的节制资本和对外的统制贸易,是新中国的经济斗争中的两个基本政策。在会上毛泽东还具体分析和论述了各种经济成分的状况和党的相应政策:一、产值只占国民经济10%的现代工业经济是先进的,它集中在帝国主义及官僚资本手里,必须没收为国有,成为社会主义经济,使国营经济成为整个国民经济的领导成分;二、中国大约90%的个体的分散的农业经济和手工业经济是落后的,它们在今后一个相当长的时期内仍将是分散的和个体的,但是可能和必须谨慎地、逐步地而又积极地引导它们向着现代化和集体化的方向发展;三、对中国的私人资本主义工业在革命胜利以后一个相当长的时期内还将利用其积极性,以利国民经济发展,但将从活动范围、税收政策、市场价格等方面对其采取恰如其分的有伸缩性的限制政策。

党在西柏坡时期还对新中国经济建设的理论进行了有意识的实践。我们从踏访中发现,最成功的是其中两件事情:一是《中国土地法大纲》的出台,二是解放区财政金融的统一。这两件事情均出自中共中央的高瞻远瞩的统一部署:1947 年 6 月 14 日,远在陕北的毛泽东致电到达西柏坡不久的朱德、刘少奇,要求中央工委在今后 6 个月内做好三件事情:一是将晋察冀军事问题解决好,二是将土地会议开好,三是将财经办事处建立起来,并说:“做好这三件事就是很大成绩。”

中国共产党自建党以来,始终以改革封建土地制度为己任,但由于受历史条件制约,农民的土地问题一直没有得到彻底解决。1947 年 7 月 17 日至 9 月 13 日,中共中央工作委员会在西柏坡召开了全国土地会议,会议通过了《中国土地法大纲(草案)》,经党中央、毛泽东审定,《土地法大纲》于 1947 年 10 月 10 日向全国公布。颁布后不到一年,解放区 1.6 亿农民,约占全国 37%的人口得到了土地。

《土地法大纲》出台的意义重大。一方面,这是中国历史上第一个彻底反封建的土地法,千百年来中国农民梦寐以求的历史夙愿在中国共产党手中实现了。美国人韩丁在他的书中感叹:“新发布的《土地法大纲》在 1946 年至 1950 年中国内战期间,恰如林肯的《黑奴解放宣言》在 1861 年至 1865 年美国南北战争期间的作用。”另一方面,《土地法大纲》奠定了新中国成立初期农村经济生产关系的基础。1950 年 6 月,中央人民政府颁布了《中华人民共和国土地改革法》,到 1953 年春,全国土地改革基本完成:全国 3 亿多无地少地的农民无偿地获得约 7 亿亩土地,免除了过去每年向地主交纳的约 700 亿斤粮食的苛重地租,延续了几千年的封建地主所有制至此被彻底消灭。

人们这样回忆:1947 年 7 月 17 日在西柏坡的恶石沟沟口召开的全国土地会议为了节省每一个铜板,会场没有会标,刘少奇坐在一块石头上,以膝当桌;卫士看朱德年纪大,借来一把木椅,他接过来当桌子记笔记。参加会议的董必武、彭真、林伯渠、聂荣臻、叶剑英、薄一波、邓颖超等 100 多名代表,不是坐在石头上就是坐在木墩儿或草墩儿上……时间虽已过去 54 年,睹物思前辈,仍是那么震撼人心。

在解放区进行土地制度变革的同时,中央开始在逐渐连成一片的华北解放区进行统一财政的工作,改变各解放区各自为政、货币不统一、经济相互抵制甚至相互封锁的状况。统一财政的目的有二:一是保证战争的需要,二是为新中国的财经工作积累经验。

1947年4月16日,华北财经办事处成立。1948年9月26日,华北人民政府成立。统一财政工作有了长足的进展。1950年3月,中央人民政府政务院发布了《关于统一国家财政经济的决定》,使财政工作实现了财政收支、物资调度、现金管理的三个统一,使新中国在经济上站稳了脚跟。

1949年10月27日中央人民政府主席毛泽东发布命令:“中央人民政府业已成立,华北人民政府工作着即结束……中央人民政府的许多机构,应以华北人民政府所属有关机构为基础迅速建立起来。”在移交工作中,华北人民政府为即将成立的中央人民政府在税收、财政体制等方面做准备,提出建议,拟制方案。1949年8月,华北税务总局草拟了中央人民政府成立后的税制及税收、税务机构方案;华北人民政府财政部也为中央人民政府拟制了中央、省、县三级财政制度草案。这些工作从经济上又一次证明了人们对西柏坡时期的评价:“新中国从这里走来。”

西柏坡时期统一财政的工作,最值得一提的是人民币的诞生。在石家庄,我和本报钟劲、雷汉发、郝卫几人,冒着酷暑,专门就此进行了一天的寻访。

1947年春,随着战争形势的急剧好转,华北、西北、华东解放区逐步扩大,各解放区之间贸易联系日益增强,但由于货币不统一,比价不固定,造成贸易上的重大障碍。为此中央决定筹建华北财经办事处,迅速调整各解放区的货币、贸易关系,并着手开展货币统一工作;1947年8月16日,中央批准了由华北财经办事处主任董必武草拟的《华北财办组织规程》,决定“筹建中央财政及银行”。

中央银行叫什么名字好?当时大家提出了几种方案,有人提议叫“联合银行”,也有人提议叫“解放银行”或“全国解放银行”,晋察冀边区银行副经理何松亭提出的“中国人民银行”建议得到了董必武的认可。1947年10月8日,中央复电董必武,同意了他的建议:“银行名称,可以用中国人民银行。”

1948年12月1日,华北人民政府和中国人民银行分别发出布告、通告,正式宣布中国人民银行成立和人民币发行;当日上午9点钟,中国人民银行总行发行科将新印制的第一批伍拾元券人民币交付前来取款的平山县银行。至此,人民币正式诞生。

6月10日下午,我们来到石家庄市中华北大街11号,这是当年著名的“小灰楼”所在地,当年中国人民银行办公和发行第一张人民币的地方。如今小灰楼已不复存在,取代它的是天园大酒店。据市党史办同志介绍,经历了50余年风雨的小灰楼是前几年才拆除的,许多领导和许多部门都想保住它,但最后还是没保住。这确是憾事一桩。

小灰楼的命运如此,当年中国人民银行第一任行长南汉宸为发行人民币召开新闻发布会的“花园饭店”更是无处可寻了。它的旧址现建起的是6层大楼,据说人们最近看到了它的价值,现在也改叫花园饭店。市党史办同志告诉我:据资料记载,当年第一张人民币就是在花园饭店附近印制出来的,但具体地址搞不清楚。这个线索引起了我们的兴趣，沿着市党史办同志确定的方向，我开始了逐家店铺、逐个单位的寻访，但没一个说得清楚。后来在河北省科技印刷厂同志建议下，我们在西建街的该厂宿舍楼内找到了一位老厂长，他叫郭四，今年82岁，1994年即在晋察冀日报搞印刷。他告诉我，凭记忆，当年的印钞厂是绝对保密的，设在离石家庄西北200多公里的太行山里，但具体地址也讲不清了。

据了解，1955年3月1日，国务院决定收回第一套人民币，发行新版人民币，至此，第一套人民币才正式“退休”。但在新中国成立伊始，人民币参加了党和政府组织的同投机资本斗争的两大“战役”，发挥了巨大的作用：

解放初期，由于种种原因，物价飞涨，旧社会留下来的投机资本乘机兴风作浪，扰乱金融，在上海有人甚至扬言：解放军进得了上海，人民币进不了上海。经过“银元之战”和“米棉之战”，党和政府打击了投机资本，稳住了物价，有几个数字能证明“战果”：上海的批发物价指数，以解放后第一个月即1949年6月为100，到1950年2月猛增到2097.9，上涨20多倍；打击投机和统一财经后，以1950年3月全国的批发物价指数为100，到1950年12月为85.4，1951年12月为92.6，保持稳定并略有回落。

稳定物价和统一财经的工作是新中国成立后在财经战线上一个具有重大意义的胜利，从此结束了国民党时期自抗战以来连续12年的通货膨胀、物价飞涨局面。这个胜利使国内外那些怀疑共产党能否搞好经济的人不得不表示佩服，叹为奇迹。奇迹之源当然可以追溯到西柏坡，这是西柏坡对我们进行的万里长征第二步作出的又一巨大贡献。

写作任务要求

根据本章所学内容，写一篇对该通讯的认识分析文章，篇幅1000字左右。

第一节　对通讯文体的认识

一、通讯的概念

在西方的新闻报道中有news和feature的区别，前者可译为新闻、消息，后者则译为特稿、特写或是通讯。通讯一词是由“通信”发展而来的，而特写又发展为另一文体进行独立运用。中国早期的报纸时效性较差，19世纪80年代，有线电报在中国出现，新闻报道为追求时效开始使用专电。但是，由于电报费用昂贵，只能简短扼要地将新闻传回报社，使消息体裁初步形成。然而简明扼要的叙述并不能满足人们了解事件背后的事实的欲望，所以，记者们大多写信作为消息的补充，进行深入的报道。到了20世纪20年代，“通信”便演变成了通讯。

通讯是在消息基础上的延伸。在报道新闻事件和新闻人物时，它比消息更具体、深入;在表达方式上,通讯也比消息更为灵活,叙述、描写、抒情、议论等都是通讯常用的表现手法;在时效性上它也没有消息要求的那么严格。通讯是新闻报道中较为普遍、大量采用的一种基本体裁,这种体裁写作详尽深入,报道生动形象,以披露详情为主要任务;以具有新闻价值的人物、事件、经验、成果、工作以及社会自然风貌为报道对象。它比消息更注重文章的形象性、思想性和情节性的塑造,是报纸、广播、电视、通讯社、刊物等新闻传媒进行新闻报道的一种主要体裁。

二、通讯的特点

(一)真实性

真实被喻为一切新闻的生命,通讯也不例外。通讯报道中,不但事件和人物必须是真实的,即便是细小的情节、过渡性的话语都必须具有客观性。也就是说,对于所报道的事实,不仅要真有其事,还要求恰如其分地反映其真实情况,不能妄加评论和胡乱联系。只有这样,受众从文章中得到的信息才是有效的,否则,我们的新闻报道将会产生恶劣的社会影响。著名新闻工作者穆青曾经说过:"哪怕只有很微小的一点虚构,其后果将是灾难性的。因为读者一旦知道是假的,必然会对整个通讯产生怀疑。这将是一种可怕的信任危机。"①

(二)时效性

人们常说,新闻贵在其新,缺乏新鲜感和时效性的新闻其价值为零。通讯对时效性的要求虽然没有消息那么严格,但通讯工作者也应该力求能在第一时间将最新鲜、最有价值的新闻呈现给读者。2004 年 11 月 28 日陕西省铜川矿务局直属的陈家山煤矿发生瓦斯爆炸,当时在井下作业的有 293 名矿工。在随后的几天,陕西省的各大报纸纷纷报道此次矿难。以《华商报》为例,自 29 日起便对矿难进行深入的追踪报道,运用大版面、大篇幅、大特写,从死亡人数、获救人数到救援方案等,快速、客观地对事实进行报道。不仅将最新的新闻告知读者,还将最真实的状况以最快的速度公之于众。

另外,提高通讯的时效性还是提高媒体竞争力的重要一环。在信息科技高速发展的今天,大众传媒与受众之间的沟通流程被大大缩短,传媒与传媒之间的竞争也日趋激烈。如果能在最短的时间里将最新发生的新闻事实以独到深刻的眼光报道给读者,无疑将增强该媒体的竞争优势。

(三)文学性

通讯这种新闻体裁比消息更注重对语言文学性的追求。不过,通讯对文学性的要求和文学作品是有很大差别的。在文学创作中,艺术形象源于现实而又高于现实,作者可以对艺术形象进行再加工。鲁迅摄取大千世界林林总总人的不同特征创造出了阿 Q 这样一个艺术长廊里的典型人物。但在通讯报道中,这样的阿 Q

---

① 穆青:《新闻采写经验谈》,新华出版社 1983 年版。

是不允许出现的，因为通讯文章的写作不仅要源于现实，而且要高度忠于现实。通讯作者的笔下只能再现社会生活中的真实形象，不能像文学作品那样去拔高人物、创造性地叙说事件。20 世纪 80 年代有一则题为《他为何走上绝路》的报道，作者绘声绘色地描述了男青年自杀前的一系列行为，让人以为这是他被营救后的自我描述。文章的结尾却说："当家人发现遗书并找到他时，他吊死在树上已经一天一夜了。"原来这些都是作者的想象，整篇报道的真实性因此而受到质疑。这样的例子说明通讯的文学性是服从真实性需要的。

（四）评论性

通讯写作除了用形象的手法描述事实之外，记者还常常对所刻画的人或事加以自己的见解和评析，这就使通讯具有了评论性。

记者发表评论的形式很多，夹叙夹议、融理于情、编后话等都是常见的评论方式。第十三届中国新闻奖的获奖作品《一个活在人民心中的共产党人——郑培民》的"编后话"是这样写的："从焦裕禄到孔繁森，再到今天的郑培民，优秀的中国共产党人像满天的繁星，看得见，数不清。同时，他们又是千千万万共产党人的杰出代表。不管他们各自处在什么样不同的历史时期，他们都以自己的行动实践着中国共产党人的共同宗旨：一切为了人民的利益。人民之所以深切地呼唤着他们的名字，就是因为他们代表了这样一种崇高的精神：为人民服务的精神，无私奉献的精神，艰苦奋斗的精神。人民之所以深深地怀念他们，就是因为我们的时代比任何时候都更需要这种精神。"①

这段综述性的评论，精辟地概括了一代又一代优秀共产党人共同的精神品质和他们反映出来的崇高真理，揭示了作为榜样的他们对更广大的党员干部的启示意义，把郑培民的精神和追求上升到了全党工作的理论高度，使他的高尚精神超越时空，具有持久而深远的魅力。

三、通讯的分类

1. 根据通讯的内容来分，可以分为人物通讯、事件通讯、工作通讯、风貌通讯四种类型。

（1）人物通讯：对新闻人物的行为、经历、思想过程等进行的报道。

（2）事件通讯：对具有典型意义的事件进行的报道，是在一定程度上起着揭示性作用的报道。

（3）工作通讯：对实际工作中取得的经验、成绩或出现的问题的报道。

（4）风貌通讯：对社会风貌、风土人情等社会变化的报道。

2. 根据选材的形象性、报道的生动性以及形式的深入性等方面，可以将通讯分

---

① 《一个活在人民心中的共产党人——郑培民》，中央电视台、湖南电视台 2002 年 10 月 13 日。

为特写、人物专访和新闻小故事。

特写:采用电影中的“特写”镜头的手法,对新闻事件、新闻场景进行“再现”式的报道。

人物专访:对新闻人物、权威人士或名流人士就新闻事件、社会问题以及相关事实进行的访问。

新闻小故事:对一人、一事或者一个情节展开叙述,以短小而完整的篇幅报道社会生活中一些具有新闻价值但常被人忽略的事件。

3.其他形式还包括侧记、巡礼、花絮,或是札记、手记、目击记、透视、观察、对话等。

四、案例分析

【案例】

金字塔夕照

穆　青

九月的开罗是金色的。

在金色的夕阳下,金色的田野,金色的沙漠,连尼罗河的河水也泛着金光;而那古老的金字塔呵,简直就像是用纯金铸成的。远远望去,它像飘浮在沙海中的三座金山,似乎一切的金色的光源,都是从它们那里放射出来的。你看天上地下,到处黄澄澄,金灿灿,一片耀眼的色调,一幅多么开阔而雄伟的画卷啊!

从少小时候起,我就听到过许多有关金字塔的传说,向往着它神秘的风采。如今,当我来到金字塔下,望着这人间的奇迹,更禁不住万千思绪在心头激荡。我不知道金字塔这个汉文译名,最早是怎么得来的:究竟是出于象形还是会意?但无论哪一种考虑,我认为都是绝妙的。说它象形,你看它多像一个汉文的“金”字;说它会意,几千年来在世界历史上,在人们的心目中,金字塔不愧是熠熠发光的珍宝,人类劳动和智慧的结晶,它价值无疑比金子还要贵重。有人说金字塔的白昼和月夜,各有各的情趣,各有各的美;但我觉得最令人难忘的,恐怕还是这大漠夕照中金字塔的色彩。那一片迷人的金色,简直把你溶化进一个神奇的境界,使你充满豪迈的感受,引起无边的遐想,不由自主地产生一种怀古的幽思……

也许是迎合人们这种心理,据说,每当夜晚,金字塔前都要举行几场所谓“声光表演”。埃及人用奇异的灯光,制造种种幻景,用一些古老的乐曲、模拟的音响和对话,来再现几千年前法老王宫中煊赫的威仪,在一片声光交错的扑朔迷离之中,使你仿佛置身于古埃及往昔的盛世,产生种种奇妙的幻觉和联想。而当这些声光沉寂下来的时候,一切都消失在夜色里,只有金字塔依然在黑暗中矗立。

我没有机会欣赏这虚幻的情景,重温金字塔那早已逝去的繁荣。踏着沙漠中的夕阳漫步,展现在我面前的毕竟是另一个更加令人迷惘的世界。

我看见,一些肥胖的外国人骑着干瘦的埃及骆驼,在兴高采烈地漫游。

我看见,穿着破旧长袍的埃及人,见到外国游人到来,便蜂拥而上,争抢着要为他们充当向导。

我看见,在金字塔下,在沙尘迷漫的道路两旁,一群肮脏的孩子拿着粗糙的石雕石刻,到处在向游人兜售,甚至追逐在人们的身后纠缠不休。

有人告诉我,如果时间稍早一点,你还可以看到许多外国阔佬愿意掏出钱来,让一些矫健的埃及人表演攀登金字塔的绝技,欣赏他们像猿猴一样,能在十分钟之内爬上四百五十英尺的金字塔顶端,然后再爬下来……

说话间,几个埃及老人牵着骆驼和毛驴迎面走来,他们雪白的胡须,奇异的服饰,再加上打扮得花花绿绿的骆驼和毛驴,在金字塔前组成了一幅独具特色的风景画。可是,当我正要举起相机的时候,同伴们悄悄制止了我:

"不要照,他们会向你要钱的!"

我收起相机,默默地走开了。

一阵轻风吹过,飘起地上游人丢弃的片片纸屑,也带来沙漠地带那种特有的干燥郁闷的气息。夕阳已逐渐下沉,暮色正从沙漠的边缘悄悄向这里逼近。四野的游人渐渐稀疏、远去……这时,我忽然觉得,金字塔其实是荒凉的。

在司芬克斯面前,我停下脚步。这个人面狮身的大石像,在暮色苍茫中,似乎也失去了它的光彩。关于它,过去我曾读过不少动人描写,有人说它的表情是神秘的,也有人说它充满了忧郁。我想,这大概是由于各人的心情和感受不同,所产生的不同印象。当年,拿破仑侵入开罗,耀武扬威,不可一世,许多人拜倒在他的脚下,唯独这个司芬克斯依然昂首高踞,面向东方,仿佛故意在向他挑战,惹得这位法军统帅大为恼火,竟下令开枪打坏了它的鼻子。后来,一些外国的游人,又把它当做能够带来好运的神物,千方百计要从它身上砸点石块带走,这样就更使它遭到遍体鳞伤的摧残。只有那些真正同情埃及人民,并和他们有着同样命运的人们,才会从心灵深处感受到它的忧郁,甚至觉得它的眼睛里满含着泪水。

五千年了,这座人面狮身的石像,经历了多少风风雨雨啊!它目睹了埃及历史上的兴盛和衰微,也看到了近几个世纪以来,在殖民主义、帝国主义的掠夺下,埃及人民的苦难;说司芬克斯是埃及历史的见证,是丝毫也不算夸张的。听说这里的声光表演,也让它用苍老的声音叙述自己的历史和见闻。当然,它可以讲许多令人神往的往事,也可以盛赞古埃及悠久而又灿烂的文化,但我不知道,对于眼前发生在它周围的情景:那剥落的石块,憔悴的沙漠,那贫穷的老人,肮脏的孩子,那一匹匹羸弱呆痴的骆驼,一双双在外国游人面前伸出的大手、小手……它又能说些什么呢?难道它能埋怨埃及子孙的不肖,责备他们是靠着祖宗的遗产在向人乞讨吗?

……想到这些,我的心情是沉重的。

我曾到过西方一些著名的城市,在它们的广场上,像一把朝天的宝剑一样,耸立着古埃及的尖碑,博物馆里陈列着中国的青铜和瓷器,也陈列着巨大的埃及石棺和雕刻。似乎没有这些古老文物的点缀,就很难炫耀这个国家的财富和文明。其实,在我看来,这些并不能给它们增加什么光彩,相反,恰恰是他们曾经进行殖民主义罪恶掠夺的见证。

多少年来,正是由于这些无止境的掠夺、奴役和压榨,使得整个非洲陷入深深的苦难。全世界的吸血鬼们几乎都把他们的尖嘴,插进过非洲的血管。有时,我甚至想过,如果金字塔和司芬克斯,不是如此巨大和不可动摇,恐怕它们也早已泣别了自己的故乡,离开了尼罗河畔……

记得刚到开罗的头几天,这座城市曾以自己对照鲜明的外观,给我留下极其深刻的印象。这里既有埃及古老文明的庄严与圣洁,又有西方现代世界中的堕落与糜烂;既有数不尽的高楼大厦,川流不息的滚滚车流,又有随处可见的栖息在街头路边的乞儿和流浪者;在一些国际性豪华的旅馆和饭店,你可以品尝到世界各地的佳肴,但在埃及普通人民的生活中,当时不得不忍受着"无肉月"的折磨。开罗市内有一个奇特的"死人城",那里原是一个巨大的公墓,而现在却成为千千万万无家可归的穷苦埃及人的住所。我曾经去参观过这个活人和死人杂居的地方,垃圾堆旁支着简陋的锅灶,墓前晾晒着破衣烂衫,污水在到处流淌,一些赤条条的孩子的头上、脸上,叮满了可怕的苍蝇……这一切使我深深感到,巍峨的金字塔以及围绕着它的整个埃及国土,仿佛是一个五光十色的多棱镜,不同的镜面反映出截然不同的景象。

夕阳的余晖逐渐消退下去,不知什么时候,月亮已苍白地悬挂在金字塔的上空。这时,一辆辆开着车灯的小卧车,接连不断地从灯火闪烁的开罗市区,经过我们的身边,向金字塔背后的夜色中驶去,朋友们告诉我,那里有一些专供外国阔佬们寻欢作乐的夜花园、夜总会,它们就在离金字塔不远的地方,在一片沙漠中追求着别开生面的夜生活。

同伴们问我要不要也去那里看看夜景,我笑了笑,摇头谢绝了。我说:"如果有机会再来埃及,我倒想看看金字塔的黎明。"

我想,在漫天朝霞的红光里,金字塔必定是另一番景象!

(1982年9月)

【分析】 1.该通讯体裁为风貌通讯、社会报道。以夕照中的金字塔为意象组合全篇,着力描写的是夕阳西下这一特定时刻中金字塔的特殊的美,寓意却是对饱受殖民主义蹂躏、已处于岌岌可危状态下的埃及古文明的痛惜之情。

2.思想性、艺术性紧密结合,文章包含国际政治内容,从金字塔景物,写到埃及社会,融进了作者的饱满政治热情、丰富历史知识和深邃政治洞察力,景随意走,意托景出。

3.异国特色鲜明,内涵丰富,传播知识,开阔视野,文字优美,结构绵密,感情浓烈,意境深远,的确是一首悠扬的牧歌,以作者崇高的情操创造了优美的意境。最后以期待金字塔的黎明关结全篇,使这种痛惜之情得到高度的升华,给人以无限的遐思。

4.充分借助文学表现的手段,结构灵活。描述、回顾、议论、抒情、插叙等多种艺术手法的运用,使文章浑然一体。

实训练习题

按本节所讲授的知识，认真分析以下这篇通讯的特色。分析要充分体现知识要点，分析的内容要条理化。

黄土之恋

——记国家最高科技奖得主刘东生

80 岁上下，探索的足迹仍遍布南极、北极和青藏高原等“地球三极”；60 年潜心研究，被誉为“黄土之父”；平息 170 多年来的黄土成因之争，建立了 250 万年来最完整的陆相古气候记录；直至今天，87 岁仍然活跃在国际地球环境科学舞台，引领世界黄土研究潮流，走在全球变化研究前列……

他就是被称为“超级老头”的刘东生院士，这位地球环境科学研究领域的专家刚刚获得 2003 年度国家最高科学技术奖。

“枯燥？不！因为经常有新发现，其中的乐趣难以形容”

曾经有人形容说，人类要了解地球数百万年的变化历史，必须读三本“书”：一本是深海沉积的历史，一本是极地冰芯的历史，第三本便是黄土的历史。刘东生就是在黄土形成和演变历史研究方面作出卓越贡献的人。

“黄土地是我们世世代代休养生息的地方，它是一个巨大的地质文献库，隐含着地球环境变化的各种信息，它像一把钥匙，能够解开无数的谜。”黄土，在普通人眼中或许只能看到沙尘暴或贫困，但经过近 60 年的“亲密接触”，刘东生已将其视作生命一样的宝物。

“但近 60 年扎根黄土研究不枯燥吗？”

“对于科学工作者来说，每次新发现都是非常有意思的事，其中的乐趣难以形容。如果没有兴趣就不做了。”今年已是 87 岁高龄的刘东生，依然精神矍铄、思维敏捷，面对记者的提问，他的回答非常坦率。

话虽这么说，其实与刘东生相处已久的中国科学院地质与地球物理研究所的同事们都明白，除了兴趣之外，那份责任、那份执著，在他近 60 年的黄土研究中更是不可或缺。

这从刘东生为何选择黄土研究的讲述中可见一斑：“我工作后主要从事古脊椎动物研究，尤其是鱼化石研究，也受到国内外关注。到上世纪 50 年代初时，周恩来总理请一位日本记者讲环境问题，我印象非常深，后来总理提出要重视环境问题，我就从单纯的地质研究转向地球环境研究，开始了与黄土的不解之缘。”

与刘东生一起生活了半个世纪的老伴胡长康的评价可能更“权威”：“他为人老实，就是想着干活，多做些工作。我们曾经在南京住了七八年，可周围的景点从来没去过。”

“他把黄土看成自己的生命。”与刘东生接触过的人常常发出这样的感慨。他的同事们不会忘记：在上个世纪 50 年代，刘东生等人穿越黄土高原从南到北，从东到西,完成10条大的1000多公里的剖面,吃住都在野外,且全是步行;刘东生带队从北京开车去西部进行野外考察,每天早上6点起床,夜里还要召集开会,研究问题;在长白山考察,天气恶劣,学生们草草画完图就跑到车里,可等了半天也不见老师回来,原来他仍在仔细画图、记录……

"他是一个超级老头。"同事们这样评价刘东生。

这个"超级"自然包括笼罩在刘东生身上的"耀眼光环":1942年毕业于西南联合大学,中国科学院院士,第三世界科学院院士,欧亚科学院院士,中国第四纪(地质学上的一个时期)研究委员会主任,国际第四纪联合会主席……

当然"超级"还远不仅是以上这些,他60年如一日,潜心于黄土研究,至今没有停止野外考察,在七八十岁时仍然亲临南极、北极和青藏高原等地进行实地考察。

"任何科研都会有挫折,黄土研究不会例外,但刘先生执著的科学追求、扎实的学风给我们留下深刻的印象,他的成就与这种持之以恒的精神密不可分。"刘东生的学生、也是他的同行郭正堂研究员说。

正是这份执著,刘东生取得了令全球瞩目的成就,打开了地球气候的天书——黄土。

"他的研究在国际学术界所受到的尊重,无论怎么评价都不为过"

"国际著名、深受尊重","他的研究在国际学术界所受到的尊重,无论怎么评价都不为过",国际同行对刘东生这样的评价是否恰当? 当人们了解他的成就之后,心中自有定论。

从1804年以来,国际上对于黄土的成因存在两种学说——"风成说"和"水成说"。从20世纪50年代起,刘东生对黄土高原进行了大量的野外考察和实验分析,完成了《黄河中游黄土》、《中国的黄土堆积》等多部专著,提出了有重要突破的"新风成说",把风成沉积作用从黄土高原顶部黄土层拓展到整个黄土序列,并把过去只强调搬运过程的风成作用扩展到物源—搬运—沉积—沉积后变化这一完整过程。这平息了"风成"、"水成"之说,为全球变化研究奠定基础。

1909年国外学者提出的四次冰期理论,主导了20世纪前半叶的古气候学研究。1958年,刘东生根据黄土与古土壤的多旋回特点,发现第四纪气候冷暖交替远不止四次,对经典的四次冰期理论提出挑战,最终建立了环境变化的多旋回理论,成为全球环境变化研究的一个重大转折。

20世纪80年代,刘东生基于中国黄土重建了250万年以来的气候变化历史,使中国黄土成为古气候变化记录的最重要档案库,与深海沉积、极地冰芯并列成为全球环境变化研究的三大支柱,为全球气候变化研究作出重要贡献,为国际科学界所信服。

1964年至今,刘东生还致力于青藏高原隆起与东亚环境演化研究,把青藏高原研究同黄土高原研究结合起来,把固体岩石圈的演化同地球表层圈的演化结合起来,开辟了地球科学一个新领域。20世纪90年代以来,地球系统各圈层相互作用已成为国际学术界的研究热点。

“这些成就的列举或许有些单调，但足以让人们肃然起敬。”刘东生的同行们说。刘东生在地球环境科学研究领域的理论贡献，被国际学术界公认，他发表的文章被国际著名检索系统SCI(科学引文索引)引用3000多次。2002年获国际最高环境科学成就奖——泰勒奖，这个奖授予对发现和解决世界范围的环境问题作出重大贡献的科学家。

“黄土与人类生活息息相关，再有几代人也不能完全搞清楚”

一辈子与黄土打交道，研究数百万年前的古环境，是不是离今天太过遥远？

“其实，刘东生的研究成果一直同自然环境、人类生活息息相关。古环境的温度、湿度、水文、植被等演变过程和周期规律，对认识今天以及未来环境和气候具有重要意义。”中国科学院地质与地球物理研究所所长丁仲礼研究员说，“比如，近年来我国沙尘暴频繁发生，除了人为破坏地面植被等原因，是否与自然界周期性干旱气候演变有关？这需要大跨度的自然历史演变及其规律作为研究背景。”

“研究过去只是为了将来，否则研究就失去了方向。”刘东生认为，阅读中国黄土这本书，越往过去追溯就越困难，黄土再有几代人也不能完全搞清楚。

正是为了把与人类生活息息相关的黄土研究清楚，刘东生十分重视人才的培养和发挥团队精神，正如他在获得泰勒奖时受到的评价：“刘东生博士不仅在诸多基础科学领域作出了卓著贡献，也在激励和培养中国年轻一代科学家方面作出了具有重大影响的贡献。”

50多年来，刘东生言传身教，培养了大批研究人才，现已成为科研战线的中坚。自1982年至今，他一直坚持在中国科学院研究生院授课，目前仍在指导研究生的野外考察和室内研究。

中国黄土的几代研究者与他们所研究的黄土年代，呈现一个有趣的序列：刘东生基于黄土建立了250万年来最完整的陆相古气候记录；此后，刘东生的学生丁仲礼等人把它推到600万年至800万年前；再年轻一辈的郭正堂等人更是追溯到2200万年前。

“对于地质学科，新人才的补充非常重要。探索地球的未知奥秘富有吸引力，需要有更多年轻人参与研究。”刘东生向青年人发出召唤。

（人民网2002年2月20日）

第二节　通讯的一般结构方式

通讯的结构是指通讯中谋篇布局、组织材料的方法。结构是主题和材料依附的“骨骼”，一个合理的结构在通讯写作中有非常重要的作用。正如工程师建大楼要有蓝图，他的工作才能有条不紊；作家在创作小说、描述故事时要安排开端、发展、高潮和结尾，娓娓道来，才能引人入胜。通讯写作中，如何将一大堆丰富的材料巧妙有机地组合起来，是确立主题之后必然要面对的一个基本问题。因此，学习经典范文,总结出一些基本的结构模式以供习效是必要的。通讯结构的基本样式可以归纳为纵式结构、横式结构、纵横式结构、“彩线穿珠”结构等。

一、纵式结构

纵式结构按照时间发展或者主题递进的顺序来展示新闻事件的纵剖面,分为时间顺序式、情节顺序式、逻辑顺序式、时间顺序和逻辑顺序结合式四种类别。

1. 时间顺序式。时间顺序式就是按照事件发生、发展的顺序来安排材料,展开层次的结构形式。这种形式符合人的思维习惯和事物发展的规律,有助于故事表达的完整和文章条理的清晰。

2. 情节顺序式。传统的通讯写作,一般注重情节性,所以,常常以情节的变化脉络来结构全篇。

3. 逻辑顺序式。逻辑顺序式就是按照材料表达主题思想的深浅来安排结构的形式。逻辑顺序层层深入主旨,使主题一步比一步丰赡起来。但是,切忌以某一中心事件为线索,应以作者的思维逻辑顺序为线索。尤其是近年来的通讯写作,人们为了写好深层次报道,无论是人物通讯还是事件通讯,都不喜欢用情节性而是采用逻辑性,集合信息来完成通讯的写作。

4. 时间顺序与逻辑顺序结合式。这种结构表现为以时间的发展和主题的递进双层条理来组织材料,经纬交错,明晰而宏大。

【案例】 (载于《瞭望》1991 年第 24 期,记者:赵德润)

总书记晤见小和尚

潇潇春雨洒落在九朝古都洛阳。

中共中央总书记江泽民在这里刚刚开过河南省大中型企业厂长经理座谈会,便在中共河南省委书记侯宗宾、省长李长春的陪同下,来到城东白马寺。白马寺始建于东汉永平十一年,是我国第一座佛教寺院,迄今有 1900 多年。

总书记一行由执事和尚印山引导,参观了记载白马寺历史的隋碑、大雄宝殿、天王殿和接引殿,登上汉明帝小时读书、两位西域高僧翻译过佛经的清凉台。江泽民边走边同僧人讨论佛教历史和佛教教义。在寺中两副对联前,总书记停住了脚步。一副是“大肚能容容天下难容之事,慈颜常笑笑世间可笑之人”,一副是“天雨虽宽不润无根之草,佛门广大难度不善之人”,江泽民让随行人员记了下来。

印山和尚邀请总书记一行到寺中客堂小憩。

众人刚刚落座,一个法名印中的小和尚进来献茶。总书记亲切地招呼他坐下,同他交谈起来。

“你贵姓?”

“姓陶名翠中。”

“今年多大了,哪里人啊?”

“24 岁,贵州省贵阳市人。”

总书记关切地问:“小小年纪,从贵州出家到河南,不容易呀。能说说为什么要出家吗?”

印中和尚欲言又止。江泽民诚恳地说:“没关系。咱们随便谈谈心。你在生活上有什么坎坷与失意,尽管说。”

在总书记慈祥的目光期待下,印中和尚说出了心里话。他原本有一个幸福家庭:父亲是机关干部,母亲是工人,他本人从一所中等专业学校毕业后,分配在省会贵阳工作。

“我对自己的工作很满意,本想为人民做点好事。可接触到社会上种种腐败现象和不正之风,感到心灰意冷。我不愿同流合污,又无力与现实抗衡,经常感到失望、迷惘。为此,去年来到白马寺,以求精神解脱。”

江泽民听了这番话,神情显得凝重起来。他环顾左右,神情严肃地说:“有这么一句古诗:‘若问古今兴废事,请君只看洛阳城。’洛阳是九朝古都,洛阳的兴衰是中国封建王朝兴衰的一个缩影。综观中国历史上各个朝代,无一不存在腐败与反腐败的斗争。什么叫忠?什么叫奸?为人民办事就是忠,搞腐败就是奸。我们要特别警惕那些‘口言善,身行恶’的人,或者叫口是心非的两面派。”

“共产党的宗旨是全心全意为人民服务。”江泽民接着说,“共产党人历来是坚决惩治腐败的。早在进城以前,毛泽东同志就在党的七届二中全会上向全党提出‘两个务必’,告诫我们警惕用糖衣裹着的炮弹的袭击。郭沫若写的《甲申三百年祭》,也是总结李闯王的教训。历史的经验告诉人们,反腐败斗争搞不好,建设有中国特色的社会主义就没有希望。”讲到这里,江泽民语重心长地对印中和尚说:“这些年来,我们党内和社会上确实出现了一些腐败现象和不正之风。请相信,共产党有决心也有能力惩治腐败。我不能干预你的选择,可是你出家了,你们那里的不正之风并没有因此解决呀。要相信党和政府,对腐败现象和不正之风,要展开坚决斗争!”

印中和尚面露喜色,又试探地问道:“佛教作为一种历史悠久的宗教,是否应当承认其存在的价值?”

江泽民说:“在我国,除佛教,还有道教、基督教、天主教和伊斯兰教,我国宪法规定公民有宗教信仰自由,党和政府还要培养做宗教工作的接班人。世界上的知识是浩瀚的。宗教的形成有很长的历史,其中包含着一定的历史文化。我的家乡扬州是文化古城。我十几岁的时候就读过苏曼殊大师的作品,其中一些美妙的诗篇至今还能背诵。也听过圣母玛利亚的颂歌,那是很动听的音乐。共产党是无神论者,宪法又规定公民宗教信仰自由,这并不矛盾。有人说我们把宗教视为异端。这是错误的说法。在我们国家里,既有宗教信仰的自由,也有宣传无神论的自由。国内外敌对势力利用宗教进行渗透,搞和平演变,则是我们所不允许的。这就是我们的观点,不知你同意不同意?”

印中和尚听了,满意地点点头。

江泽民略作停顿,加重语气说:“信仰共产主义和信仰宗教,虽然有着本质的区别,但我们都要热爱伟大的中华民族和社会主义祖国。我们的民族和国家有悠久的历史和灿烂的文化,只是近代落后了。我们全民族团结一致,就能把国家建设好,我们都要为人民办好事。共产党就是为人民服务的。我相信,大家在爱国主义旗帜下团结起来,就一定能把中国的事情办好。这个你也同意吧?”

印中和尚会心一笑,高兴地说:“完全同意!”客堂里的气氛随之活跃起来。

一边是中国共产党的总书记,一边是因困惑、迷惘而遁入空门的小和尚。领袖与平民之间亲切、平和地交谈。

天色将晚,江泽民起身告辞。印中和尚和僧众一道,恋恋不舍地把总书记送出山门。汽车离白马寺越来越远,总书记仍然思考着白马寺的谈话。他一再嘱咐身边的干部:“这件事要引起我们深思,一定要抓好廉政建设。”

二、横式结构

横式结构是按照空间的转换或者事件的方面、人物群像、故事情节的并列来叙写新闻实况的横断面,这种结构适用于涉及事实较多的新闻通讯,尤其多使用于非事件性的通讯报道,包括时空并列式、方面并列式、群像并列式、故事并列式四种基本形式。

(一)时空并列式

时空并列就是把相关联的时间和空间画面组合在一起,来突显一个共同的主题。

【案例】 (《乌湾河不会忘记——云南省元阳县7·13特大泥石流灾害抢险救灾纪实》一文的第一节“泥石流奔袭遍地流金的乌湾河谷”,载于《文汇报》1994年8月22日)

7月13日傍晚,乌湾河谷的傣乡,炊烟缭绕。19时30分,正是傣家人吃晚饭的时候,村民们谁也没有想到,大祸会从天而降。

19:30—19:35,昆湾。

下工回家正在河中洗澡的14名青年男女,他们无论如何也想象不到,哺育了祖祖辈辈的乌湾河,会给他们带来灭顶之灾。他们好奇地听到惊异声到昏天黑地的急流飞泻眼底时,逃命已经来不及了。14条年轻的生命,就这样被像饿龙似的黑色泥石流所吞没,夺去了他们宝贵的生命。

19:30—19:40,旧寨。

那奔腾而来的泥石流撞到村后,被一略高的地势劈开,分成两路以摧枯拉朽之势轰隆隆地夹击而来!村头一幢两层8间的钢筋水泥楼房,没有丝毫抵御之力,瞬息间就被冲到村子中央。46户的旧寨村,有42户寸墙无存。村中央幸存的几间房子,也被撞击得东倒西歪,残破不全。

19:45左右,保红。

位于保红村乌湾桥旁的桥头饭店老板白兴亮,今年37岁。他从16岁开始做小买卖,凭着灵活的头脑和辛勤的劳动,很快成为当地的首富。

1990年，白兴亮终于在乌湾桥边盖起了一幢砖混结构的二层楼房，经营饮食、百货。次年，又在原来基础上增加了两层，开设旅店。与此同时，他还转包20亩香蕉地，年收入5万余元。由于他的苦心经营，家底不断丰厚，自己购置了4千瓦的发电机、手扶拖拉机。今年春天后又投资15万元，新盖一幢4层300平方米瓷砖贴面的新式洋楼，用于改善和扩大经营。殊不知，7月12日白兴亮才从施工队手中接过洋楼，第二天便与他的所有家产一起被毁于一旦。

【分析】 以时间和空间并列的方式记述了无情的泥石流犯下的令人触目惊心的灾情。

1. 时间：15分钟内。

2. 场景：3个不同地点的灾情。

3. 效果：客观地显示了这场突如其来的泥石流所造成的灾难的普遍和严重，为后文写抢险救灾工作的急迫和面临的紧张局势作了铺垫。

（二）方面并列式

方面并列式是从不同方面来分析、透视一个共同的问题，这种手法有利于塑造新闻事件的立体感。

【案例】 （《大兴机场可否姓“黔”又姓“湘”》，载于《贵州日报》2002年6月7日）

有人坚决反对。一位不愿意透露姓名的干部坦言：“好不容易通过这几年的努力，铜仁的公路等交通基础设施才赶上并超过了湖南邻县，大兴机场建成，更使我们在边区的经济竞争中拥有了新的优势。如果成全了湖南，他们借机场优势如虎添翼，发展更快，我们岂不是又回到了竞争弱势地位?!”

也有干部提出了折中的方案，湖南出钱在我们的地盘上修路何乐而不为？但不能走捷径。这也太便宜了他们，也不公平。公路要在铜仁境内尽可能多绕，以拉动沿线经济。

而另一种截然不同的观点是：打破省界，在更大的背景中着眼长远，谋划铜仁社会经济发展。摒弃闭关自守、孤芳自赏的小农意识，自觉把铜仁纳入张家界、凤凰古城、南长城、梵净山及我省黔东南、贵阳等大旅游经济圈。

【分析】 本文在介绍铜仁人对湖南提交的修路方案的看法时，表现了三种不同的观点，即三个方面的意见态度：

1. 有人坚决反对……

2. 也有干部提出了折中的方案……

3. 另一种截然不同的观点……

（三）群像并列式

群像并列是围绕一个主题把各方面人物的行动、事迹组织在一起的通讯结构。

【案例】(载于《中国体育报》2001年7月14日,荣获2001年中国新闻奖二等奖)

历史铭记这一刻

——莫城触摸申办成功

张乐年

为了这一刻,北京申奥代表团成员有太多的故事要诉说,此时此刻只有喜悦的泪水是最好的表达。

当地时间上午,代表团的领导就来到了世贸中心,一群记者蜂拥而上去采访。

官员们一言不发。后来实在让一名香港记者缠住了,一位高级官员终于开了口:"我先说三件事,这三件事是……你们一会就知道了……"话音未落,人已脱身而去。

在北京陈述之前,气氛十分紧张,大考到了。进场前领导们反复地相互检查着装。万嗣铨多次提醒大家关掉手机。

北京陈述刚完,就有委员在座席上大声叫好了。

当萨马兰奇宣布当选城市是北京的时候,在记者大厅里两名中国人当场打出横幅,上书:"永远的北京,永恒的奥运,百年企盼,梦想成真。"这幅字在中外记者的镜头下将传递到全世界。

此时此刻的兴奋和狂呼是在全世界的媒体之下进行的,在场的每一位中国人或看似中国人的人都被镜头对准了。

事后刘璇说,当时就像做梦一样,和奥运会上的感觉一样,眼泪止不住地流。

郎平哭得最动情,直到出场后20多分钟,在接受记者采访时还在流泪。

"中国男子汉"袁伟民的泪水一直在眼眶里打转。而巩俐则相对平静,她在接受采访时说:"到第二轮投完的时候我就意识到北京成功了。"

在来莫斯科的飞机上杨澜曾说,1993年我作为记者参加了申办,申办失利时我流泪了。现在我成熟了,遇到任何事我都会平静对待,不会再流泪。但是此时此刻,她再也无法平静,双眸闪动,泪光莹莹。

杨澜的脸上还留着一个口红印痕,当记者问是谁亲吻了她,她对此全然不知,说:"我不知道怎么回事,高兴坏了。"

申奥团原来安排在胜利后,让刘淇和袁伟民在一楼大厅接受中央电视台的采访。当他们走上前陈述时,记者们狂扑上去。他们费劲地闯过人群,但一行人却全被挤散。只听着一楼大厅里乒乓一阵响不知道什么器材给碰翻了。

像这样疯狂的采访,记者也是第一次碰上。

刘淇和袁伟民被挤散了,刘淇接受了电视采访,他说:"这次我们申办成功是全国人民共同努力的结果,是党中央、国务院亲切关怀和指导的结果,是全国人民最大的喜事,向全国人民表示祝贺。"他一边讲话,一边被采访的人们挤来挤去。

北京申奥代表团成员张秋萍插空招呼记者,晚上到我这里来喝酒。今夜到处都有酒，记者问你是什么酒。张秋萍说，1993 年她到蒙特卡罗参加申办，在那里买了一瓶法国红酒，准备在申办成功后庆祝。不料当时申办未果，她就将酒带回了北京。8 年后，她又将这瓶酒带来莫斯科，现在可以畅怀痛饮了。8 年了，好酒啊！

当人们走出世贸中心时，天下起了大雨，闷热的天气顿时凉爽。

【分析】 这篇成功之作通过群像并列来描绘场面、叙说事件。

1. 作品展现了代表团中的高级官员、代表团领导进场前的谨慎举止，大会评委的叫好，记者大厅中激昂的中国人，以及刘璇、郎平、袁伟民、巩俐、杨澜、刘淇、蜂拥的记者群、张秋萍等几乎一切与事件相关的人物。

2. 记者抓住了各类人物的行为、语言、表情等，通过这些细致入微的刻画，给人强烈的现场感和镜头语言感，把申办成功前后镜头之外的细节情况以鲜活、丰富、立体化的群体雕像图呈现给读者，让人如临其境般充分地分享这一份期待已久的喜悦。

（四）故事并列式

故事并列式，就是把能够表现同一主题的相关故事并列起来。

如 2001 年 2 月 11 日载于《解放军报》的《追你追到天边边》以“为了祖国，为了她，热血男儿守哨卡；为了祖国，为了他，痴情女子上雪山”为题旨，将发生在祖国边防军区的三对青年人在雪山边防举行婚礼的三段故事组合起来，不但歌颂了他们的纯真爱情和他们为祖国为人民奉献的高尚追求，更让我们看到了新一代青年人心系祖国的真挚情怀，看到了祖国边防事业的希望。

三、纵横式结构

纵横式结构是以时间为基本线索，把同一时间段里，不同场景、不同空间所发生的和表现主题有关的故事结合起来的时空交织结构。这种结构形式和电影蒙太奇的表现手法旨趣相通，即通过画面、情节的跳跃或者镜头的切换，将一幅幅生动的场景呈现出来，呈现出强烈的动态效果。纵式结构时间上的跳跃性很难表现出来，而且文章往往较为拖沓；而横式结构又只能对某一横断面展开，不易承上启下。因此，将纵式结构和横式结构相结合，取其长处，补其短处，更全面、更完整地报道事件。

如由新华社记者集体采写的《当你熟睡了的时候》（新华社，1956 年 7 月 22 日）报道了深夜时分，大家已经熟睡了的时候，那些还在为大伙幸福的生活和明天的工作而通宵工作的人们。文章分十个小标题描写了 1956 年 7 月 18 日夜晚北京市一些普通劳动者平凡而动人的事迹。“守候在孩子床边”记录了保育员细致而耐心地呵护幼儿的细节；“为了明天的乘客”叙述了北京市电车公司、汽车公司的检修员、调度员、司机、售票员等人为保证明天的安全交通而辛苦工作的情景；“急救病人”向读者展示了急救站人员紧张的救护工作；“黎明时的电报”讲述了电报局工作者深夜里仍然坚守岗位，及时接收和传送每一份电报的高度责任感；“通宵运蔬菜”把菜市场和副食店工作者夜以继日地为保证首都人民生活用品而劳作的情况简笔刻画出来;“拍《祝福》”说的是北京电影制片厂的导演、演员、摄影师及其他工作人员连夜赶拍影片《祝福》的故事;“洒扫全城”写清洁工人在天亮之前紧张而有序的劳动;“为了千百万读者”展示了人民日报社人员为了让千百万读者能在当天看到北京的《人民日报》午夜里争分夺秒的工作情况;“夜宵”讲了夜宵市场美味的夜宵供应情况;“零点二十八分接婴儿”描绘了深夜的妇产科迎接新生命到来的幸福一刻。文章因贴近群众、贴近生活而受到了广泛关注。

四、“彩线穿珠”式结构

中国古代文论典籍《艺概》曾说:“惟能线索在手,则错综变化,惟吾所施。”“彩线穿珠”法就是抓住能够带动全局的主线,把散乱的材料贯穿起来,共同表现主题思想的结构方法。

【案例】 (载于宋兆宽《新闻作品评析的理论与实践》)

在大海中永生

邓小平同志骨灰撒放记(节选)

飞机盘旋,鲜花伴着骨灰,撒向无垠的大海;

大海呜咽,寒风卷着浪花,痛悼伟人的离去……

历史不会忘记,1979 年大年初一,邓小平最后一次越洋过海访问美国。这次出国距他少年时漂洋过海勤工俭学,整整 59 年。

风风雨雨,沧海桑田。饱经忧患的中华民族经历了太多的磨砺,太多的坎坷,太多的苦难。闭关自守,必然带来停滞、贫穷、愚昧和落后。

——任何国家要发达起来,闭关自守都不可能。

——太平洋再也不应该是隔开我们的障碍,而应该是联系我们的纽带。

邓小平以巨人之手,将封闭的国门打开。

位于南海边的深圳、珠海,是中国对外开放的第一道风景线。1979 年 4 月,他提出了兴办经济特区的大胆设想,鼓励创业者“杀出一条血路来”。国门打开了!沿海、沿江、沿边,全方位开放的大格局已经形成,古老的中国终于向世界敞开了博大的胸怀。

飞机盘旋,鲜花伴着骨灰,撒向无垠的大海;

大海呜咽,寒风卷着浪花,痛悼伟人的离去……

海天相接,碧波相连。

小平同志心系各族人民,心系港澳台同胞,心系海外侨胞……

也许,奔腾不息的浪花会把他的骨灰送向祖国的万里海疆。小平回眸应笑慰。他开创的有中国特色社会主义伟大事业,处处气象万千,后继有人,大有希望。

也许,奔腾不息的浪花会把他的骨灰送向香港、澳门。小平回眸应笑慰。他提出的“一国两制”伟大构想,即将成为现实——

香港回归即在眼前,澳门回归指日可待。

也许，奔腾不息的浪花会把他的骨灰送向台湾。小平回眸应笑慰。实现祖国完全统一，是他也是海峡两岸中国人的共同心愿，骨肉同胞终有一天会团圆。

也许，奔腾不息的浪花会把他的骨灰送向太平洋、印度洋、大西洋……小平回眸应笑慰。海外侨胞为祖国在改革开放中腾飞而骄傲，各国政要和人民盛赞小平："20世纪罕见的杰出人物"、"本世纪公认的世界级领袖"、"邓小平的影响超过时代超出国界"……邓小平不仅属于中国，也属于全世界。

骨灰撒大海，鲜花送伟人。

11时50分，专机盘旋着向大海告别。

透过舷窗望去，水天一色，波翻浪涌。从那永不停息的涛声中，人们仿佛又听到了震撼过无数人心灵的声音："我荣幸地以中华民族一员的资格，而成为世界公民。我是中国人民的儿子。我深情地爱着我的祖国和人民。"

一个人的生命是有限的，而人民的事业是永恒的。

如同一朵浪花，他从故乡的山溪流入嘉陵江、长江，然后穿云雾，过三峡，奔腾而下，经过九曲十八折，最终汇入浩瀚的大海……漫长的征程，昭示着一个朴素的真理：敢向时代潮头立，沧海一杰也永恒。

邓小平——一个铭刻在亿万人心中的不朽的名字，他，在大海中得到永生。

【分析】 这是一篇用"彩线串珠"式结构全篇的通讯。

1. 文章以邓小平骨灰撒向大海作为主线贯穿始终。

2. 以骨灰撒放中的不同海域产生不同的联想进行回顾，从多方面歌颂了邓小平的丰功伟绩，每一个海域形成的联想回顾都是一颗耀眼的明珠。

五、对于结构的提示

结构模式是长期写作中规律的概括与总结，运用中应灵活掌握。尤其应注意在实际的通讯创作中，要尽量避免为结构而结构情况的发生。为结构而结构，削足适履，反倒会使文章显得笨拙，要提倡不落窠臼，寻求新路子。

通讯《孺子牛赤子心——记遵义市民政局党组书记、局长张有顺》在2003年11月17日《遵义日报》上发表后引起了巨大的社会反响，它的作者汪孝杰在总结采写体会时说："从采访的一开始，我就在考虑报道的结构。考虑到张有顺有很多生动的事迹，开始我打算用一个精彩的现场描写开头，然后选择几个典型的故事，采用点面结合的方法，将他的事迹详略有序地报道出来。后来又放弃了，因为这种方法已司空见惯，已有报道中，有两篇都是这种格式。""为了找到一个好的构思，我又重新阅读了《县委书记的榜样——焦裕禄》、《领导干部的楷模——孔繁森》等名篇。在学习其长处的同时，我想着要另辟蹊径。几乎在整个采访期间我都在构思。其间总有一种感觉，就是不管我用什么样的结构，都难以完全表现出张有顺的思想境界和动人形象。而且越想'巧妙'，在张有顺的事迹面前，越显得'笨拙'或'做作'。""后来我意识到，不能为结构而结构。因为不管是什么样的结构，都是为报道人物的先进事迹服务的；而人物的先进事迹，又是受人物的思想感情所支配的。报道事迹是为了表现人物,表现人物是为了传达思想。"正是摆脱了结构观念的束缚,作者以张有顺"勤政为民,廉洁自律,务实进取"的精神特质为纲,以朴实自然的现场采访问答和补充交代形式,写出了一篇亲切自然,与人物性格相契合的优秀文章。

第三节 对通讯主题的认识

一、通讯主题的概念

通讯的主题其实就是新闻的主题,它是指作者通过报道新闻事实所表现出来的中心思想或基本观点。它体现作者的见解、意图和倾向。它来源于新闻事实(材料),又寓于新闻事实之中,犹如一根红线贯穿于通讯作品全文。通讯的主题是否正确、是否具有现实意义,决定了一篇通讯的质量的高低和价值的大小。

二、确立主题的要求

(一) 单一

一则新闻材料可能包含着多种复杂的因素,表现着多个层面的问题,这就使得记者在分析材料时会遇上"横看成岭侧成峰"的情况,即从不同的角度可以提炼出不同的主题。但一篇文章的容量毕竟有限,而且面面俱到往往只能导致杂而不精、繁而不清、纠葛丛生,使得文章失去凝聚力和向心力,缺乏可读性。因此,应该选取一个角度,提炼一个主题,从这个主题出发精心取舍材料、组织材料,就一个方面把事情说清说透。既条理清晰,又论证明确,才能赢得读者的喜爱。1987 年的大兴安岭火灾暴露了多方面的问题,但是在具体的报道中,《中国青年报》的记者没有草率地把所有问题都放在一篇文章中泛泛而谈,而是经过精心分析,从不同角度确立了三个有特色、有意义的主题,作了精彩的三色报道,即《红色的警告》披露官僚体制的问题;《黑色的咏叹》昭显人性丑与美的差别;《绿色的悲哀》讨论人与自然的关系,取得了良好的新闻效果。

(二) 深刻

人们对事物的认识往往要经历从现象到本质的认识发展过程,只停留在事物的表面常常会把人的认识引入"蜻蜓点水,浅尝辄止"的境地,局限和束缚了视角的深入,也就难以写出有深度的通讯报道。相反,只有拨开现象的迷雾,对事物本质进行透视,才能写出有深度的文章。老一辈新闻工作者邹韬奋通过对居住在伦敦考究住宅和华美窗帷后面的老媪孤苦生活现状的描写,揭示了"在发达资本主义社会里","金钱往往成为真正情义的障碍物"的冷酷现实,他的《华美窗帷的后面》因此折射出了发人深省的力量。民国初期著名新闻记者黄远生的《外交部之厨子》通过对从前清到民国混迹于北京政界，以行贿逢迎为手段在外交部盘踞数十年的余厨子一生的描写，揭露了清末民初官场的黑暗，文章还巧妙地暗示了北洋军阀政府是和清政府一样腐朽的机构这样一个尖锐的主题。这两篇文章均以小事为题材，但都立意深远宏大，成为百年来新闻通讯的典范之作。

（三）新颖

新颖性要求记者在理解材料、提炼主题的时候要有突破创新的开拓精神，不要一味地重复别人说过的事物，要正确结合新的时代精神、新的文化方向，确立新的思想观念。女记者樊云芳写人物通讯《追求》就曾经历了一个把握时代精神，追求新颖性的认识过程。1980年底樊云芳采访了太原工学院副教授栾茀，一位就读于台湾大学，新中国成立前夕回到大陆，期待为社会主义建设事业作贡献，却被“无穷无尽的批斗和审查消耗了大部分的生命”的知识分子。樊云芳见到栾茀的时候，他已经身患癌症，“就像一具骷髅僵卧在病床上”，但即便是在这样一个“一切都来不及了”的情况下，“他还念念不忘那正在筹建的煤炭工业大学”。就这一题材所反映的主题，女记者一而再、再而三地深化自己的思想，不断开拓观念又不断更新观念。第一稿取名《仙人掌》，以栾茀自己的话——“我希望我是极左路线祭台上的最后一件供品，是中国这场历史悲剧的最后一个牺牲者”为主题。但万余字的文章被报社领导驳了回来，理由是“这类主题已经不新了”。那时，“四人帮”已倒台三年了。三年来，文艺刊物、银幕和报纸，连续不断地刊登了大量揭露“四人帮”与极左路线罪恶的作品。如何突破已有定位，找到新的主题？作者回到太原，在进行了更深入的采访和反复思索之后，第二稿标题取名为《癌》，主题是一个癌症不能征服的人。但是，通讯社的领导要求再对主题作进一步的升华，最好能与当时北大学生提出“振兴中华”的时代精神联系起来。在这一思想启发下，樊云芳当机立断，直接把主题定为“追求”，标题也叫做《追求》。作者自己说：“从《仙人掌》到《癌》再到《追求》，通讯的主题发生了重大的转变：从揭露极左路线，变成了歌颂一代知识分子，歌颂虔诚与顽强的追求精神……主题变了，连文字的基调也变了，变得明快、乐观与壮烈。”《追求》一文在《光明日报》和《山西日报》发表后，受到了普遍好评，并荣获1981年全国好新闻奖。可见，选择一个符合时代要求的新颖的主题是通讯写作中关乎成败的一个重大问题。

当然，追求主题的新颖并不是要求记者去标新立异、求木千里。新颖性是建立在正确、真实的基础上的。

三、提炼主题的依据

（一）要从事实出发

事实是通讯的本源。通讯的主题不是通讯作者凭空想象的产物，而是对采访得来的大量事实和感性材料进行逻辑分析和理性升华的结果。因而，对通讯主题的提炼，一个最根本的途径和最基本的出发点就是从事实出发，用科学的思想和方法,对新闻事实作最本质的分析和最深层的透视,从而发掘出事实本身所蕴含的深层意义。在通讯主题的提炼中,最忌不从事实出发,一味地注重领导意志和作者的主观需求,这样做的结果,只能适得其反。

(二)要从全局着眼

提炼主题,仅从事实出发还不够,还要从全局着眼,全面考虑。要考虑国际国内形势,党的方针、政策,群众的愿望、要求,各阶层的思想动向,实际工作中亟待解决的问题,等等。提炼通讯的主题,如果只从事实出发,忽略了着眼全局这一条,那提炼出的主题就不可能具有普遍意义,甚至可能是坐井观天。有些事情,在一个地区可能是先进的,在全国就可能是很一般的;在国内是先进的,在国际上可能是一般的或落后的。只有把具体的人放在全局的天平上,才能称出它的分量。提炼通讯的主题,必须把事实和全局联系起来,事实好比是横坐标,全局好比是纵坐标,两者在坐标系中的交叉就是通讯的主题。

(三)要从身边事入手

提炼通讯的主题,要着眼全局,但这并不意味着只写与全局密切相关的重大新闻事件。其实鲜明的时代主题往往就潜隐在身边的小事中,身边的小事正是受众感知最真切因而也最为关心的问题,这些问题几乎无一不与全局有关,时代的重大主题,往往也都是通过这些身边小事体现出来的。因之,提炼通讯的主题,应从身边事入手。

从事实出发,从全局着眼,从身边事入手,这是提炼通讯主题的三个基本方法。除此而外,还有一些具体的方法,如比较法、联合法、解答法等。但所有这些方法,在理论上掌握都比较容易,而在实践中掌握起来却并不那么容易,它需要作者付出长期的实践和艰苦的努力。

第六章　通讯写作(二):通讯的类别写作

通讯写作的课堂实训任务

请认真阅读以下给出的材料,根据材料后面所提出的要求进行思考。在学习本章之后,按要求完成课堂实训任务。

材料来源

2008 年 1 月 31 日,杭州市科协党组书记、主席郐丽娜在杭州市科协八届四次全委会上的工作报告。

材料内容

认真学习贯彻党的十七大精神　努力开创杭州科协事业新局面

——在杭州市科协八届四次全委会上的工作报告

各位委员:

现在我受市科协常委会的委托,对市科协 2007 年工作情况和 2008 年工作任务作一简要报告,请审议。

2007 年工作回顾

2007 年,全市各级科协组织在市委、市政府的领导下,在中国科协、省科协的指导下,坚持以邓小平理论和“三个代表”重要思想为指导,认真落实科学发展观,以迎接十七大胜利召开和学习贯彻十七大精神为契机,认真贯彻省第十二次党代会和市第十次党代会精神,按照市科协八届三次全委会确定的任务,努力推进“三服务一加强”,团结和动员全市广大科技工作者,开拓创新、扎实工作,为建设推动科学发展,构建和谐社会,打造“品质之城”,作出了新的贡献。

一、以迎接十七大胜利召开和学习十七大精神为契机,以共建共享“生活品质之城”为目标,统领全市科协工作

2007 年,全市各级科协组织把迎接十七大胜利召开和学习贯彻十七大精神作为统领科协工作的契机,按照认真贯彻科学发展观的要求,研究部署科协工作。市科协专门举办了市、区、县(市)科协主席读书会,认真学习胡锦涛总书记 6·25 在中央党校重要讲话精神和 7·28 在浙江视察时的重要指示精神,认真学习省、市党

代会精神,紧紧结合科协工作实际,深入探讨新时期如何充分发挥科协工作职能,做好“三服务一加强”。在党的十七大胜利召开之后,全市各级科协通过组织收看十七大现场直播、召开学习十七大精神座谈会、邀请市委党校老师作学习贯彻十七大精神辅导报告等多种形式,认真学习十七大精神,把广大科协干部的思想和行动统一到十七大精神上来。市科协向基层科协下发了《关于认真学习贯彻党的十七大精神的通知》,要求全市各级科协组织认真学习,全面把握十七大精神,准确理解十七大报告提出的各项战略任务,把十七大精神贯彻到科协的各项工作当中。

2007年,按照市委统一部署,市科协认真开展共建共享“生活品质之城”大讨论活动。建立了市科协大讨论活动领导小组,结合科协工作职责,认真制定了大讨论活动工作意见,并同推动科协各项工作紧密结合起来,以大讨论活动这一载体,不断推出新思路,提出新举措,增强新活力,以提升科协工作质量和水平。

二、围绕中心,服务大局,努力促进经济社会又好又快发展

(一)促进科技成果转化取得新突破

搭建“六个一”创新发展服务平台:成立杭州国创理化技术转移中心(“一中心”);建立涵盖中科院系统、高校、国外咨询机构等合作伙伴群(“一群”);拥有700多家会员企业的服务网络(“一网络”);开展第四届京杭(国际)高科技产业化合作交流活动(“一活动”),引进中德中小企业合作平台(SGCP)、美国波士顿基金会等国外机构,实现了向国际化的高科技产业化合作交流的飞跃,正式签约了“摩擦材料”等10个项目,达成30余个初步合作意向;开展“院士专家杭州行”等专题推广会(“一会”),建立起院士专家与企业协作机制;进一步完善杭州科技咨询网(“一网”)。通过“六个一”服务平台,已经促成了多个技术合作开发项目,产生了显著的经济效益和社会效益,其中“PBS”项目,去年3000吨/年试生产线试产成功,表明了具有我国自主知识产权的一步法PBS技术实现了产业化。2007年,全市“金桥工程”立项74个,确定市级重点项目13个,被浙江省科协列为“金桥工程”重点项目5个。项目实施后年新增利税20613.87万元,节约资金1148.9万元。全年实施“厂会协作”活动项目10项,其中杭州结构与地基处理研究会和浙江东南网架集团合作的“北京2008奥运重点工程国家游泳中心‘水立方’新技术运用项目”,依靠自主创新,联合攻关,成功解决了一系列关键技术,有效促进了科技与产业的紧密结合。该项目荣获“中国钢结构科学技术”一等奖。

(二)学术交流与研讨取得新成果

全年确定并实施重点学术活动项目111项。成功举办了“第二届创新发展论坛——海外英才杭州论坛”,正式签订了“特聘海外高级人才”、“动漫开发制作”等6个合作项目,其中杭州远创实业有限公司与希腊欧中国际贸易集团签订的“交互式双模数字电视机顶盒”项目,引进了外资1000万美金。完成省科协重点学术项目“中西医结合院士论坛”。一篇推荐论文获第十四届省自然科学优秀论文奖一等奖。各级学会充分发挥自身优势,积极为建设创新型城市、打造“生活品质之城”提供智力支持。“第四届海峡两岸结构与岩土工程学术研讨会”、“全国循环流化床燃

烧技术高峰论坛”、“古运河文化遗产科学艺术论坛”等活动都取得了较好的效果。“西湖文化研讨会”和“京杭运河(杭州段)品质保护专题研讨会”成果，分别得到了省委常委、市委书记王国平同志的批示肯定。西湖区、临安市等科协举办了学术年会。“发展文三街区特色街区调研”、“杭州高新区创新体系评估及其发展战略研究”、“实现余杭工业跨越式发展的对策研究”、“临安现代化生态市建设研究”等学术成果，为促进区域经济的发展和产业结构调整发挥了积极的作用。

(三) 调查研究和决策咨询取得新成效

充分发挥科协组织的人才、智力优势，围绕市委市政府建设“生活品质之城”中的重点、破解“七难”中的焦点、“关注民生”中的热点等问题，深入开展调查研究，积极建言献策。市科协及所属市级学会共组织开展重点软课题调研27项。会同市城管办等单位开展的《杭州市城区庭院改善需求调研》、会同市河道整治指挥部开展的《生态河道建设应用与示范课题调研》均得到省委常委、市委书记王国平的批示肯定，调研成果已被市政府采纳并实施。充分发挥市政协科协界别组作用，积极开展《构建循环经济评价体系的探讨与建议》等课题调研，提交并被采纳提案22个。市科协还通过《科技工作者建议》向市委、市政府报送了《关于在杭州市区农贸市场改造提升中注入科普元素的建议》，建议在市区农贸市场改造提升之际，借鉴下城区刀茅巷的经验，在全市推广和建设科普农贸市场。此项工作得到王国平书记、蔡奇市长、张建庭副市长的批示肯定。目前下城区的20个农贸市场已实现了科普元素进农贸市场，深受居民欢迎和好评。此项工作还得到中国科协、省科协的密切关注，认为这是科协创新科普载体的一个鲜明典型，在全省乃至全国都值得推广。

(四) 国际民间科技交流与合作取得新进展

进一步加大民间国际科技交流力度。2007年，组团11批、共77人次，分赴欧洲、美国、加拿大、澳大利亚等国家和地区进行科技交流和考察。同时积极协助各学会邀请境外专家来杭参加各类论坛、研讨会及其他学术会议，接待境外来杭考察访问的民间团体、有关专家和学者、企业代表等。积极参与中国科协发起的“海智计划”，加强与海外华人科技团体的联系与交流。

三、抓住重点，创新载体，大力提高公众科学素质

(一) 实施《全民科学素质行动计划纲要》取得显著进展

按照年初杭州市全民科学素质工作领导小组的工作部署，我市重点人群、科普基础设施等9项实施方案已全部出台。市财政专门落实50万元作为实施《科学素质纲要》专项经费。全市13个区、县(市)政府已全部成立了全民科学素质工作领导小组。各区、县(市)结合当地实际，制定和出台了《科学素质纲要》实施方案。去年11月中旬，杭州市人大常委会主任会议专门听取了杭州市政府实施《科学素质纲要》汇报，既充分肯定了成绩，也指出了今后需要努力的方向。目前，市领导小组办公室正在协调各有关单位和部门，积极探索建立优势互补、协作配合、上下联动的工作机制，逐步形成矩阵式的工作格局，积极有序地抓好《科学素质纲要》各项工

作的实施。

(二)科普活动丰富多彩贴近公众需要

举办以“携手建设创新型国家——创新、和谐、品质、生活”为主题的“杭州市2007年科技活动周暨第二十一届科普宣传周”活动和以“节约能源资源、保护生态环境、保障安全健康”为主题的第四届全国科普日活动,开展了消防科普教育、科普进军营院士报告会、“科学大讲堂”、“百年诺贝尔奖主题展”等系列活动300多项,广泛动员社会力量参与,营造了良好的科普氛围。坚持向四类重点人群开展科普教育活动。面向青少年,“科技馆活动进校园”列为杭州市2007年未成年人思想道德教育十件大事之一,此活动荣获中国科协“科技馆活动进校园”优秀试点单位二等奖。举办了“第三届中国国际动漫节科普动漫展”。组织开展了青少年科技创新大赛,获全国一等奖3项和优秀组织奖1项。面向农民,开展“科普惠农”、“真情惠民”服务活动,农函大教育开设一年制培训班346个,招收学员20328人,短期培训班1093期,培训农民72073人次;会同有关部门组织全市性“科技、文化、卫生”三下乡活动;与市委组织部共同深化“培育新农民、服务新农村”为主题的党员干部现代远程教育专家服务活动。面向城镇劳动人口和市民,开展“百场万人科普讲座”400多场;举办“科协为民服务”讲座12期26场;开展科普文化进工地、向农民工赠送图书活动;支持和指导全市企业科协积极开展科技创新研讨、技术比武、技术攻关等活动。面向领导干部和公务员,赠送《市民科普丛书》和《北京科技报》,让领导干部和公务员及时了解当今科学技术发展趋势,增加科学知识。

各区、县(市)科协也积极深化科普载体,不断创新,把科普工作与老百姓的生活紧密结合起来。上城区的“百千万科普进社区”(百场专家科普讲座、千套科普挂图展板、万册科普读本进社区)、下城区的“六百品牌活动”(百场科普讲座、百场科普文艺演出、百场科普电影、百团科普旅游进科普教育基地、百座科普画廊、百幢科普楼道宣传)、拱墅区的“五进活动”(科普进农村、进企业、进学校、进社区、进家庭)等科普活动载体得到进一步深化。江干区科协积极开展“科普走进重点工程”、“科普走进民工子弟学校”、“科普走进品质生活”等“三走进”系列活动;西湖区科协创作了科普动漫情景剧《科科总动员》;临安科协进一步深化农民素质培训工程,推行“农民素质培训券”制度;桐庐、建德、淳安等科协积极开展农村劳动力培训,认真编印各种农村实用教材,内容涵盖农业产业、种植、养殖业技术等。这些活动都深受当地群众的欢迎和好评,进一步提升了科协工作的影响力。

(三)重大科普设施建设和科普创建工作成效显著

在市委、市政府的直接关心和领导下,在市各有关部门的大力支持下,杭州科技馆筹建工作启动。完成了建筑设计方案公开征集和专家评审等工作,展示方案也在深入调研和完善中。杭州市科技交流馆展教功能已全面恢复。科普创建力度明显加大,高新区(滨江)、富阳市、临安市成功创建为第三批全国科普示范县(市、区)。西湖区科协积极创建西溪湿地国家级科普教育基地,以优异成绩通过中国科协专家组验收。创建了市级科普示范单位57个,省级科普示范单位26个。新建企业科协15家。富阳"一站一栏一员"建设示范经验得到省科协的肯定和推广。高新区(滨江)建成节地、节能、环保型太阳能科普画亭。余杭区启用全省最先进、规模最大的智能科普画廊,落实了科技馆用房。富阳科协建设了网上虚拟科技馆。

(四) 反邪教工作效果明显

杭州市反邪教协会成立以来,在组织网络、阵地、队伍建设方面取得明显成效。下城区、萧山区、余杭区、富阳市、桐庐县、临安市等6个区、县(市)和杭州师范大学等5所学校建立了反邪教协会,民间反邪教队伍得到发展壮大。开展了"崇尚科学,全民健身,反对邪教,构建和谐"全民健身展、"反邪教大型图片展"等大型活动,取得较好效果,得到省610办公室、省反邪教协会和市委领导的充分肯定。

四、以人为本,深化服务,积极建设科技工作者之家

(一) 营造良好的政策环境

2007年,中央五部委和省委59号文件下达后,全市各级科协组织高度重视这两个重要文件的贯彻落实。市科协充分利用各种会议和各种宣传手段,大力向广大科技工作者、党政部门、社会各界宣传文件精神,积极营造良好的氛围,并与部署科协全年工作紧密结合起来。市科协还与党委、政府有关部门及时沟通,努力落实文件出台的一系列政策措施,为科技人员自主创新创造良好的政策环境。在市委的直接领导下,市科协会同有关部门深入调查研究,紧密结合实际,认真起草了《动员和组织广大科技工作者为建设创新型城市作出新贡献的意见》(代拟稿),上报市委待批。各区、县(市)科协也以高度的责任感,认真抓好文件的学习贯彻。

(二) 加强人才培育

开展了第七届青年科技奖评选活动,共评出10名青年科技奖获得者和8名提名奖。杭州成人科技大学重视抓教学管理,因地制宜地开展教育教学改革。高标准、高质量地完成了招生任务,录取了2708人,目前在校学生总数达6000人。根据市委、市政府接轨大上海,融入长三角的要求,引进高层次教育合作项目,与华东师范大学和江南大学联合办学,开办了华东师范大学教育软件硕士杭州班和江南大学工程硕士班,提升了成人教育档次和学历层次,扩大了科大培训教育科技工作人员的范围。

(三) 加强对科协工作的宣传和科技工作者的维权服务

坚持以《杭州科协》、《杭州科协信息》、《科技工作者建议》和科协网站为平台,加大科协工作宣传力度,努力提高科协工作影响力和显示度。组建了全市科协系统通讯员队伍。实施对新闻单位的工作通报制度,媒体对科协工作的报道进一步加强。加强与媒体合作,继续在数字电视63频道开办《科普新天地》栏目,全年制作播出节目272期,总时间428小时。在杭州电视台综合频道新推出《走进多彩世界》科普电视栏目,作为宣传实施《科学素质纲要》的重要窗口,播出专题120多篇,信息300余条。组织开展了市科协系统2004—2006年优秀理论、调研文章的评比工作。积极向市委、市政府和上级科协报送科协工作信息,被省科协录用信息列全省科协系统第一名。积极开展科技工作者法律知识讲座,全年邀请相关律师分别

赴部分区、县(市)科协和市级学会开展了科技工作者法律知识讲座12场。

(四)增强"科技工作者之家"凝聚力

积极组织优秀科技工作者开展疗休养活动。积极发挥离退休科技工作者的作用,市科协联合市委组织部等单位共同起草了《关于进一步发挥离退休专业技术人员作用的意见》,有效调动广大离退休专业技术人员为我市的经济社会发展和科技进步再作贡献的积极性。由市编委正式批准,成立了杭州市科技工作者活动中心。萧山区科协充分利用社会资源,和区图书馆联合成立了科技工作者俱乐部。富阳、临安市科协成立了科普活动中心,为科技工作者开展科普教育和学术交流创造了良好的活动场所。

五、加强管理,转变作风,切实增强科协组织能力建设

(一)加强科协领导班子建设

按市委要求,顺利完成了市科协主要领导的工作交替。制定了全市科协系统主席读书会制度。按照中国科协"重心下移、深入基层"和"着眼需求、加强服务"的要求,加强对区、县(市)科协工作的调研和指导,建立了市科协驻会领导与区、县(市)科协联系制度。结合省科协对市级科协工作的考核要求,完善对各区、县(市)科协的工作考核制度。

(二)提高学会管理水平

以学会年检为抓手,加强对学会的指导力度,推动学会健康发展。完成63个市级学会的年检初审工作。出台了《杭州市科学技术协会学会管理办法》。全年有15个学会顺利换届,19个学会召开了年会。努力形成民主、科学、和谐、开放办会的学会工作新局面。加大学会干部培训力度,加强学会干部队伍建设和组织基础建设,有效促进学会的改革与发展。

(三)转变科协机关作风。按照市委的统一部署,市科协机关以开展"作风建设年"、"节约型机关"和"文明机关"的创建活动为载体,切实加强市科协机关思想作风建设,树立机关廉洁、勤政、务实、高效的良好形象,牢固树立为科技工作者服务的思想,努力把科协建设成为对科技工作者具有凝聚力的"家"。

回顾过去一年,全市各级科协组织和广大科技工作者,深入学习,明确重任,认清形势,抓住机遇,迎接挑战,各项工作取得了较好的成绩。但我们还必须清醒地看到工作中存在的不足:科协组织服务于科技工作者的能力有待于进一步加强,学会改革的成效还不够明显,城乡科普工作还存在着较大的不平衡,企业科协的作用有待进一步发挥,科协机关干部的整体素质和工作能力有待进一步提高。我们要清醒地正视这些不足,采取有效措施,切实加以改进。

写作任务要求

符合通讯的结构与写作特点;体现一定的思想性;以事实为依据,不能虚构;篇幅控制在2500字以内。

第一节 人物通讯

一、人物通讯的概念

人物通讯是以人物为报道对象，反映一个人或几个人的思想、言行、事迹，在一个主题贯穿下容纳着相当丰富的材料，着重以人物的精神面貌来感染、影响读者的一种通讯。

人物通讯是报刊、广播、电视上最为常见的通讯形式之一，是一种重要的应用文体，也是实用文写作学科研究的重要文体之一。写人之所以重要，就因为人是有思想的。

采写人物通讯就是为了通过人的思想、人的精神面貌去教育人、感染人。光写事迹，不写思想，人物是平面的；写了思想，人才有了灵魂、生命，才能有感染他人的力量。

人物通讯有两个方面，可以称为“两条线”，一条是“过程线”，一条是“思想线”。“过程线”是人物生活的经历或事件发展的过程，它是事物的表面现象；“思想线”则是作者根据人物事迹所提炼出的主题——中心思想，它贯穿于人物的典型事迹中，反映着事物的本质意义。

有的记者在采写人物的先进事迹时，常常被事情的过程牵着鼻子走，摆脱不了“过程线”的圈绕，多半是将好思想、好品德、好人好事平铺直叙地照实写出来，没有把这些材料提高一步来认识，只是罗列现象、堆砌材料、就事论事，这就很难表现出人物的精神世界来。

二、人物通讯的写作要求

(一) 表现人物的时代精神

各个时代都有它的时代特色和为大多数人所认可、所提倡的主流意识，只有与这种主流意识密切结合的人物通讯才能引起大众的共鸣，产生良好的社会反响。《谁是最可爱的人》①之所以感人肺腑，是因为它展示了一种艰苦环境下，坚韧刚毅、奋不顾身的爱国主义精神；《人民公仆》②是改革开放时期党的领导干部的代表。这些都是反映时代精神的优秀作品。看到它们，读者就会自然而然地回想到它所描述的那个时代特有的气息。从这个意义上我们就容易理解穆青所说的：“一篇好的人物通讯，往往会起到人物的某一段传记、时代的某种纪录的作用。”穆青还

---

① 该文章为 1951 年 4 月 12 日的新华社新闻稿。

② 《人民日报》2002 年 10 月 14 日，第 13 届中国新闻奖一等奖。

提出“能否高瞻远瞩地提炼出能够反映时代特征的主题，并且从这个高度来表现英雄人物的革命精神和思想风貌，就成为决定人物通讯成败、优劣的关键”。记者郭梅尼在总结自己一生创作经验的《我的记者之路》一文中也说：“作为一个记者，首先要有一双时代的慧眼，心中要有一杆时代的秤。要把你所写的人物放到时代的大背景下来衡量，放到时代的天平上来称称，才能比较准确地判断出它的新闻价值。”郭梅尼同时也注意到“社会是发展的，时代特点也在不断变化，人们的思想和追求也在不断变化。不同时代的人，要选择不同的代表人物。这就要求记者不断学习新事物，研究新问题，站在时代的前列，用一双时代的慧眼，去捕捉时代最新的事物和人物”①。

(二)展现人物的个性特征

个性特征是通讯人物区别于一般民众的独特之处。在着笔之前，我们不妨先考虑一下。和其他人相比，这个人有哪些突出之处，他最令人感动的是什么，是哪些因素导致了他与别人的不同，等等。在此基础上确立的主题、选取的材料就能比较深入地刻画出新闻对象的个人魅力。2004 年第 3 期的《新闻战线》刊登了李杰、戴鹏、王明浩关于《共产党人的楷模——史来贺》的采写体会。他们认为“对重大典型人物的报道，应避免人的个性被淹没”。在报道史来贺的事迹时，他们注重用个性化的语言去表现他的精神和独特气质。

“文革”期间，有人到刘庄煽风点火搞串联。史来贺召开群众大会宣布村里规定：“谁离开生产出外串联不计一分、不发盘缠；贴大字报，集体一分钱不报销。”那时最时髦的口号是“宁要社会主义的草，不要资本主义的苗”。史来贺说：“咱老百姓没有苗咋吃饭？谁要草就让他吃草好了，咱们要除草留苗。”

有人问史来贺：“你人生最快乐的事是什么?”史来贺风趣地说：“我平生有三件快乐事：一是下着大雨，光着脊梁淋着雨在地里干活最痛快；二是为刘庄、为集体干一件事最痛快；三是看到刘庄富了，全国的农民都富起来，我心里最痛快。”

这些朴实而个性化的话语将一个共产党员实事求是的精神风貌形象地表现了出来。

(三)揭示人物的内心世界

精神内涵是个人举动的内在依据，因此，报道人物不能把笔墨仅仅局限于人物行为事迹的罗列，而是要分析出位于灵魂深处的支配他们这样做的更加根本的东西是什么。不能深入挖掘人的精神内涵，“见事不见人”的通讯文章，容易流于浅薄和苍白。

【案例】 (《易新群系列报道》之《三上巴别为爱作证》，载于《南方日报》2001 年 4 月 27 日—12 月 3 日，2001 年获得广东新闻奖)

易新群的意义在于：为什么一名普通士官的故事会牵动许多人的心？只因为

① 郭梅尼：《挥笔写人生——郭梅尼人物通讯选》，人民文学出版社 2003 年版。

他的身上承载着社会的热盼和时代的理悟——一个人扶贫助学是很平常的事，而一个患癌症的人坚持长期扶贫助学就不寻常了；一个姑娘爱上一个普通士官是很平常的事，而要嫁给一个患癌症的军人就不寻常了；一个人结婚是很平常的事，但无数的人们自发为他们举行婚礼就不寻常了……

本报从4月27日至5月3日，在头版显要位置连续7天以《三上巴别为爱作证》为题开辟专栏，以广州军区司务长培训大队士官易新群和黄小南前往广西田阳县巴别乡举行婚礼为契机，追踪报道了易新群的事迹。连日来，很多读者向本报编辑部来电来信，询问易新群，评说易新群。

易新群只是一名普通士官，为什么他的故事牵动了社会上许多人的心，引起了许多人的关注？这是因为不寻常的易新群实实在在地生活在我们身边，有血有肉，更因为在易新群身上，承载着社会的热盼和时代的理悟。易新群，有着丰富而深刻的意义。

易新群的意义在于，作为一名普通士官，他在平凡的生活中为我们树起了令人仰止的道德坐标。

易新群是平凡的，不幸的。他少小丧父，家境贫困，中途辍学，做过木匠，打过工。命运更捉弄了他，让他承受了比一般人更致命的打击——身患癌症。而正是这样一个平凡不幸的普通士官，在他的生活中演绎了不平凡乃至惊天动地的故事。他以重病之躯，仍牵挂贫困地区失学的儿童，仍关心和帮助周围的人：尽管自己也身患绝症，仍关心、安慰病友家属吴大妈；尽管自己的家境不好，仍尽其所有帮助贫病交加的潘大姐。进入易新群的世界，我们不断为他的不幸流泪，为他的崇高人格和爱心所感动；而更多的人，也正受其感召，加入助学扶困的行列。

易新群的意义在于，他挑战困难和病魔的意志、毅力和情怀，传递给我们以无穷的精神力量。

易新群在困难面前，没有气馁；在病魔面前，他积极抗争。他以惊人的意志和毅力，参加部队野外训练，奔赴抗洪前线扛沙包。他用革命浪漫主义的情怀，笑对死神，“给生命打张借条”，满怀热情地去拥抱生命，顺利地度过医学上通常认为的“五年危险期”。在生理上，他有一个病弱的身躯，但在精神上，他却释放出无限的力量。易新群说：“我虽然不能决定生命的长度，但我决不放弃把握生命的宽度。”在抗洪前线，当决口终于合龙的时候，易新群病弱的生命闪烁着耀眼的光芒。

易新群的意义在于，他的故事昭示了一个道理：只要人人都献出一点爱，世界将变成美好的人间。

在易新群的故事中，不仅仅有易新群爱的奉献，更有周围的人感人肺腑的爱的回报。巴别人以最崇高的礼仪为易新群举办了婚礼，吴大妈为他付出了特别的母爱，潘大姐曾想把女儿许配给他，这种想法固然不可取，却可见其拳拳报答之心。黄小南为他献出了美丽的爱情，这已超出了一般意义的男女婚恋，而代表着整个社会对英雄、对崇高的敬重和仰慕。“他对社会奉献了这么多，他值得我爱”；“世界上没有无缘无故的爱，如果说我是真心实意地付出，那是他确实值得人们去爱”；“这么好的人,怎么可能没有人去爱他呢”——这是黄小南、吴大妈和潘大姐对爱的理解,也说出了社会对爱的理解。

易新群最喜欢的歌,就是《爱的奉献》。这首歌他用口唱着,用行动唱着,用心唱着;他在连队唱着,在病房唱着,在巴别唱着;他自己唱着,也带动周围的人一起唱着:只要人人都献出一点爱,世界将变成美好的人间。

易新群的意义还在于,他的全部经历和事迹,为我们展现了这个时代革命军人和共产党人的英雄本色和赤诚情怀。易新群身上的崇高品格、博大爱心、钢铁般的意志和毅力,以及笑对死神的战士情怀,无不得益于部队的教育和党的培养。对部队的情结、对党的情结,牵引着易新群完成了由一个普通的社会青年到一名革命战士的转变。易新群说:“树大在于根深叶茂,我植根于我们的部队,我获得的每一份荣誉都凝聚着集体的汗水,无不是领导、战友关心培养的结果。”对巴别的扶贫助学,在易新群的背后,有最先实践的探路者陆将,有学员二队的全体战友,有司务长培训大队的全体官兵。这里,让我们补充一个充满着战友情的故事,它已足够说明易新群和他的战友,以及由他们所代表的革命军人和共产党人的英雄本色和赤诚情怀……以“心愿”的名义捐建的巴别中心学校的水池,壁上是这样刻写的:“饮水思源。易新群和司务长培训大队学员二队全体官兵捐建。”水池矗起的不仅仅是易新群的丰碑,也是一群革命军人和共产党人的丰碑。

(四)记者本身的真情实感投入

连自己都不能打动的东西就更难打动别人。记者郭梅尼说:“有的青年问我,你写的人物为什么那么感人呢?我想,千条万条,最根本的是要有一颗火热的心。记者爱他了,读者才会爱他;记者感动了,读者才会感动;记者流泪了,读者才会流泪……”,“记者的感情,记者的哭声,记者的泪水,读者都会感到、听到、看到的。稿子是记者的血啊……”

2004年4月,登封市公安局局长任长霞不幸因公殉职。当时,新华社记者朱玉被派往登封调查采访,她笔下酝酿的是一篇长篇通讯《警察任长霞》。在采访中,朱玉屡屡被采访对象感动着,任长霞的形象也在脑海中清晰、鲜活起来。

任长霞的丈夫跟朱玉说,他从殡仪馆一路开着车回到郑州,就是登封回到郑州的过程中,一路听的是磁带。这个磁带里全是情歌,类似《真的好想你》。他说他越听越难受,一路上眼泪就没有停过。他说一进自己的家门家里没有人了,孩子已经被亲人接走了,他把门一关扯着嗓子就嚎,大声哭,说那天他才觉得任长霞是真的死了。所以在朱玉的稿子里最后写了一句,“空空的屋子里响起了一个男人的号啕声”。朱玉说:“这个时候我是觉得所付出的所有的辛苦、所有的感情就像一个被吹得很大的一个气球一样,到最后就用这一句话像一根针一下把这个气球扎破了,就是觉得一下子整个感情宣泄出来了。”

朱玉写完稿件以后,曾接触过任长霞的老领导。朱玉问他:“你看我写的稿子《警察任长霞》了吗?”他说:“我看了,我哭了,我觉得你写的就是她,很像她。”记者只有心中饱含深情,作品才会有感染力,否则就会显得矫情做作。

（五）写作的实事求是原则

写作人物通讯还要注意落实实事求是的原则。在此，有两点尤其值得注意：一方面，不要一味机械地套用理想化、先验化的路子。长期以来，在通讯写作方面我们积累了丰富的经验，这本是为了指导我们的写作，但对一些人来说，这反而是“作茧自缚”，使得他们对新闻的采写再也跳不出这个圈子。就有这样一个例子，文章登载的是某记者对一位青年企业家的采访。

采访者：“你一定经常加班加点，忘记了休息？”

被采访者摇了摇头：“不，我一般不加班加点。我对每天的工作要求在规定的时间内完成。休息时间我要用来看书。”

采访者迟疑了：“那么，你有没有生病不休息，把病假单塞在口袋里？”

被采访者笑了：“不，现代社会要求讲究效率，拼身体不是个好办法。”

有点失望的记者把希望寄托在第三个问题上：“听说你爱人原来在新疆工作，你探亲时，是不是还惦念着工作，未等假期满，就提前赶了回来？”

被采访者再次表示了遗憾：“我还嫌假期短了呐。她是搞计算机的，有的革新项目我还可以和她在那里商量呢。”

采访者观念中有事先已经成型的某种“模子”，企图以此对人物进行简单的再复制，却遭到了被采访者的顽强抵制。不难判断，这次采访，记者本人肯定是一无所获，但他启示后来者，先验化的、模型化的道路是走不通的。

另一方面，贯彻实事求是的原则还要做到，不主观臆断、凭空拔高新闻人物。新闻的真实性要求通讯的人物形象必须是对现实生活中真人真事的客观叙述，不能为了追求典型的尽善尽美而损坏了人物的客观真实性，给读者造成虚假的感受。

三、表现人物的基本方法

（一）自我表现法

自我表现法，即注意抓住人物自身富于表现力的举动或者个性化的语言，直接征服读者。以获中国新闻奖特等奖的《公仆本色——追记湖南省委原副书记、省人大常委会原副主任郑培民同志》(2002 年 10 月 14 日《人民日报》，作者：朱玉、董宏君）为例，我们从以下五点来看。

1. 肩负“重任”的郑培民。

领导与郑培民谈话。刚一谈起去艰苦地区工作的重要性，郑培民笑了：“请直说吧。”郑培民一上任就问：“哪个村子最穷啊？”随后，就去了叭仁村。

郑培民不是坐在办公室里指挥，他带着机关干部下地，自己弯着腰在田里干活，给农民演示。1992 年春，在田里示范劳作了几天的州委书记郑培民，一脚踩空，仰面摔下了三米多高的田坎，摔成了脑震荡。

他用手比划过一个雁阵给干部们看：“大雁飞在天上，要有一个班长，就是领头雁。这个领头雁啊,不能飞得太快,脱离开雁阵,就起不到头雁的作用了;可也不能飞得太慢,混在雁阵里,就失去了头雁的作用。"

两年多时间,郑培民跑遍了全州218个乡镇,住过30多个乡镇。这只是一个粗略到乡镇、尚不包括村寨的统计。除去在省里州里开会、办公需要的时间,在"开门见山"的湘西,这是一个没有喘息之机的数字。

2."真情"对待民众的郑培民。

郑培民是个心细的人。他回湘西,有两件事必须做——陪老同志吃一顿饭,打一次扑克;他下乡,在乡镇和农民家吃饭,一定会把饭钱交上——"老百姓生活得不容易!"

3.工作中的"砥柱"。

正当人们惶惶不安,没有主心骨的时候,郑培民来了。他不是象征性地点个卯就走,而是安营扎寨,住进了黑洞洞的县委招待所。"指挥抗洪的省委副书记和百姓一起住进了'水围子'。"消息不胫而走,人们悬着的心,咕咚一声落了地。

就着堤外滚滚洪水,郑培民坐在堤上,吃着盒饭,静静地度过了自己的55岁生日。路过大堤的郑培民告诉司机"绕道走"——他不忍看着灾民们一边让太阳晒着,一边还呼吸着他的车扬起的灰尘。但郑培民的心却没有绕着走,他拍板,要在3天的时间内,把几万灾民转移到可以吃上饭、喝上水的院子里去。

一句很重的话从素来温和的郑培民嘴里扔出来:"老百姓遭了那么大的灾,你们还要表示什么?!"

郑培民深知身体的重要性,他说过,"身体是1,政绩、家庭、知识等是后面的0,0越多,成绩越大,但没有了1,再多的0都是0"。但个人的身家幸福怎么能与人民生命财产的安危相比?受命于危急之刻,面对重于泰山的责任,他已经做好了"我不下地狱谁下地狱"的准备。

郑培民在大堤上,整整待了60多天,400公里的长堤在他脚下踏过不止一遍。回到家里,掉了10多公斤肉的郑培民对妻子说了实话:"这次抗洪,是对我生命极限的挑战!"

4.面对"考验"的郑培民。

这是郑培民在湘西工作时的一段日记:"这次回湘潭度春节,我谢绝了办公室派车送我的盛情,同时谢绝了办公室要为我报销路费的好意。坚持自费返家,往返火车票近80元,自己掏腰包。有人讲我太板,我想,宁肯自己吃亏,对自己严格要求,是一个共产党员,特别是领导干部应当自觉做到的。"

还是一段日记:"在吉首给两个孩子分别定做了一件羽绒上衣,这是我给孩子们买东西中最大的一次,计247.61元。不占企业的一点便宜。"

从20世纪80年代起,郑培民就先后担任市委书记、州委书记、副省长、省委副书记,又曾长期分管全省农业、文教、政法和党群工作,可谓位高权重。但他总强调,"情浓钱淡,永葆清白","君子之交淡如水"。

"对待身外之物,要铁石心肠。"郑培民写得清楚,做得更明白。

5. 家庭生活中的郑培民。

"手拉手，户外走，说说话，散散心，情切切，意绵绵，身体好，永相伴。"与妻子的一次散步，被郑培民在日记中诗意地记录下来。

郑培民的日记，折射出"后门"的坚固："某某同志来家，我不在家，请我爱人转给我一封推荐信，并送了5000元，讲请力求旅游用。力求当即指出，这是送'错误'给我们，绝对不能收。"

郑培民曾这样鼓励自己的孩子读书上进，"与其我留给你们财富，不如给你们留下创造财富的能力。读书，就是创造财富的能力！"

郑培民记了40多年的日记，终止在他去世的那一天。就在前一天，他还在电话中叮嘱妻子："你也是五十几岁的人了，也不是个铁砣，要注意一下身体。"临挂电话时，郑培民轻松地对妻子说："别惦记我，愿你每天都有一个好心情！"

文章以"重任"、"真情"、"砥柱"、"考验"、"家风"五个部分，从对责任、对民众、对工作、对物质诱惑、对家庭五个方面为我们刻画了一个优秀共产党员鲜活的形象。

上面我们选取的只是郑培民自己的语言和行动。可以看出，郑培民的话语不多，但却有很强的力量感，这样写来容易突出他当机立断的作风和一心为公的精神。

作者还巧妙地抓住了郑培民的日记，将他日记的内容穿插到叙述中，给人真切的感觉，让读者从细小的方面了解郑培民的严谨作风。

（二）他人评价法

他人评价法是通过当事人之外的其他人的表述来刻画人物的方式。同样是报道郑培民的先进事迹，2002年10月13日，中央电视台和湖南电视台联合制作的《一个活在人民心中的共产党人——郑培民》更多的是从旁观者的角度对郑培民平凡而伟大的形象进行了精心表述。

一个活在人民心中的共产党人——郑培民（节选）

眼下的湘西，稻穗黄金，瓜果飘香。当地的苗族同胞告诉记者，越是看到这些，他们越是想念郑培民，那个他们称为"为民"书记的人。他们用传统的路祭祭奠郑书记，就是要告诉他，放心吧"为民"书记，今年又是一个丰收年。

湘西大山深处的火炉坪村，"为民"书记帮助种植的猕猴桃今年迎来了第一次丰收。苗族农民张来富把最大最好的果实敬献在郑书记面前。

苗族群众张来富妻子说："郑书记去世了，那天晚上我们连饭都吃不下，我好想好想去哭一场。他对我们实在太好了，像他亲孩子一样的照顾。没有吃的他送吃的，没有穿的他送穿的。"

五年前，张来富在干活时不慎摔下山崖，丧失了劳动能力，家里一贫如洗，孩子也失了学。张来富几次想到了死。就在这个时候，郑培民带着扶贫工作组来了。张来富记得那是个大雪封山的日子。他不敢见省里的大领导，躲了起来。而郑书记却留下了600元钱和一句深情的嘱托:“一定要让孩子上学,全家过个好年。”回到长沙后,郑培民买了几只种羊和猕猴桃种苗送给张来富,还帮着解决了1万多块钱给他盖房子。

张来富说:“第三次他来的时候,我记得很清楚。他说我先看看你喂的猪,到那里看我的猪,(那时)房子全部搭好了,他说还可以,这是初步的,以后还要再发展,再搞好些。”现在,张来富家已经脱了贫,孩子也初中毕业了,他们是多么想把这一切告诉培民书记。而同样冀盼着的又何止张来富一家。火禾公路沿线的群众也在盼着郑书记,希望他能在刚刚修通的公路上走一走。因为正是“为民”书记迈着因糖尿病水肿的双腿和他们一起勘探路线、帮他们四处奔波才建成的这条路。

苗族干部洪金玉介绍说:“他心里老惦记着苗区的这条公路。他说我回来以后就不剪彩了。我力争在这条路上走一走。(现在)郑书记已经去世了,这个剪彩的活动已经不能实现了。”

做官先做人,万事民为先。这是郑培民为官几十载的座右铭。他在1991年3月13日的日记里写道:晚上看电影《焦裕禄》,再现了县委书记的好榜样焦裕禄同志的光辉形象。人民呼唤焦裕禄式的共产党员干部。心中装着全体人民,唯独没有他自己。我要向他学习,永远做一个全心全意为人民服务的党员干部。这是郑培民肺腑之言,更是郑培民的行为准则。

在湖南,常常会听到人说:培民书记是我的好朋友,培民书记是我的好兄长。而说这些话的多是普普通通的群众。在郑培民为官的几十年里,凡是群众写给他的信,他总要亲自拆看;下农村,他总要到农民家里掀掀锅盖、看看猪圈牛栏、摸摸床上被褥;住农家,他尽量住在孤寡老人家里。他处处想着别人,唯独忘了自己。1998年抗洪时郑培民担任安乡段的总指挥,当时县里有个同志在抗洪中因血压高住进了医院,郑培民便赶去看望他。

郑培民原秘书袁友方回忆说:“这个同志就告诉他我低压是95,他感觉到头很晕。但是我心里知道,当时书记的低压已经是105了,可他脸上丝毫没有露出什么别的表情,而是安慰住院的同志。看完这个病人以后,书记又到大堤上去了。”

2002年3月11日,是郑培民为党为人民工作的最后一天。连续超负荷的工作终于使他倒在了工作岗位上。就在他被紧急送往医院抢救的路上,生命垂危的郑培民还用那微弱的声音告诉工作人员:不要闯红灯。湖南省委书记杨正午说:“郑培民同志用他短暂的一生,忠实地实践了江总书记‘三个代表’的重要思想。培民同志的崇高精神和模范行动,集中体现在立党为国,执政为民,心里装着人民群众,唯独没有他自己。”

有人说,一个领导干部,在一个岗位上干出成绩并不难,而在所有的工作岗位上都能做到有口皆碑,就不容易了。在过去的20多年里,郑培民先后担任过市委书记、州委书记、副省长、省委副书记、省人大常委会副主任,在每一个工作岗位上他都受到了人们的交口称赞。他工作多次变动,但他坚持全心全意为人民服务的宗旨始终没有变。

1998 年 7 月 24 日晚上，湖南安乡县城外的书院洲出现管涌，大堤一下子被撕开了近百米长的大口，洪水咆哮而来。电力中断，一片漆黑。眼看着安乡县城快保不住了。正在人们万分焦急的时候，已是省委副书记的郑培民在第一时间赶到了现场。

湖南常德市政府巡视员洪祥明说："他考虑的是安造垸十几万人民的生命财产安全，要不惜一切代价，不惜个人安危也要把这个口子堵上。"

（三）由事托人法

由事托人法，也叫"缘事显人法"，即通过事件来表现人物的写法。《一个活在人民心中的共产党人——郑培民》在塑造人物时，采取的另一种重要的表现手法就是由事托人法。

表现郑培民全心为党为人民服务的事件——

郑培民就是这样一个人，党和人民的需要永远是他唯一的选择。早在 1990 年，组织上决定调当时的湘潭市委书记郑培民到湘西土家族苗族自治州，出任州委书记。湘潭和湘西，一字之差，却是从全省名列前茅的富裕地区调到全省最穷的地方。而且是平级调动，换了谁，自然都要思量一番。

原湖南省委书记熊清泉说："我们估计到他会接受这个任务，但是没估计那么爽快。我找他谈话的时候，我说培民啊，你的工作会变动一下，他说到哪里去呀，我说到湘西去，他二话没说就接受了。好呀，服从组织决定。"

表现他不徇私情的事件——

今年 3 月份，郑培民被有关部门临时抽到北京完成一项重要工作。临行前，即将博士毕业的儿子恳求父亲帮自己向合适的单位推荐一下，然而就在人们整理郑培民的遗物时发现，儿子的推荐信还压在箱子底下。

郑培民的妻子杨力求多年在省新华书店做一名收发员。四十年里唯一一次工作调动就是随着郑培民从湘潭市新华书店调到了省新华书店。

到长沙工作的十多年时间里，不会骑车的杨力求每天上班和下班都要步行四十多分钟。而这期间，经分管干部工作的郑培民之手提升、调动的干部却有许多许多。

（四）以景衬人法

以景衬人，用情景为人物形象的处理作铺垫。如朱玉、程红根写的通讯《警察任长霞》，许多笔墨是通过他人叙说来记述先进人物，起到了对通讯人物刻画的重要作用。

1. 以下主要是用人民群众的感恩行为，以及任长霞面对这些感恩的不予接纳和恰当的处理方式，来衬托任长霞的崇高品格。

老百姓感激任长霞。他们刻了功德碑，拿上镐头铁锹，带上锣鼓家什，要把披红戴花的石碑竖在市中心的嵩山广场上。

石碑是专为任长霞而刻的："有为而威邪恶畏，为民得民万民颂"。

任长霞赶去了:“立碑?那不中!”

群众不干,“你这人啥事都讲理,这事你办得没有道理,这是俺万把人的心意,俺就立这儿!”

任长霞没辙了,只好让群众把碑立在公安局里的背静地方。

群众前脚走,她后脚命令:“拆掉!”

老百姓朴实。他们说,任局长为俺们办了事,没拿俺一分钱,没吃俺一嘴东西,还不让俺们送块匾?

任长霞在任3年,她接待群众来信来访近3500人次,平均一天3个;公安局门前经常因为送匾送锦旗的唢呐声而热闹非凡。

有的老百姓干脆直接把匾送到郑州市公安局去。送匾的人太多,市局的领导批评任长霞:“你弄这表面文章干啥?”

任长霞也不解释,“我回去制止!”

2.以下用任长霞丈夫的表述,来衬托任长霞的以工作为重的忘我工作精神。

丈夫也多少了解警察这一职业的辛苦。他说,一个男人能做到长霞这份儿上都不容易,何况是一个女人?我何苦拖她的后腿?

他对任长霞又怨又爱,这一复杂心情一直持续到任长霞生命的最后一刻。在她生命的倒数第3天,丈夫给她打电话,她说“我正忙呢”,丈夫无奈地放下了电话。

谁料,从此一别,山高水远!

3.以下用任长霞离世之后人们对她的悼念活动等,衬托任长霞的公安工作业绩。

号称登封十里长街、60米宽的少林大道,迎面而来的是成千上万自发为任长霞送行的百姓,等待吊唁的队伍昼夜不停,三日不断,一直排出近3公里,整整20万人次。

王松案的受害者冯长庚从电话中得知噩耗,朴实的农民急得对着电话破口大骂,心里却凉了:谁敢拿任长霞开这样恶毒的玩笑?

此时,从警21年的警察任长霞,与丈夫结发18年的妻子任长霞,终于可以歇在家里,与丈夫和孩子做伴……

升任局长后,任长霞的老父亲曾给她交代一句话:“咱当官可要当清官,别当贪官。可不要放过一个坏人、冤枉一个好人!别给你祖宗挣骂名。”

如今,怎么开口对她半身不遂的父亲说呢,说任长霞的英名永在,而他最心爱的女儿不在了?

任长霞是把眼睛睁得大大的走的。丈夫抚上她的眼皮,在她的耳边说:“把眼睛合上吧!你是不是等着儿子回来呀?”

父母还未送终,儿子尚未成年,全国“五一”劳动奖章,长霞刚刚得到的奖章,她还没有见过,还没有来得及戴在胸前,办公室里还有大量没有批阅的文件,上面写着:请任局长审阅……

任长霞的战友们把长霞接回登封。他们把与长霞挥手告别的最后时刻留给了自己。

公安战线的战友情不同于其他任何行业，他们更多地朝夕相处，更多地生死相托，他们领略过世界上最高尚美丽的情感，也见惯了世界上最悲惨龌龊的事情，但最后的告别时刻，所有的警察都管不住自己的眼泪和声音了：痛快地哭一回吧，以后再也听不到任局长的批评了！

一句话没有留下的任长霞留下了一道需要回答的问题：一个共产党人应该留下什么名声，应该留下什么样的背影，什么样的作为会让人在她的肉体消亡后还肃然起敬？又有什么样的精神能穿越变迁的时代，非但不朽，反而常青？

任长霞走后的第七日，是民间俗称的头七。遗像前，摆上了她最爱吃的蒸槐花。

丈夫坐在妻子的遗像前，跟照片上的她拉家常："我回来晚，你是不是又生气了？你看你看，又瞪我？"

自从任长霞去世后，丈夫天天如此。

那年麦黄时，任长霞把电话打到冯长庚家里："老冯啊，麦熟了，趁个星期天我组织民警给你们割麦去。"冯长庚怕她太累，说了大半辈子最满意的一句谎话：麦子收完了。

麦快熟了，花已经开了，长霞再也不回来了？

登封出现了一条鲜花的河。

哪有女人不爱花呢？老百姓知道任长霞爱穿红，她爱花，于是，登封三日花售尽！

花海中出现了山中采来的草花，那是还带着泥土的草花。想必，她亲近与泥土打交道的农民，也不会嫌弃属于大地的泥土？

实训练习题

根据新闻写作实践内容，采写一篇 2000 字以上的人物通讯。

第二节　事件通讯

一、事件通讯的概念

我们有些人认为，事件通讯就是报道典型的、有普遍教育作用的新闻事件。其实，这种认识把事件通讯与工作通讯相混淆。

事件通讯应该是对新近发生的重要事件的情景报道，这类事件或是由于大自然某些原因引发的，或是社会上政治、军事等所为的。

事件通讯是以事件为内容的报道，它比事件消息的写作容量大。消息为了争取时效,要求写作迅速、简洁,只能概略地报道事件发生或结束的情况。因此,有些重大事件,单发消息不能满足读者的阅读欲,这就需要通过事件通讯的报道,对该事件发生、发展的来龙去脉进行具体而详细的介绍。可以说事件通讯往往是事件消息的“放大”和“延伸”。这种放大和延伸包括报道的事实和报道思想。事件通讯不是事件消息的简单重复。

根据事件通讯的内容,可以把事件通讯分为以下几种类型。

(一) 反映党和国家重大事件的事件通讯

事件通讯的取材涉及社会生活的方方面面,而那些举世瞩目的重要事件是事件通讯首要的关注对象,如新华社 1999 年 10 月 1 日报道党的第三代领导核心第一次在天安门广场检阅三军的盛况的《世纪大阅兵》。像这种人民大众乃至国际社会都瞩目的大事,一经报道出来,就引起普遍的社会关注。

(二) 记叙社会突出事件的事件通讯

作为时代的记录者和见证者,每次社会发生重大事件,记者都在现场进行采访、记录。而事件通讯正是反映重大事件、重要事件的最佳形式。1997 年香港回归祖国,新闻记者全方位多角度报道回归盛况;1998 年,全国发生大面积洪涝灾害,新闻记者第一时间赶赴抗洪前线报道灾情;2001 年,广西南丹发生特大透水事故,矿主隐瞒不报,记者探寻真相揭开谜团;2003 年,非典肆虐全国,记者不畏艰险深入隔离区调查采访;2005 年,神舟六号飞天成功,新闻记者在现场记录下光荣与自豪。

(三) 反映普通人生活中的小故事的事件通讯

身边的普通人生活中能称得上是“一件事”的小故事,那些发生在凡人生活中的虽“小”却“新”的事,都可以纳入事件通讯中。通过这些小事情展现出更大更深刻的思想意义。如《南方周末》2005 年 1 月 13 日的《一个打工农民的死亡样本》就讲述了一个普通的农民外出打工被骗后因病死亡,老乡背其尸体回家的事,反映了农民工外出打工之路的艰辛和危险,引起全社会对农民工的合法权益和生命安全何时才能真正受到保护等问题的关注。事件虽小,但却反映出了许多社会现存的深层次的、亟待解决的问题。

二、事件通讯的写作要求

(一) 深入发掘思想意义

罗列事件、就事论事的事件通讯没有大的价值。只有将事件放到大的背景中去考察,才容易发现它的意义和价值。因此,结合时代精神,详细分析材料中所蕴涵的精神和启示,找出它的思想意义,围绕一个能够统率全文、高屋建瓴的主题艺术化地叙述事件,方能写出有深度的文章。小平同志南方视察是我国改革开放和现代化建设中关系国计民生的大事,如何去表现这一事件的重大现实意义和历史意义，《深圳特区报》的记者作了精心的考虑。在记录小平同志在深圳的整个过程中，他们巧妙地引用、穿插相关的背景材料，避免了就事说事，使文章超越了这一事件本身，引导读者通过这一事件去感受深圳飞速发展的辉煌历史，领略中国未来的发展战略。

（二）抓骨干性情节

叙述事情既要完整又要重点突出，详略得当。不分轻重缓急，流水账式全盘记录事件的总过程，只会把文章记述导向一团模糊的境地。围绕主题，精当剪裁，抓住事件发生、发展过程中的几个关键性、骨干性情节，进行重点描绘，简洁合理地勾勒出事件的全貌才能写出人们喜闻乐见的好文章。对内容相对复杂的事件以小标题来划分文章，标示情节发展过程是增强写作条理、提高识辨性的可行方法。发生在曹县一中的高考替考案牵扯了众多的人和事，怎么把它叙说清楚，记者在写作中采用先列举事例，揭开文章要讨论的问题，然后有的放矢、各个击破的办法。由于这一事件所涉及的主要人物有学生、老师、校领导、县教育机构这些群体，作者将他们作为四大类，分别记述了他们对这一事件的看法和态度，将各个层面的问题明确地摆在大众的面前，使人读来一目了然。

（三）描写场面

再现事件发生、发展过程中典型的重大场面，给人身临其境的现场感，是事件通讯写作中的重要一环。《建国 50 年庆典》①这样记载阅兵仪式开始前的场面：

激昂的《中国人民解放军军歌》奏响了世纪大阅兵的序曲。一辆红旗牌检阅车驶出天安门。检阅车上，站立着中共中央总书记、中华人民共和国主席、中央军委主席江泽民……此刻，代表着共和国武装力量构成的 42 个方队整齐列阵东长安街。

记者把重点放在了展示仪式开始后的现场场景：

10 时 36 分，当江泽民在天安门城楼发表讲话后，军乐声再次回荡在天安门上空，气势磅礴的阅兵分列式开始了。像一团流曳的火焰，鲜艳的军旗首先映入人们的视线。156 名三军仪仗队员护卫着这面鲜血染红的神圣战旗……

……陆军的三色迷彩，仿佛秋日里斑斓的草场——来自北京军区的两个步兵方队，一支曾在太行山上击毙日本“名将之花”阿部规秀，另一支涌现过“济南第一团”等 31 个英模单位。铿锵有力的足音，延续着长征的脚步；勇往直前的雄姿，像百万雄师过长江的身影……

……就像一部雄壮的交响曲，世纪大阅兵的尾声气壮山河……25 架涂着迷彩的直升机仿佛绿色的雁阵，107 架新型轰炸机、强击机、歼击机如同银色的闪电——陆海空航空兵首次联合编队飞越天安门上空……

作者把阅兵仪式雄壮的美描摹得令人回肠荡气，使人如闻其声，如临其境。

---

① 《资料：建国 50 年庆典》，http://www.people.com.cn/GB/tupian/1098/2116581.html。

(四)勾勒人物

事件通讯勾勒人物,主要是缘人显事,写人不是目的,表现事件是唯一宗旨。所以,和人物通讯要求刻画立体的饱满的人物形象的写法不同,事件通讯采用白描、速写手法,简笔勾画几个突出的有代表性的人物,借助人物的言语、行动、思想等表现事件。如《世纪大阅兵》,虽是以场面描写为主,但记者巧妙穿插了作为观众代表的西观礼台上年近古稀的澳门大学教授程祥徽的一段观后感:"有文事者,必有武备。一个和平的建设环境,需要这样强大的国防。"精明的记者马上把老先生的话提升到理论意义的高度,认为它昭示了:一个巩固的国防,一支强大的军队,始终是国家繁荣富强、人民安宁幸福的可靠保证。而这也正是这篇通讯的题旨所在。

事件通讯在勾勒人物时,也很注重细节描写。如《东方风来满眼春——邓小平同志在深圳纪实》(陈锡添)中就注意抓细节来刻画一代伟人邓小平的风采:

不一会,邓小平同志出现了!人们的目光和闪光灯束都一齐投向这位领一代风骚的伟人身上。

他,身体十分健康,炯炯的眼神,慈祥的笑脸,身着深灰色的夹克、黑色西裤,神采奕奕地步出车门。

寥寥数语就把邓小平睿智慈祥的人格魅力展现无遗。

(五)情理交织

《救救我——一名12岁儿童的悲惨遭遇》(新华社通讯2001年1月30日)采用寓理于情、情理交织的方式,以12岁的小姑娘刘思影遭受法轮功迫害的催人泪下的故事,控诉了法轮功邪教的罪恶。作者一方面通过记述同学、老师眼中那个"开心果"刘思影的一些鲜为人知的故事,唤起人们对思影的喜爱;另一方面着重刻画了在邪教面前,幼小的刘思影的天真无邪,揭示了法轮功骗人、害人的本质。把昔日活泼可爱的刘思影和今日被邪教"葬送了光明前程",稚嫩的心底发出"救救我"的呐喊的刘思影放在一起,人们的情感无法平静。

三、案例评析

【案例】(载于1941年12月15—22日美国《时代》周刊,转引自黎信主编《外国新闻通讯选评》)

珍珠港:美国海军被打得狼狈不堪

这次美国海军被打得落花流水、狼狈不堪。在这悲惨的一个多小时中——这时,还没有正式宣战——美国海军遭到的损失便超过了第一次世界大战期间遭到的全部损失。

把全部事实搞清楚仍需许多天,然而,战争发生后三十六个小时中从夏威夷传来的零星消息充分说明,在那个懒洋洋的星期日清晨,海军被打得措手不及。尽管日本的攻击部队已结集好几天了,海军看来却既未发现日本航空母舰偷偷驶入附近海域，也没有收到日本潜艇在夏威夷周围摆队备战的情报。他们直到第一批炸弹落在头上才发出警报。驻在夏威夷的空军在遭到打击时看来也无法进行有效的还击。

事件发生前，在这个城市高低舒适、华丽的住宅中，在怀基基岛附近海滩小室中，在蓬奇竞技场周围拥挤的住宅区中，混杂居住在一起的日本人、中国人、葡萄牙人、菲律宾人、夏威夷人和所谓“卡马马伊纳人”(即长期在这里定居的白种人)都在无忧无虑尽情休息。在微波荡漾的拉西堡附近浅海里——那里不时有哨兵沿着一道挡风墙步行巡逻——几个日本人和夏威夷人涉水叉鱼。在瓦胡岛所有陆军阵地上，士兵们都在懒洋洋地消磨一个典型的无事可干的星期日。在珍珠港内停泊的太平洋舰队所有舰艇上，官兵们都在逍遥自在地打发时光。在闹市区，只有在公共汽车不时开来时人们才能听到喧嚣。

阿洛哈钟楼的大钟指向 7 时 55 分。

日本鬼子的飞机从东南方向越过代蒙赫德岛上空飞过来。通常从圣叠戈起飞的飞机也是沿着这条路线飞来的。地面上有的平民估计，日本飞机大约在 50—150 架之间。它们马达轰鸣，从怀基基岛和粉红色的夏威夷大饭店上空隆隆飞过。据报道，有的是四引擎的大型飞机，有的是俯冲轰炸机，也有驱逐机。日本机群如入无人之境，与它们相遇的唯一的一架美国飞机是雷·布托克律师驾驶的私人飞机。当时，布托克律师利用星期日清晨驾机游玩。日机用机枪朝着律师的飞机开火，打得它浑身是洞，但是律师居然驾机降落。这时，夏威夷到处响起了炸弹的爆炸声。日军空袭的第一个牺牲者是檀香山附近一个民用机场的机械师罗伯特·泰斯，他在发动一架飞机时被机枪子弹射倒。

日本轰炸机投掷的鱼雷在珍珠港肆虐，洞穿那里的主舰。俯冲轰炸机滥炸陆军希堪机场和惠勒机场。空袭发生后不久，夏威夷广播电台发出了空袭警报。但是，即使已经听到了警报，不少人仍半信半疑，直到炸弹在夏威夷腹地爆炸，他们才如梦初醒。从太平洋高地到市中心，日本飞机狂轰滥炸，到处造成破坏。

高射炮火开始猛烈还击，美国驱逐机也升空作战了。这时，不少仍穿着睡衣的居民从床上爬起来就往城里跑，有的则往山上跑，以便观赏美日大战的奇景。很少有人惊慌失措，倒是有许多人无动于衷。有个男人边跑边朝着哥伦比亚广播公司记者喊道：“大陆报纸的报道准得夸大这件事！”

第一轮空袭结束后，鲍恩德克斯市长宣布全岛进入紧急状态，他要求大街上全部行人隐蔽，命令警察和消防队出动。岛上的最大的学校——法林顿中学成了临时医院，就在这时，日军飞机又来了。

在檀香山山头上观战的人们都能清楚地看见，珍珠港被炸得很惨。大团浓烟从福特海军航空兵基地(又称鲁克机场)滚滚升起。当第一枚炸弹落在福特岛上时，一位平民正驾车路过这里。他说：“这枚炸弹肯定很大。我看见两架日本飞机越过高山向海面俯冲，向一艘海军船只放鱼雷。这艘军舰挨了好几次炸。我还看见俯冲轰炸机一架接着一架飞过来。”

遭到伤亡的不仅是檀香山的平民。日本飞机还袭击了瓦西亚瓦镇——那儿有一处大水库——扫射大街上的行人。有一架日本飞机一头栽到瓦西亚瓦法庭后面的地上,燃起了熊熊烈火。

乘美国民航班机前来该岛的乘客目睹日军飞机猛扑珍珠港和希堪机场,交口赞扬海军特地在星期日早晨为大伙儿搞了一次大规模实弹演习,真是考虑得太周到了。一个取道此地前往天津的美国汽车商目睹一枚大炸弹尖声呼啸着落在珍珠港,落在离自己不到30米的地方,不由得拍手叫绝:"乖乖,这要是个真家伙可不得了!"班机机长满头大汗,总算把这坏消息发出去了,电文是:"看来檀香山与美国政府之间正处于不宣而战的战争状态!"

连《基督教科学箴言报》军事记者约瑟夫·哈斯奇都上了当。他说:"我把我的妻子叫醒,问她可否知道在欧洲的空袭听起来是什么样子。我对她说:'现在正在模仿空袭的声音,可像了!'然后,我们俩一道到海滩游泳,我们以及旅馆的其他住客都误以为这不过是海军再次搞演习罢了。直到广播电台宣布出了事,人们才接受这不可思议的事实。"

在遭到第一轮措手不及的打击后,守军投入战斗。观通兵坚守在海军船坞的信号塔上观察来犯的敌机,不时用可见信号发出空袭警报。信号兵们冷静、沉着,全然不顾敌机轰炸、扫射和我军高炮弹片在身边横飞,把几十道命令传达给向外海逃逸或在锚泊地坚持战斗的舰艇。

一位海军新兵首开纪录给敌人以打击。在全舰乘员各就各位战斗岗位的命令下达之前,他就单枪匹马用机枪打退了一架来犯敌机。

某舰舰长在司令塔和舰桥间来回奔跑指挥战斗,不幸腹部被弹片撕开,倒在甲板上。这位舰长不准别人把他抬到安全的地方,却躺在那里坚持指挥,直到舰桥被烈焰吞没。这时,两位军官试图把舰长救走,但也被烈火包围。后来另一位军官冒着烈焰爬了过来,把一条绳子扔到临近一艘军舰上,又把另一条绳子扔给这些陷入死地的人们,这才把他们救了出来。

操纵一门五英寸舰炮的一个班水兵中有十个在日机一次扫射中牺牲,唯一幸存的水兵把全班任务承担起来了:有三次他自个儿从弹药箱中搬出炮弹,自个儿把火药筒装上,自个儿跑到大炮的另一端,把炮弹装进炮膛,自个儿跳到瞄准手位置上,自个儿开炮。后来一枚炸弹在腿上开了花,这位水兵落水,但却遇救。

另一艘军舰上的禁闭室的门被炸开了,一位因过错被罚坐禁闭的水兵立即跑到自己的高炮战位上。当空袭警报拉响时,一位正在住院的军官不顾护士的阻拦穿过医院大院跑回本舰。尽管身患疾病,他打得很漂亮,因而他的舰长为他请求升迁。还有一位水兵找不到重机枪枪架,他全然不顾射击时的可怕震颤,把机枪架在手臂上开了火。

一艘在锚泊中的飞机补给舰尽管屡遭攻击,燃起了大火,但却击落了一架敌机。就在这时,舰长看到几码之外出现了一艘袖珍潜艇的影子。补给舰立即开火并命中,就在潜艇的观通塔露出水面时,一艘驱逐舰用穿甲弹给了它以致命的打击。补给舰旋即又击落了一架敌机。

从抛锚待修的一艘军舰上放下来的摩托小艇冒着枪林弹雨和纷飞的弹片，从到处都是油料燃烧的珍珠港海面上救起了数十名落水者。官兵们一无例外，反应既敏锐，又沉着冷静，配合默契。

【分析】 1.这篇通讯反映的是世界军事史上的一次重大事件，事发突然，而又震惊全球，影响古今。

2.通讯的结构类似消息的并列式，事件的情节完整，重点突出，构成的节奏紧凑，扣人心弦。

3.事件重大场面的展现，惊心动魄，给人身临其境的现场感。

4.勾勒人物，主要是由人写事，通过白描、速写的手法，简笔勾画几个突出的有代表性的人物，借助人物的言语、行动、思想等表现事件。

5.叙议结合，在情理交融的笔墨中，揭示深刻的思想内涵，使事件发人深省。

第三节 工作通讯

一、工作通讯的概念

工作通讯是反映当前工作中的经验、成就，探讨工作中存在的实际问题的通讯体裁。它是我国新闻报道特有的一个品种。

工作通讯的内容不像事件通讯那样广阔，它的取材主要涉及三个方面：具有普遍启发性和借鉴意义的事例及经验；在讲述事实的基础上，分析探讨新形势下出现的新情况、新问题；批评目前工作的重大失误，披露群众广泛关注的或者发人深省的问题。

二、工作通讯的特点

(一) 具有政策性、指导性

工作通讯是对现实工作的经验、问题的探析和研究，它来自生活，还要再回到生活中去指导实际工作的开展，推动问题的解决，因此它是具有很强指导性的文体。但是，工作通讯的这种指导性是不同于政策性文件的指令性的。这也就是说，工作通讯的指导性并不是强制他人照此行事，而是通过总结经验、提出问题、分析问题以供人们借鉴和思考。

(二) 带有强烈的评论性质和研究色彩

工作通讯具有深刻的理论性和思辨色彩。在一篇工作通讯中，我们不仅要报道新鲜、典型的事例，更重要的是剖析这一事件背后的客观原因，探讨它的发展趋势和它所展示的经验、问题乃至规律。

【案例】 (载于2003年7月29日《黑龙江日报》,第十四届中国新闻奖获奖作品)

秋林老总何其多?

卢 军 张晓莶

哈尔滨市南岗区的秋林地区,被称为哈市商业金三角。这里,哈尔滨秋林(集团)股份有限公司、远大购物中心、松雷国际商厦曾三足鼎立。后两者去年各实现利税千余万元,而国有上市公司秋林集团经营上却步履维艰,失金一角。

据了解,为了适应南岗商圈新的商业发展形势,秋林集团曾经闭店调整了商场结构和提高商品档次,但没有遏止效益下滑的趋势,秋林集团在股票市场已是亏损公司。就是这个在商战中逐渐走了下坡路的公司,却拥有一个庞大的"经理"队伍。

据了解,秋林集团现有总经理1名,15名副总经理,还有3人为经理助理,享受副经理待遇,中层干部有30多人。据了解,与其相邻的远大、松雷每家仅有四五个老总,每个老总都身兼数职。

关于秋林为何有如此庞大的"经理"队伍,该集团领导大都回避或三缄其口。据了解,秋林集团一位高层领导曾说:"你说秋林老总多,我说还少呢,无论是按照职工人数和营业面积相比,我们的副总都不多于他们。比如远大和秋林商厦都是2万平方米营业面积,秋林商厦只有3个副总,这比远大要少得多。"据了解,秋林公司改制后,中层干部是原国企的,职工基本是原国企的,各项规章制度也基本是原国企的,集团的干部也基本上采用原国企由上级主管部门委派的方式。谈及亏损的原因,他说,这不是哪届领导造成的,这既有体制的原因,也有国企包袱沉重等原因。

记者了解,目前,秋林集团有员工3627人,其中退休人员713人,从去年年末的业绩报表看,公司股票每股亏损0.57元,今年一季度报表显示,公司股票每股亏损0.01元。根据规定,到今年年底,如不能扭转局面,连续三年亏损的"ST秋林"将面临摘牌。从秋林集团业绩报表看,2002年该集团主营业务收入1.78亿元,19个"老总"人均"创收"0.09亿元,而同为上市公司的上海华联商厦,公司共有"老总"10人,2002年主营业务收入24.1亿元,"老总"人均"创收"2.41亿元。

据称,从今年3月开始,秋林集团就在酝酿重组,先后有4家企业前来洽谈,经过大半年的洽谈,有三家公司已经退出,只有一家公司目前正在犹豫阶段。

三、工作通讯的类型

(一) 报道型

直接报道工作中的经验或者与政治、经济、党风、民风建设有关的重要问题。这类通讯以报道事实为主,杂以少量的分析和议论。

【案例】 (载于2004年12月15日《中国青年报》,第十五届中国新闻奖获奖作品)

制度的魅力

江　华

几天前，在四川省成都市邛崃县服务的西部计划志愿者李艳萍光荣地加入了中国共产党。这一喜讯她第一个告诉了临时党支部书记赵鑫立："没有临时党支部，就没有我的今天！"

这位河北姑娘大学毕业前已是河北农业大学的入党积极分子。到西部后，她原以为入党这件事多少会被耽搁。没想到，到邛崃不久，西部计划志愿者临时党支部就成立了。支部将她的情况以书面形式汇报给她的服务单位——牟礼镇政府，并多次打电话沟通情况。

赵鑫立说："临时党支部帮助志愿者解决了许多实际问题。自我管理模式让我们在西部发挥的作用更大了。"

对此，邛崃县团委书记汪华感慨最多。邛崃县项目办在四川省内率先提出"让志愿者自我管理"的理念，建立西部计划志愿者临时党支部、团支部，通过开展支部活动，实现志愿者的自我教育、自我管理、自我服务、自我发展。汪华认为，这一自我管理模式引发出的是"倍增效应"。

12 月 5 日，邛崃县的志愿者临时党支部为临济镇政府策划了一次活动，连他们自己也没想到会如此轰动。

此前，上任不久的临济镇党委书记易孟儒找到团县委，点名要几个西部计划志愿者帮镇里做些形象包装工作。

当天恰逢国际志愿者日。志愿者们打着"西部计划志愿者"的横幅，佩戴着志愿者胸章走上邛崃县街头，为这个闻名遐迩的柑橘之乡做宣传。

他们一边向行人发送柑橘，介绍临济镇，一边通过有奖竞猜等互动活动，宣传志愿服务理念。

临时团支部书记、西华大学毕业生曾凯是本次活动的总指挥。他说，整个活动都是我们自己完成的，这种锻炼以及从中获得的成就感从未有过，团队释放出的能量也是不可估量的。

邛崃县团委书记汪华告诉记者，自我管理模式推开之前，志愿者做什么都是听从项目办的安排。第一批志愿者到来时，县项目办曾用 1 个月的时间，专门为他们做好了 1 年的活动计划。"但事实证明，一些活动并不很对志愿者的胃口，大家参与的热情也不高，效果就打了折扣。"

"现在大不一样了。"汪华说，"团组织立足于为志愿者提供服务，通过搭建更大的舞台促其成长成才。这样，青年的积极性被大大地调动起来，倍增效应也就出现了。"

如今，通过自我管理，志愿者不但将各种活动搞得有声有色，就连日常生活也打理得井井有条。

在邛崃，志愿者临时党、团支部经常组织志愿者与当地人开展体育比赛。志愿者外出,要向党、团支部请假。逢志愿者过生日,临时党、团支部都要发去贺卡,并致信其父母,感谢他们为西部大开发作出的贡献。

团中央青年志愿者工作部部长卢雍政说,通过“自编、自导、自演”,志愿者的作用得到更大的发挥。如果将此视作“自转”的话,那么,通过自我管理有效服务了党政工作大局,服务了西部大开发则可视作“公转”。

在四川省广安市邻水县服务的志愿者们围绕党政中心工作搞了一次调研,竟使得县委县政府专门为他们举办了“首届广安大学生志愿服务西部计划发展论坛”。

今年 2 月,毕业于四川师范大学的邱子桓在临时团支部生活会上提出动议:大家用外来人的眼光对邻水进行一次全面调研,然后形成报告提交县政府。想法得到全体志愿者的赞同,大家根据当地特色分成农业农村、柑橘、工业、招商、旅游、花卉等 6 个小组,第二天就展开调研。

两个月里,志愿者的足迹几乎遍及邻水县的每个角落。当县领导看到调研报告时,当即决定,召开研讨会,全县各职能部门负责人一个都不能少。

研讨会开了整整一天,志愿者与县委书记、县长及 100 多位邻水县大小官员畅谈邻水发展,提出了一个又一个好建议。

短短数月后,志愿者在研讨会上提出的“几乡联动推进城市化”、“实现旅游业零的突破”等建议,已付诸实施。同时,邻水县委县政府宣布,凡西部计划志愿者提出的建议,相关部门必须高度重视。同样受到当地政府如此礼遇的,还有邛崃县平乐古镇的志愿者们。

平乐古镇是有名的川西古镇,山水秀丽。毕业于湖南农业大学的贺金林初来乍到便发现了一个问题:这里的旅游资源几乎没有开发,当地人甚至不知道什么是“导游”。

贺金林将自己的想法汇报给了临时党、团支部,大家想出了一个点子:周末到旅游景点客串导游,一来可以影响当地人的观念,二来可以搜集游客意见,为政府决策提供依据。

志愿者们打着“西部计划志愿者为您导游”的小旗披挂上阵了。游客起初躲着他们:“哪儿有义务的,肯定事后要小费!”但志愿者仍然在一丝不苟地讲解。游客很感动,主动要付些费用。志愿者们说:“不用付费,就对景区建设留下一点意见吧!”

后来,由贺金林将游客的意见整理出来,当面提交该镇分管旅游的副镇长吴茂林。很快,吴副镇长作出安排:今后,政府决策有关旅游的事宜,一定要征求志愿者的意见;志愿者们周末往返旅游景点的车费和餐费由镇政府解决。

对此,卢雍政认为,近两年的实践证明,大学生志愿服务西部计划使团组织找到了服务大局、服务社会、服务青年的有效结合点,产生了巨大的综合效益。而四川对西部计划管理模式的探索,则为这些效益的产生提供了有形的“显示终端”。

据悉,四川省已有来自全国 108 所高校的 1440 名大学生志愿者在 31 个受援县服务。如今，在四川的每一个受援县，都全面推开了自我管理模式。

团四川省委书记罗强说，大学生志愿服务西部计划这项事业要蓬勃发展下去，靠的就是行之有效的管理制度。

(二) 调查分析型

调查分析型工作通讯重在探讨问题，分析原因，对全局性的重大问题以及重大社会现象进行调查分析，理出线索、脉络，并试图找出解决问题的办法。

【案例】（载于新华网 2003 年 8 月 26 日，获得第十四届中国新闻奖一等奖）

贫困户背不动豪华广场　建“花瓶”工程于心何安？

新华网合肥 8 月 26 日电（记者　周立民）中央三令五申严禁建设沽名钓誉、劳民伤财的“形象工程”，安徽省五河县却要建设一个大型文化休闲广场。拆迁户大多是下岗职工、无业人员和吃低保的城市贫民。最近他们纷纷向记者哭诉，担心被县里强拆后无家可归。

县城要建大广场

五河县城呈“井”字形，四条主干道的中心，除民居、商店和办公楼外，有一个体育场。这是这个“全国体育先进县”县城里唯一的运动场所。足球场、篮球场、溜冰场等一应俱全，尽管设施老化、建筑简易，但并不妨碍它成为居民们晨练、晚休的聚集地。

6 月 26 日，体育场门口的一则公告使居民施左昌如坠冰谷。这则五河县政府《关于注销青年圩综合开发范围内土地使用权证书的通告》写道：县政府研究决定，注销青年圩综合开发范围内方兆义等户土地使用权证书。施左昌家的房子也在注销之列。他说：“按照《安徽省城市房屋拆迁管理办法》，拆迁人补偿安置被拆迁人后，被拆迁人把被拆迁的房地产权证交给拆迁人，由拆迁人移送负责房地产权登记的管理部门予以注销，县里还没和我们谈过补偿、安置，土地使用权证还在我们手里，怎么能一纸公告就注销了呢？”从这一天开始，他就和邻居们多方反映、四处奔走。

这一切，源于五河县的一项重大“形象工程”建设计划。五河县委决定今年实施青年圩文化休闲广场项目，拆迁体育场及周边 191 户居民、25 家单位，占地约 5.6 公顷，计划投资 7000 多万元。项目简介上写着，这是“为民办实事工程，是县城的标志性形象工程”，“为体现规划高起点，邀请全国一流设计单位上海同济大学规划设计院编制规划”，“广场构图主要由莲花喷泉和下沉式广场两处主要景观构成”，“建成后将成为皖北地区乃至安徽省内县级城市中最大规模的商务中心和品位最高的中心广场”。

今年 3 月份，县里和外省一家房地产开发公司签订协议，由这家房地产商开发 5.6 公顷土地，付给县里土地转让费 2900 万元，如果开发商在这里建一家三星级或三星级以上酒店，县里将返还 200 万元出让金。据县建设局局长刘昕介绍，县里计划拿 700 万元左右建喷泉、沉降式广场等设施，500 万元征用城关村的 100 亩土地建新体育场的一期工程。这个新体育场总投资2000万元左右,除这500万外,其余资金县里还拿不出来。

拆迁户们对这项工程的质疑,除了认为程序违规等具体问题外,更多的是在责问:“国家不允许再建大型城市广场这样的形象工程,五河县怎么还在顶风上?”县里一位领导是这样回答的:国家是不允许用财政的钱建广场,而我们这个项目财政没拿钱,用的是“经营土地”的收益,我看过文件,是说禁止建“沽名钓誉、劳民伤财”的形象工程,并不是说所有的形象工程都不允许建。

拆迁户们则对这种说法提出质疑:卖地收入难道不是政府的钱吗?动辄“最大”、“最高品位”,不是沽名钓誉是什么?至于有没有“劳民伤财”,到拆迁户家里看一看、和他们聊一聊就清楚了。

贫困户雪上加霜

五河县领导认为,他们制定的拆迁补偿标准是比较高的,住户平均每平方米达到510元。而众多拆迁户却认为县里的补偿标准很低,因为这一区域是五河县城的黄金地段,由于房屋差距较大,拆迁户们拿到的补偿高的在10万元以上,低的只有几千元。而拿低补偿的,恰恰绝大多数都是承受能力极低的贫困户。据了解,拆迁户中大多数人是下岗或没有固定工作的,其中部分人每月只能拿30元的低保金。

原小圩区区委书记张道隆对记者说:“我想不通的是,老百姓生活都没头绪,你改造旧城给谁看?按这补偿标准,多数老百姓是买不起房子的。”原县物价局局长李景春说,别说这个区域里的大多是困难户,就我们这样的退休干部都没钱去买房。据了解,五河县商品房均价在每平方米800元左右,开发商们在知道县里要大规模拆迁之后,又纷纷提价,租房的也提高了租金。

居民韩秀英含泪告诉记者:“我每月退休金80块钱;老伴80岁,参加过淮海战役、抗美援朝,退休金一个月300多元。前几天单位领导一天几遍逼我们签协议,暗示如果不签退休金就没法保证。签字第二天就有人来拆房,我快叫他们逼疯了。我签字以后吃不下、睡不着,愁这一家老小怎么办?儿子、媳妇4口人都下岗吃低保,日子紧但还有藏身的地方,拿这补的4万多块钱以后怎么过日子啊!”

患有二级肢残的郑献水说:“我失业快3年了,没吃上低保,一家三口靠老婆打工每月挣的200元钱过日子,小孩还要上学。县里找我签协议,我把协议书撕了,这9000多块钱补偿费让我上哪买房子?我请拆迁办的人帮我租房子,他们找的是一间破得不成样子、眼看也要拆迁的房子,里面住的人还不愿意让。”

64岁的陈淮英、65岁的卜永和、86岁的凌已娟,还有李业琴、张雅琴、荣再霞……这些居民有的已经签了协议,有的还在“顶着”,但是即将面临的拆迁他们都怀着深深的惶恐。他们几乎每家都有好几个人下岗、吃低保,最多的一家6个儿子全部下岗。在他们的心里,根本不奢望“住得好”,“住得下”就满足了。

干部们的委屈与困惑

五河县财政非常困难,大量工厂倒闭、停产,农业多次受灾,今年淮河水灾造成全县直接经济损失达15亿元。县委宣传部一位工作人员告诉记者，全县乡镇普遍欠发工资，有一段时间县委宣传部靠一位部领导从家里拿了一万多块钱垫办公经费才维持运转。在这种情况下，县里为什么还要耗资建广场？

据主管这项工程的县领导介绍，青年圩广场是五河县的中心地带、黄金地段，但环境非常差，老百姓娱乐休闲也没什么好地方，非改造不可，而且附近有一个商贸城，需要周边环境配套才能提升品位、聚集人气。他认为，这样“经营城市”、“经营土地”，还可以带动二、三产业发展，成为五河新的经济增长点，外商要建商贸城、商业步行街和商品房，如果商业发展起来了，有些商品就可以在本地加工。

这些良好的设想在实施中遇到的困难显然出乎他的意料，尽管县里也有为困难户建经济适用房、提供廉租房的计划。他告诉记者，为这个项目他前后大哭了三次，“有时连自杀的念头都有”。他不无委屈、困惑地问记者：“我们确实想为群众做点事、为五河县发展使把劲，可群众怎么就不理解？”

记者同县里一些离退休老干部进行座谈。退休干部居文礼说，别说中央早就下文不许再建豪华城市广场这样的“形象工程”，从五河的县情来看也脱离了实际，群众承受不起。退休老人张家銮老泪纵横：“如果县里再不牢记立党为公、执政为民，维护好群众的合法权益，就会有恶性群体性事件的发生。”原县民政局局长曾殿剑认为，对这些拆迁户一定要妥善安排好，让群众作难了，干部受“委屈”就免不了。

这篇通讯是记者针对形象工程的建设以及拆迁中存在的问题而写的，引起了社会的注意。

(三) 札记型

札记型一般是用第一人称写记者的所闻所感。以采访日记形式出现的，纪实性较强，采访随感形式的则议论色彩突出。采访札记往往针对具体的特定的某一现象或问题“就事论事”，及时、快速、灵活地反映新问题。

四、工作通讯的写作要求

(一) 抓有针对性的题材

工作通讯的写作目的是指导实践，这就决定了它选用的材料、说明的问题要有典型性和现实针对性。如《顺应时代潮流演绎对外开放——中外合资经营企业法的诞生及两次修改》(《法制日报》2001年3月9日)是配合2001年人代会审议中外合资企业法而作，《海原农民为何拒种“调整草”》(《农民日报》2001年6月14日)是在获悉海原人民拒种“调整草”的消息后，针对这一事件采写的研究型工作通讯。

要抓住有针对性的题材，就要求记者要“吃透两头”，既要正确认识党和政府的方针、政策，又要对实际情况有较为全面的了解。认真学习党和国家的大政方针，一方面有利于掌握那些作为党和政府中心任务的关键性的热点问题，写出弘扬时代主旋律的好文章。另一方面也有利于认清舆论导向，提出符合时代要求的解决问题的新观念、新方法,既宣传了国家政策,又切中时弊,满足广大群众的现实需要。

(二)抓新出现的问题

要想写出有新意的通讯报道,首先立意要新。穆青说:“事实上,许多问题当它真正成为问题的时候,往往孕育着许多新的萌芽和推动事物前进的一些积极的因素。新闻记者如果能抓住这些萌芽,把问题及时提出来,他就能够站在新事物的面前,用新闻报道来推进工作,指导实际……我深深感到,如果一个记者只能跟着别人已经提出的问题跑,重复已是众所周知的情况,他将永远追不上客观实际的发展,起不到党的耳目喉舌作用。”我们的记者要积极主动地培养对生活中涌现出来的新动向、新理念、新情况的敏锐直觉,勇于关注那些人们还没有注意到的问题,大胆表达别人想说但尚未说出来的话。

(三)逻辑清晰,事实充分

无论是以事实为主,还是重在说理评议,写作工作通讯要尽可能做到逻辑清晰。现象是怎样的?体现了什么问题?导致这种问题产生的原因何在?解决的办法是什么?记者要善于化繁为简,理性地归纳出问题、现象背后的东西,写出有思想深度的报道。必须要有充足的证据才能保证推理的顺利进行。列数字、作比较、刻画典型人物和典型事件等方法都可以使文章的表达更充实,做到言之有物、言之有理。

【案例】 (载于2003年12月28日《新民晚报》,作者:王欣)

便民浴室还需“添把柴”

网点占八成,营业额仅二成,碰上燃料涨价,难免陷入窘境——便民浴室还需“添把柴”。

昨天下午3时,凛冽的寒风里,穿着藏青色厚棉衣的李老伯拐进了中兴路1483弄,手里提着装有肥皂和洗头膏的小马甲袋。弄口那块“国营中兴浴室”的老招牌,在李老伯看来就像“冬天里的一把火”。

许多上海人的住房条件越来越好,空调、浴霸、热水器早成了普通人家装修时必不可少的基础硬件,住在新装修房里每天不洗澡就没法睡觉的小白领感到奇怪:现在还有人去公共浴室洗澡?当然!居住条件较差的市民、习惯“泡浑堂”的老人以及外来民工都离不开大众浴室,寒冷的冬天,不少家有淋浴器的市民也会到公共浴室来沐浴。据不完全统计,在市卫生局备案的全市1200家沐浴场所中,浴资在10元以下的便民大众浴室占到80%,这两天天气这么冷,每家便民浴室日平均接待顾客100人次,也就是说,每天上海有将近10万人次在大众浴室里沐浴。

李老伯去的那家中兴浴室已有几十年历史,普通浴资8元,凭退休证老人可享受6元的优惠价。作为市老龄委的“爱心助老特色基地”,“中兴”每天至少要接待四五十位老人。年纪大的浴客喜欢水烫池深,可是也容易“晕汤”出意外。沐浴大组长邵明富师傅告诉记者，为老人服务最要紧的是关心老人的人身安全。平常会劝说老人让小辈陪同沐浴，孤寡老人由服务员陪同下池，搓背服务员在工作的同时还要察言观色，动员沐浴时间过长的老人及时休息。

家住市光四村的老张，昨天就没有李老伯这样的“好福气”了。本想到中原路上的清和池浴室泡个暖澡，却被门口那张大红色的“紧急通知”拦住了——“因原油紧缺，油价飞涨，大众部经营无法维持，从24日起停止营业。何时复业，另行通知”。在9平方公里的殷行地区，清和池是仅有的两家便民浴室之一，尽管附近又新开了六七家浴场，但全是休闲桑拿带棋牌的，浴资当然不可能像清和池大众部那样只要6元钱。清和池当家人黄增德老太太已经急得好几天睡不着觉。为了让顾客能在年前洗把澡“干干净净迎新年”，就是赔本也要让大众部尽早复业，可是这几天拿着现钞到处求爷爷告奶奶，连一点高价的燃料油也拿不到。

清和池遇到的难题，多少反映出便民大众浴室的两难处境。占全市网点数80%的便民浴室的营业额与休闲大浴场营业额的比例恰恰是“倒二八”，在同样的市场环境中，坚持大众价位的浴室面临的却是难以为继的高成本。中原小区的清和池、凉城路上的圣城浴室等以楼上的桑拿“养”楼下的大众部，中兴浴室等靠搓背等项目收费来弥补。然而，当燃料油涨价这样的风浪袭来时，便民浴室就像寒风中的小火苗，太需要社会各方来添把柴火挡挡风。

（四）多种表现手法的综合运用

工作通讯的重点在于谈经验、分析问题，相对于其他通讯文体来说，题材的生动性略为欠缺，写作容易流于干瘪和枯燥。所以，写工作通讯要特别注意综合运用多种修辞方法，尽量把文章写得生动可读。工作通讯可以有曲折的情节、人物对话、场景描写，也可以旁征博引。总之，写工作通讯时尤其应注意文学性的体现，使读者从生动的事实中发现问题、分析问题。

五、案例分析

【案例】（载于《光明日报》，作者：夏桂廉、恭永梅）

“卧龙”何以腾飞

——化工部第二胶片厂成功之路探秘

“伏牛”出山，“卧龙”腾飞。20世纪70年代建在河南省伏牛山深处的化工部第二胶片厂，今天神奇般屹立在南阳市的卧龙岗下，成为我国印刷感光器材生产的基地、河南省利税百强企业。

在社会主义市场经济的大潮中，他们越战越强的秘诀是什么？企业要有一种精神，记者在这个厂采访时，干部职工介绍了他们如何适应市场需求调整产品结构：如何狠抓产品质量促销售；如何狠抓科技进步……但更令人振奋的是，职工们高昂的精神面貌和他们经常提到的企业精神：艰苦奋斗，团结进取。

20世纪70年代初期，二胶厂的建设者们开进了伏牛山。他们住的是简易房，吃的是红薯面窝头,在人迹罕至的深山,万名建设者忍着冬天的奇冷,冒着夏天的酷热,硬是在4年中建起了一座座现代化厂房。二胶厂的许多职工经历了那段日月,创业的艰难磨炼了他们,艰苦奋斗、努力进取的企业精神也像刀刻石雕般印在了这一代建设者的心中。

进入20世纪80年代,电影胶片市场趋于饱和。二胶厂的领导们审时度势,决定转产工业用印刷胶片。新的生产线怎样建起来,是完全靠国家贷款引进国外设备,还是主要靠自己的力量进行技术改造?二胶厂选择了后一条路。几年来,他们对关键设备拉幅机先后进行了4次大的改造,使其能生产0.175毫米厚的涤纶薄膜,填补了国内空白。对涂面机进行了多项改造,实现了微机控制、双机计量等,使生产的车速由18米/分提高到28米/分,控制精度由百分之一提高到千分之零点五。

对国外的先进设备二胶厂并不排斥,适于厂情的或技术改造中的关键设备也要买。他们分别从美英日引进了三条生产线和关键设备,这样技术改造的结果,产品质量上去了,生产成本降低了,同时还锻炼出一批技术过硬能打硬仗的队伍。

1991年,该厂被列为《三线企事业单位"八五"调整规划方案》之中,开始了由山沟到南阳的搬迁工作,除山区暂设分厂外,主要生产机构全部搬出。在搬迁中,该厂只用了6000万元,还比原计划的40天提前了5天。拉幅机搬迁后一次试车成功,工人们精细地拆装,忘我地工作,为国家节省了大量资金,被国务院三线办评为搬迁的典型。转入市场经济后,许多工厂的供销人员成了先富起来的人。然而二胶厂的供销公司仍然有一支不计名利、朴实能干的队伍。公司经理是个血气方刚的中年汉子,在二胶厂已工作20多年。他很为他的同事自豪。他说:"我们这80多人长年奔波在祖国各地,只要一说有任务,买张车票就走,出门在外吃住全不讲究,小旅店、小饭馆即可。当然,看到有的单位供销人员拿高奖金,花钱大手大脚,我们也有想法,但我们这支队伍艰苦奋斗的企业精神一直没有丢。"

在二胶厂,一线工人勤恳耐劳,他们很为自己的工厂自豪。迁入南阳后电源不足,对生产有影响,今年春节,工厂决定避开用电高峰照常上班,大家没有怨言,高高兴兴完成了任务。二胶厂的成功,与职工们的精神面貌有重要关系,他们的企业精神从何而来?二胶厂的多数职工都有一段在艰苦环境下创业的历史,他们对工厂有很深的感情,这是很重要的一条。但从干部职工的谈话中,他们十分信赖自己的企业领导,对他们充满信心,也是一条重要原因。

以"全国优秀化工企业领导人"李相权为带头人的领导班子,在工厂中深孚众望。李相权专业知识功底扎实,从企业基层干起,有丰富的实践经验,与二胶厂一起成长,又决定了他有较强的社会责任感和艰苦奋斗干大事业的气魄。

在二胶厂参观,厂房是新的,高水平的设备让行家们眼热,但厂领导的办公室则很普通,他们只是借用了厂科研楼的两层。为工人和科研人员创造最好的工作和生活条件,自己则决不讲排场。春节,工人们加班,李相权和其他领导大年初一的早晨也来到车间,和大家一起工作。

在从计划经济向市场经济的转化中，企业领导人正确的决策是十分重要的。李相权对行业状况、发展趋势、竞争对手的情况都了解甚深，因而有很强的市场驾驭能力。二胶厂的产品转向、技术改造、狠抓质量、开拓市场都渗透着他和领导班子的心血。一个能带领职工沿着正确的航向在市场经济的大潮中拼搏的厂长，自然会得到群众的信赖。当职工看到企业美好前景，个人生活不断得到改善时谁还会不努力工作呢？

【分析】 1.思想性贯穿全篇，反映了化工部第二胶片厂在改革开放的环境下，勇于开拓探索，走出成功之路的业绩。

2.典型意义表现明显，化工部第二胶片厂领导和工人们的好做法，为相关行业提供了事业发展的成功经验。

3.通讯重在写事，作品里的人物都是为写工作服务，该通讯里的人物所表现的是整个集体的工作形象、单位的工作形象，而不是某人的个人形象。

实训练习题

根据新闻写作实践内容，采写一篇2000字以上的工作通讯。

第四节　风貌通讯

一、风貌通讯的概念

风貌通讯是反映一方一地风土人情及社会变化的通讯体裁。

风貌通讯的取材十分广泛，社会生活、人文景观、自然景观等都可入篇。改革开放以来，祖国各地政治、经济、文化发生了诸多变化，乡土民俗、精神面貌焕然一新，旅游业兴旺发达，文化古迹、自然风景备受关注，风貌通讯也焕发出了勃然的生命力。各大传媒竞相开设专栏，反映新气象、新风貌的作品越来越多，大大活跃了社会生活，促进了文化建设事业的发展。

二、风貌通讯的特点

（一）时代的风俗性

无论是揭示发生在身边的“静悄悄的巨变”，还是消遣时的随笔，风貌通讯作者的所作所记，往往透着强烈的时代感。因此，读一篇优秀的风貌通讯就如同打开了一幅社会生活的时代画卷，时代的气息扑面而来。

（二）旅游考察性

风貌通讯的写作方法是对我国古典游观文学的写作方法的继承和发展。记者针对一个主题,着重叙述采访过程中对它的所见所闻所感,既具有浓厚的旅游文学的色彩,但又不乏新闻性。

(三) 知识性和趣味性

风貌通讯报道新发展、新变化,介绍天南海北、宇宙四方的文史知识,描摹自然之美,有助于读者的知识积累,开拓大众的眼界,陶冶人的情操。在风貌通讯《春游燕子洞》中,记者以他人叙说的口吻介绍了"燕窝"这种珍稀营养品的一些基本常识,还以拟人化的语言让我们了解了生产燕窝的"金丝燕"的习性,让人在轻松娱乐地感受燕子洞奇特美景的同时,增加了知识储备。

为了增强文章的知识性和厚重感,写作风貌通讯往往需要适当地穿插一些历史背景、轶闻掌故、民间传说等来增强作品的趣味性。

三、风貌通讯的分类

风貌通讯可从选题内容和写作方式两个角度进行分类。

(一) 从选题内容上划分

从选题内容这个视角上,可以把通讯划分为系列性风貌通讯、综合性风貌通讯和专题性风貌通讯。

1.系列性风貌通讯。系列性风貌通讯是相对于单篇的通讯而言的,系列性风貌通讯是把能够表现一个共同主题的独立单篇组合起来,进行持续报道的一种通讯形式。如 2001 年建党 80 周年前夕,罗开富同志踏访了上海红楼、延安、西柏坡三个革命圣地,以《纪念建党 80 周年革命圣地踏访》为题,在《经济日报》2001 年 5 月 29 日—6 月 23 日作了连续报道,产生了很大反响,被誉为是"我国新闻战线献给党八十岁生日最为厚重、最为精彩的礼物之一"。

2.综合性风貌通讯。这类风貌通讯综合反映某一地区政治、经济、文化等各方面的概貌和变化。

柬埔寨问题是 1993 年国际社会的热点问题,当时联合国正在导演一场西式的柬埔寨民主大选。柬埔寨当时的政治、经济局势究竟如何,联柬机构的工作情况是怎样的,民选是否是一条和平的民族和解之路,光明日报记者李湛军在他的《金边行》(《光明日报》1993 年 5 月 18 日—23 日)中向我们展示了真实的情况,这篇通讯的具体内容可以概括为以下几点:(1)没有游客的航班,说明柬埔寨的总体局势依然危急;(2)金边的超级市民,揭露了联柬机构人员的奢华生活;(3)美元和黄金比柬币更流通,从通货膨胀的角度揭示了金边的畸形经济局势;(4)半是恐怖半是淫乐的金边之夜,通过对比显示了金边人民危急、不正常的生活现状;(5)36 万难民返乡带来的问题,对国际社会广泛关注的柬埔寨难民问题作了近距离的客观介绍;(6)山雨欲来风满楼,描述了金边恶劣的政治环境。

这些全面客观的报道为我们认识当时的柬埔寨问题提供了资料,正如记者所说:"柬埔寨的和平症结,关键还是要排除一切外国势力的影响,让柬埔寨人民自己去解决自己国家的问题。”

3. 专题性风貌通讯。专题性风貌通讯视角专一，聚焦于一方一地特征性的一面作集中报道。如 2003 年《工人日报》组织的“千里风沙小站行”，是继 2002 年“青藏铁路纪行”后的又一次进行式采访活动。该报记者组从新疆东大门哈密出发，深入乌鲁木齐铁路局辖内地处风区、沙漠、风口、戈壁的若干个小站，先后抵达南疆铁路终点喀什和北疆铁路终点阿拉山口，往返路途将近 7000 公里，把笔端和镜头对准边疆少数民族地区，对准一线普通工人，从第一现场发回了一批生动感人的新闻稿件，热情讴歌了小站职工勇于吃苦、甘于寂寞的奉献精神。

（二）从写作形式上划分

从写作形式的视角上可以把风貌通讯划分为见闻式、巡礼式、导游式、特写式和散文式。

1. 见闻式。见闻式风貌通讯是以“见闻”、“散记”的形式呈现给读者。在展示背景知识的基础上，重点写记者的所见、所闻、所感，通过今昔的比较使主题鲜明突出。

【案例】 （节选自斯英的《啊，新唐山》）

十年前，“7·28”大地震灾难降临唐山。我作为一名记者，曾跟随数百名白衣战士组成的上海医疗队奔赴唐山，采写抗震救灾的报道。

我目睹了这场史无前例的毁灭性灾难给唐山留下的一幕幕一渗景，当时心情异常沉重。有些外国通讯社发出这样的报道：“地球上已经见不到唐山了。”我想，作为我国重要能源和材料基地的唐山，难道就不能再从废墟上崛起吗？此后，凡是关于唐山的报道，我都特别留意，总期盼着新唐山早日建成，更想亲自去看她一眼。……

十年前，我也曾登临这地震中唯一安然的凤凰山，俯视那一片废墟的唐山。前后两幅画面强烈对比，难以抑止心潮翻滚。

啊！新唐山，你终于从废墟上挺起！

2. 巡礼式。巡礼式风貌通讯是以巡视时间为线索着重写记者的所见，现场感强。巡礼原为宗教用语，指朝拜圣地，后被借指观光或游览、视察。在新闻报道中，指“走马观花式”的粗线条勾勒，多用于涉及内容多而广的新闻。如《来自南方的回报——“辉煌的五年”成就展地方馆巡礼之三》（《人民日报》1997 年 9 月 16 日）展现出了广东、广西、海南整个华南地区两个文明建设的辉煌业绩。

3. 导游式。导游式风貌通讯是采用边走边看边叙的形式向大众介绍自然景观。如《春游燕子洞》，记者以自己游览燕子洞的线路为线索展开叙述。先是抵达燕子洞，“我与新华社的两名记者，从遍布楼亭庙阁的古城——建水出发，行至 20 公里，来到燕子洞所在地双境村附近下了车。站在公路上，出现在眼前的是……”再是“在绿荫中行走两三分钟，便能看见燕子洞的洞口了”。接下来，“跨进门，走过蜿蜒曲折的石板小道，并可观光胜景——奇特的大溶洞了”。而后，“沿洞厅左侧石阶上去，穿过小洞，经石殿堂，来到了空中游廊——吊脚楼”。记者边走边叙，思路明晰,条理清楚地给我们交代了燕子洞这一令人神往的旅游胜地。

4. 特写式。特写式风貌通讯是用电影中的“特写”手法对某一富于特征的侧面展开叙述。可以将社会的变化、风土人情等更形象地呈现给读者。

5. 散文式。散文式风貌通讯是以散文的写法来写所见所闻,具有较强的文学性和抒情性。如南振中的《鱼水新篇——沂蒙山纪事》。文章以“水”为线索把一些看似不相关的故事串联起来,表现了党和人民的鱼水深情。

四、风貌通讯的采写要求

(一) 勤奋采集

足不出户,闭门造车,是写不出风貌通讯的。采写风貌通讯必须多走多看,用自己的双眼摄取题材。

(二) 展现新变化

无论是按哪种形式来写,风貌通讯在总体特征上要突出一个“变”字。历史知识、背景材料都只是陪衬,写新求变才是核心。在具体描写新景象时,要求针对突出性的特点、变化从多个方面、多个角度作立体式的动态描摹。

(三) 纵横对比

把风貌通讯所要表现的新面貌放在纵深的历史背景中,借助对比,映衬出现实的“新”和“变”,是记者采写风貌通讯时常用的表现手法。被哥伦比亚大学教授、普利策新闻奖委员会权威人物约翰·霍恩伯格认为是“美国新闻写作中不朽的名篇”的《奥斯威辛没有什么新闻》(《纽约时报》1959 年 8 月 31 日)就是以对比来加强新闻效果的典范之作。文章刻写了奥斯威辛今日的美丽,和昔日集中营的恐怖形成了鲜明的对比。当然,和法西斯集中营时期相比,如今平静祥和的奥斯威辛算不上有新闻,作者正是通过“以乐写哀”的笔法达到了“于无声处听惊雷”的新闻效果。

(四) 蕴涵情理

真切自然的抒情,是作品打动人、感染人的一个基本因素,因此,风貌通讯除了以叙事为主,往往还穿插议论、抒情来深化主题,增强作品的感染力。1936 年,日本侵略者已逼近我华北地区,中华民族古老的屏障——长城能否在新时期发挥抵御的作用,在全国人民对这个问题欲知而不可知的情况下,范长江发表了叙说万里长城历史的《从嘉峪关到山海关——北戴河海滨之夜话》(《大公报》1936 年 8 月 29 日至 30 日)。文章开头写到东北军人痛失家乡的惆怅,结尾写了一群青年奋起反抗的吼声,前后呼应,虚实结合,抒情写意巧妙自然,感人至深,发人奋起。

实训练习题

1. 根据所学的知识,对邹韬奋的《华美窗帷的后面》一文进行分析。

华美窗帷的后面[①]

邹韬奋

记者上次曾经谈起伦敦一般居民的住宅，除贫民窟的区域外，都设计得清洁讲究，在马路上就望得见华美的窗帷。但在这华美窗帷的后面究竟怎样，却也不能一概而论。像记者现在所住的这个屋子，从外面看起来，也是沿着一条很清洁平坦的马路和行人道，三层洋房的玲珑雅致，也不殊于这里其他一般的住宅，华美的窗帷也俨然在望，但是这里面的主人却是一个天天在孤独劳苦中挣扎地生活着的六十六岁的老太婆！她的丈夫原做小学教员，三十年前就因为发神经病，一直关在疯人院里，她有两个儿子、一个女儿。大儿子二十岁的时候就送命于世界大战，第二个儿子也因在大战中受了毒气，拖着病也于两年前死去了，女儿嫁给一个做钟表店伙计的男子，勉强过得去。于是这个老太婆就剩着一个孤苦伶仃的光棍。这个屋子她租了二十年，房屋依旧，而前后判若两个世界，她还得做二房东以勉强维持自己的生活，租了六个房客(中国房客就只记者一个)，因租税的繁重，收入仅仅足以勉强糊口，每天要打扫，要替房客整理房间，要替各个房客预备汤水及早餐，整天地看见她忙得什么似的。她每和记者提起她的儿子，就老泪横流，她只知道盲目地哀怨，她的儿子给什么牺牲掉，她当然不知道。处于她这样前后恍然两世的环境中，在意志薄弱的人恐怕有些支持不住，而她却仍能那样勤苦地活下去，我每看到这老太婆的挣扎生活，便觉得增加了不少对付困难环境的勇气。

房客来去当然是不能十分固定的，遇有房客退出，她的租税仍然是要照缴的，于是又增加了她的一种愁虑。记者搬入居住的时候，她再三郑重地说，如果住得久，她要把沙发修好，要换过一个钟，我听了也不在意，第二天偶然移动那张老态龙钟的唯一的大沙发，才知道不仅弹簧七上八下，而且实际仅剩了三个脚，有一个脚是用几块砖头垫着的，至于那个钟，一天到晚永远指着九点半！地上铺着的地毯也患着秃头或癞痢头的毛病。她三番五次地问我住得怎样，提心吊胆怕我搬家。我原是只住几个月，便马马虎虎，叫她放心。至今那张老资格的沙发还是三只脚，那个钟还是一天到晚九点半！她往往忙不过来，索性把我的房间打扫整理暂时取消，我一天到晚忙着自己的事情，没有工夫顾问，也不忍多所顾问。又一次有一位中国朋友来访我，刚巧我不在家，她对这位朋友把我称赞得好得异乎寻常，说她的屋子从来没有租给过中国人，这是第一次，现在才知道中国人这样的。后来这位朋友很惊奇地把这些话告诉我，我笑着说没有别的，就只马虎得好！这几天有个房客退租了，她便着了慌，屡次问我有没有朋友可以介绍(这位老太婆怪顽固，不肯租给妇女，说不愿男女混杂，并说向来不许有“女朋友”来过夜)。在资本主义发达特甚的社会里，最注重的是金钱关系，一分价钱一分货，感情是降到了零度，没得可说的。

我曾经问她为什么不和女儿同住，免得这样孤寂劳苦，她说如果她有钱，尽可

---

① 《韬奋文集》，生活・读书・新知三联书店 1978 年版。

和女儿同住,一切关于她的费用,可由她照付,如今穷得要依靠女婿生活,徒然破坏女儿夫妇间的快乐,所以不愿。在现今社会,金钱往往成为真正情义的障碍物。

附近有个女孩子,十四岁,她的父亲是在煤炭业里做伙计的,平日到义务学校就学,每遇星期六及星期日便来帮这老太婆扫抹楼梯及其他杂务,所得的报酬是吃一顿饭,取得一两个先令,人虽长得好像中国十六七岁的女子那样大,但因贫困的结果,面色黄而苍白,形容枯槁,衣服单薄而破旧,她每次见到记者,便很客气地道早安,我每看到她那样的可怜状态,未尝不暗叹这也是所谓"大英帝国"的一个国民!

当然,记者并不是说这一家"华美窗帷的后面"情形便足以概括一般的情况,不过在社会里的这一类的苦况,很足以引起特殊的注意,尤其是在经济恐慌和失业问题闹得一天紧张一天以后。由此又令我联想到另一件事。前天我在伦敦的一个中国菜馆里请一位朋友同吃晚饭,谈得颇晚,客人渐稀,不久有一个妙龄英国女子进来,坐在另一桌上,金发碧眼,笑靥迎人,沉静而端庄,装束也颇朴素而淡雅,从表面看去,似乎无从疑心她不是"良家妇女",但这位朋友却知道她的身世凄凉,因受经济压迫而不得不以"皮肉"做"生产工具"。我为好奇心所动,就请认识她的这位朋友把她请过来,请她同吃一顿饭,乘便详询她的身世,才知道她的父亲也是参加世界大战而送命的,母亲再嫁,她自己入中学两年后,便因经济关系而离校自食其力,在一个药房里的药剂师处当助手,做了两年,对此业颇具经验,但后来因受不景气的影响,便失业了;忍了许多时候的苦,才在一个商店里找到一个包裹货物的职务,小心谨慎地干着,不久又因经济恐慌而被裁,于是便加入失业队伍里面去了,多方设法,无路可走,除求死以外,只得干不愿干的事情。她此时虽在干不愿的事情,但因青春美貌还能动人,所以对"男朋友"还能作严格的选择。我说青春易逝,美貌不留,不可不作将来打算,不择人而嫁,便须极力寻业,她说嫁人不能随便在街上拉一个,很不容易,寻业已想尽办法,无可奈何,并说比她更苦的女子还多着哩。有不少女子终夜在街上立着候人,直到天亮无所获而垂头丧气,甚至涕泪交流的,所在多有。据记者所见,她的话并非虚伪,平日我夜里十点后总不出外,最近因参观几个大规模报馆,往往深夜始归。那样迟的时候,公共汽车及地道车都没有了,汽车(taxi)又贵得厉害,只得跑腿。上月三十日夜里参观泰晤士报馆(The Times),走过日间很热闹的大街叫做 Caring Cross 的时候,已在夜里两点钟后,果见两旁行人道上每隔几家店门便有女子直立着等候什么似的,因怕警察干涉,仅敢对你做媚眼,或轻声低语,这类"站班小姐"大概都比较的年大而貌不扬,找不到"男朋友",只有"站班"的资格了!

(1933 年 11 月 8 日晚,伦敦)

2. 根据风貌通讯的特点和写作要求,采写一篇不少于 2000 字的风貌通讯。

第五节 专　访

一、人物专访的概念

人物专访又称人物访问记。人物专访是记者请新闻人物就专门性的问题进行解答的一种方式，是记者带着目的对有关人士进行专门的采访，经常是一种以特别强调的方式获取独家新闻的手段。是以记者同人物的谈话为主取得直接材料并穿插背景材料而成的一种特殊通讯。它比一般报道要详细而生动。

人物专访的两个重要因素是采访对象和记者。

人物专访的特点在一个“专”字，重点在一个“访”字。

人物专访新闻既适用于报纸，也适用于广播电视，还适用于网络。

人物专访既强调新闻性、政治性，又要强调其可读性。相对于其他新闻形式，人物专访可读性具有亲和力。因此，为受众所喜闻乐见。

人物专访的写作不能流于平淡，所写人物要有鲜明的特点。如果读者看完后能记住这个人物，并与其他人物区分开来，就可以说这是一篇成功的人物专访。而鲜明的人物、典型的事例、生动的细节都取决于采访的成功与否。

记者与被采访者的交谈沟通是最重要的一个途径。采得好、采得细，对人物就有较为深刻的了解和认识，就能够把握人物的性格特征，从而发现人物的闪光点和与众不同之处，才能更加准确地提炼主题，让读者想看、爱看，觉得可信、可亲、可学。采访失败，就是再精心运作，也写不好。

人物专访的对象是那些读者广泛关注的新闻人物，包括有突出贡献的专家、活跃在社会各界的风云人物、重大新闻事件的当事人或知情人员、社会知名人士、各个战线的突出人物等。记者往往选择新闻人物最能引起读者兴趣的一个方面来展示人物，因此它比人物消息要详细，但不像人物通讯那么全面。如《伟哉共产党追随幸有缘——访陶峙岳将军》(新华社 1982 年 10 月 20 日)集中叙述了性格清高，以“君子矜而不争，群而不党”为训的陶峙岳将军戎马一生，还在垂暮之年要求加入共产党的事情。《马年，他们将快马加鞭》(云南人民广播电台 2002 年 2 月 19 日)在新年伊始，通过访问云南省省级机关的一些高级官员，报道了在新的一年里，他们的工作计划和目标。

二、人物专访的特点

(一) 针对性

人物专访的针对性在访问对象、访问场所、访问内容等方面都有体现。被采访的人物是已确定的，不是临时抓来的或是记者在现场偶然遇到的、看到的；人物通讯的采访场所常常是特别选定的。

在实际采访中,确定一个有利于深入了解采访对象的场所和环境对记者来说是一件很重要的事情。《羊城晚报》记者吴其琅如果不亲自到秦怡的家中去采访,就看不到这位著名老演员生活的清贫,也无法了解她的家庭生活的多灾多难和她性格的坚毅,不能明白她是在怎样一种情况下去开创影视事业的辉煌,也就没有那篇感人至深的人物专访《衣带渐宽终不悔》。

人物专访的选题和访谈内容也具有很强的预定性。针对社会上的热点事件、热点人物,从大众感兴趣的视角设定问题,拟定采访计划和访谈提纲。在采访中,尽量控制谈话方向,引导被访问者围绕记者要表现的主题展开谈话,这样才可能创作出一篇有特色的专访文章。

(二) 访谈性

人物专访写作,重视访问过程和访问现场的描摹。因此,无论记者是否出场,我们总能感受到他与被访问者之间娓娓而谈的对话关系。

(三) 专题性

人物专访要侧重于访问对象最具有新闻价值的某一个方面,集中表现他在这一方面人性化的精神和思想,交代一些公众非常感兴趣的话题,因此,这种通讯体裁表现出突出的专题性质。

(四) 纪实性

专访的内容以记言为主,不管是直接引用还是间接引用被访者的语言,都应该尽量贴近人物的本来意思。但这并不是说,专访只能像谈话记录一样忠于一问一答的具体叙述。作为通讯体裁的专访必然要具备通讯的基本特点,即新闻性、文学性、评论性,因此,抒情等文学化的处理方式在人物专访中也时有体现。

三、人物专访的结构形式

(一) 问答式

问答式是人物专访最常见的结构形式。意大利女记者法拉奇的人物专访是对话实录型的。那是难度较大、对象较特殊、记者充分发挥主动性和进攻精神的专访。对话实录并非是简单容易的,而是有着更高的要求。

下面就以法拉奇的《约旦的侯赛因》为例,体会问答式人物专访的难度及其对于记者的要求:

约旦的侯赛因(节选)

法:陛下,有智慧也不行,您的情况就证明了这一点。陛下,前面您跟我谈了美好的设想,我想用一个很现实的问题回答您:您从来也没有感到过厌烦吗?没有做过比较实际的梦吗?也就是说,让一切都去见鬼吧,还是隐退去过平静的生活吧。

侯:有过……我想是有过的。干我这种职业的人,也有认真考虑的日子。早晨醒来对自己说："够了……每天早晨都面临进退两难的选择：是否还继续下去？我每天早晨都是自言自语地作出决定：继续下去应该继续下去。"您瞧，我不是生来就当国王的。少年时期，我当国王的前景还很遥远，因为我知道祖父死后，王位要由父亲继承。那时我考虑为自己选择一个职业。当律师还是飞行员，我拿不定主意。要是大家对法律的看法同我对法律的看法一样，那么学习法律是件美事。再说，学习法律就意味着对一切都要问个为什么。我知道，我会成为一个出色的律师。玩弄公平与不公平的辩证法，有理和无理的辩证法……是的，这要比当飞行员更好些，尽管驾驶飞机是我强烈的爱好，我喜爱辽阔的天空和飞行技术……我驾驶飞机时，从不允许副手进行操作。可是我的祖父死得那样早……我的父亲又得了病，于是就轮到我当国王了。那时我才 17 岁，那么年轻，很年轻，太年轻了。要知道，这对我是多么艰难啊！当时我什么也不懂，常出差错，出差错……我错了多少年！我很晚才学会。

法：陛下，您学会以后，喜欢它吗？陛下，更进一步说，让我们把问题提得更尖锐和更坦率些，事到如今，您认为当国王值得吗？

侯：这是多么令人窘迫的难题呀！我已告诉您，这个职业不是我自己选择的，要是有可能选择的话，也许我不会选择它。如果说，当国家元首是有期徒刑的话，那么，当国王是被判处无期徒刑。但我不应该对自己提喜欢不喜欢的问题，而是应该对自己提出即使不喜欢也要干的问题。做任何工作都会有感到疲倦和厌恶的日子。要是我们屈服于这样的情绪，我们就会成为见异思迁的人，不断地更换工作，其结果必将一事无成。不能那样，只要我国人民需要我，换句话说，只要我还活在需要我的人民之中，我绝不放弃国王的职业。我对别人起誓之前，早已对自己起过誓。请相信，这不仅是个自尊心的问题，而且还因为我热爱我们这片国土。我认为，抛弃这片国土去蔚蓝的地中海海滨隐居，是卑鄙的行为，是背叛。所以我要留下来，不管值不值得，不管需要付出什么代价。我准备对付任何人，对付任何企图把我赶走的人。

（1972 年 4 月于安曼）

（二）散文式

散文式专访，形式灵活，除了记述人物言论，常常还描绘人物形象，提供必要的相关背景知识。有时，刻画现场情况，会杂以作者的抒情和评论。

【案例】（载于《长沙晚报》1997 年 11 月 23 日，作者：李应宗）

丁聪不老

10 月小阳春的和煦阳光，洒满城市的每一个角落，颇有"春暖"的感觉。当我们在枫林宾馆拜访著名漫画家丁聪时，更有"如沐春风"的体会。一见面丁老急忙让座，他的夫人沈大姐为我们沏上从杭州带来的龙井茶。

话题自然是从丁老的健康谈起。

丁老 1916 年在上海出生，今年已是 81 岁的老翁，却依然拥有一头真实的黑发,面色红润。我问丁老:“您的养生之道是什么,以致八十不老?”

丁老乐呵呵地笑着说:“这个,真是有劳了我这位‘饲养员’!”说着用手指指夫人沈大姐。一句话说得大家哄堂大笑。

在家里,沈大姐是名副其实的“家长”,里里外外忙个不停。特别是画展期间,丁老因身体不适住院,沈大姐家里——画展——病房轮着转,硬是办到画展圆满结束。

我们像一家人似的聊着。我又问及丁老有何爱好,丁老朗声笑道:“既不养猫,也不喂鸟。”沈大姐插话说:“我也只种点草,容易伺候的。可他还要加上一个‘毒’字哩!”丁老接话介绍:沈同志栽的是仙人掌类植物,浑身有刺。他幽默地补充说:“凡属有刺的,当然都是‘毒草’嘛。”房间里的人似乎都心领神会,相视大笑。

从50年前我年轻时起,就知道丁聪已是著名漫画家。抗日战争时期,他的讽刺漫画影响深远。1945年,讽刺国民党政府官员贪污腐败的《五子登科》,以及不许老百姓说话的《“良民”塑像》,都给人留下极深刻的印象。他曾长时间从事多种画报的编辑和舞台美术设计。新中国成立后,曾任《人民画报》社副总编辑。1957年以后,由于“众所周知的原因”而中断了他的创作,直到20多年后的1979年,才又重新创作讽刺漫画。

其时,“小丁”早已是花甲老人,然而,他竟真正来了个“青春焕发”,不断有新作问世。1980年后,出版了《〈阿Q正传〉插画》、《丁聪漫画系列》、《古趣图》、《今趣图》等等,新近又推出了《绘图双百喻》。这本书系陈四益先生写文,丁聪作画,原是《读书》杂志每期都登的图文,为该书作《序》的有王蒙、严文井、王朝闻、方成4位。此书虽系以古文形式写成,却句句道着今事,难怪读者如潮。

当我拿出《中国当代漫画家辞典》请丁老签名时,丁老笑着说:“你别看这《辞典》上有我的名字,这只是挂个名哩。也别看我总是第一,因为这个‘丁’字笔画最少嘛!”他一边说着,一边在书上题字。写完我一看,他还真写上了“挂名顾问丁聪”呢。大家都说丁老太谦虚了。接着,我们又谈到怎样才幽默、如何才能引人发笑。丁老笑嘻嘻地说:“一个清正廉洁的官员作报告讲反腐败,人们觉得正常,不可笑;如果一个贪污受贿的人在台上大讲其反腐败,便产生了令人发笑的效果。但是,仅仅令人发笑是浅薄的,真正的幽默,是让人笑过之后要思考,想过之后要叹息,甚至要哭。幽默与讽刺,必须在笑声中藏着善意的机锋,去刺破恶,而且化解恶,这样才算是成功的。”

谈及丁老的笔名“小丁”,丁老的介绍是:小丁,简单好记、易写,国民党时期,不是成天抓壮丁吗?小丁,表示不是“壮丁”,是一个小男丁,亦即小人物之意。谈笑间,尽管丁老如一个小字辈一般欢快、活跃,我们还是尊称“丁老”,因为,怎么说也是面对一位80高龄的长者。

丁老绝无龙钟老态,更没有垂暮之年的情绪。他的创作是那么丰厚,当然是与他的生活积累和形象积累及至技巧磨炼有关,那种炉火纯青的境界,并不是谁都能达到的。

【分析】 这篇专访从外表来看，虽说在标题上没有“访”的字样，也没有打出“专访”的栏目，但这是一篇实实在在的人物专访，写作方式就是散文式的。

（三）自述式

作者先交代人物的基本情况，然后由人物自己来完成对自身的表述。

如《李云飞：快乐的本质在于过程》（《北京青年报》2002年3月14日）在记者作了“人物背景”和“人物印象”的简单介绍后，通过“人物自述”的形式把他的理想、事业方向、未来的奋斗目标等展示给读者。这种写法前后互相印证，即记者介绍部分和新闻人物自叙部分互为佐证，使文章成为一个有机整体。用人物自述的方式使文章的语言表述更加切实可信。

四、人物专访的写作要求

（一）重视谈话的纪实性

人物专访的语言是纪实性的，因此它很能体现作者的语言驾驭能力。在人物专访中引用采访对象的表述，要尽量追求原汁原味；歪曲、篡改采访对象的本意，即便文章写得再怎么生动，也失去了它的新闻意义。

（二）专访的语言

要能体现采访对象的个性特点，尤其是问答形式、自述形式的专访中，能够突出人物特征的最重要的就是他的语言风格，是机智幽默，是忧虑深邃，还是温柔婉转，在作者的笔下应该要有所体现。

（三）再现访谈场景

访谈场景的再现，语言不必多，抓住有利于烘托氛围、增强感染力的有效因素，给人以身临其境的现场感。

（四）刻画生动的细节

如《访“文摊”作家赵树理》中，作者李普抓住赵树理的典型容貌——“剃着光头，穿着青色的中式对襟衣服，衣领敞开着”，“第一个纽扣是照例不扣的”，“脸色黄中透黑，表情很朴素，很忠厚善良，看起来也像一般农民那样，似乎并不聪明”这样一些生动的细节把人物描绘得如在眼前一样的真切，有效地避免了一般人物专访枯燥、干瘪的语体风格。

实训练习题

复习所学的知识点，采写一篇人物专访。

第七章　新闻特写写作

第一节　对特写的认识

一、新闻特写的概念

特写是电影镜头语言中的表现手法，有意将所要表现的画面进行放大，给予一定时间的展示。

新闻特写是一种以描写为主要手段，截取新闻事实中最富有特征的片断和细节，做形象性的再现与放大的新闻体裁，一般是对新闻事件、新闻人物最具典型性的细节、片断，采用"放大"或"慢镜头"再现的方法做集中表现。

新闻特写是区别于消息与通讯的一种新闻体裁，它兼具消息和通讯的某些特征，比如在报道的具体、细致方面，与通讯比较接近，却比通讯更集中、精练；而在报道的及时、迅速方面则与消息相同，却比消息更形象、生动。所以，特写被誉为"艺术品"。

威廉姆·瑞维尔和谢利·斯莫尔认为，特写不仅仅是提供新闻事实，更重要的是为了吸引大家的兴趣，"特写报道注重于通过写作风格、优雅的文字以及幽默感来向读者提供一种阅读体验，而不是以提供重要信息为目的"。

近年来，媒体之间竞争激烈，为弥补与广播电视新闻在时效性上的差距，报纸新闻在事件的纵深化和精细化上做文章，把新闻事件最富价值的部分进行放大，或者放慢节奏加以详细刻画，以满足读者品味细节的需求，以此来提高报纸与广播电视的抗衡能力，新闻特写这种文体也就愈加活跃起来。

二、新闻特写的特点

除了新闻作品的共性(真实性、公开性和时效性)以外，特写还具有以下特点。

(一) 截取横断面

新闻特写无需反映人物或事件的全貌，只需抓住人物或场景中最富有特征的细节加以认真描绘，将某一部分加以充分展示，给读者以立体感。

(二) 评论性

新闻特写中，作者可以适当融进自己的感受和评价，使读者对事实的认识得以升华。如《梦碎雅典》的最后一节"奥蒂以永不向厄运低头的勇气证明什么是奥林匹克精神。她的世界百米冠军梦虽然没有实现，但在世人心中，奥蒂何尝不是英雄?!"这是一句点题的话，是作者直接站出来发表的评论。

（三）文学性

在保证事件的真实、客观的前提下，特写可以运用文学手法描写景物、场面和人物形象。

对人物的描写，多用白描，重点突出人物的内在性格，揭示内心世界；对于场景，则常常抓住有特点的细节进行具体、形象的描写，为表现主题服务。

（四）结构的灵活性

特写的结构体现为"文无定法"，变化无穷。作者对其他文体，尤其是文学文体掌握得越多，对其他文体写作手法越熟练，特写写起来就越得心应手。

（五）以小见大

新闻特写在立意上最突出的特点是"以小见大"，也就是用新闻事实的某一特征来突出新闻事实的价值意义，从而表达传播主题，用一定的精神风貌、情感情调为受众提供有价值的信息，或感染读者。

三、案例分析

【案例】

特殊的捐赠

子彬昌

下午3点刚过，门厅接待捐款的刘云杰老师告诉我："王镜师傅又来了！"

在场的人心里都一阵高兴，我撂下手头工作赶忙走到前厅："大冷的天，这么远您怎么来了?"我问。他迎过来，右手拿着200块钱一扬："这不，我把这钱捐了。"王镜——就是那位住在北京黄杉木店周转房、捡破烂向希望工程和其他社会福利事业捐款万元的退休老工人。今天出现在我眼前的王镜老人，无论从脸色上，还是穿着上，都和以往来时大不一样了：他的脸黑中透出红润，而且胖了；身穿黑色棉外套、土黄色新工作罩裤，足下一双黑色包头胶底棉鞋，显得干净利落。我请老人坐下，没等我问寒问暖，他就满脸堆笑地说："这不，人家知道我困难，给我寄来200块钱，好人哪！我怎么能要人家的钱呢?"我接过话茬："您节衣缩食，捡破烂把1万元都捐了，这200块钱人家给您，您留下用也是应该的。"老人立即反驳道："不能！无论如何我也不能要。人家一片好心。退休费我足够用了，还是捐给希望工程，给贫困山区办教育吧。"说着，他转过脸对刘老师说："你一定要写人家的名字，我把收据给他寄去，好好谢谢人家。这情我领了。""我琢磨，退回去也太不近人情。可我又不能要，还是给希望工程，顶好！"我一边聆听，一边凑过去接过老人手中的一个信封，那上面写着：河南洛阳一拖公司油泵厂安环科高防。我明白了，这200块钱就是素不相识的高防同志看了《中国青年报》1994年12月19日刊登的《黄杉木店陋室铭》后汇给王镜老人的。

这就是数天前发生在北京北新桥香饵胡同3号——希望工程北京捐助中心捐款大厅的一幕动人情景。

【分析】 1. 文章选取了发生在北京北新桥香饵胡同3号——希望工程北京捐助中心捐款大厅的一幕动人情景，将王镜师傅捐钱的事迹立体化地展现出来。

2. 文章构思精巧，结构自然，开头和结尾寥寥几笔，中间展开部分凝练。

3. 新闻性、文学性并举，叙述、对话、白描、议论并用，自然朴实，没有斧凿痕迹。

第二节 新闻特写在文本上同消息和通讯的差异

新闻特写虽然以它独立的文体呈现在新闻报道中，但是跟新闻消息和新闻通讯有着相近性。20世纪50年代，关于特写，就有过概念界定之争。人们一方面承认它的存在，一方面又对其归宿感到困惑。早期把它归入“通讯”之中，1991年“中国新闻奖”取消“特写”后，新闻界又区别出“新闻特写”和“特写新闻”，把“特写新闻”归入“消息”类，有的直接称之为“特写消息”，“新闻特写”或另立门户，或仍归属“通讯”。

新闻特写不容易独立出来的原因是，在中国早期的新闻报道两分体系中，从新闻报道的角度讲，大多数新闻特写来源于新闻事实的现场，用消息报道的方式及时快捷地报道出来，它的新闻传播时效性价值与消息相同，因而也采用消息文本的“讯头”形式，乍一看是消息文本。从文本表现形态讲，它大多没有“倒金字塔式”的程式化导语。结构也较灵活，特别注重场面、细节等的描写，这与通讯的表现形态很相似。正是新闻特写的这种似消息又不同于消息文本，似通讯又有别于通讯文本，才显示出了它的独特文本表现形态品质。因此我们有必要将特写分辨清楚。

一、新闻特写与消息在文本上的异同

（一）新闻特写与消息的相同点

两者都是对新闻事实及时、简明的报道，有“讯头”体现时效，篇幅短小，简洁明快。

（二）新闻特写与消息的不同点

这种差别正是新闻特写的独特性之“特”。

1. 从文章的意义构成看，消息文本以传播事实为目的，对受众的影响主要是告知，其意义一般而言是事实蕴涵的意义；特写文本也有传播事实有关信息的目的，但它对受众的影响主要是感染，其主体情感意识比较突出，一般而言文本表现出鲜明的主题意义。

2. 从文本的新闻事实构成看，新闻特写不像消息那样以事实的正面、整体构成新闻事实，而是以事实中最富有特征和表现力的侧面、片断形成新闻事实，将特别的东西突出出来。

同样写事，消息文本重在写事件的发生和发展过程，起始因果，而特写则只是横截出一个或几个场面片段，或用情节、场面、细节构成一个情景故事。

3. 从文本表现形态看，消息文本结构比较程式化，特写文本比较自由；消息文本主要以叙述（概述）方式陈述事实，特写文本主要以细叙与描写结合表现事实；消息文本的语言比较抽象、理性，特写文本的语言则形象、动情。

【案例】（新华社 1997 年 8 月 3 日电文）

梦碎雅典

杨　明　马小林

奥蒂又输了，这次依然输给了坏运气。

这位 37 岁的牙买加老将具备夺取世界百米冠军的实力已达 17 年之久，运气却从来没有降临到她的头上。当奥蒂闪着泪花走出第六届世界田径锦标赛赛场时，她追求了一生的梦想化作一场噩梦。

奥蒂已经赢得过 20 多枚世界大赛银牌和铜牌，参加过 5 届世界锦标赛，但还从来没有赢得过一次百米冠军。没有任何一个田径选手的付出比奥蒂更多，没有任何一个女子田径短跑选手能在 37 岁的"高龄"依然在世界赛场上奔跑，也没有任何一个世界名将遭遇到比奥蒂更多的莫明其妙的不幸。

这次大赛前，她以 10 秒 96 的成绩排名今年世界第三。奥运会冠军德弗斯和世界冠军托伦斯的缺席，给了奥蒂一次绝好，也是最后一次竞争世界短跑女皇的机会。

经过三轮出色的表现，奥蒂最终站到决赛起跑线前，观众送给她的掌声和欢呼声超过了所有其他选手。她太珍惜这次机会了，这是她人生最关键的一次搏击，就像剑手要毕其全部功力于一击。

奥蒂蹲下了，全场静默着。发令员举起手臂。反常的两声枪响预示着有人抢跑。所有人跑出后都停了下来，只有奥蒂没有听出是犯规的枪声。这对于比赛经验最丰富的奥蒂来说，似乎是不可思议。

起跑通常不好的奥蒂这次飞身领先，她像旋风般地掠过跑道，人们惊呆了。孤独的奥蒂一人奔跑在赛场上，转瞬之间，她已经跑过 80 米！

在全场观众的惊呼声中奥蒂停了下来。她意识到发生了什么。此时，全场再次静默得反常。在这片静默中，面无表情的奥蒂转身在跑道上慢慢地一步、一步地走着……

人们想起在 1993 年的世界锦标赛百米决赛中，奥蒂和美国的德弗斯同时撞线，成绩虽然都是 10 秒 82，但金牌却被莫明其妙地判给了对方。站在银牌领奖台上的奥蒂的那双泪眼给世界留下了难忘的印象。

在1996年奥运会的百米决赛上，历史居然惊人地类似，奥蒂又是在同样的情况下输给了德弗斯。

去年底，疲惫的奥蒂终于决定退役，捧着20多枚在世界大赛上夺得的银牌和铜牌，心怀不甘的奥蒂宣布自己将转做时装设计师。当时，世界上所有的田径爱好者都将深深的敬意送给这位不是世界百米冠军的“女皇”。

奥蒂沉重地走着，一步一个坎，一步一个艰辛。那条百米跑道浓缩了她20多年的运动生涯，全场观众以静默表示着他们深深的同情。

出乎所有人的意料，奥蒂没有发脾气，没有沮丧，她的脸上现出坚毅的表情。

她再一次蹲下，再一次使出毕生力量去拼搏，但结局是大家可以预料的(仅获第七名)。

奥蒂以永不服输的精神感动着观众。她的世界百米冠军梦虽然没有实现，但在世人心中，奥蒂何尝不英雄！

【分析】 1. 文中不是简单告事，而是通过事件刻画人物的性格，报道中展现的是有血有肉的奥蒂人物形象，这个人物是感人的。

2. 报道中关于场景的描写，在消息里一般是找不到的。

3. 结构自由，不仅仅是“导语”、“背景”、“主体”、“结尾”这种简单排列。

4. 本文没有写奥蒂的整个情况，只是表现了她一个特殊场面环境下的一个侧面、一个断面。

二、新闻特写与通讯在文本上的异同

(一) 新闻特写和通讯的相同点

1. 两者写作主体的思想情感倾向都具鲜明性。

2. 两者都不要求模式化的结构程式，且它们的行文自由灵活。

3. 两者都注重情节、场面和细节等在新闻事实构成中的突出地位。

4. 两者都善于运用描写等形象化的叙事手法。

(二) 新闻特写和通讯的不同点

1. 从文本的意义构成看。

一是新闻特写的着眼点比通讯小，没有通讯的主题意义广泛和深刻。

二是新闻特写文本虽然偶尔也用直接议论来表现主题意义，但没有通讯文本普遍。大多数新闻特写主要靠所描写的对象的典型性体现出意义，在叙述与描写中倾注情感。

2. 从文本的内容构成看。

一是新闻特写只是选取全过程中最富特征的片断、场景作为其构成内容，而通讯以新闻事件发生、发展的全过程为构成内容。

二是新闻特写所表现的是新闻事物的“横断面”，对新闻事实的表现是“点”状的，它的力用于一点，因此对报道的对象比通讯更为集中、更为细腻，写人物也总是集中刻画人物的某一侧面，以一滴水映出太阳光辉的方式表现人物；通讯对新闻事实的表现是“线”形的，它的力相对分散，写人物总是通过多方面进行刻画。

3. 从文本的表现形态看。

特写文本与通讯文本大同小异。“大同”是两者都没有消息文本那样相对固定的结构程式，结构比较自由，善于形象化、立体化地表现事实，表现手法灵活。“小异”在于：相比较而言，特写文本的内容比较单一，一般来说其结构逻辑服从事理逻辑，如场面构成、动态过程等，表现形式和形态也就比通讯文本要简短一些。

4. 从表现方法方面看。

特写的主要手法是工笔、白描、泼墨相结合的手法。虽然也有简单叙述，有时也用议论手法，但它与通讯相比，表现手法要单一得多，不像通讯文本那样往往调动各种表现手法来全面地表现新闻事实，而它主要采用工笔为主、白描为辅的手法，对所要报道的事物、人物或景物进行精心刻画，再现新闻现场的具体情景。

【案例】（载于1981年7月27日《体育报》）

邹振先惊人的一跳

《体育报》记者

本报讯 22日晚10时许，布加勒斯特华灯初上。“八·二三”体育场四周看台上观众的视线，一齐随着水银灯的光束，投向三级跳远的沙坑。“哗……”一阵雷鸣般的掌声，电子记分牌上显示出中国运动员邹振先的成绩：17.32米！一位站在沙坑旁久久注视着邹振先比赛的英国教练对记者说：“近年来，世界上能跳过17米的运动员是极少的。一向被认为世界高水平比赛的美苏田径对抗赛，今年也只跳过17.18米。邹是非常杰出的。”

领奖结束，邹振先刚走出赛场，一位罗马尼亚姑娘立即跑过去热情地在他的脸颊上吻了一下，并用中国话说：“这是按罗马尼亚的方式向你祝贺。”这时，国际田径联合会主席鲍伦也从看台上走下来同他热情握手，并带着一种年迈者特有的激情对记者说：“我至少亲眼看过四次邹的表演，这次是惊人的。不仅最后一跳的记录，整个17米的过程都是难忘的。这个成绩即使在1984年的洛杉矶奥运会上，也会赢得胜利！”

【分析】 1. 这篇文章仅400字左右，无法跟通讯的篇幅作比较。最短的通讯也在800字左右。

2. 文章容量小，只用了“掌声”和“记分显示牌”两个细节显示，“英国教练对记者”、“一位罗马尼亚姑娘”与“国际联合会主席”的活动，将比赛的情况做了横切，给人们以深刻的印象。这在通讯中，只不过是个极小的插曲。

三、中国特写与西方特写（特稿）

“特写”、“特稿”在中西方新闻界都是内涵和外延很游移的概念。大体上说，作为新闻领域的“特写”和“特稿”，人们有如下一些认知。

（一）中国新闻界的“特写”和“特稿”

中国新闻界的“特写”有两种含义。

一是指一种特定的新闻文体，惯称为“新闻特写”，通常情况下使用“特写”概念指的是新闻特写。《辞海》(1979年版)解释“特写”说：“新闻体裁的一种，要求生动地、形象地描绘新闻事件中富有特征的片断，使读者获得较深刻的印象，要求真实、及时。”《中国大百科全书·新闻出版》(1990年版)对“新闻特写”界定说：“新闻特写就是借鉴电视镜头的手法，把新闻事件中最有典型意义、最生动感人的部分加以放大，着意描绘，让人们看到细节，从而获得鲜明而深刻的印象。”

二是指在广泛意义下使用“特写”概念，既包括上述特定的新闻文体，又包括特定的、特别的新闻报道，如“两会特写”、“周末大特写”等，这种含义下与中国的“特稿”的第二种概念意义相同。

中国的“特稿”也有两种含义。“新闻特稿，既指‘有组织性报道’的一种形式，也是一种新闻体裁。它泛指各种新闻媒介中的特约稿件。这类稿件，是因新闻媒介在传播新闻信息的总体布局需要或特定的各种背景的需要，为反映传媒总体要求或特定导向意图而组织写作的新闻稿件。它有别于一般的纯告知性新闻报道，也不同于一般的‘言论’或文章，而是有针对性、有特别视角，并对某一专门问题进行较系统、较充分解释的新闻体裁。”

（二）西方新闻界的“特写”和“特稿”

西方新闻界的“特写”(feature)，又称“特稿”。西方传统的新闻学中，特写(特稿)的界定相当宽泛，习惯上指除了纯新闻和评论之外的所有新闻文体。它对题材没有限制，写法自由灵活，追求以人情味、趣味性引起人们兴趣的传播效果。

在当代西方新闻传播中，特写(特稿)的内涵和外延发生了一些变化。“20世纪60年代以前，特写(特稿)是专门用来娱乐读者、平衡严肃新闻的消遣性报道，它与新闻有着严格的区别。但随着电子传播工具的发展，由于广播、电视的压力，迫使报刊逐渐强化了特写(特稿)。于是纯新闻与特写(特稿)之间泾渭分明的界限越来越模糊，两者有了交叉，如出现了特写化新闻(featerized news)与新闻性特写(news feature)，时至今日，人们已经无法将纯新闻与特写(特稿)区分开来了。”①

大抵上说，西方当代新闻界的特写(特稿)有两种情况：

一种情况是新闻性的特写，它“通常指报纸上篇幅较长的某类稿件，这类稿件没有正规的新闻导语，写的是有关某人、某机关的一桩新闻事件或某一政治事件或社会事件”②，大致相当于中国新闻界说的“新闻特写”。如合众国际社记者采写的人物特写《快乐的巨人》③，以第八届亚运会上穆铁柱的场上情景来表现他的性格

---

① 李法宝：《新闻写作的艺术与技巧》，中山大学出版社2005年版，第293页。

② [美]阿伦森：《新闻采访与写作》，新华出版社1985年版。

③ 雎岩：《西方记者报道中国作品评介》，新华出版社1985年版。

特点。文中也穿插介绍了穆铁柱的一些生活情况，但主要是用他在运动场上的表现突出他温和、善良的性格，用观众对他的欢呼、笑声和他的球艺，以及他轻松、温和而有趣味的举动，体现出这个巨人的快乐。文本的内容构成和表现形态与我们前面所举中国记者采写的人物特写《梦碎雅典》属同一类型。

另一种情况是文学化的特写（特稿），这类特写（特稿）是当代西方狭义的"特稿"概念。这类特稿善于用讲故事来提供信息，用小说的情节化和戏剧性矛盾冲突来表现现实生活中真实的事件，具有高度的文学性和原创性。普利策奖委员会1979年设立特稿奖，"主要考虑的是高度的文学品质和原创性"。乔恩·富兰克林的《凯利太太的"妖怪"》获得首届普利策特稿奖，它将悬念式故事情节、细节描写、人物个性化的表现融为一体，兼有文学与新闻叙事特点，使其成为这类特稿的典范之作。

第三节　新闻特写的分类

一、人物特写

人物特写以人物为特写对象，要求绘声绘色地再现人物的某种行为或行动，并透视其思想境界；或者是通过对人物活动的展示，揭示人物活动的社会环境，以此来解释人物行为的时代依据，折射出整个时代的特征。

【案例】（载于1982年11月25日《光明日报》）

"飞天"凌空

——跳水姑娘吕伟夺魁记

夏浩然　樊云芳

她站在10米高台的前沿，沉静自若，风度优雅。白云似在她的头顶飘浮，飞鸟掠过她的身旁。这是达卡多拉游泳场的8000名观众一齐翘首而望，屏声敛息的一刹那。

轻舒双臂，向上高举，只见吕伟轻轻一蹬，就向空中飞去。有一瞬间，她那修长美妙的身体犹如被空中托住了，衬着蓝天白云，酷似敦煌壁画中凌空翔舞的"飞天"。

紧接着，是向前翻腾一周半，同时伴随着旋风般的空中转体三周，动作疾如流星，又潇洒自如，一秒七的时间对她似乎特别慷慨，让她从容不迫地展开身体优美的线条：从前伸的手指，一直延续到绷直的足尖。

还没等观众从眼花缭乱中反应过来，她已经又展开身体，笔直地像轻盈的箭，"哧"地插入碧波之中，几股白色的气泡拥抱了这位自天而降的"仙女"，四面水花悄然不惊。

“妙！妙极了！”站在我们旁边的一名外国记者跳了起来，这时，整个游泳场都沸腾了。如梦初醒的观众用震耳欲聋的掌声和欢呼声，来向他们喜爱的运动员表达澎湃的激情。

吕伟精彩的表演，将游泳场的气氛推向了高潮。她的这个动作五一三六，从裁判手里得到了九点五分。

这位年方16的中国姑娘，赢得了金牌。

她的娇小苗条的女伴，17岁的周继红，以接近的分数赢得了银牌。

当一个印度观众了解到这两个姑娘是中国跳水集训队中最年轻的新秀时，惊讶不已。他说：“了不起，你们中国的人才太多了！”

二、事件特写

事件特写既可以描写一个独立事件，也可以对新闻事件最引人注目的局部或细节进行生动的描绘。事件特写也注重对左右事件发展的主要人物做精细的刻画，如1945年国共谈判之际，毛主席为争取和平，从延安抵达重庆。对这一事件的报道，《大公报》记者彭子冈的特写《毛泽东先生到重庆》就不但有事实报道和细节再现，而且还生动、准确地刻画了毛泽东的形象。

【案例】（载于2007年10月14日《人民日报》）

出席十七大的38个代表团全部报到

本报北京10月13日电（记者 **王明峰 禹伟良**）秋雨过后的北京，天高气爽，格外宜人。出席中国共产党第十七次全国代表大会的代表，从祖国的四面八方汇聚到了首都。截至今晚，31个省、自治区、直辖市的代表团以及中直机关代表团、中央国家机关代表团、中央企业系统代表团、中央金融系统代表团、解放军代表团、武警部队代表团和台湾省籍党员代表团等38个代表团已全部向大会报到。

代表们肩负全体党员和各族人民的重托，带来了十六大以来各地经济社会取得进展和变化的新消息。江苏宿迁市委书记张新实代表拿着刚领到的大会出席证，郑重地说：“把各地在党的领导下所取得的发展成果带到大会上来是我们的神圣职责。”

许多代表在接受记者采访时表示，党的十六大以来的5年，是不平凡的5年，以胡锦涛同志为总书记的党中央带领全党，紧紧依靠全国各族人民，坚持以邓小平理论和“三个代表”重要思想为指导，提出并贯彻科学发展观等重大战略思想，战胜各种困难和风险，推动党和国家工作取得新的重大成就。

展望未来，代表们对中国特色社会主义伟大事业更加充满信心，对建设富强民主文明和谐的社会主义现代化国家更加充满信心。西藏自治区人民政府常务副主席白玛赤林代表说：“西藏正处在历史上最好的发展时期，十七大的召开将为我们带来更大的发展。”广西代表团韦飞燕、辽宁代表团关锡友、河南代表团王铁等代表认为，党的十七大必将对党和国家事业发展产生重大而深远的影响，必将有力地指导和激励全党全国人民更加满怀信心地把中国特色社会主义事业全面推向前进。

三、场景特写

场景特写重在摄取新闻事件中最典型、最集中、最感人的场面，通过再现场面的特色、规模、气氛等，完成对整个事件或社会风貌的把握。比起其他报道形式来，特写在场景的再现上有着不可替代的优势，最能产生画面般的可视感。

【案例】

一场别开生面的考试

本报通讯员　刘柱石

3月12日下午3点，一场别开生面的考试在湖南省吉首市政府五楼会议室举行。能容纳500多人的会议室里，端坐着全市49名乡(镇)党委书记、乡(镇)长，他们将通过闭卷考试获得任职“科技资格”。

主考官：分管农业的市委副书记宋友达和副市长胡德敏。

主监考：市委组织部部长。

考试时间：120分钟。

考试题目：《农业综合技术测验题》，涉及本地主要农作物、林果业及养殖业等方面的实用技术。

担任考务工作的高级农艺师郭老师对笔者说：“试题虽有一定的深度和难度，但大部分是培训过的知识。”

3点15分，考生开始答卷。考场上格外肃静，只听见“沙沙”的答卷声。担任监考员的市委组织部两位副部长，目光不停地扫视着，有两名考生刚一交头接耳，便被提出警告。4点过后，便有考生交卷，郭老师浏览几份试卷后告诉笔者，考得好的能得90多分。

考试结束后，笔者在考场采访了宋副书记和胡副市长，他们说，市委、市政府采取考“科技资格”的办法，“逼”乡镇领导带头学农业技术，以提高他们的科技素质和带领群众科技致富的实际本领。市委组织部部长告诉笔者：“市委、市政府将张榜公布这次考试成绩，并奖励成绩优秀者；对考试成绩不及格的，限期补考，再不及格者，将采取一定的组织措施。没有‘科技资格’，就不能胜任乡镇领导。这样的考试，今后我们每年都要进行。”

【分析】 1. 文章结构清晰，用简练的语言完成段落。

2. 文中的人物勾勒，是为表现场景服务，由多个人物来表现考试的场面。

3. 对话、议论、叙述浑然一体，文章在轻松自然中揭示出新闻的价值与主题。

第四节 新闻特写的写作要求

一、选择一个好的切入点

巧妙选择切入点是一切写作最基本的前提性工作，对于重在凸现新闻现象一个横断面的特写来说，这一点显得尤为重要。如果一个特写作者描绘的只是事件中那些一般性并不引人注目的甚至是可有可无的东西，哪怕他再怎么浓墨重彩，读者的兴趣都不会高到哪里去。只有找出最有价值、最能激发读者兴趣的要素作为写作的切入点，特写才可能达到预期的新闻效果。

瑞典籍美国女演员英格丽·褒曼一生光彩照人，提到她，可说的事情实在是太多了。美国《读者文摘》记者所写的《难忘的英格丽·褒曼》却只选取了她演《战地钟声》、《忠贞妻子》、《郎心似铁》、《东方快车谋杀案》以及《真假公主》这些代表作的典型故事，向世人展示了褒曼对演艺事业的热爱。

二、情节安排紧凑

新闻特写文章一般不需要交代背景、写作意义等，笔锋集中于所描写的细节或片断，以镜头化的语言紧扣新闻高潮，结构紧凑地铺陈主要情节。

还是以《难忘的英格丽·褒曼》为例，作者首先通过一段美妙的叙述性文字展示了褒曼的迷人风姿，唤起人们对她的喜爱和好奇。接下来，一口气叙述了表现她极其热爱演艺事业，为了事业甘愿奉献、精益求精的一系列事实。文章在褒曼主演的电影《卡萨布兰卡》的一段凄楚而回味悠长的情节中结束，被评论家评论为“起如爆竹，结如撞钟”①。

三、注重描写

新闻特写注重描写的表现手法，作者要熔铸激情于描述性文字，把新闻对象写得细致真切，诱发读者去听、去看、去感受。

新闻特写常用的描写手法有取自绘画的速写、白描、工笔、泼黑等。

【案例】（《西班牙百年奇旱》的开头）

这不是泥土！这是尘土！

在旱魃肆虐的西班牙南部地区，身材矮小的农民福斯托·洛佩斯把自己的骡子赶到一旁让它休息，然后从地上捧起一把褐色的干土。他看着手里捧着的土从指缝间慢慢地漏下去。

【分析】 作者没有直接告诉读者大旱的普遍情况，而是描绘了一个西班牙农

---

① 林度：《百年新闻经典》，湖南大学出版社2000年版。

民惯常性的动作。这个细小画面的刻画生动、真切，比罗列一长串枯燥无味的旱情统计数据更有说服力，更能吸引人。

实训练习题

根据新闻特写写作的相关知识，采写一篇表现人物的特写。

第八章　报告文学写作

报告文学写作的课堂实训任务

请认真阅读以下给出的材料，根据材料后面所提出的要求进行思考。在学习本章之后，按要求完成课堂实训任务。

资料来源

2010年12月4日《人民日报》副刊第8版。

资料内容

国旗，在浪尖上飘

王光明　綦国瑞

2010年8月18日9时，黄海之滨，艳阳高照，碧波万顷。

"北海救115"轮昂首挺立在烟台市芝罘湾畔的北海救助局专用救助码头。明丽的阳光下，簇新的船体耀眼夺目，威武挺拔。这是刚刚出厂的国家投资2亿多元建造的设施最先进的专业救助船。在浓浓的喜庆气氛中，它的列编仪式开始了。

20名头戴白色头盔，身穿橘红工装的救助船员，成两列横排站立船前，如同一道坚不可摧的铜墙铁壁。身材高大的李炳杰船长从山东省副省长贾万志手中接过蔚蓝色的救捞旗，当他在精神抖擞的救助船员护卫下，像国旗护卫队一样迈着铿锵有力的正步走回队列时，山崩海啸般的声音顿时爆发：我宣誓，牢记职责，不辱使命，服从命令，严明纪律，忠于职守，英勇救助，苦练本领，勇挑重担，为祖国的海上救助事业贡献毕生力量！

狂涛出山谷，春雷炸晴空。这洪亮、整齐的声音气势磅礴撼动人心。片刻的凝滞之后，北海救助局迟双龙局长，这位魁伟高大、铁塔般的山东汉子，我国海上专业救助战线上的一位久经战阵的宿将，他的眼里有了闪闪的泪光……

生命的呼唤

翻遍中国的航海史，还找不到一支专门海上救人的队伍。虽然，自从有了海上航行和海上生产，就有了救生救难的慈善之举，但一直多为民间自发行为。到清代，政府开始参与，形成了半官半民的救生制度。新中国成立后，在周恩来总理的直接关怀下，救捞事业迅速发展，但由于受到国力的制约，一直实行的是打捞与救助一体，以打捞经营补养救助的体制，难免顾此失彼。

1999 年 11 月 24 日，渤海湾发生了世界为之震惊的特大海难，山东烟台渤海轮渡公司的“大舜”号滚装船在风高浪急的海面上沉没，船上 282 条宝贵的生命葬身于冰冷的海水。

世人为之震撼，国人为之痛心。生命高于一切，惨剧再也不能重演。以人为本，关爱生命。党中央、国务院高屋建瓴，决定将救助和打捞分开，在我国辽阔的海疆建立一支装备精良，人员精干，技术过硬，作风顽强的专业海上救助队伍。2003 年 6 月，交通部在烟台、上海、广州分别组建起北海、东海和南海救助局，并建立三个配套的救助飞行队和二十几个救助基地，初步形成海陆空立体救助体系；并明确规定，海上救助以生命安全为主要对象，承担国家使命和履行国际义务。

历史重任落在北海救助局党委一班人身上。当救、捞分家的时候，迟双龙是愉快地来到这“不执政，不执法”的救助局的。他生在大海边，就学于大连海运学院，长期在海事部门工作，发展海上救助事业是他的情结和毕生追求。那个烟台黑色的夜晚，他就在救助现场参与指挥，遇难的船看得到，甚至呼救的声音都隐约听得到，他扯破了嗓子到处救援，因天气条件过于恶劣，得到的都是无力相助的回答，看着船一点点地下沉，他急得捶胸、顿足、狂喊，人活着救不上来，却要眼睁睁地看着他们死去，对于一个海上救助人员，没有比这更痛苦的事了，这是他心上永远的痛。

要履行党和国家赋予的光荣使命就必须打造一支海上救助铁军，首先把职工培养成战士！“管理军事化，待命制度化，救助科学化，出动快速化”的决议迅速传达到了全局每个单位、每个职工。从部队请来的教官走进船队，走进机关。一时间，船队上下，机关内外，口令响亮，队列练习，整步行进，跑步行军，整理内务，清洗船体，一派军营的气氛。伴随着血与火的军训逐步制度化，北海救助局党委实施了决定着这支队伍全速前进的第二个战略决策：“把战士锤炼成勇士。”他们冬练三九，夏练三伏。

练为了战。他们设计了一个又一个近乎苛刻的演练方案。在大风浪中接近难船施救时，最忌讳的是两船相靠。在风高浪急的海上，两船都是移动的，靠得太近，两船就会碰撞，危险系数很大；太远，缆绳带不上……“北海救 113”轮船长张翔竣专挑这块硬骨头啃。每逢有大风浪就把大型气垫抛入海中作为靠船目标。波起浪涌中，他一次次根据风速、海流找角度、量距离、对方位，终于练就了大风浪中接近难船的真功夫，在抢救失火油轮“利达洲 18”号、利比里亚籍万吨级货船“海盛”轮等 20 余次救助中勇立战功。

直升机带缆是个大难题。1974 年出生的曹德广是全局较年轻的船长，爱啃书本，头脑灵活，他有机会就同直升机机长、救生员等探讨，平时反复配合演练，逐步探索出了其中奥秘。大风浪中拖带难船，是救助船舶练就的过硬本领之一，享有“一根缆绳打天下”的美誉。如今，这几项技术，连同翻扣船水下救人技术被称为北海救助局的“四大绝活”，正在申请国家专利和科技进步奖。

2010年7月17日下午，烟台海域，机声轰鸣，浓烟滚滚，国家专业救助打捞力量海上救助演练正在进行。北海救助局组织救助船、救助直升机快速反应，消防炮灭火、转移伤员、搜寻落水人员、拖带遇险船，动作快速，环环相扣，准确到位。来自全国的交通战备专家和领导由衷地称赞，这次演练完美无缺，有震撼力，充分展示了国家专业海上救助队伍的风采。

现在，总部设在山东烟台市芝罘湾畔的交通运输部北海救助局，在南起连云港北到黑龙江干线的黄渤海海域内，筑起了一座挽救生命、拯救财产、保护环境的水上钢铁长城。建局6年多来，共执行海上抢险救助任务800余次，成功救助了中外遇险船舶200余艘，获救人员近5000人，获救财产价值达百亿元。同时，圆满完成了"神舟五号"、"神舟六号"、"神舟七号"载人飞船发射海上应急救援安全保障，北京奥运会青岛奥帆赛海上安全保障等一系列重大政治任务。

敢死队的故事

海上救助之师是危难之师。不是风高浪急的时候不出击，不是生命财产遭受危险时不出击，几乎他们的每次出击都是与死神抢夺生命，而他们自己的生命同时却又被攥在了死神手里。"把生的希望送给别人，把死的危险留给自己"的崇高信念，是他们的座右铭。

2007年农历正月十五日晚上，胶东半岛遭遇了50年一遇的特大风暴潮。正在石岛海域待命的"北海救112"轮上突然响起了急促的电话铃声。"有救助任务!"船长刘德良一声令下，备车、起锚、收缆，仅10分钟就一切妥当。接着，他用刀一样的目光飞快地扫视了一下各个岗位，像老虎一样吼了一声：开船!

原来，客滚船"中铁渤海1号"在石岛附近海面主机停转，情况万分紧急，需马上施救！风暴潮好像有意在考验着这支虎贲之旅。狂风夹裹着清嗖嗖的"雪豆"，打着旋儿地噼啪砸着船舶的甲板。大海发疯似的翻搅起海底的赤砂，使甲板变成一片红色冻泥沙场。"北海救112"轮巨大的船体，像醉汉似的在恶浪中颠簸着。船舱里的水杯、暖瓶、书籍、手机等小玩意儿全部抖落到了地板上。本来不晕船的救助船员们，现在却"晕海"了。他们开始吐着食物，后来又吐胆水，再后来光听见呕吐声，却不见吐出任何东西了。

"北海救112"轮左冲右突前倒后进，抵近"中铁渤海1号"后，刘德良一声呼喊，救助船员们一下子抖擞起了精神，趔趔趄趄地踏上了甲板。一个个巨浪扑来，他们被巨浪砸倒又爬起，爬起又砸倒，砸倒再爬起……他们绷紧身上的每根钢铁般坚强的神经，互相扯着腿，抱着脚，冒着随时都会被海浪吞噬的危险，去整理给遇险船系带的拖缆。拖缆结了冰，原来只有茶杯粗细的缆绳变得像大海碗一样粗了。他们就用锤子将冰块一段一段地击碎。救助船员一个个都是智与勇凝聚而成的坚硬的骨头，他们随时都可能被巨浪卷入大海，但他们没有一个人想到自己的生与死，每个人心中只有一个目标，必须带缆成功。他们费尽周折，终将拖缆系到遇险船上。"中铁渤海1号"得救了。当这群为了救险不顾生命的人，踏着泥水返回船舱时，才觉得自己的双手已经麻木，全身已经冰凉，衣着也挂满了冰甲。他们看上去十分平静，相互帮助着敲去身上的冰甲，像是完成了一件普普通通的工作，而不是刚刚经历了一场生与死的考验。

比救助船员们还危险的是应急反应救助队的队员们。他们是由30多名潜水员组成的“特警队”和“尖刀排”。这些英气勃勃的小伙子，一部分来自广州潜水学校，一部分来自海军特种兵部队。他们个个智勇双全，身怀绝技，是能够在水下单打独斗的孤胆英雄，是在“关键时刻发挥关键作用”的能冲能闯的“敢死队”。秦皇岛基地的祖旭峰便是其中的佼佼者。

2006年8月4日凌晨，北海救助局秦皇岛基地值班员接到求助电话，运沙船“福华1号”在二河口渔港外翻沉，船上15人已有7人脱险，现能听到有两人在翻扣船里呼救，请求尽快派人入水营救。

闻此险情，秦皇岛基地徐岩主任带领应急反应救助队员一路绝尘抵达二河口海港。找到幸存者在船舱内的准确位置是实施营救的关键。徐岩主任命令技术过硬的潜水员祖旭峰率先下水。他在杂乱、漆黑的翻扣船内探摸了一个多小时，已接近水下作业的时间极限，但仍未找到幸存者所在的舱门，只得出水休息。

事先脱险的待救女船员彭小莲的丈夫趴在裸露的船底上不停地哽咽着呼喊：“彭小莲听到了吗？要坚持住，国家派潜水员来救你啦！”现场人员焦急得心口狂跳；救助队们摩拳擦掌……见此情景，从不言败的祖旭峰一扫疲惫，请求再度下水。他满怀信心地说：“我对下面的情况比较了解，哪儿去过、哪儿没去心中已经有数，不把他们救出来，我绝不出水！”

终于，不久，电话里连续传出他喜悦的声音：“我进来了，找到了，这里是机舱！”

水面的救助人员并不知道此时祖旭峰所面临的处境：机舱里漆黑一片，黑得如同把人扣在黑锅底下；机舱里的柴油、机油漂浮在足有一米多深的水面上，墨色的海水粘住了机舱的每个角落，也粘住了幸存者的心。面对郁闷得像是要压到头顶的黑暗，祖旭峰却摘下头盔，与两名早被吓得魂飞天外、肝裂胆破的幸存者进行对话，以稳定他们已经崩溃的情绪……很快，潜水员佟和平用自携式潜水装具顺着祖旭峰系好的“引导绳”到达了幸存者所处的位置。祖旭峰果决地脱下自己的管供式潜水装具交给彭小莲，由佟和平先救她出水。而他自己却和另一名男幸存者张洪奎等待在舱中……佟和平知道自己怎么争执也拗不过祖旭峰，只得顺从。他懂得，对于一个潜水员来说，水下放弃呼吸器，就是放弃生命！祖旭峰此时做的是一个极为冒险的行为，如遇有浪涌、碰撞等外力推动，翻扣船极有可能再次翻转而沉没！而他就会随船一道葬身大海……救出彭小莲后，佟和平又救出了张洪奎，没有呼吸器具的祖旭峰仍留在翻扣船的舱内；佟和平三度下水，祖旭峰这才返回到水面……当精疲力竭的祖旭峰和佟和平被大家拉上作业船时，大家发现两人的眼睛已被机油烧得通红，满头满脸满身全是油污！

2007年11月29日，在英国伦敦召开的国际海事组织第二十五届大会上，祖旭峰被授予“海上特别勇敢奖”。这是该组织第一次将此奖项授予个人，祖旭峰由此也成为获此殊荣的中国第一人！

国旗在胸前闪耀

来到北海救助局的救助船上，第一眼的仰视就会被高高挂在甲板顶的鲜艳的五星红旗所吸引。救助船员们说，他们每天都会随日出日落升降国旗。执行救助任务，看着五星红旗随着救助船舶在风口浪尖上穿行，心中就充满无上的神圣感。平时大家都愿意穿上那海蓝色的工装，因为工装的胸前绣着一面鲜艳的五星红旗。他们知道这飘扬在胸前的五星红旗与穿梭在狂风巨浪中的五星红旗一样，都代表着他们在行使国家使命，在履行救助人命的神圣职责；他们知道他们的行动是将党的关怀和温暖直接送到了普普通通的老百姓手中。他们每个人都为此而自感崇高、充实、快乐。

为了这在浪尖上飘扬的五星红旗，每一个救助船员都必须面对着深沟高垒的"孤独关"。海上救助，险情就是命令，时间就是生命，为了能在最短时间赶向事故现场，北海救助局在渤海海峡、秦皇岛、大连、天津、长岛、龙口、烟台、石岛、青岛等重点海域部署了 12 个长年待命点，每个点常年派驻救助船，实施动态待命，一有险情，就近驰赴现场救援。

为了实施好动态待命，救助船员在船上一待就是数十天甚至几个月。对于长期厮守在油漆铁板组成的救助船上的救助勇士们来说，他们的生活是枯燥乏味的。

"在无边无际的大海中，我们'战斗'和居住的在陆地上看似庞然大物的船舶，充其量只是一片随风浪漂浮的树叶。没有救助任务的时候，这'树叶'也只能日复一日地与孤独为侣。"颇有些文采的船舶政委曲家东把"战斗"和"树叶"两个词的语气说得特别重。"而且，还要随时接收喧嚣的海浪对我们的'生命强度试验'。当暴虐的海涛袭来时，救助船常呈 60°角晃来转去，人们站也站不住，躺也躺不稳，像筛子在筛，似簸箕在簸，那天旋地转的折磨，绝非平常人所能忍受得了……"曲家东接着说。

北海救助局党组书记郑东兵最明白救助船员们的心思，他说："我们的救助船员，不怕玩命儿，就怕寂寞，不怕有危险的救助行动，就怕闲着无事可做。"春节、五一、中秋、国庆等重大节日，都是救助船员动态待命的重要时刻。每逢大年三十的晚上，当绝大多数家庭听着"笃笃"的砧板声，菜肴下锅的"滋滋"声，"噼啪"的爆竹声，在释放着一种情绪寻找团聚感觉的时候，我们的救助船员，遥望着万家灯火却有家不能归。但这千种思念、百般酸楚还是化作了铮铮豪气："我们选择了这份职业，享有了这份光荣，就应该有这份承担。"

2008 年 12 月 31 日，机工李文波随船到烟台救助码头补给。他多日没见到已上小学的儿子了，那种掬肠挖肚的想念实在无法排遣，于是便让妻子带孩子到船上见见面。娘儿俩乘出租车兴冲冲赶到船上。首次见到大船的调皮精灵的孩子看见船上的一切都觉得十分新鲜。夫妻沉浸在久别重逢后的幸福之中，儿子的玩兴也越来越浓……忽然，船长接到命令，一场暴风雪就要降临，需要马上做好出征的准备……说话间，天上彤云密布，疯狂舞动着的雪片，像织成了一面大网，将天地融成一体。妻子倾斜着飘忽不定的身子，拉扯着东倒西歪的儿子依依恋恋，踉踉跄跄，消失于暴风雪中……

去年腊月二十九日,“北海救108”轮大副邹文的一双儿女全都病了,妻子把孩子送到了医院。这时,正值“北海救108”轮回烟台补给。妻子知道,越是节假日,丈夫就越是不能离开岗位,竟没有告诉邹文孩子生病的事。从腊月二十九到今年正月初六,妻子靠在病床前,坚持守护两个孩子七天七夜!春节,正是人们尽情狂欢的时候。孤独的她,把支持丈夫的坚毅和着漫流的泪水悄悄地咽在心底,精心照料自己的孩子。后来,船长和政委知道了此事,决计于元宵节的晚上,请邹文的妻子携儿女到船上一起过节……丰盛的宴会,感人的故事,泪水滴在饭桌上,打湿了碗筷……

这些海上救助英雄们大都是青壮年,上有老下有小,他们必须天天面对的是严峻的“生活关”。同救助船员们谈起这些事,总能从他们的脸上看出他们作为人子、人夫、人父因责任的“缺位”而带来的发自内心的愧疚:错过了孝敬父母的时间,错过了与妻子团聚的时间,错过了孩子成长的时间……

而他们的妻子则大都无缘花前月下。独守空帷自不待说,孩子尚小,父母老迈,他们要替丈夫教子,替丈夫尽孝。老人去世,丈夫不能立时赶到灵前,她们又一柱擎天,替丈夫送走老人。一个个身单力薄的女人,毅然顶起了家庭全部的天,她们即使累趴下了,也不愿告诉正在执行救助任务的丈夫,生怕他们因分神和焦虑而出现意外……把柔弱当成坚强,以眼泪支持儿郎,已成了她们的“共性”。

因为没日没夜的担心,因为不能过上夫妻厮守、老幼相助的正常生活,也因为收入的多少,还因为那说不清道不明的琐事,家人常有抱怨的泪水和愤愤的怨言。每逢这时,救助人总是有意无意地穿上那件绣有鲜艳的国旗图案的海蓝色工作服,慢慢叙说……

那些被救人员用长跪不起和夺眶而出的泪水来感谢党和政府,感谢救助人的救命之恩;那些被救者家属以深深鞠躬作揖来表达那无法控制的激动……

青山不老,大海作证。让我们向这些长年累月坚守在深海大洋中的生命的守护神和精神的崇高者致以深深的敬意吧!

写作任务要求

1. 根据本章所讲述的知识点,分析该报告文学属于哪一种类型。
2. 就本文内容,举例阐释报告文学的特点。

第一节 对报告文学的文体认识

一、报告文学的概念

报告文学是一种在真人真事的基础上塑造艺术形象,以文学手段及时反映现实生活，从新闻报道和纪实散文中生成并独立出来的一种新闻与文学结合的散文体裁，也是一种以文学手法及时反映和评论现实生活中的真人真事的新闻文体，具有及时性、纪实性、文学性的特征。

我国从晚清开始出现报告文学。这一文体是新闻和文学相结合、相统一的产物。由于报告文学与某些新闻通讯、特写近似，有时很难明确区分，诸如通讯《谁是最可爱的人》、《南京路上好八连》、《为了六十一个阶级弟兄》等常被认为是报告文学。这是因为以上这些通讯的写作，在报道事实中，更好地运用了文学手法。

将报告文学的手法运用于电视，便出现电视报告这一形式。报告文学属于新闻边缘体，由于我国新闻界运用这一文体时空较大，所以特别设立一章进行介绍。

二、报告文学的特点

报告文学在写作上讲究新闻性和文学性的双重特色，即新闻性与文学性的结合。也就是说，既是新闻报道，就要合乎新闻规律，不能用艺术概括的方法塑造典型；同时，又要善于运用文学手段表现事实，使事实的报道富有艺术的魅力。

（一）新闻性

1. 重在写实。报告文学既是一种“报告”，则应该具备新闻性，其中，真实性又最为根本。真实性同样是报告文学的生命线，如果所报告的不是实际存在的事，那就成了虚构夸张，就不是新闻，它的优势与魅力也就消失了。所以，写作报告文学，第一要紧的是反映的事实，包括时间、地点、人物、情节等都必须完全真实。甚至连作品的主题思想，也必须是真实的，不可以强扭、拔高，而应与事实的内在逻辑一致，并有现实的针对性和积极意义。过去有人主张，报告文学写作在细节上可以“合理想象”，只要基本骨架没有出入，“基本属实”就可以了，这种看法根本不符合新闻真实的要求。

2. 讲究实效。报告文学同其他新闻体裁一样，要传递新闻信息，就必须讲究新闻时效，尽快把新近发生的人和事报告出去。当然，由于报告文学在采写上更加费时费工，在及时性方面不能像其他新闻一样要求，但还是应该尽量地争取时间，这也是提高报告文学社会效益的重要保证。

报告文学也有少数专写历史事件的，但这都是作者以当今新的视角、新的观念去反观往事，发现历史事件与现实的沟通联系，使对往事的审视成为对现实生活的补益。由于这些事实过去大家并不知道，或不全知道，于是仍然具有新鲜感。因为它着眼于今天，启示人们思考今天，而不是仅仅具有史料价值。例如揭露日寇侵华暴行的《南京大屠杀》和反映刘青山、张子善因腐化堕落而被处决的《中国第一刀》，便是这样的作品。

3. 宣扬典型。报告文学要有典型性，通过时代的、内容的典型，达到启发读者、影响读者、教育读者的目的。

（二）文学性

1. 人物性格的刻画。茅盾曾经指出：报告文学跟一般新闻不同，“因为它必须充分的形象化，必须将‘事件’发生的环境和人物活生生地描写着……好的‘报告’必须要具备小说所有的艺术条件——人物的刻画，环境的描写，氛围的渲染，等等”。从这段话可以看出，报告文学的文学性，主要是指艺术性和形象化，这包括文学的构思艺术、表现手法以及语言等。

报告文学毕竟不同于小说，不是靠艺术形象的创造或情绪意境的营造去影响读者，它是在反映和干预现实生活的过程中和读者发生联系并产生影响的，所以我们不能机械地用小说或其他文学形式的特性来要求报告文学，也不能要求受到真实性原则限制的报告文学像小说那样情节典型和形象丰满。

2.注重艺术构思。报告文学的艺术性，最基本的要求是创造一种读者便于接受的叙述报告形式，从而构成一种诱惑和吸引力。为此，小说以及戏曲、电影等艺术构思的经验还是可以借鉴的，比如角度要新颖，意境要鲜明，寓意要深刻，等等，在章法上，要学习小说的凝重曲折，散文的灵活自由，诗歌的精粹跳跃，影视的特写和蒙太奇手法。要注意情节的变化和细节的选择，讲究悬念，注重波澜。

3.借用文学写作的标新手法。在表达技巧和语言运用上，要巧于使用文学写作的对比映衬、借代比喻等手法，多用形象化的语言说话，使之形神兼备，情理交融。

报告文学新闻性与文学性的结合，不是两者简单机械的相加，而是互相融合，变成一个新的有生命力的有机体。两者互相依存，少了一方，对方就失去依据；又互相制约，新闻性要仰仗文学性来增色，文学性必须以新闻性特别是真实性为前提，没有了真实性，文学性就无从谈起。

三、报告文学的类别

无论是小说还是诗歌，凡是文章、作品都有一个长短篇的区分，这就形成了作品的篇幅分类。尤其是新闻作品，为了方便稿件的应用和编辑处理，一般要在篇幅写作上进行分类。对报告文学在篇幅上进行分类，也是人们在新时期对这一文体研究发展的需要，更是写作和阅读的需要。长期以来，按照统一认识，一般把报告文学分为长篇、中篇、短篇和微型四类。

（一）长篇和中篇报告文学

长篇报告文学：10 万字以上。如《将军决战岂止在战场》、《唐山大地震》等。

中篇报告文学：3 万—10 万字。如《在这片国土上》、《哥德巴赫猜想》等。

中、长篇报告文学最适宜选择重大题材，表现重大的主题，写那些重大的、震撼人心的事件和人物。这就需要系统地、详尽地占有材料，因为费时多，花力气大，篇幅也较大。这两种类型的报告文学主要在文学刊物上发表。

（二）短篇和微型报告文学

短篇报告文学：0.5 万—3 万字。如《船长》、《大雁情》等。

微型报告文学：又叫小报告文学，七八百字以上，5000 字以下。如《一封终于发出的信》、《彭大将军回故乡》等。

短篇、微型报告文学的好处是篇幅比较短小，用笔也较经济，可以更及时、迅速地反映现实生活。这两种类型的报告文学，主要以报纸为阵地，迅速及时地反映社会生活，充分发挥文艺轻骑兵和轻武器的作用。比如新华社记者所写的《在被告席上》，作者以一个现场目击者的身份，向读者介绍了第一次开庭公审林彪、江青反革命集团时的所见所闻。全文只写了 20 分钟内的事情：从 10 名主犯被押进会场，到检察长开始宣读起诉书为止。集中描写了 10 名主犯的肖像神态，刻画深刻，使读者获得近距离的审丑满足。全文仅 1000 多字，当晚广播，第二天见报，很迅速及时。

短篇、微型报告文学更适宜于写普通的人和事，写他们的生活、工作和学习，这些看起来似乎不那么震惊的人物和事件，同样隐藏着深刻的生活本质和时代的内涵，从社会、事业、人生等角度，展示他们的奋斗、追求、理想和情操以及他们的喜怒哀乐。

第二节 报告文学的一般构建

一、标题的拟定

报告文学比较重视标题，力争产生一种吸引力和震撼力。

对标题的要求：一应求实，二应讲究修辞，三应具有概括力和气魄。例如《震撼世界的十天》、《中国农民大趋势》、《神圣忧思录》、《亚洲大陆的新崛起》、《亚细亚怪圈》、《白夜——性问题采访札记》等。

二、吸引眼球的开头

报告文学的开头有的借助于生动鲜明的形象，有的借助于异乎寻常的场面描写，有的借助于精辟深刻的议论，简明扼要地把主题提示给读者。

常见的开头有：描写场景的开头、把事情的高潮或结局放在开头、把抒发作者对主人公的感受作为开头、利用悬念引出矛盾。

（一）描写场景的开头

展示出一个生动逼真的生活场面，给人以现场感。有时还尽力使描写的生活场面上升为意境。如《亚洲大陆的新崛起》，开头就写李四光从国外回来的场面。

（二）把事情的高潮或结局放在开头

一开始就交代事件的高潮或结局。如《扬眉剑出鞘》，开篇写栾菊杰剑击受伤，被救护车送往医院。又如《人民的好医生李月华》，开篇写李月华逝世后人们的怀念。

(三) 把抒发作者对主人公的感受作为开头

如《船长》。

(四) 利用悬念,引出矛盾

如《大雁情》写人们对主人公的矛盾的反映。

此外,开头还可以有其他的方式,如交代写作动机、开门见山地点题等。

三、内容丰实的主体

内容架构上有两个方面的要求:一是安排好结构,二是写好人物。精心安排艺术结构要注意两点:一是报告文学的主题比文学作品更加鲜明、集中、新颖。安排结构不但要在主题统率下进行,而且明显贯穿和直接表现主题。二是要反映和适应不同材料内容的特质。报告文学的结构安排上,主要采用的形式有以下几种。

(一) 报告文学的一般结构规律

1. 借用一般情节小说的结构形式,有开端、发展、高潮、结局。常用倒叙手法,引起悬念,还可以采用多线条发展(主副交叉或平行并列)。一般称这种以时间推移和过程进展为线索的结构为纵向结构。

2. 借用一般散文"以线穿珠"的结构形式,依靠主题思想的论述来直接组合互不相关的材料。这种结构可以称为横向结构,还可以安排成"闭合式"(戏剧结构术语),即选择主人公所处的一个典型场面和高潮时间,作为中心,将主人公一生发展的主要经历穿插在回忆中。

3. 以作者对主人公的认识发展及感情起伏的过程来安排结构。如《大雁情》由四个部分组成,四个小标题"她……""她?""她""她?!"贴切地表现了作者对报道对象认识深化的过程。

(二) 认真写好人物形象

作者必须对人物有着鲜明深刻的认识评价,充满激情地写作。

1. 人物形象绝对不能虚构或者拼凑,必须是生活中的真人。

2. 作者对人物形象的艺术加工,要体现在抓住其精神特征即"闪光点",选择提炼其言行上。

3. 要懂得运用现代人际关系学来进行新颖、细致的调查访问,抓住人物性格的鲜明特征。

4. 要使人物语言生活化、个性化,再现人物语言。

5. 要写好人物生存生活的社会环境,把人物放在广阔的社会背景中去反映,发掘人物形象普遍的社会意义。

四、余味无穷的结尾

常用鼓舞展望式或者哲理思索式结尾。要与人物形象和场面相结合,造成一种余味无穷的意境。

五、案例分析

【案例】

罗布泊，消逝的仙湖

吴　岗

塔克拉玛干沙漠边缘有个罗布泊。自20世纪初瑞典探险家斯文·赫定闯入罗布泊，它才逐渐为人所知。

1980年，我国著名的科学家彭家木在那里进行科学考察失踪；16年后，探险家余纯顺又在那里遇难，更给罗布泊增添了几分神秘色彩。

罗布泊，一望无际的戈壁滩，没有一棵草，一条溪，夏季气温高达70℃。罗布泊，天空中不见一只鸟，没有任何飞禽敢于穿越。

可是，从前的罗布泊不是沙漠。在遥远的过去，那里却是牛马成群、绿林环绕、河流清澈的生命绿洲。

罗布泊，“泊”字左边是三点水啊！

翻开有关西域的历史书籍，你会惊异于罗布泊的热闹繁华。

《汉书·西域传》记载了西域36国在欧亚大陆的广阔腹地画出的绵延不绝的绿色长廊，夏季走入这里与置身江南无异。昔日塔里木盆地丰富的水系滋润着万顷绿地。当年张骞肩负伟大历史使命西出阳关，当他踏上这片想象中荒凉萧瑟的大地时，却被它的美丽惊呆了。映入张骞眼中的是遍地的绿色和金黄的麦浪，从此，张骞率众人开出了著名的丝绸之路。

另据史书记载，在4世纪时，罗布泊水面超过20万平方公里。到了20世纪还有1000多平方公里水域。斯文·赫定在20世纪30年代进罗布泊时还乘小舟。他坐着船饶有兴趣地在水面上转了几圈，他站在船头四下远眺，感叹这里的美景。回国后，斯文·赫定在他那部著名的《亚洲腹地探险8年》一书中写道：罗布泊使我惊讶，罗布泊像座仙湖，水面像镜子一样，在和煦的阳光下，我乘舟而行，如神仙一般。在船的不远处几只野鸭在湖面上玩耍，鱼鸥及其他小鸟欢娱地歌唱着……

被斯文·赫定赞誉过的这片水域于20世纪70年代完全消失，罗布泊从此成了令人恐怖的地方。

罗布泊的消亡与塔里木河有着直接关系。

塔里木河全长1321公里，是中国第一、世界第二大内陆河。据《西域水道记》记载，20世纪20年代前，塔里木河下游河水丰盈，碧波荡漾，岸边胡杨丛生，林木茁壮。1925年至1927年，国民党政府一声令下，塔里木河改道向北流入孔雀河汇入罗布泊，导致塔里木河下游干旱缺水，3个村庄的310户村民逃离家园，耕地废弃，沙化扩展。1952年，塔里木河中游因修筑轮台大坝，又将塔里木河河道改了过来。塔里木河下游生态环境得以好转，胡杨枝重吐绿叶，原来废弃的耕地长出了青草，这里变成了牧场。

问题出在近30多年。塔里木河两岸人口激增，水的需求也跟着增加。扩大后的耕地要用水，开采矿藏需要水，水从哪里来？人们拼命向塔里木河要水。几十年间塔里木河流域修筑水库130多座。任意掘堤修引水口138处，建抽水泵站400多处，有的泵站一天就要抽水1万多立方米。

盲目增加耕地用水、盲目修建水库截水、盲目掘堤引水、盲目建泵站抽水，“四盲”像个巨大的吸水鬼，终于将塔里木河抽干了，使塔里木河的长度由60年代的1321公里急剧萎缩到现在的不足1000公里，320公里的河道干涸，以致沿岸5万多亩耕地受到威胁。断了水的罗布泊成了一个死湖、干湖。罗布泊干涸后，周边生态环境马上发生变化，草本植物全部枯死，防沙卫士胡杨林成片死亡，沙漠以每年3米至5米的速度向湖中推进。罗布泊很快与广阔无垠的塔克拉玛干大沙漠浑然一体。

罗布泊消失了。

金秋十月，我站到了位于新疆巴音郭楞自治州的塔里木河的大桥上。

放眼望去，塔里木河两岸的胡杨林似一道绿色的长城。

胡杨，维吾尔语称为“托克拉克”，意为“最美丽的树”。胡杨林是牲畜天然的庇护所和栖息地，马、鹿、野骆驼、鹅喉羚、鹭鸶等百余种野生动物在林中繁衍生息，林中还伴着甘草、骆驼刺等多种沙生植物，它们共同组成了一个特殊的生态体系，营造了一个个绿洲，养育着南疆750余万各民族儿女。

如此重要的胡杨林因塔里木河下游的干涸而大面积死亡。1958年，塔里木河流域有胡杨林780万亩，现在已减少到420万亩。伴随着胡杨林的锐减，塔里木河流域土地沙漠化面积从66%上升到84%。“沙进人退”在塔里木河下游变成现实，至罗布庄一带的库鲁克库姆与世界第二大沙漠塔克拉玛干沙漠合拢，疯狂地吞噬着夹缝中的绿色长城，从中穿过的218国道已有197处被沙漠掩埋。

我们沿塔里木河向西走出200公里后，绿色长城突然从眼中消失。塔里木河两岸的胡杨林与两边的沙地成了一个颜色。由于缺水，长达数百公里的绿色长城在干渴中崩塌。

号称千年不死的胡杨林啊，在忍受了20余年的干渴后终于变成了干枯的“木乃伊”。那奇形怪状的枯枝、那死后不愿倒下的身躯，似在表明胡杨在生命最后时刻的挣扎与痛苦，又像是向谁伸出求救之手！

再向前，我们到了罗布泊的边缘。同来的同志告诉我，再也不能向前走了。若想进入罗布泊，至少要有两辆汽车，必须备足食品和水。我们只得钻出汽车，将目光投向近在咫尺的罗布泊。

站在罗布泊边缘，会突然感到荒漠是大地裸露的胸膛，大地在这里已脱尽了外衣，露出自己的肌肤筋骨。站在罗布泊边缘，你能看清那一道道肋骨的排列走向，看到沧海桑田的痕迹，你会感到这胸膛里面深藏的痛苦与无奈。

罗布泊还能重现往日的生机吗？我问自己。

此时此刻，我们停止了说笑。那一片巨大的黄色沙地深深地刺痛着我们的心，使我们个个心情沉重。30 年在历史的长河中只是一瞬。30 年前那片胡杨茂密、清水盈盈的湖面就在这瞬间从我们的眼中消失。

这出悲剧的制造者又是人！

悲剧并没有止住。同样的悲剧仍在其他一些地方上演。

世界著名的内陆湖——青海湖，50 年间湖水下降 8.8 米，平均每 6 年下降 1 米，陆地已向湖中延伸了 10 多公里；数千年风沙未能掩埋的甘肃敦煌月牙泉，近年来却因当地超采地下水，水域面积从 50 年代的 1.1652 万平方米缩小至 5397 平方米，水深只剩尺余，大有干涸之势……这一切也都是人为的！

救救青海湖，救救月牙泉，救救所有因人的介入而即将成为荒漠的地方！

【分析】 1. 文章以罗布泊曾经不为人知，再加上科学家、探险家在这里失踪作为开头，使其给人们一个神秘的色彩，读者会带着要弄清楚的疑问读下去。

2. 文章根据需要，在结构中插入了一段历史资料，不仅过去与现在形成了对比，而且面对残酷的现实让我们进行自问、反思。

3. 文章自然地将叙述、抒情、思想议论结合在一起，加深了表现力度，读来启人深思，感染力强。

第三节　报告文学的写作要求

一、揭示社会矛盾，弘扬时代精神

报告文学首先是报告，是事实的报道，理所当然应当有新闻价值。报告文学的写作，要以重大的社会热点和亮点为题材，深刻揭示社会矛盾，集中展现时代精神，否则写不成报告文学。

报告文学在文学领域被誉为“轻骑兵”，作为新闻边缘文体则被看做“重炮”，不管从哪个角度看，都是强调了它的干预性，强调积极地面对社会矛盾，展现和弘扬时代精神。报告文学的政论性与思辨性，正是在这一点上充分地体现出来。报告文学之所以受到社会的密切关注，这也是一个重要的原因。

回顾历史，报告文学从诞生之日起，就是以宣扬真理、扶正祛邪为宗旨的。因为，它不只是对现实生活作平直的观察与透视，而且渗透着深刻的评判。一篇报告文学是否有活力，很大程度上看其是否能在报告现实社会矛盾的过程中，把新的视角和思考贯注其间，使写作不仅是艺术地再现现实，也是一种认识与判断的创造活动，既对现实的变动作出报告，又对时代的进步作出理性的张扬。例如，《大森林的回声》主要是报道当时新上任的伊春市委书记杨光洪，写他如何以一种新的行为准则和工作作风改变当地的社会风气和生活面貌。而杨光洪之所以受人赞誉，是他果断地扫除了本地区存在的“五种流行病”：牢骚病、推诿病、扯皮病、妒贤病、护短病，以及“三种人”：坐而论道的“说客”、指手画脚的“看客”、拨弄是非的“政客”。这“五种流行病”和“三种人”严重地影响了群众的情绪和领导的威信，阻碍了各项工作的开展。杨光洪把这些消极的现象加以扫除以后，群众发自内心的欢呼，宛如“大森林的回声”，使人感到了新的生活浪头的涌动与希望。这说明，典型人物的出现，与典型事件和社会矛盾常常是密不可分的。

另外，也有些“问题型”的报告文学，不着重于典型人物的刻画，而着重于社会问题的解剖与审视。例如，《黄土地，黑土地》从宏观的角度，报告了我国土地流失以及人们在认识利用土地上存在的盲目性及混乱情况，把社会上发生的有关土地的种种矛盾冲突和惨烈景象描摹得真实生动，使人们意识到问题的尖锐性与迫切性；呼吁有良知的人们爱惜每寸土地，合理开发与利用每一寸土地。国家土地管理部门领导为此要求各地土地管理部门干部认真阅读这篇作品，更新土地管理的观念和提高土地管理的水平。在地少人多、土地问题十分严峻的今天，这篇作品因之具有了理论价值和实用价值。

二、抽象思维与形象思维并用

（一）运用抽象思维提炼文章的思想与新闻价值

报告文学的新闻性写作，要发挥运用好抽象、逻辑性的思维，对社会生活中新近发生的事实进行深刻思考、认真提炼。

（二）运用形象思维淋漓尽致地表现具体内容

报告文学的写作借鉴文学，就要充分运用形象化表现手法，形象化地记事、写景和刻画人物，给人以具体而逼真的形象感，使事实的报道富有艺术的魅力。

通讯、特写也讲究形象的生动再现，但远没有报告文学这样充分形象化，这关系着报告文学写作的成败。

要把人物形象再现出来，写好表现个性特征的言行动态，让人觉得可视、可闻、可感就显得十分重要，不然形象无法再现。但要注意，更重要的是通过外在形象显露内心世界，形象地凸现人物的精神面貌和时代特色。因此在写作上，必须把握好人物的性格、气质，展示人物的心理活动及情感波澜，交代人物的历史与社会背景，正确处理宏观概括与微观掘进的关系，使人物具有个性与共性的统一。

三、写好典型人物

（一）写好人物的闪光点

报告文学对人物形象的艺术加工，不但要体现在抓住其精神特征即“闪光点”上，还要体现在选择提炼其言行上。

（二）表现人物的个性特征

要懂得用现代人际关系学来进行新颖、细致的调查访问。要抓住人物性格的鲜明特征。

（三）写好人物的语言

要使人物语言生活化、个性化，再现人物形象。

（四）注重人物环境描写

要写好人物生存的活的社会环境，把人物放在广阔的社会背景中去反映，发掘人物形象普遍的社会意义。

例如，《无极之路》曾受到受众热烈的赞扬，就是因为它真实生动地描绘了无极县委书记刘日勇于开拓、为民造福这一党的好干部的形象。他观念新，目光远，勤思善断，有胆有识，敢于坚持正确的主张，而不是盲目地循规蹈矩。他尊重科学，发扬民主，既是传统意义上那种廉正的好官，又是朝气蓬勃、具有开创意识的当代清官，人们从他身上看到了改革的前途，增强了对未来的信心。又如，《昆山之路》在社会上产生强烈反响，国家有关部门和江苏省委、苏州地区的领导，对它都十分重视。江苏省委甚至发出通知，要求各县、乡（镇）负责同志不光自己认真阅读这篇作品，还要将其作为政治学习的辅导材料印发给更多的人。这是由于它刻画了以吴克铨为首的县、乡领导干部的群像，报告了他们如何由封闭走向开放的战略行动，展示了他们如何抓机遇，在国内外一些人对我国改革开放产生这样那样的看法，甚至无所适从的时候，坚持开放政策，正确决断，内引外联，自筹资金开办经济开发区，使各乡镇迅速发展，人民收入增加，全县经济实力迅速增强，读来令人精神振奋。

实训练习题

1. 阅读报告文学《船长》、《奇异的书简》、《美的追求者》、《癌症≠死亡》、《大雁情》、《小木屋》、《天空没有云》、《彭大将军回故乡》、《亚洲大陆的新崛起》、《南京大屠杀》等，做好阅读笔记，总结出你对报告文学写作的体会和认识。

2. 按相关知识点要求，采访收集资料，写一篇报告文学。

第九章　新闻述评写作

新闻述评写作的课堂实训任务

请认真阅读以下给出的材料，根据材料后面所提出的要求进行思考。在学习本章之后，按要求完成课堂实训任务。

材料来源

新华网2006年8月11日。

材料内容

枪杀野生动物，以“保护”之名？

——四问拍卖野生动物猎捕权之举

新华网北京8月11日电(记者　**董峻**)近两天，国家林业局有关人士披露了一则消息，一石激起千层浪——

受国家林业局委托的秋季国际狩猎野生动物额度将于13日在成都举槌拍卖。中心意思，是允许通过拍卖获得打猎权的个别人，猎捕个别区域的个别野生动物物种中的“老弱病残”者。

此举一经媒体报道，立刻引起社会各界强烈反响，各种质疑和责难的声音此起彼伏。11日，国家林业局召开新闻发布会，野生动植物保护司有关负责人出面作出解释，但仍有几点疑问让人百思不得其解。

疑问一：非得靠人们手中的枪来维持“生态平衡”吗？

有关负责人称，“合理的狩猎活动有利于野生动物保护”。理由是在西部的一些地区，因为保护力度的加大，岩羊等动物种群成倍增加，使单位面积的载畜量超标，反而给本就吃不饱肚子的其他濒危野生动物的生存带来了麻烦。狩猎能人为地调节野生动物的种群数量。

这一观点认为，当物种种群达到一定的饱和量，高出环境容载的时候，就要被淘汰一部分，以保护生态平衡。但是，为什么不能引进天敌，为什么不能靠大自然的力量重新调整求得平衡？

“在顶级野生动物物种数量下降的情况下，开展狩猎就是调控种群的一个很有效的办法。"有关负责人如此表示。杀一只二级、三级野生动物，自然要比养一只顶级野生动物并靠其影响下层生物链要容易得多。

有生态学者认为，人为猎杀那些看上去"该死"了的野生动物，有悖生态伦理规范，侵犯动物福利，是一种典型的"人类中心主义"思维——那些老弱病残动物要死得"物有所值"，就由我们人类做主吧，如此可为你们同类的福祉做贡献。

记者则担心，此举会不会引发社会公众的信任危机，以致多年来好不容易培养起来的保护野生动物的观念受冲击？近两天各个媒体对此情绪高涨的报道，一定程度上反映的就是不少公众惊愕、失望的心态——原来野生动物是可以打的！

疑问二：就算是有必要用枪来解决"生态平衡"问题，那有必要非得"变现"吗？

据称，生物都是有生老病死的，即使不进行人为淘汰，它到时候也要老死病死，拍卖野生动物狩猎权的目的就是要合理利用资源，要尽可能创造更多的价值。当然，拍卖所得要用于保护动物。

这让记者想起一个可作对比的例子：对藏羚羊的保护，多年来已经成为保护野生动物典范。在缴获大量藏羚羊毛皮后，保护部门宁愿烧毁而不去出售、拍卖。这不仅仅是显示勇气和决心之举，更有避免培育用藏羚羊毛做的"沙图什"市场之深意。

记者多年采访林业，深知基层林业系统干部职工多为保护经费不足而无奈。过去由林业职工为了"平衡生态"而猎捕野生动物，现如今指标卖出去，既省力气又能得钱，何乐而不为？但保护野生动物是林业的使命，缺钱可以想别的办法，难道非得通过这种"短视"的方式？更何况，被允许猎杀的14种野生动物中，受国家保护的一类野生动物有3种，其余全都是二类保护动物。

疑问三：有必要"和国际接轨"，发展狩猎产业吗？

有说法认为，在国外，狩猎不仅是一种保护野生动物的有效手段，由此形成的狩猎产品和狩猎服务，还构成了一个规模不小的产业。在美国的狩猎文化用品商店，消费者不仅可以买到野生动物题材的油画、雕塑和雕刻，用动物皮制作的地图，还能买到鹿角形的蜡烛台等多种精美工艺品。对狩猎者而言，狩猎不仅是一种娱乐活动，还是一种文化体验。

用野生动物皮做地图，在几个世纪以前是实用之举，而今则是单纯用来做工艺品，这种所谓"文化体验"其实并不值得大张旗鼓地提倡，因为用野生动物加工并不具有太多实用价值的物品，有悖保护野生动物的社会主流观念。

据介绍，有关方面还正积极筹备成立中国国际狩猎俱乐部，与国际接轨，从而带动中国狩猎产业的发展。而拍卖狩猎野生动物额度，有利于国家对这一资源进行市场价值评估。

记者认为，我国野生动物的种群数量虽然得到了一定的恢复，但远远没有达到不杀不行的"饱和"程度。这一领域被当做产业来开发，得不偿失。而所谓狩猎这种"高尚的户外运动"，实际上在我国就是一种与国人无关的"上流社会的野蛮游戏"。是否有必要培育狩猎野生动物的市场，应当三思而行。

疑问四：为什么只允许有钱人猎捕以及如何做到有效监管？

“凭什么你花了钱就能打，我就不可以？而当地人为了生存打一只来卖为什么也不可以？”这是近日就这一焦点话题展开的讨论中一个很有代表性的观点。据了解，允许猎杀的野生动物都有基本价格，一只盘羊为1万美元、岩羊2500美元、马鹿6000美元、藏原羚1500美元。

据称，狩猎额度是根据当地野生动物的种群情况制定的，猎杀什么野生动物和猎杀多少都是有专家详细调查后确定并分配给各个地区的。狩猎要在指定的区域和时间进行，并有导猎人员的指导，而时间必须是在野生动物的发情期和繁殖期之外进行。国家林业局野生动植物保护司有关负责人说，在极其严格的限定下，狩猎不会破坏野生动物种群。

有专家表示，具备国际狩猎代理资质的多为旅行社。“有限度狩猎”一旦成了旅游项目，在市场利益的驱动下很容易变成“无限度滥杀”。而地方林业部门既然有了经济利益目标，当“保护”遭遇“产业”时，到底还有多少举动能不被金钱所冲击？又有谁能保证这个“限量版”的狩猎会完全遵守游戏规则？（完）

写作任务要求

1. 指出这篇报道属于哪一种类型的新闻述评。
2. 结合这篇作品的具体内容，分析新闻述评与消息、评论、调查报告的不同点。
3. 结合这篇作品的具体内容，分析新闻述评写作的具体表达特点。

第一节　对新闻述评的基本认识

一、新闻述评的概念

新闻述评又称“述评新闻”、“记者述评”、“新闻分析”等，是一种介于消息和新闻评论之间、用夹叙夹议的方式反映国内外重大事件与问题的报道手法或体裁。新闻述评在报道事实的同时，还要求对事实（有时是一个事件，有时是社会问题）进行解释和分析，介绍其背景、预测其发展，揭示其实质、阐述其意义。因此，在国外，新闻述评又被称为“解释性新闻”、“分析性报道”，是一种越来越受到新闻媒介和广大受众重视与欢迎的新闻品种。

据美国一位新闻学家统计，美国享有盛誉的《基督教科学箴言报》刊登的新闻中，90％左右属于解释性报道。1978年出版的《世界大百科》把解释性新闻增多列为20世纪西方新闻事业发展的一大趋势。[①]

新闻述评的出现并风靡报界绝不是偶然的，它是新闻文体适应社会发展、满足

---

① 樊凡：《中西新闻比较论》，武汉出版社1994年版，第226页。

受众需要的产物。21 世纪以来，首先是在西方资本主义国家，随着社会、经济的迅速发展，各种社会现象变得更加错综复杂、难以把握，过去盛行的“纯客观报道”手法，越来越显得浮光掠影，不能满足受众对新闻的需求。新闻述评在一定程度上能够弥补纯客观报道的不足，又能避免评论的主观色彩。

二、新闻述评的特点

有人说，如果把消息、通讯比做枪，把评论比做炮，那么，新闻述评则是兼具轻重武器的机关炮。这个比喻形象地表达了新闻述评的基本特点。为此，新闻述评的特点，应该从文体兼容性和主要内容上加以分析。

（一）兼容消息与新闻评论职能

一方面，它要报道新闻事实，较为详细地介绍有关背景材料，类似于消息写作；另一方面，它还要在报道的基础上对事实和材料进行分析解释，发表看法，又类似于新闻评论写作。正因为如此，所以人们习惯于把新闻述评划入消息或者评论的范畴。也就是说，新闻述评是一种兼具消息和评论双重特征的独特报道方式。从写作方法看，评述结合、夹叙夹议是新闻述评的主要特点。

（二）涉足受众普遍关注的问题

1. 受众普遍关注的社会现象和社会问题。这些社会现象和问题常常事关全局，与人们的生产和生活息息相关。抓住了它们，就是拨动了社会生活之弦，会引起强烈的反响。由于社会生活的复杂性，客观报道的手法很难把这些社会现象和问题说清楚，新闻述评以其述与评结合的长处，可以大显身手。如《分清主流与支流，莫把开头当过头》和《有钱莫花光，留点买住房》两篇述评，都是针对人们一段时间内普遍关注的、事关全局的社会现象和问题展开述评的。

2. 国内外发生的重大新闻事件。重大新闻事件是受众普遍关注的，新闻述评通过介绍其前因后果，分析其实质意义，让受众更好地把握新闻事件的意义，满足他们“知其所以然”的新闻需求。需要说明的是，有些事件表面上看起来并非重大事件，但“一滴水见太阳”，其背后隐含着深刻的主题，也是新闻述评报道的题材。

三、新闻述评与相关新闻文体的区别

（一）新闻述评与一般新闻消息的区别

1. 和一般消息相比，新闻述评的不同之处在于，一般消息只叙述事实，是“无形的意见”，其思想倾向性隐藏在对事实的客观报道中；而新闻述评在叙述事实的基础上还需要画龙点睛，发表“有形的意见”，记者的主观倾向性十分明显。

2. 新闻述评由于要对新闻事实进行分析、综合，挖掘“新闻背后的新闻”，就时效性而言，要比一般消息差一些。

（二）新闻述评与新闻评论的区别

和新闻评论相比，新闻述评虽然也需要依托事实发表意见，但两者对事实和意见的处理有显著不同：新闻述评一般要对新闻事实做较为全面、详细的介绍，以叙为主，议论点到即止；新闻评论则是一种以发表意见为主的新闻体裁，新闻事实只是证明论点的论据，通常不需要做具体、详细的介绍。

（三）新闻述评与新闻调查的区别

新闻述评和调查报告比较接近，都需要有材料、有观点，所以也有人把它们归入同一类型，统称“述评性新闻”。但细究起来，它们也有差别。新闻述评的新闻性更强；调查报告的容量更大，内容更具有专题性、系统性，时效性一般不如新闻述评。

具体到一篇作品中，述与评各占多大比例，要根据实际情况来定，不可一概而论。一般说来，新闻述评是以报道事实为主，而以评论事实为目的。从篇幅上看，往往述多于评；从内容上看，则是评重于述。

第二节　新闻述评的分类

根据述评的对象和内容，人们一般将新闻述评分为四种类型：事态述评、形势述评、工作述评、思想述评，也有的还加上问题述评。

但是，这种划分也存在界限模糊的问题，一是不同类型的述评之间，在写法上并没有什么区别；二是有些作品很难说清楚到底属于哪一类。比如，《分清主流与支流，莫把开头当过头》（《人民日报》1979 年 5 月 16 日）是一篇很有影响的述评新闻，作者范敬宜针对农村中一段时间内出现的“生产队自主权强调过头了，现在下面都不听指挥了”的思想论调，走访了一些社队，摸清了问题的真相，从大量活生生的事实中得出了这样的结论：“尊重和维护生产队自主权是党的十一届三中全会确定的发展农业生产的重要政策，我们一定要坚定不移地去继续贯彻落实。大量工作在等待我们去做。这里最重要的是领导干部对客观形势有一个清醒的正确的估计，分清主流与支流，千万莫把‘开头’当做‘过头’。”这篇作品，既是对辽宁农村形势的述评，也是对农村中一些人糊涂思想论调的述评，似乎称之为思想述评和形势述评都无不可。

新闻述评既然是缘事而发表评论的，具有消息范畴特性，那么我们就应按消息的划分办法，将其分为两大类：一是事件性新闻述评，二是非事件性新闻述评。

一、事件性新闻述评

事件性新闻述评就是记者在报道国内外重大新闻事件的同时。对这些事件进行分析解释。

1. 从报道的对象看，事件性新闻述评的对象是新近发生的重大新闻事件，是事物发展过程中的质变，具有较强的新闻性和时效性。

2. 事件性新闻述评开头有一般消息的导语，交代新闻五要素，重点笔墨在“为何”和“如何”上。

3. 在新闻的主体部分，事件性新闻述评常常要介绍大量的背景材料，对事件的来龙去脉进行分析、解释，阐述其意义，预测其发展。由于事件性新闻述评运用了大量的背景材料，在事实的基础上说话，显得客观公正，适合重大国际新闻报道。

《人民日报》1997 年 3 月 24 日、25 日连续发表了两篇国际新闻分析：《危险工程强行上马，巴以冲突再度升级》和《美俄首脑会晤：权轻重搁置分歧，计得失相互让步》，述评东耶路撒冷哈尔霍马犹太人定居点正式动工和美俄首脑赫尔辛基会晤两起举世关注的重大事件。这两篇述评的时效性都很强，开头部分都交代了新闻的五要素，而落脚点在“如何”和“为何”。

【案例】（上述第一条述评的开头）

18 日下午 2 时 30 分，以色列总理内塔尼亚胡一声令下，东耶路撒冷的哈尔霍马犹太人定居点正式动工了。随着四台大型推土机的隆隆轰鸣声，哈尔霍马山头的容貌在开始改变，这一强行上马的危险工程，势必将巴以和平进程推向危险的边缘。

接下来，述评通过大量的事实材料，重点分析了“危险工程”上马的原因。

二、非事件性新闻述评

非事件性新闻述评属于非事件性消息范畴，它常常是就某种社会现象和思潮、工作中的经验教训、事物发展的总体态势展开述评，一般没有显著的变动点，是事物发展中量的积累，时效性较差，综合性较强。

非事件性新闻述评一般在开头就提出看法或者摆出所要述评的问题，然后用事实进行分析说理，得出解决问题的办法，启发受众、引导受众。

【案例】

“东北现象”引起各方关注

赵玉庆　刘广军　马义

新华社 1991 年 3 月 20 日电　经济发展曾经居全国前列的东北三省近年来工业生产步履维艰，去年黑龙江、辽宁和吉林工业增长率分别居倒数第二、第四和第五位，经济效益也处于落后地位。这一异常情况正在引起各方关注，称之为“东北现象”。

据统计资料表明，1990 年东北三省工业总产值仅比上年增长 0.6%，与全国平均增长 7%的水平相差甚远；预算内企业实现利税下跌 25%至 45%，明显大于全国平均 18.5%的降幅。今年头两个月工业生产虽有回升，但仍未摆脱困境。

东北是我国的“工业巨人”。论实力，东北三省拥有大庆、鞍钢、一汽等 1700 多家国营大中型企业，占全国总数的七分之一强，机械、冶金、石油、煤炭、化工、建材等行业在全国占有举足轻重的地位。论条件，东北三省资源丰富，交通发达，科技力量雄厚，发展经济可谓得天独厚。

"工业巨人"步履蹒跚、行动迟滞的反常表现，催人深思：

——东北工业结构"一头沉"，重工业产值占三分之二，产品多为大型机械装备和基础原材料，当国家压缩基建规模，实现经济调整时，便显得船"沉"难掉头，适应不了市场的急剧变化。

——大中型企业比重大，国家指令性计划任务重，经营机制缺乏活力。产品平价调出多，原材料则议价购进多，去年仅辽宁省因"高进低出"就多支出了30亿元。

——骨干企业大多建于"一五"时期，为国家建设奉献了"大半辈子"，而今已"青春"耗尽，设备陈旧，工艺落后。由于无力进行大规模技术改革，三分之二的设备落后于全国先进水平。有人形容东北是一个"被链子锁住的巨人锁住了手脚，也锁住了思想"。在商品经济的舞台上，东北明显没有南方沿海开放地区活跃。去年东北三省为启动市场举办的一些展销会，唱"主角"的多是外地企业，本地企业反倒只是"跑跑龙套"。同样在东北，吉林化学工业公司、沈阳电缆厂、哈尔滨锅炉厂等一批先进企业锐意改革，脱颖而出，但有些企业还没有摆脱产品经济的模式，迈不开搞活的步子。

"东北现象"已开始唤起9900万东北人的忧患意识，特别是在经济领导部门和经济理论界引起很大震动。他们普遍认为，重振"工业巨人"雄风的根本途径是深化改革，调整经济结构，扎扎实实地搞活大中型企业。为此，黑龙江省已经制订了搞活大中型企业的八条措施，吉林省也开始实施企业组织结构和产品结构调整的"大动作"。辽宁省正在组织经济界、企业界人士探讨"东北现象"的深层次根源，进一步解放思想。

【分析】 这是一篇非事件性新闻述评。

1.开门见山，直奔主题。文章开头单刀直入，提出问题："经济发展曾经居全国前列的东北三省近年来工业生产步履维艰"，"这一异常情况正在引起各方关注"，也令读者不得不"关注"产生"东北现象"的原因及其对策。

2.用评述相结合的方式，夹叙夹议，针对"东北现象"产生的根源进行了深入的剖析：既有客观的历史原因，更有"在商品经济的舞台上，东北明显没有南方沿海开放地区活跃"的深层次原因。结尾一段，借权威人物之口，提出了深化改革、调整经济结构、扎扎实实搞活大中型企业的对策。令人信服地揭示了老工业基地和国有大中型企业遇到的共同问题，它不仅对东北老工业基地，而且对全国类似地区和企业产生了"强烈的警示和有益的借鉴作用"(新华社副总编辑张万象语)，更加发人深省。

3.视野开阔，言之有物。文章从过去写到现在，从东北写到沿海，俯视东三省，瞭望南海边，视野开阔；注重用事实说话，且材料翔实，数据准确，言之有物，有理有据。

4.脉络清晰，条理分明。文章按照提出问题、分析问题、解决问题安排结构。

5.语言形象，文风活泼。作者采用大量比喻、拟人等修辞手法，增强了文章的可读性。诸如"'工业巨人'步履蹒跚"、"船'沉'难掉头"、"奉献了'大半辈子'，而今已'青春'耗尽"、"被链子锁住的巨人"、"唱'主角'"、"跑跑龙套"等。

第三节　新闻述评的写作要求

一、多方材料，综合运用

一篇新闻述评是否成功，能否启发受众的思考，发挥较好的社会作用，首先取决于记者的材料搜集和正确运用，要重视材料的多方面把握，综合运用，由材料事实引发多角度分析评论，要做到视角看得全，问题抓得准。

记者在日常采访中，特别是参加一些重要会议的时候，有时会获取某些地区或某项工作的综合性总结材料，这些材料翔实、丰富，从中可以找出规律性的东西，对实际工作有很强的指导作用，是新闻述评的宝贵题材。现在新闻媒介上经常采用的年终专稿、工作综述，多属此类。

二、评因述生，评述交融

所谓述与评的交融，即结合对新闻事实的叙述，以事实来说明问题、阐释道理，做到述中有评，评中有述，层层深入，力求叙述和评论水乳交融，防止述、评脱节。但要注意，叙述事实毕竟是新闻述评的主要内容，应当在新闻中占主导地位，评论的内容则是从中生发、引申出来的。

三、虚实结合，夹叙夹议

所谓虚实结合，即述是实际理由，评论是要表达的目的；所谓夹叙夹议，其中述第一，评第二，其位置决不可颠倒。必须结合对事实的叙述，就实论虚，依事论理，所作的结论也必须是事实逻辑的必然结果，而不是靠抽象推理得出来的。这样紧扣事实，虚实结合地进行评论，才能发挥新闻述评特有的作用。

四、深入开掘，议论精辟

新闻述评必须针对事情深入开掘，记者在掌握大量事实材料的基础上，形成的观点和见解，在叙述事实过程中，进行思辨，分析要深入，说理要透彻，看问题要一针见血，又以理服人。这就要求记者不但要有敏锐的观察力，还要有比较强的分析和判断能力，有比较高的理论水平。

五、条理清楚，逻辑严密

虚实结合、夹叙夹议主要是解决新闻述评写作"言之有物"的问题，而条理清楚、逻辑严密则是"言之有序"的要求。新闻述评为了挖掘新闻事件的"如何"和"为何"，说清其前因后果等"新闻背后的新闻"，通常要使用较多的背景材料，如果杂乱无章地在文章中堆积材料或者评述脱节，那么什么也说明不了，更谈不上逻辑严密。解决的办法就是以观点统帅材料，按照观点与材料之间的内在逻辑来组织材料、安排结构，做到观点突出、条理清楚、环环相扣、无懈可击。

六、案例分析

【案例】（载于《经济日报》2003 年 6 月 18 日，作者：程远）

日产，东风"走出神龙架"的"发动机"

本报讯 6 月 9 日，对中国汽车业来说真是个好日子，武汉与北京同时有两大合资项目签约：一是东风与 Nissan 日产合资的东风汽车有限公司成立，一是中国重汽与沃尔沃合资的济南华沃卡车有限公司签字，投资额分别为 167 亿元和 16 亿元人民币。担心"非典"会影响国外跨国汽车公司到中国投资信心的人们，可以踏踏实实地把心放到肚子里了。中国有如此巨大的汽车市场，谁能不为之心动呢？我们需要外商投资，外商更需要我们的市场，该来的都会来。

与去年 6 月 14 日一汽与天汽、丰田闪电般的联合不同，人们似乎还在半信半疑之中，一汽、天汽、丰田的手就已紧紧握在一起了。而东风与 Nissan 的合资则有点吊人胃口，"只听楼板响，不见人下来"。时间一推再推，从 2001 年 7 月 6 日项目启动，到最近合资公司成立，前后历时 23 个月，才"终于"完成了这"惊险的一跳"。

东风与 Nissan 合资签约的一推再推，是因为这个项目特别大，外方投资 10 亿美元，一次拿出这么多的真金白银，在中国汽车合资史上是第一次。正如苗圩所言，合作规模之大，合作契机之深，在对外合作史上是前所未有的。他将其称为"一项创新性的事业和庞大的系统工程"，而合资公司既生产商用车又生产乘用车，这是和往次合资最大的不同点。

几年前，天汽集团总经理林引由自身所处的困境中悟出一个道理："中国汽车市场上竞争，不在于你是谁，而在于你背后站的是谁"。请看上汽集团，当年不过是一批"弄堂小厂"，就是凭借大众、通用两个强大靠山的支持，坐上了国内轿车生产的头把交椅。

去年一汽与天汽重组时，人们就说"项庄舞剑，意在沛公"，一汽其实看中的是天汽背后的丰田。尽管一汽从产品规划和地域发展角度，做出了"并非如此"的解释，但很快与丰田发展了更紧密的合作关系，迅即在天津经济开发区新建工厂，并将丰田的四个热销产品拿到中国生产，似乎又"不打自招"了。在今年的上海车展上，一汽凭借与大众、丰田、马自达合作的强大背景，摆出了七大品牌的强大阵容，提出"第一汽车"的概念，气势咄咄逼人，连东道主上汽集团在自己家门口也不得不让它三分。而东风因与 Nissan 合作未能于车展前签约，车展时集团几大板块被分割得七零八落，就显得十分单薄。

如今，跨国汽车集团差不多都进了中国，而中国稍有头脸的汽车企业也差不多都合资了，与国际汽车融合，已经成为中国汽车唯一的选择。如今衡量一家汽车企业实力的大小，常常会看它有几个国外合资伙伴，都是什么样的合资伙伴。这也是人们特别关注东风 Nissan 合资项目的缘由。

东风新公司总部注册地在武汉，使东风公司顺理成章地实现了“蓄谋已久”的“迁都”计划，十堰将保留一个商用车的核心运营基地。襄樊将拥有轻型商用车和乘用车的主要工厂，而广州将成为新公司最重要的乘用车实验核心基地。此前与 PSA 标致雪铁龙合资的神龙公司注册地也在武汉，东风公司的指挥中枢理所当然地会移师武汉。

在 20 世纪 80 年代末，老东风就曾跃跃欲试要“走出神龙架”，当然是指经营战略和思维理念而言，但是偏踞秦巴山区的十堰小城，确实给东风公司带来了无数负面影响。1992 年成立了当时投资最大的汽车合资公司，但是神龙不仅没有把东风带出神龙架，反而差一点将东风拖进了债务黑洞。

经过近几年来的重组整合，不仅东风公司本身销售和利润都连续翻番增长，与雪铁龙公司的合资，也升格为与 PSA 集团的合资，注册资本增加到 70 亿元，又导入了一个新的产品平台，同时生产标致和雪铁龙两大品牌。前年东风又参股悦达起亚，也就连上了韩国现代，同时还扩大了与本田的合作。与 Nissan 合资的最终签约，使东风成为今天占有跨国公司资源最多的国内汽车公司。这么多资源，足以使苗圩纵横捭阖，左右逢源，困守神龙架一隅的日子，将成为东风难以忘却的过去。

16 日，也就是东风 Nissan 合作协议签署后的一周，新公司第一款汽车“阳光”，便在广州下线了。未来的发展前景，还要看中村克己及其管理团队在 11 月拿出中长期规划，但仅现已明确的 2006 年新公司产销量达到 55 万辆，已经足以让苗圩欢欣鼓舞一阵子了。

戈恩先生说，“东风汽车是 Nissan 公司走入中国市场前沿的钥匙”，而对苗圩先生来说，Nissan 公司则是他带领东风集团走出神龙架的发动机。

【分析】 1. 消息标题夺人眼目，在叙述新闻事实的同时就表明了作者的主要观点。

2. 导语简述了新闻事实的主要内容，表明作者的观点，同时引起消息的下文。

3. 正文边述边评，无论是背景介绍还是新闻主体，对新闻事实的叙述、相关评价和论述等有机地融合在一起，引发读者的思考。

4. 消息的结尾总结全篇，提升评述的层次，让人们读了回味无穷。

实训练习题

1. 在近期的报纸上选一篇新闻述评认真阅读，进行写作特点上的解剖。

2. 采写一篇新闻述评。

第十章　新闻其他边缘体写作

第一节　调查报告的写作

一、调查报告的概念

调查报告是关于调查研究成果的报告，本属政务、事务文体，各领域、各单位均在使用。调查报告属于新闻写作的边缘体，这一文体有利于新闻的深度事实报道。

新闻媒体上出现的调查报告，又称新闻调查，一般具有信息性、动态性和全面性的特点。新闻是事物变动的信息传播，作为相关的调查报告，它首先是一种信息载体，要满足受众的信息需要，并在传播过程中引导舆论。

调查报告应当力求新鲜、重要，并有指导意义。新闻是事物变动的信息传播，作为新闻边缘体裁的调查报告，就要注意从事物的自在运动中去认识事物。不仅要着眼于它的现在又要顾及它的过去，还要看到它的未来；不仅分析它存在的理由，又要找出它变化的根据；不仅注意它的现实性，还要注意它的可能性；不仅要掌握它的量变，还要掌握它的质变。这样，才能认识事物的规律，回答提出的问题。

现实社会是一个由许多独立因素组成的巨大系统，要用系统的观点来观察事物。调查报告既要注意到事物的正面，又要注意到事物的反面与侧面，还要注意到事物的内部与外部、微观与宏观、定性与定量、历史与现实的各种联系，客观、全面地反映事物的本来面目，从中得出正确的结论。

二、调查报告的类型

（一）基本社情型调查

这是对一个地区、一个单位、一条战线的基本情况进行的综合调查，用以透视社会结构、阶段变化、生产关系、经济体制等方面的情况，为制定方针政策和相应的措施提供参考和依据。《农村科技服务体系调查》、《当代大学生择业倾向》、《面对房改：武汉市职工心态录》等便是这一类型。

（二）经验型调查

目的是为贯彻党的方针政策提供典型的新鲜经验。例如《构筑国家级艺术殿堂的成功之路——关于北京人民艺术剧院的调查》，就比较系统地总结了该剧院出作品、出人才、走正路的成功经验，这在当时许多地方感叹“话剧舞台沉寂”之际，具有广泛的针对性和典型意义。

（三）揭露型调查

这是新闻媒体实施舆论监督的一个重要方式，通过揭露曝光，促进社会发展中对于更多问题的发现和解决。例如《漏洞、漏洞——关于个体工商户税收情况的调查》，在列举和分析若干实例后，指出这是政策措施不完善所致，需要从政策上加以补救。

（四）研讨型调查

对不断出现的新事物、新问题，通过调查进行研讨，肯定成绩，分析矛盾，寻求解决的办法，以利继续前进。

三、调查报告的写作

（一）深入一线采访，占有大量事实材料

调查报告的写作，必须把深入调查放在首位，没有调查，无从研究，也就没有报告。在调查中，要大量、详细地掌握事实材料，特别是第一手材料，也要掌握第二、三手材料，即间接的材料；既要了解现实材料，也要了解历史材料；既要获得点上材料，也要获得面上材料；既要倾听正面意见，也要倾听反面意见，努力避免以偏概全，偏听偏信。

（二）发现新问题，总结新经验

要在充分地占有事实材料的基础上，抓住主要矛盾认真研究分析，找出规律性的东西。这就要求记者在写作时，不仅要靠丰富的事实材料，而且要靠政治、经济等深厚的相关理论功底，要熟悉相关的法律法规，在新闻写作中体现出正确的立场、观点、方法和党的政策。

（三）把观点和材料统一起来

正确认识和恰当运用材料，并使观点和材料统一起来。调查报告需要以充分的事实材料作依据，才能有说服力，但又绝不是大量材料的堆砌，而要有鲜明的观点。作为新闻体裁，还应尽可能做到寓理于事，并注意文字的通晓畅达，文风的生动活泼，结构的灵活多样。

四、案例分析

【案例】（载于《甘肃日报》2011年2月17日，作者：刘健、茆琛、林嵬、李亚彪）

中国社会新群体：大学生农民工生存状态调查

核心提示 这是一个令人关注的群体：他们出身农村、考上大学、进入城市，毕

业后与进城打工的父兄汇流，又重新站在了同一条起跑线上；他们与新生代农民工职业混同，工资相差无几，生活境遇同样是在城乡之间漂泊。对这样一个近几年涌现的年轻人群体，我们称之为“大学生农民工”。

保安员、保洁工、快递员、卖串串香的小贩、建筑工地绿化员、街头兜售手机的游商、做凉皮和刨冰的店员、汽车贴膜小工、胡辣汤小摊摊主……

看到以上打着“农民工”烙印的职业时，你可能无法想象，他们正是记者在重庆、河南、浙江三省（市）所调查的一批来自农村的大学毕业生所从事的职业。他们被赋予这样的称谓：“大学生农民工”。

论知识是大学生　讲身份是农民工

大学生农民工，一个正在变得庞大的社会新群体。

在重庆市白马凼公交车站附近，有一个隐没在高楼大厦中的城中村。这里的路面裸露着拳头般大小的石头，坑坑洼洼的街道污水横流。农民工和大学生农民工混居在一起，达数千人。

冬季的重庆阴冷潮湿。24 岁的姚明和 5 名室友，挤在城中村一间只有十几平方米的民房中，高低床、水泥地，袜子的臭味弥漫着，隔壁居住着一对农民工夫妇。来自陕西省高陵县药惠乡麦张村的姚明，2010 年毕业于西安科技大学电控学院，在重庆颐洋企业发展有限公司找到了一份超纯水机售后服务的工作，月收入 1500 元。“抽烟 6 元、早餐 1.5 元、车费 4 元、午餐 6 元、晚餐 5 元，我一个月至少需要 700 元生活费，剩不下多少钱。”

姚明的户籍还在农村老家，他告诉记者：“没有房子没有家，迁户入城有什么用？还不如在农村有块地。”究竟有多少大学生农民工居住在这里？姚明形象地比喻说：“我们像上千颗沙粒，渗透在农民工聚居区，渐渐地和农民工融为一体。仅从外表，难以分辨。”

每一座大城市里，都有类似的农民工和大学生农民工混居区，比如在郑州，他们就主要聚集在北环柳林、庙李、城北一带的城乡接合部。

大学生农民工这个新群体人数究竟有多少？重庆团市委最近的一次 500 份新生代农民工抽样调查显示，有大专以上学历的占比为 24.2%。

记者选取村庄、企业、大学班级三个与农村大学毕业生关系密切的点进行统计分析，表明大学生农民工是随着大学扩招、就业难加剧后，正在迅速壮大的新社会群体。

村庄。近三年，西安市高陵县药惠乡麦张村、重庆市荣昌县双河镇双河村四组、重庆市巫山县建坪乡中伙村三地大约有 22 人大学毕业，目前至少有 10 人的生活状态使其可以被视为典型的大学生农民工。

企业。重庆新龙湖物业服务有限公司中有农民工 1047 人，其中大专以上学历的有 117 人。

大学班级。来自河南省叶县下里乡的李太白，2008 年毕业于河南省科技学院。毕业以来，先后干过屠宰等体力活。他做了一个统计，大学同班有 19 名男生来自农村，除3人考上研究生、4人在企业上班外，其他12名男生都在郑州“漂着”。

半个月来，记者采访大学生农民工，与他们交谈、吃饭，走入他们的生活、情感。如果说改革开放的头30年，工业化的快速发展造就了2亿多城乡两栖的农民工大军，形成同工不同酬、贫富分化、留守儿童等诸多社会问题，那么今天值得深刻警醒的是，社会还在以同样的轨迹，造就出一个队伍正在逐步变得庞大的新群体——大学生农民工！

岗位在城市　保障在农村

周勇是重庆龙湖南苑小区的一名服务专员，居民在请他刷卡开门时，习惯称他“保安”。当记者得知这名保安毕业于一所211大学外国语学院英语本科，拥有大学英语六级证书，还能够用日语读写、对话时，惊讶之余深感知识与职业的错位。

周勇563分的高考成绩，曾在家乡重庆巫山县建坪乡中伙村引起轰动。四年后，得知周勇毕业后只找到一份月收入1000多元的保安工作，他60多岁的父亲走出家门，砌墙、修水塘，挣了上万元，帮他偿还了助学贷款。

“父亲给我还贷款时，怕我伤心，扯谎说是借的。那一刻，我真感到自己太没用了。”周勇说这话时，努力保持表情平静，“天冷了，我连一副手套都不舍得买。农村大学生背着助学贷款走出校门，在城里打拼是从负数开始的！我家幸亏在农村还有地，最近我与一位大学同学正合计着回家乡办一个养鸡场。那份以前看不上眼的土地，也许是我以后的保障。”

记者在重庆、河南、浙江等地调查采访的近百名大学生农民工，90%是农民工的后代。他们的收入与新生代农民工相差无几，甚至还比不上仍在打工的父母、兄弟。

杨晏琼毕业于三峡学院文学与新闻学院新闻专业，毕业后被父亲要求跟他在建筑工地学习墙体粉刷。杨晏琼对记者说，她和父亲同在重庆的建筑工地打工，她月收入1500元，而且今后涨幅有限，父亲日薪150元，是她的三倍。

记者在河南、重庆调查发现，大学生农民工的月薪在1200元至2500元之间，浙江稍高一些。

曾几何时，“考上大学，跳出农门”是农家孩子的最大梦想。但在农村大学生于城市落脚越来越难的社会背景下，与普通新生代农民工相类比的另一个共同点在于，绝大部分大学生农民工不再愿意迁出农村户口、放弃农村土地权益，这被他们视为最后一道保障线。

毕业于重庆城市管理职业学院的唐世伟在重庆一家小区从事绿化工作，户籍仍在重庆荣昌县双河镇双河村四组。他说：“在城里没有房子，迁过来还不如在农村，可以继承父母的土地。有地比没地好，更有安全感。”

大学生农民工群体过着“岗位在城市，保障在农村”、“平时在城市，过年回农村”的生活，游荡在城乡之间的生存状态，与普通农民工显现出趋同性。每一次面对他们青春的面孔，都让人感到他们对未来充满迷茫：我们到底属于城市，还是属于农村？

那么，与新生代农民工相比，大学生农民工有什么不同呢？重庆市人力资源与社会保障局农村劳务开发管理处处长唐继邦分析说，由于学历不同，大学生农民工对城市的期望值更高，不仅为了生存，更为了发展；他们知识水平更高，发展空间更广阔，维权意识更强，精神需求更高。但现实是，由于体力劳动者稀缺，大学生农民工就业初期整体工资水平偏低，甚至低于新生代农民工。

现实虽残酷　未来却美好

在城市市民、农民工、企业家等人群眼中，大学生农民工有着不同的侧面。但有一点，人们的认识是共同的，即他们有着美好的未来，也面对着残酷的现实。

浙江省农业厅经济管理处处长童日晖说，大学扩招之后，大学生从“天之骄子”和社会精英变为普通劳动者。

晏远刚在重庆嘉轩汽车密封件有限公司从事“接角”工作，这是一种全额计件的工作，平均60秒要做一个产品。

晏远刚十分感慨：“我本来已经农转非，现在又变成了农民工，没有关系就只能从头开始。”

尽管目前处境艰难，大部分大学生农民工依然觉得未来值得期待。实际上，社会公众中的大部分人也持同样观点。

从砖工逐渐成长为公司高管的黄玉健说，大学生农民工心态一定要稳定，看事情眼光要长远，实际上许多事情只要认真去干，凭他们的学识水平一定能干好。

让人欣慰的是，很多企业家也看到了大学生农民工的价值，在他们眼中，大学生农民工未来大有希望。

重庆新龙湖物业服务有限公司副总经理杨杰告诉记者，公司招收的100多个大学生农民工现在刚刚走上绿化员、客户服务专员等工作岗位。表面上和农民工相似，但是他们的学习能力强，工作中表现出了智商高和情商高的特点，经常提出优化物业管理流程的好建议。更让人看重的是，他们有很强的管理能力，这是多数新生代农民工所没有的。

重庆嘉轩汽车密封件有限公司总经理陈勇说，国外很多著名的大企业，有两个宝贝，一个是技术创新带头人，另一个就是大批成熟的高素质产业工人。大学生农民工走到生产一线去，将大大提升中国产业工人的整体素质，提升“中国制造”的水平。他强调说：“只要这些年轻人与企业一起同心同力地进步，他们的未来肯定很美好！”

【分析】 1.准确地抓取了“大学生农民工”这个重要而典型的社会群体进行调查，新闻价值凸显，意义深刻。

2.记者善于多方着眼，深入地挖掘，在调查中发现其中的问题，写作中不断探讨问题。

3.通过事实进行逻辑推理，阐述主张与观点，并预示未来，具有指导性。

第二节 工作研究

一、工作研究的概念

新闻体裁的工作研究是指对实际工作中重要的具有普遍意义的新问题，进行研究探讨，提出见解和主张，为领导决策服务或参与因社会需要所引起的公开讨论。

工作研究是一个新兴文种。它根植于党的思想路线、政治路线、组织路线的深厚土壤中，是一种极其宝贵的信息载体，具有巨大的生命力。它有助于开辟认识真理的道路，克服教条主义；它有助于补充、修订和调整决策，防止和克服主观主义和官僚主义；它有助于改革和开创各项工作的新局面，克服故步自封、因循守旧的思想。

工作研究这种述评结合的报道形式，改革以前早就出现过，但没有形成一种体裁。1978 年 9 月，新华社三位记者到四川采访，听到许多工矿企业的干部反映，中央有关业务部门对单项奖规定得过死，束缚了下面的手脚，影响了职工积极性的发挥。记者根据调查材料写了《企业奖励办法是否可以搞得灵活一些》。这篇报道表明记者敢于破除条条框框，从实际出发集中群众的意见，大胆提出自己的见解。它写得既不像通讯，又不像消息，但内容很重要，提出了实际工作中值得研究的问题，编辑部就给它起了一个名字——“工作研究”，于 9 月 23 日播发。自此之后，这种体裁在报纸上就时有出现了。它有很强的探讨性、启迪性，写作上不拘一格。

二、工作研究与相关文体的区别

工作研究与工作通讯不同，工作通讯是介绍贯彻党的某项政策，完成某项工作的成就和经验，要求报道工作的全过程（纵的），或互相联系的几个侧面（横的），材料翔实、细致、完整；工作研究则是抓住主要矛盾，分析原因，提出崭新的思路和见解。

工作研究也不同于决策方案，两者虽然都可以作为决策的依据，但工作研究不像决策方案那样，提出两个以上的方案，论证举优，供领导选择，它只是针对具体工作，经过分析研究，提出自己的见解。

工作研究也不同于调查报告，两者的区别是：调查报告侧重于回答“是什么”、“怎么样”，有时也要提出一些意见和建议；工作研究则侧重于回答“为什么”、“怎么办”，它不是一般性地提出建议，而是要提出独到的见解。

工作研究也是随笔性的，但它述评结合，带有理论色彩，主要从较深层面探讨实际工作中出现的新情况和新问题，包括经验教训、成败得失以及某项具体措施的可行性等。

三、工作研究的写作要求

（一）基础在调查研究

工作研究的题材，往往是实际工作中的确值得研究探索的问题，而且要占有大量材料，只有一般性的了解是无法下手的。因此，只有在深入调查研究的基础上，才能考虑工作研究的写作。这就要求对打算探讨的问题作专题性考察与分析，还要对问题产生的环境、背景作出系统全面的把握，而不能先有判断再去取证，不能找到一点能够印证自己论点的材料就作结论。

（二）选题不可太大

工作研究以实际工作中亟待解决的问题作为采写题材。但选题范围不可太大，太大就成了工作通讯。选题口子小，并不是说问题不重要，恰好相反，它所研究的应当是当前群众十分关心的、具有普遍意义的问题。

例如《赶快兴办快餐馆》、《解决“缝衣难”的出路何在》，以及社会风气、治安环境、服务态度、中小学生流失等，抓住这些方面的选题，及时提出来研究，促使问题的解决，自然得到受众欢迎。

工作研究也可涉及改革和建设的重大问题，而选题的切入口还是小一点为好，这样，便于从内容上向纵深开掘，把问题说清谈透。

改革进程中出现的一些新鲜事，众说纷纭，究竟是好是坏？搞得搞不得？以工作研究形式把它提出来探讨，将有助于解放思想，推动工作。例如发表于1992年的《能否让职工多端几个饭碗？》叙述道：南方人惯称的“钟点工”，北方叫做“小时工”。这一行当在广州、上海堂而皇之地形成“第七十三行”——家庭服务业之后，逐渐在北方崭露头角，并且打破家庭服务的圈子，显示出极强的生命力。成千上万的“小时工”，对繁荣经济、活跃市场功不可没，但为现行体制所限，难以合法化、公开化、普遍化。在这篇工作研究中记者提出了自己的见解，认为“小时工”是很值得提倡和尝试的改革方略。

（三）科学评述，辩证分析

工作研究要依据确凿的事实分析问题和作出结论，这些分析，要用事实来说话，让人毋庸置疑。

例如《整顿长江航行秩序刻不容缓》一文说，长江水道一开放，沿江各地大大小小的集体联营船、个体户船、夫妻船都跻身于运输行列，出现了千轮争流、万船竞发的局面，对搞活经济、促进交流起了一定的作用，但事故也增加了。接着指出，长江水道复杂，滩多、礁多、水急浪大，船舶来往频繁，加之各类小船的船工素质不高，缺乏应有的培训与考核。因此，仅能在小河、湖泊运输的船舶，盲目入江，就难免要出事。文中以事实说话，让人们觉得长江航行秩序非立即整顿不可。

第三节 调查式来信

调查式来信和读者来信是用书信体的形式在报纸上反映情况、发表意见的方式。这种方式反应灵敏，不拘一格，内容丰富，书写迅速。可以对有普遍意义的重要问题发表看法，也可以对有典型意义的具体问题阐明意见；可以阐述经过深思熟虑得到的真知灼见，也可以发表不成熟的探讨性意见。

一、调查式来信的作用

（一）弘扬社会主义精神文明

运用书信形式写亲身感受，在报纸上赞扬社会的新风尚，表彰好人好事，使人振奋精神，增长斗志。例如，全国好新闻《三次碰壁受教育，秉公办事应学习》（《北京日报》），使读者从不正之风到处碰壁的事实中，看到实现党风、社会风气根本好转的希望，给人以信心和力量。

（二）针砭时弊

运用书信揭露社会不正之风，揭示和批评生活和工作上的错误现象，引起领导部门的重视，从速处理，伸张正义，打击邪气。如全国好新闻《如此"超重补票"》（《广州日报》），通过反映旅客无过被罚，经济上蒙受损失的事实，揭露铁路运输中存在的不良风气。来信见报后，引起有关部门的重视，及时采取果断措施，狠煞了乱罚款的歪风。

（三）舆论监督

运用来信进行舆论监督，帮助领导机关了解党的方针、政策在群众中贯彻执行的情况，向上传递信息，沟通情况，改进工作。

以全国好新闻《冒富大步有新的三怕》（《宜昌日报》1983 年 2 月 27 日）和《民选厂长方兴文治厂有方为何被免职?》（《贵州日报》1983 年 9 月 24 日）两稿为例，前者揭露了某些农村基层组织和一些干部的"红眼病"问题，作者精练地概括出"一怕端、二怕掺、三怕摊"九个字，形象地勾画出害"红眼病"的症状，反映了"两户"的意见和要求。来信刊出后，读者称赞它"说出了农民的心里话"，"为'两户一联'的发展立了大功"。后一篇来信对企业管理体制改革中出现的新事物予以支持，为改革者立言，维护了职工的民主权利。

（四）讨论和探索

用来信在报纸上对社会、经济等各个领域的问题进行纵深探索，大胆提出设想和建议，为有关部门提供作出决策的参考性意见。

全国好新闻《漫步首都商场观感》（《广州日报》）一组三篇稿件，就有很强的探索作用。这组来信围绕“广州轻纺产品为何不在北京‘亮相’”这个问题，在做了大量调查研究之后，提出了产品销售中的“生意经”，对有关部门的工作很有参考价值。

（五）为读者服务

不少报纸开办“信箱”、“问事处”、“信访问答”等栏目，运用来信的形式解答读者提出的涉及群众切身利益的政策性的具体问题和其他读者关心的问题，都很受读者欢迎。

二、写调查式来信的注意事项

（一）所提问题要有典型的社会意义，有利于社会的稳定发展

不同时期群众关心的问题是不一样的，要急群众所急，想群众所想，使来信贴近群众。要善于把舆论引导到执行党的中心工作上来，形成有利于执行党的方针政策的舆论环境。不仅要提出问题，还要提出解决问题的方法，以利于社会的稳定发展。

（二）所写材料要真实具体，经得起核实，所提观点要有充实的材料

以全国好新闻《一纸合格证，吃喝知多少》（《湖南日报》）为例，文中列表公布了一家工厂的一个合格产品，为了得到合格证请客花费的具体费用，计有住宿、饭菜、酒水、香烟、瓜果、茶叶、礼品被、礼品包、电影费等10项，每项的费用和总计的费用都非常可观。这封信写得简洁清楚，既无废话，又无华丽的辞藻，将事情交代得具体而明白。

（三）要有真情实感

来信都是作者有感而发，充满肺腑之言，喜怒哀乐寓于字里行间。

全国好新闻《愿把爱情献给忠诚于祖国的战士》写道：

我从小一直想当一个解放军战士，可是由于许多原因，始终未能如愿。但这许多年，我对部队、对战士的生活一直是向往的。无论在什么地方，我一见到身穿绿军装、头戴红五星的战士，心里总泛起一种亲切感和信任感，想摆脱也摆脱不了。

中专毕业后，我参加了工作，逐渐面临着要解决个人问题。我的女伴中，有的要找研究生，有的要找工人……可是我，就想成为一个军人的妻子！看了电影《天山行》，我在被窝里偷偷哭了半宿。我们的战士，尤其是坚守祖国边陲的战士，居然不被自己很亲近的人所理解，真使我感到不可思议。现在社会上也有一些姑娘不愿找“当兵的”，这是怎么一回事呢？而我，假如能成为一个军人的爱人，那我将感到“三生有幸”。

（四）表达方式不拘一格，要生动形象，尖锐泼辣，能吸引读者

由于读者来信的内容无所不包，因此，表现形式上应不受其他新闻体裁写作方法的约束。作者可以采用各种方法来表达自己的情感和意愿。如控诉、告状、揭

发、呼吁、检举、提问、感谢、评议等形式，把群众的呼声、要求、希望、困难、不满、冤屈、疑问、赞扬、建议等表达出来。

（五）标题简短明了

来信的标题与其他新闻文体的标题不完全一样。它的特点是：大多数为一行实题，很少运用引题和副题；力求通俗易懂并口语化；为了直言不讳地表达群众的要求、呼声，以设问、祈使和对称句为多。

例如以下来信标题：

这样的人怎能成为共产党员？

揭发走私贩犯罪活动何罪之有？

莫称“残废”人

不要对学生罚款

患者病情严重缺款无法根治

利用职权搞报复刁难殴打驾驶员

第四节 采访札记

“札”原指我国古代写字用的小而薄的木片，“札记”是求知的人读书时信手摘记的重点与写下的心得，颇具随笔性。

采访札记，是记者将采访中的所见、所闻、所感摘要记录下来，加以公开报道的一种新闻边缘体裁。它是一种可以公之于众的小型“情况反馈”，往往是记者完成新闻报道任务同时的副产品，着眼点在于交流信息、推动工作。

采访札记的题材范围较小，也不像通讯那样强调指导性，然而某些新发生、新发现的情况和问题，却又是为社会公众所关注的。记者用短小精悍的札记形式，把所见、所闻、所感如实记录下来，可起到阐明新情况、新问题，以及匡正视听、明辨是非和提醒注意等作用。

采访札记的写作方法比较自由，可以运用杂文、散文、政论等多种手法，以引起读者的关注和共鸣。写作时，应从三个方面去考虑，即尖锐泼辣，观点鲜明；生动活泼，富有新意；短小精悍，留有回味。

一、尖锐泼辣，观点鲜明

采访札记篇幅短小，最忌钝刀割肉，半天也割不出血来。要把问题鲜明地、尖锐地提出来，不能模棱两可，不痛不痒。

《一个工程师的苦恼》（《文汇报》1982 年 6 月 19 日）尖锐地提出了当时社会上普遍存在的一个问题：由于“左”的影响没有彻底肃清，某些单位的领导还对知识分子存在偏见，不认真落实党的知识分子政策，挫伤了知识分子的积极性。稿件采用鲜明的对比手法。一方面写上海市仪表局所属某厂研究所工程师陈祥祯学有专长，作出很大贡献；另一方面写厂长等少数人对他的压制、打击。读之令人愤慨！《文汇报》还就此发表了评论员文章《思想阻力何在》。这篇札记发表后反响强烈，上海市仪表局当天就派人到该厂了解情况，并对陈祥祯的工作重新作了安排。《人民日报》在第一版用消息形式转述了这篇采访札记，提出“对压制知识分子的现象不能熟视无睹”。

二、生动活泼，富有新意

采访札记如果写得枯燥无味，就没有人愿意看，也就不会有宣传效果。写采访札记，要像知心朋友谈心一样，亲切自然，生动活泼，妙趣横生。

新华社记者徐占琨在写采访札记《要大力支持出口商品生产》(《人民日报》1979 年 1 月 31 日)时，设想读者是老朋友，就坐在对面，于是就无拘无束，谈笑风生。这虽是一篇批评稿件，是一篇提出建议的稿件，但并没有板着面孔写，开头形象地描绘了参观福州雕刻厂的情景，写出自己得到的艺术享受。然后笔锋一转，写到厂长的苦恼，生产出口产品，连广州交易会展览馆都进不去，外贸部门又不及时和工厂签订合同，给工厂带来很多困难。接着，联想到江西景德镇的类似情况，希望有关部门大力支持出口商品生产。结尾是这样写的：

夜深了，我放下报纸，走上阳台，仰望夜空，弯弯的月亮透过浮云，射出朦胧的白光，住处附近的山水亭台，若隐若现，天上人间，浑然一体。我仿佛看见泰山石雕的嫦娥、玉兔、景德镇瓷器滴水观音，都在这安谧的冬夜里活动起来，随着白云奔向遥远的地方，争当中外文化交流和贸易往来的使者。我想更大规模引进先进技术设备，加快四个现代化，就得千方百计生产出口商品，采用多种形式把出口贸易做大做活，以出养进。这就需要中央、地方、各行各业大力支持出口商品生产，提供必要的资金、设备，帮助他们解决实际困难，同时，外贸部门也要尽可能为生产出口商品的工厂提供方便，使他们更好地了解国际市场的情况，为出口商品畅销国际市场开辟道路。

三、短小精悍，留有回味

采访札记不能写得啰嗦冗长、令人生厌，也不能写得太直白，要言虽尽而意无穷，给读者留下充分思索和回味的余地。

新华社 1979 年 1 月 18 日到 2 月 9 日播发了采访札记《反对“开大锅饭”“吃大锅饭”——上海经济战线采访札记》。由于主题抓得准，切中时弊，发表后深受读者欢迎。这组札记中有一篇，以七宝酒厂粮食浪费惊人的事实，说明“开大锅饭”、“吃大锅饭”的危害。这个 300 多人的小厂，从 1967 年到 1978 年 8 月的 11 年中，共浪费粮食 1400 多万斤，足可供全厂职工吃近 100 年。稿件分析产生这种浪费现象的重要原因，是这个厂所用的主要原料粮食，全由国家包下来，工厂要多少就给多少，这种包下来的做法，实际是鼓励企业捧着社会主义铁饭碗“吃大锅饭”，成了落后企业的“保护伞”。据此，这篇札记建议物资择优供应，出酒率高的厂可以多给原料；

出酒率低，大量浪费粮食的工厂，要限期改进，过期不改，应停产整顿。

第五节 采访随感、采访日记、调查附记

一、采访随感

采访随感是记者在采访中的见闻，用随感录的形式书写成篇。采访随感与采访札记的不同在于，采访随感的叙事简洁、凝练，笔墨偏重于“感”，为此议论文字偏多，且形象生动，体现出浓烈的感情色彩。

【案例】（载于《合肥晚报》2006 年 1 月 26 日）

儿子为什么要与爸爸“公证”压岁钱？

24 日上午，成都城南某中学的初一学生王鸣（化名）来到公证处，要求公证一份“压岁钱协议”。“爸爸承诺每年过年都要给我压岁钱，但我现在已经 12 岁了，还从没有拿到爸爸发的压岁钱，所以我要与爸爸签订一份协议，要求他每年过年时必须给我发压岁钱，一直到我年满 18 岁。”王鸣说着，眼角还挂着泪花。

初看这则新闻感到十分可笑，孩子竟然把压岁钱也拿去公证，然而，细细寻思却无法笑出。是什么促使一个 12 岁的小男孩以“公证”的方式讨要“压岁钱”？

原来，期末考试以前，王鸣曾与爸爸约定，如果他的期末成绩在全班排名前 5 名，爸爸就给他 500 元压岁钱。结果他的分数位列全班第三，他要爸爸兑现承诺，他爸爸却找理由推托。他一气之下来到公证处，要求给“说话不算数”的爸爸一点压力。

在孩子们的脑袋中，春节收到“压岁钱”是“天经地义”也是最开心的事。王鸣每年都期盼爸爸兑现给压岁钱的承诺，却每次都落空，孩子失望的心情可想而知。不难看出，正是爸爸对他多次欺骗才让他想用“公证”这种法律手段来“对付”他的老爸，维护自身的“权利”。

父母是孩子的榜样，大人的言行对孩子影响至深。“人无信则不立”，这道理每个人都懂。当我们在教育孩子要讲诚信时，却屡屡在孩子面前失信。这必然对孩子未来的成长造成不利的影响。

在当前的教育中，一些父母往往只注重孩子的成绩，而忽视对孩子的品格等方面的教育。王鸣的父亲为了提高孩子的学习成绩，采用了利益刺激的手段来激发孩子学习的积极性，最终目的达到了，却又不兑现自己的承诺。在成绩与品质培养的天平上，他完全向前者倾斜。这种倾斜是极为有害的，极易培养出高分低能或人格不健全的“不合格产品”。

二、采访日记

采访日记，是一种以连续或有间隔的日记形式记述和评价新闻事实的报道。

这种报道形式可以追溯到民国初年名记者黄远生的日记体通讯。自1915年4月1日至5月8日，他一共写了15篇“新闻日记”，虽然不是每日一篇，但在当时的确是一个创举。

采访日记的体裁特点类似采访札记，主要区别在于，采访日记写法更为自由，或记事抒情，或感怀议论，更有发挥余地。采访日记不是严格意义上的通讯体裁，所以也不等同于早年的日记体通讯，而且在取材角度、表现方法等方面都有了新的发展。

三、调查附记

调查附记像是一种“微型调查报告”。不同之处在于，它是根据读者（听众、观众）来信（稿）反映的问题，编辑部派记者调查后写的“附记”，三言两语，文字简约。

据蓝鸿文教授介绍，“附记”可能渊源于“附笔”（书信写完之后另外加上的话），一是表明读者反映的问题是否属实，二是对问题给予简要的评论。有的调查附记提出的问题相当尖锐，如《人民日报》1979年11月30日刊出的调查附记《是县委大还是宪法大？》。

实训练习题

1. 采写一篇新闻调查。
2. 采写一篇情况反映。
3. 采写一篇调查式书信。

第十一章 深度报道

第一节 对深度报道的认识

深度报道是一种新的新闻写作体裁，鉴于它成熟的写作思维方式、功能模式、结构形式和重要影响，深度报道成为真正的继政党新闻、客观新闻后的“第三代新闻写作主流文体”。

深度报道系统地反映重大新闻事件和社会问题，深入挖掘和阐明事件的因果关系以揭示其实质和意义，追踪和探索新闻事件发展趋向。

一、深度报道的概念

（一）对深度报道定义的例举

深度报道定义据统计有50多种，其中具代表性的有：

1.深度报道是“一种阐明事件因果关系、预测事件发展趋向的报道形式。诞生于20世纪40年代，是新闻的五个‘W’和一个‘H’的进一步发展”①。

2.深度报道是“一种报道重大新闻事件或为社会舆论所关注的有争议的问题的报道方式”②。

3.深度报道是“介于动态消息与新闻评论之间的一种相对独立的文体。它是一种报道形式，通过系统提供背景材料，分析和解释新闻事件的性质、起因、后果、趋向等，就社会现象、经济现象、生活现象进行深层次的思考，分析矛盾，揭示本质，从而晓之以理、导之以行”③。

4.深度报道是“一种题材重大、报道面宽广、深刻透视新闻事件与社会问题，全息组合、富有理性思辨的一种报道形式”④。

5.深度报道是“运用理性的逻辑，通讯的技巧，消息的简明，文学的笔调，政论的气势，多侧面、多角度，超时空、深层次，生动反映和剖析重大社会现象和社会问

---

① 《新闻学简明词典》，浙江人民出版社1984年版，第172页。

② 彭朝丞：《“深度报道”的写作》，《新闻与成才》1988年第9期。

③ 吴培恭：《重视和开拓深度报道》，《新闻学探讨与争鸣》1988年第3期。

④ 刘炳文、张骏德：《新闻写作创新与技巧》，上海人民出版社1990年版，第159页。

题，以引起思辨、寻求出路的新闻体裁”[1]。

6. 深度报道是“一种系统反映重大新闻事件和社会问题，揭示其本质，追踪和探索其发展趋向的报道方式”[2]。

7. 深度报道是“运用解释、分析、预测的方法，从历史渊源、因果关系、矛盾演变、影响作用、发展趋势等方面报道新闻的形式”[3]。

8. 深度报道是“通过系统的科学材料和客观的解释、分析，全面深入地展开新闻内涵的报道形式”[4]。

(二) 对深度报道定义的归纳

总结以上定义内容，我们可以得出理解性的结论：所谓深度报道就是运用解释分析预测等方法，从历史渊源、因果关系、矛盾演变、影响作用和发展趋势等方面报道新闻的形式。它突破了一人一事一时一地的报道模式，一面剖析事实内部，一面展示事实宏观背景，把握真实性。要着重揭示原因(Why)和怎么样(How)两个新闻要素。

深度报道是一种追求深刻性的报道理念、思想方法和立体的思维方式与旨趣的新闻写作体裁。一篇深度报道包含的主要内容有事件、新闻背景、新闻前景、新闻过程、新闻分析、主观感性、新闻预测、对策建议等。

深度报道从调查走向研究，从感性走向理性，记者通过调查研究社会问题，从调查型记者走向研究型记者。深度报道的作用在于对社会问题作全方位的认识，并进行舆论干预，提升媒体的监督作用。

二、深度报道的起源

深度报道的前身是解释性新闻，起源于 20 世纪 30 年代的美国。美国的新闻学者把解释性新闻称为 1929 年经济危机的产物。那场席卷全美的经济危机使整个金元帝国一片混乱，美国人被打入了迷宫，不仅要求了解发生了什么事，更迫切要求了解事件的原因及其与政治、社会的关系。一些美国记者也意识到，运用客观报道手法的纯新闻已无法深入事件的深层，更无法剖析原因并揭示其影响与发展前景，这既不能满足读者要求，也违背记者的职责。于是，解释性新闻应运而生。

美国的新闻学家把解释性新闻报道的产生与发展，称为新闻写作的第三次革命。第一次新闻写作革命在 18 世纪中期，美、英等国的新闻文体从英国文学的抒情散文体束缚中解放出来，形成适合于报道的新闻文体；第二次新闻写作革命在 19 世纪中期，讲究导语写作，以“倒金字塔”式结构为框架的新闻报道在美国产生

---

① 陈健民：《深度报道初探》，广西人民出版社 1991 年版，第 64 页。

② 程世寿：《深度报道与新闻思维》，新华出版社 1991 年版，第 7 页。

③ 《新闻学大词典》，河南人民出版社 1993 年版。

④ 《宣传舆论学大词典》，经济日报出版社 1992 年版。

并风靡世界。而解释性新闻(也称深层次报道、有深度的报道)作为第三次新闻写作革命的产物,目前占了美国报纸的大部分版面,像《纽约时报》、《华盛顿邮报》等,一半以上的版面被解释性新闻占据。

三、深度报道在我国的发展

深度报道从20世纪80年代起在中国迅速崛起。党的十一届三中全会以后我国进入了一个改革开放的新时期,在这场深刻的社会变革中,新旧事物、新旧体制、新旧思想互相碰撞,各种社会问题被改革的上升流从“海底”带到“海面”,需要作出科学的解释与回答。

社会变革带来受众思维方式的变化,他们看问题的立场、方法日趋多元化,不再是非白即黑那么简单;新闻竞争促进了报道方式的改革,新闻媒介(首先是报刊)根据自己的特点,更多地把目光投向了报道的深度与广度上。所有这一切对我们这个时代的新闻记者提出了一个似乎有点高的要求,那就是不仅要提供事物变化的动态新闻,而且要对原有信息进行深度加工,深刻地揭示事物的本质,并给受众留下广阔的思考空间。就是在这样的时代背景催生之下,深度报道在我国新闻传播中被广泛运用。这是20世纪80年代中国新闻界的一件大事。仿佛是一夜之间,深度报道就向我们涌来:从《有胆略的决定》到《中国铁路的悲歌》,从《中国改革的历史方位》到《关广梅现象》,一时华章竞出。

深度报道至今已成为新闻媒体提升传媒品牌、扩大社会影响、加强舆论监督、吸引受众注意力的有力手段。

开风气之先的是新华通讯社、《人民日报》、《中国青年报》等一些媒体,涌现出了一批优秀的深度报道。1987年,受人关注的《关广梅现象》(《经济日报》)获得了全国好新闻特等奖,《人民日报》推出的《中国改革的历史方位》及《中国青年报》的“三色”报道(《红色的警告》、《绿色的悲哀》、《黑色的咏叹》)被授予特别奖。随后,以首都几家大报为代表,《命运备忘录》、《七届人大开幕前夕》、《大学生毕业成材追踪记》和《“放活”教授》等竞相发表,构成了一股势头强劲的深度报道热,冲击着社会,冲击着记者,也冲击着原有的新闻写作模式和新闻工作者的思维。因此有学者称1987年为“深度报道年”。此后,随着更多的电视、纸媒及广播等纷纷以深度报道的形式产生众多有影响的报道并引起人们关注,深度报道这种形式更深入人心。

四、深度报道的特点

各家对深度报道基本特点的看法比较一致,主要可以归类概括为选题、深度、涉足和笔法等方面。

(一)选题重要

深度报道的题材和主题重大。深度报道的对象不是一般的新闻事件,而是事关国计民生、受众普遍关注而又困惑不解的社会现象和社会问题,是实际工作中迫切需要解决的难题。

如《经济日报》的深度报道《关广梅现象》，围绕租赁企业姓“社”还是姓“资”这一根本性的问题，对社会上的类似现象展开讨论，澄清了人们的认识，有力地推动了实际工作。此稿荣获1987年全国好新闻特等奖。

（二）具有深度

深度报道的思想深、分析深、内涵深、开拓深。深度报道不仅要回答“是什么”，更重要的是要回答“为什么”和“怎么办”，并在此基础上深刻解释事物的整体轮廓与发展走向，揭示事物的本质，启发受众的思考。正是在这一点上，深度报道与社会反响也很大的典型报道区别开来。

《人民日报》发表的《中国改革的历史方位》和《改革阵痛中的反思》(1987年10月6日、7日)两篇深度报道力作，就是从国家发展和体制改革的交叉点出发，不断深化认识，回答了人们纳闷多年的问题：为什么资本主义道路在中国行不通、改革应向何处去，具有振聋发聩的社会效应。

（三）涉猎广泛

深度报道不限于一人一事一时一地的客观报道，而注重多人多事、多时多地，全方位、多侧面的报道，纵横捭阖、汪洋恣肆，显示出宏观的构思与磅礴的气势。

从报道的时间来看，深度报道纵贯古今，“以今日之事态，核对昨日的背景，从而说出明日的意义”。

从报道的空间看，深度报道能详尽地报道与新闻事件有关的方方面面，用以突出和衬托主题，增强报道的力度。

（四）笔法灵活

1. 多种手法有机融合。在一篇深度报道中，常常既有“通讯的技巧，消息的简明”，又有“文学的笔调，政论的气势”，各种体裁交揉互补，多样统一。

2. 报道方式多种多样。既有单篇的深度报道，也有连续报道、系列报道、组合报道等深度报道。

3. 表现手法异彩纷呈，有描写、有叙事、有议论、有抒情。

可以说，凡是有利于表现主题和吸引读者的体裁、方式、手法，都能够在深度报道作品中找到自己的一席之地。

深度报道的重、深、广、活等特点之间有着内在的密切联系。在一般情况下，只有重大的题材才能在报道中进行深度挖掘和广度拓展；求重、求广、求深的深度报道，篇幅相对要长一些，因而也更需要生动灵活、丰富多彩的表现手法。如果长而无物、枯燥乏味，深度报道的广度与深度便失去了存在的价值。

第二节 深度报道的发散性文体思维方式

一、对发散性思维的认识

“发散思维，就是以一个目标为中心，把思路向四面扩散，沿着不同方向，不同角度，思考问题，从而寻找解决问题的答案的思维方法。”这是美国心理学家吉尔福特提出的。他认为发散性思维是创造力的特质，与创造力有直接关系。发散性思维要求思维者在思维时，既要进行空间的拓展也要进行时间的延伸。所谓空间拓展，即对思维对象进行多要素、多结构、多层次、多方位的思考。所谓时间延伸，即一方面面对过去，回溯引起现实结果的多种原因；另一方面面向未来，探测对象发展趋势的多种可能性。

确切地讲，深度报道不满足于向受众提供简单的新闻事实，而是使新闻事实进一步深化。要求一方面剖析新闻事实的内部；另一方面展现新闻事实的宏观背景，从总体联系上把握真实性。

深度报道突破了“一人一事一时一地”的模式，要求对新闻事实进行跨时空的、由里到外的综合反映，要求说明事情的来龙去脉，阐明本质意义，预估事件的影响，提示发展趋向。

由此可见，深度报道的主要思维方式是发散性思维。从受众角度讲，任何事物的属性都不是单一的，而是多元化的，受众的需要也是多元化的。因此，深度报道的笔触应伸向社会热点和焦点问题，从不同角度揭示其典型意义和社会价值。

对比消息和通讯，可以看出，深度报道已不是简单的关注“点”和“面”等问题，而是一个“立体”，也就是说它的观照课题已由一维和二维转向三维的层面。

二、发散性思维的运用方式

在深度报道中，发散性思维的运用方式有连续式、系列式和组合式三种。

（一）连续式

只对新闻事件和新闻人物在一定时期内进行连续性报道，注重事件的同义性和内容的连续性，这种方式的深度报道通常追踪事物发展变化的过程和追溯以往事实的轨迹，用以探索事物的来龙去脉和问题的本质。它是在对事情结果毫无所知的情况下，伴随着事件的进程和人们对事件认识的深化，层层深入地展开报道，因而它特别能激起受众的关心，吸引社会参与，并在一起探索和反思。这种方式称为“连续报道”。

（二）系列式

只对典型的新闻人物、事件现象从不同角度、不同侧面、不同层次运用不同体裁报道。它不是单独追踪和描述事件的发展过程，而是用深邃的目光，深入剖析人物，在反映现实上具有较强的透视力。这种运用方式可称为“系列报道”。

（三）组合式

在同一主题下集合几篇不同内容、不同形式、不同来源的稿件，形成综合性和整体性优势，使主题在集纳与组合中升华的报道形式，可称之为“组合报道”。

第三节　深度报道的常用文体形式

一、深度报道的文体选择

深度报道作为新闻学中特有的文体形式出现后，除了外在形式外，还要以具体的主题倾向组合报道内容。深度报道发展至今，比较常用的几种形式是“解释型”、“调查型”和“预测型”。

（一）解释型报道

解释型报道是指主要用来解释新闻事实的一种深度报道形式。通过背景材料的大量运用，解释新闻事件的来龙去脉并揭示其实质、意义。

如果用“6W”理论分析，解释型新闻报道把 Why 放在最重要的位置，即揭示“新闻背后的新闻”。

（二）调查型报道

调查型报道又称“揭丑报道”。它是一种专门的揭露型报道，在西方它是报刊上的一种特殊报道形式，专门用来揭露社会阴暗面、政府的黑幕、大企业的罪恶勾当以及社会的内幕，等等。

在“6W”中，调查型报道关注的是 Who、When、Where 和 What 四个要素。由于受社会环境的影响和新闻发展需要，Who 类调查报道往往能引起较大的反响。

（三）预测型报道

预测型报道是指对受众关心的有可能出现的情况、问题进行科学预测的一种报道方式。其特点是具有前瞻性和探索性。

预测型新闻报道是在社会不断发展、媒体竞争日益激烈的情况下出现的，满足了广大受众想要了解事物的未来发展趋势的需要。

在“6W”分析法中，预测型报道关注的是 How 的问题，即根据丰富的经验和科学手段对事物作出“怎么样”的回答。

另外，新闻述评、调查报告、工作研究等形式都是深度报道的表现形式。

二、深度报道的结构形式

当消息以“倒金字塔”形式、通讯以其感情丰富的语言和“均衡原则”传递信息时，人们惊叹于它们的实用价值。那么深度报道有没有成熟的结构形式呢？美国的《华尔街日报》素以深度报道而闻名，这个报社流传着一句写作箴言："一千万人的死亡只是一项统计数字，而一个人的死亡却是一场悲剧。"点出了深度报道一种特有的结构形式：聚焦式结构。

（一）导语

深度报道的导语可以是一个与报道主题相关的最为典型的人物或事件的"白描"，可以是一段感人的情节，也可以是某人的独白或引语，其任务是提供一个生动的个案或场景，激发受众的受传兴趣。

（二）过渡主题

在实现主题的过渡上，首先，设法在个人的遭遇或经历与一个宏观或主观性的社会问题之间建立起某种联系，然后，点出报道的主旨，使报道顺畅地由个人问题的描述转换到对大问题的考察分析上去。

（三）发展主题

对大问题展开报道和分析，多层面地关照和透视主题，使主题得以全方位地展现。

（四）意味深长的结尾

如果报道从某位人物写起，就一定要以这个人物收尾，如果报道以一个戏剧性的场景开场，结尾也一定要回到这段场景中，使受众在对一个具体的人物或场景的感受中，再次回味大问题。

（五）充分延伸和拓展新闻"6W"要素

1. When：立足此时，追溯既往，推测未来。
2. Where：立足现场，左右延伸，纵横兼顾。
3. Who：立足事实，追踪采访，涉及相关。
4. What：立足此事，搜集情况，报道细节。
5. Why：立足直接，分析横向，追究纵深。
6. How：分析意义，注重结果，预测未来。

第四节　深度报道的一般写作要求

深度报道以其强烈的轰动效应对记者们构成了难以抗拒的诱惑。然而，深度报道重、深、广、活等特点，又决定了它比其他新闻报道体裁、方式更难以把握。采写深度报道的时候，记者在遵循新闻采写一般原则的基础上，对抓题材和进一步挖掘两个方面应予以重视。

一、抓住重点,选准题材

综观这些年在全国好新闻评比中获奖的深度报道,其共同特点就是题材重大,反映问题典型。只有那些具有重要性和典型性的新闻事件或社会问题,才有可能进行深度挖掘和广度拓展,成为深度报道的题材。

抓住重点,选准题材,要求记者有较强的新闻敏感,能够准确及时地判断新闻线索(已经发生或将要发生的事实或问题的简要信息或信号)蕴含的新闻价值,能从一个十分隐蔽的微弱信号上发现重大选题。这与记者的理论功底、宏观思维的能力、生活知识的积累密不可分。

恩格斯曾为马克思的《路易·波拿巴的雾月十八日》写过这么一段序:

的确,这是一部天才的著作。紧接着一个事实之后——这个事实像晴天霹雳一样震惊了整个政治界,有的人出于道义的愤怒而大声诅咒它,有的人把它看作从革命中解救出来的办法和对革命误入迷途的惩罚,但是所有的人对它只是惊异,而没有一个人理解它——紧接着这样一个事实之后,马克思发表一篇简练的讽刺作品,叙述了二月事变以来法国历史的全部进程的内在联系。①

同样面对令人震惊的事实,马克思能见人所未见,言人所未言,写出著名的《路易·波拿巴的雾月十八日》,所具有的就是一种政治敏感。如果将这篇作品看作深度报道(事实上完全可以这样看),马克思所具有的不正是我们千呼万唤的新闻敏感吗?

二、深刻揭示事物的本质

本质是针对现象而言的,是通过现象表现出来的事物的客观规律。就一般意义而言,记者采写新闻报道,总是力求透过现象,挖掘事物的本质。在这一点上,深度报道与有深度的报道是一致的。但是,深度报道揭示事物的本质,要突出一个"深"字,它在报道大量事实的基础上,发表直接、精辟的见解,深刻揭示客观事物的发展规律,启迪读者的哲理性思辨,闪现出"理性之光"。因此,也有人把深度报道称之为思辨性的报道。

通过对一些成功的深度报道作品的分析,可以发现,从以下角度切入(构思),有利于提高报道的深度与力度。

(一) 从体制上切入

改革开放是我们时代的主旋律,当记者对一些社会现象或问题进行深入剖析时,往往首先触及体制问题,避开了体制问题,许多报道和分析将显得苍白无力,抓不住要害。

《命运备忘录》(《中国青年报》1987 年 12 月 2 日)就是从体制上深刻揭示事物

---

① 《马克思恩格斯全集》第 21 卷,第 290 页。

本质的代表作。

（二）从理论上切入

一位哲人说过，理论上的解决才是真正的解决。深度报道作为记者主体对社会生活的反映，其报道对象非常复杂，仅仅局限于对具体事物的描述，往往很难说清楚，只有上升到理论的高度，才能对纷繁复杂的报道对象（社会现象、社会问题）作出科学的分析和解释，得出令人信服的结论。

《中国改革的历史方位》和《改革阵痛中的反思》这两篇深度报道，之所以被评为1987年全国好新闻特别奖，与其较强的理论色彩密不可分。两文作者之一的祝华新说："借助理论的理性之光，新闻就平添了思想深度和令人信服的力量。"[①]他的体会是有道理的。

（三）变换角度切入

深度报道的构思和写作要特别注意视角转换，如寻找经济报道的非经济视角和非经济报道的经济视角，或者说武戏文唱、文戏武唱。

随着中国经济的快速发展，经济问题便在深度报道中唱了主角。但是，经济与政治、文化等从来都是密切相连的，许多经济问题，可以在非经济领域（如政治、文化等）找到更好的注释和说明。

（四）纵贯横连，视野宽广

深度报道的一个显著特点，就是把重大新闻事件或典型问题放在历史与社会的网络中进行全方位的考察，作"纵贯横连"式的描述与剖析，从而再现事物丰富多彩的立体画面，给受众以深刻的启示。

所谓"纵贯"，就是要运用各种历史背景材料，善于从历史发展的角度认识问题、分析问题、表述问题；所谓"横连"，就是要截取历史的某一个横断面，研究同一事物在不同地域、不同环境的发展状态，从一事物与其他事物的联系中认识问题、分析问题、表述问题。

只有充分运用各种背景材料，用发展的、联系的眼光来分析这些材料，才能深入地挖掘事件或事实的意义，展现深度报道的魅力。

（五）全息组合，采用"蒙太奇"的手法

为了在有限的篇幅里凝聚更多的新闻信息，全方位、多角度地报道与剖析客观事物，深度报道在写作中经常采用"蒙太奇"的手法，强化组合效应。

"蒙太奇"原意为构成与装配，在电影艺术中指剪接与组合，即指镜头与镜头的连接产生出跳跃的情节与连贯的思维，形成特定的题旨与意念。这种表现手法运用到深度报道写作中，就是将不同时间、空间发生的事实巧妙地组合在一起，给读者以全新的印象与连贯的思考。

---

① 祝华新：《寻找记者的角色》，《新闻战线》1988年第5期。

“蒙太奇”的手法，在许多深度报道中表现得十分突出。例如，《中国青年报》关于大兴安岭火灾的深度报道之一《绿色的悲哀》(《中国青年报》1987 年 7 月 4 日)在描述“人是自然的儿子还是自然的暴君”时，首先描写了一条叫“虎子”的家犬在熊熊大火之中引导主人一家老小冲出火海、死中求生的情景。当有人出高价要买这条狗时，主人怎么也舍不得卖，人与动物处在和谐的环境之中。接下来，记者笔锋一转，推出了一组愤怒的野象连续向人类“报复”的镜头：

——在南曼和勐养，愤怒的野象捣毁人们的住房，偷袭举行婚礼的队伍；

——在攸乐山，象群冲翻粮仓，一气扼死 4 头水牛；

——在勐腊的密林里，出现了一支与人类为敌的“大象游击队”，见人就追杀；

——1985 年 3 月，数十人进入勐养自然保护区围猎，枪声逼使一头大象逃出世代居住的家园，将一名农工踩成肉饼……

记者在这里巧妙地运用了“蒙太奇”的手法把不同时间、空间的特写镜头组合在一起，形成了“全息”的题旨与意念：人与森林、人与动物之间相互依存的环境遭到破坏后，人类必然也会遭到动物与大自然的惩罚。如何将人与植物、动物构成的生物圈内的恶性循环改变为良性循环？如何保护地球的生态环境？正是这篇深度报道重大而严肃的主题。在这里，“蒙太奇”的手法不仅增加了新闻的信息量，而且能产生 1＋1＞2 的组合效应，引发受众深层的思考。

三、案例分析

【案例】 (载于《经济参考报》1991 年 8 月 21 日)

金牌不是名牌

刘欣欣　何大新

几年前还为金牌大省而洋洋自得的辽宁人，如今却受到了市场无情的嘲弄；目前，在全国各省、市，辽宁产成品资金占用“三角债”全国第一……

然而，许多辽宁人尚不知道悲哀。

闪光的金牌没市场

金、银牌一直青睐着辽宁。几十年来，国家每年评比金、银牌，辽宁的得数都排在前三名，目前其获奖金、银牌总数已达 520 块之多，将近占全国金、银牌总数的 1/6。

然而，市场却不肯把她那媚人的秋波送向辽宁。

沈阳生产的沈乐满牌热水器与广东万家乐牌热水器同为国家银牌产品。论性能“沈乐满”的安全可靠性和煤气燃烧率全国第一；看结构，“沈乐满”由 500 多个部件组成，属高档产品，而“万家乐”只有 300 多个零件，属中档货，二者的零售价又相差无几。然而“万家乐”去年销售 30 万台，“沈乐满”只有 8 万台。

辽宁生产的雄狮牌美发器是全国第一家引进设备生产的，质量超过香港产品，国内称雄，可是在北京、广州、上海等地那群芳斗艳的美发用品柜台前，却难见沈阳的“雄狮”。

昔日在全国显赫一时、辽宁引为自豪的丹东手表、金笔，营口幸福牌钢琴，友谊牌洗衣机，沈阳的机床等，如今都坠入市场萎缩的困境。

失去市场的直接后果是产品的大量积压。今年初，在沈阳市一轻局各工厂的仓库里，积压着 18 万辆自行车、72 万只手表、1.2 万台冰箱。流动资金压死了，生产难以为继。

机械行业是辽宁的支柱产业，光国家金牌就有 73 块，雄踞全国首位。令人难堪的是，1990 年，辽宁省机械产品竟在全国夺得积压第一的“桂冠”。

有金牌无市场，金牌大省的处境着实可怜。今年 1 至 5 月，全省 60% 的国营企业亏损。除鞍山、本溪、盘锦三市因有鞍钢、本钢、辽河化肥厂三个“盈利大户”支撑外，沈阳、大连、抚顺、丹东、营口、锦州等 11 个城市的工业全部亏损。

金牌大省成了亏损大省。

“上帝”为何不买账

金灿灿、银闪闪，一块块奖牌货真价实，为何难博“上帝”的宠爱？

究其背后的原因，辽宁的金、银奖牌有五大缺憾：

一曰：“杨贵妃”型——“养在深闺人未识”。金牌并不等于名牌。辽宁人不善于把奖牌变为名牌。在电视广告节目中，人们看到 10 次“万家乐”，也难见“沈乐满”一面，前者已成为消费者倾慕的名牌，后者却鲜为人知。

二曰：“模特”型——不能形成批量生产。这样的金牌于企业有何用？

三曰：“铁拐李”型——生产腿长，销售腿短，销售渠道少，网点更少。获国家味素行业第一块金牌的沈阳红梅牌味精早就名扬大江南北，而今却因销售乏术，在市场上不得不拱手称臣。

四曰：“皇帝女儿”型——价高无人攀。据介绍，辽宁省的名优产品价格普遍比外地高。功能过剩是价格高的一个重要原因。沈阳一家新型建筑材料厂生产的石棉瓦质量之好可用 50 年，因此荣获同行业唯一的一块银牌。可是时代进步了，现在人们只用石棉瓦盖暂设房。一家建筑单位表示：“能挺两年足矣，50 年不坏，有什么用呢？”于是，用户都转而去买乡镇企业生产的寿命短但价格低的产品。

五曰：“老面孔”型——沈阳某大机床厂一种获得银牌的车床生产 20 多年，直到去年销售不出去了才大吃一惊。

曾使辽宁人引为自豪的金牌产品，如今却又给人们带来苦涩的疑惑：这样下去，金、银牌产品还会闪耀出当初那迷人的光彩吗？

市场呼唤“制造商”

记者在大连、沈阳时，发现不少企业的金、银奖牌或奖杯不是摆在销售科、展销台，而是供奉在荣誉室、贵宾会客厅。有人曾问：金牌是什么？一些辽宁人答：是政府给的荣誉，是上级的褒奖！可一位南方厂长则说，它首先是市场通行证！

重生产、轻流通，这是金牌大省悲哀的症结所在。

目前，辽宁省一些领导部门最关心的自然是“产值”，每个月，不少企业都要收到以“必得产值”为首的生产调度令。一些地方、一些企业仍在积极扩大生产规模，然而，对其产品能否走上市场变为商品却不甚关心。辽宁的许多企业，精兵强将、人才集中在生产上，销售人员过少，有的上万人大厂竟然没有开过订货会，且不知产品市场在何方。

行家说辽宁，感触最深的一点是这里的生产结构落后，生产结构刚性化，调整适应性差，大批量生产单一品种容易，干那些小批量、多品种的产品难上加难。沈阳的标准件厂、铸造厂、低压开关厂等企业均号称亚洲最大，人才、技术、设备、资金都占优势，可面对市场的新变化、新需求却是“磨盘身子——转不动”，拿不出适应用户需要的产品来。沈阳某大机床厂生产的普通车床大量积压，而眼看着一沓沓轴承车床、管子连床的用户订单，连连叹气：咱这“母鸡”不会下这种“蛋”。

难怪有人出言入木三分：“辽宁多的是生产者，少的是制造商。”

事实最有说服力，向以豪爽著称的辽宁人在花钱做广告上显得格外小气。今年 5 月，在北京召开的首届中国国际广告研讨会暨展览会设置的 300 多个广告摊位中，多数是南方企业，其中福建省的三个市就占 32 个摊位。而偌大的东北三省只有三席。更使辽宁人丢面子的是，自己家门口的广告媒介也成了外地人的天下。1990 年，沈阳共发布 3.4 万条广告，其中当地企业的只占 1/3。据一位广告界权威人士介绍：沈阳市共有 5400 家企业，到目前，做过各种广告的只有 540 家，占1/10，而广东省轻工行业做过广告的企业则占总数的 9/10。

难堪也罢，不服气也罢，现实无情地告诉人们：“金牌现象”是一面镜子，它从一个侧面照出，面对新的市场格局，辽宁人无论在经营机制和思想观念上都是不适应的。

补上市场这一课已成为摆在辽宁人面前的重要课题。给人们希望的是，辽宁省许多有识之士已开始认真地思考，他们开始承认自己的不足和落后，他们开始探求新的出路。

【分析】 1.记者抓住了一个重要的选题，报道涉及的是尚未被人们普遍认识却又影响一个省发展大计的关键事实。

2.对原有的事情进行研究加工，就“金牌”问题深入开掘，揭示其本质，对事实解剖分析，进行了理性的思辨。

3.运用发散性思维，跨时空写作，通过多方位联系，在比较中寻找发展滞后的原因。

4.用蓄力的笔锋、尖刻的语言触及经营和管理上的思维意识，“金牌现象”如一面镜子，折射出人们观念落后、陈旧，市场意识与商品经济意识差等通病。

5.通篇大气磅礴，运用大角度、大跨度、大视野，引起人们注意，触发人们思考。

6.写作手法灵活多样，根据表述的需要或叙述、或推导、或总结、或议论，达到了深度报道的效果。

附:新闻写作实训专用材料

新闻写作实训专用材料分为"新闻消息类"、"新闻通讯类"、"新闻评述与新闻调查类"、"工作总结与工作计划安排类"、"述职与领导讲话类"以及"答记者问类",这些材料都是新闻工作者在新闻写作中经常涉及的。根据报道需要,有的可以简单改写,有的需选择提炼后进行重新构思成文。

本教材所选取的这些材料,未作任何改动,将其原来的面貌提供给相关教师和同学们,以备进行新闻写作模拟训练之用。

附一:新闻消息类

市政协十二届四次会议隆重开幕

张高丽、黄兴国、刘胜玉、何立峰应邀出席　邢元敏主持

本报讯(记者　**刘平**)中国人民政治协商会议天津市第十二届委员会第四次会议,昨日在天津礼堂大剧场隆重开幕。

市委书记张高丽,市委副书记、市长黄兴国,市人大常委会主任刘胜玉,市委副书记何立峰,老同志吴振、高德占、聂璧初、刘晋峰、杨慧洁等应邀出席。市政协主席邢元敏主持会议。

市政协副主席王文华、俞海潮、陈质枫、刘长喜、何荣林、曹小红、张大宁、田惠光、陈永川和秘书长刘琨,市政协常委在主席台就座。

上午9时,邢元敏宣布:中国人民政治协商会议天津市第十二届委员会第四次会议开幕。雄壮的《中华人民共和国国歌》在会议大厅内响起。

邢元敏说,这次会议的主要任务是:全面贯彻中共十七大,十七届三中、四中、五中全会精神,高举中国特色社会主义伟大旗帜,以邓小平理论和"三个代表"重要思想为指导,深入贯彻落实科学发展观,认真贯彻胡锦涛总书记在庆祝人民政协成立60周年大会上的重要讲话精神和对天津工作提出的一系列重要要求,按照市委九届九次全会的决策部署,以科学发展为主题,以加快转变经济发展方式为主线,以调整优化经济结构为主攻方向,组织动员全市政协委员和各界人士,围绕中心、服务大局,凝聚人心、服务人民,为加快实施市委"一二三四五六"的奋斗目标和工

作思路，着力构筑“三个高地”，全力打好“五个攻坚战”，实现“十二五”开好局、起好步而努力奋斗。会议将听取和讨论《关于天津市国民经济和社会发展第十二个五年规划纲要的报告》和其他报告；围绕市委九届九次全会确定的2011年全市工作的总体要求和目标任务，协商议政、建言献策；听取和审议《中国人民政治协商会议天津市第十二届委员会常务委员会工作报告》和《中国人民政治协商会议天津市委员会常务委员会关于十二届三次会议以来提案工作情况的报告》；回顾总结2010年、安排部署2011年政协工作。希望各位委员以高度的政治责任感，认真履行政治协商、民主监督、参政议政职能，圆满完成会议的各项任务，把市政协十二届四次会议开成一个民主、求实、团结、鼓劲的大会。

王文华受政协天津市第十二届委员会常务委员会的委托，向大会作常委会工作报告。他说，2010年是全面实现“十一五”规划目标、为“十二五”发展打好基础的关键一年，也是人民政协服务全市大局，各项工作取得重要进展的一年。一年来，市政协在中共天津市委的领导下，深入学习贯彻中共十七大和十七届三中、四中、五中全会和胡锦涛总书记在庆祝人民政协成立60周年大会上的重要讲话精神，高举中国特色社会主义伟大旗帜，以邓小平理论和“三个代表”重要思想为指导，深入贯彻落实科学发展观，按照市委九届七次全会的决策部署，把推动科学发展作为履行职能的第一要务，把促进社会和谐作为重要责任，团结引导广大政协委员，认真履行职能，积极参政议政，为促进天津经济社会又好又快发展，作出了积极贡献。

王文华指出，今年是实施“十二五”规划的开局之年，是推动天津经济社会发展再上新台阶、各项工作再上新水平的关键一年。新的一年市政协工作的指导思想是：全面贯彻中共十七大和十七届三中、四中、五中全会精神，高举中国特色社会主义伟大旗帜，以邓小平理论和“三个代表”重要思想为指导，深入贯彻落实科学发展观，认真贯彻落实胡锦涛总书记在庆祝人民政协成立60周年大会上的重要讲话精神和对天津工作提出的一系列重要要求，按照市委九届八次、九次全会的决策部署，突出团结民主两大主题，组织动员全市各级政协组织和政协委员，紧紧围绕加快实施市委“一二三四五六”的奋斗目标和工作思路，着力构筑“三个高地”，全力打好“五个攻坚战”，认真履行职能，积极参政议政，充分发挥协调关系、汇聚力量、建言献策、服务大局的重要作用，为促进“十二五”开好局、起好步，实现经济社会又好又快发展，作出新的更大贡献。

何荣林受政协天津市第十二届委员会常务委员会的委托，向大会作提案工作报告。他说，一年来，提案工作认真贯彻中共中央和天津市委的决策部署，深入贯彻落实科学发展观，坚持“请人民走进政协，让政协走进人民”的工作思路，按照“围绕中心、服务大局、提高质量、讲求实效”的提案工作方针，开拓创新、锐意进取，努力提高提案工作科学化水平，充分发挥了提案工作在促进经济社会发展中的积极作用。广大政协委员和政协各参加单位共提交提案1109件，经审查立案1065件。截至2010年12月31日全部办复完毕。这些提案凝聚着政协委员的智慧和心血，在促进天津经济社会发展中产生了积极作用。

何荣林指出，新的形势和任务对人民政协工作提出了更高要求，也为做好提案工作提供了广阔舞台。在新的一年里，提案工作要按照市政协常委会工作的指导思想，组织引导政协各参加单位和广大政协委员，认真履行提案工作职能，全面提升提案工作科学化水平，与时俱进、开拓创新，不断开创政协提案工作新局面。

应邀出席大会开幕式的还有市委、市人大常委会、市政府其他领导同志，天津警备区、市高级人民法院、市人民检察院、武警天津市总队的主要负责同志，历届市政协副主席和秘书长，市各民主党派、工商联、有关人民团体主要负责同志以及在津的全国政协常委：谢建华、董泽平、肖怀远、臧献甫、杨栋梁、散襄军、史莲喜、崔津渡、苟利军、段春华、左明、张元龙、邢明军、李亚力、李润兰、王宝弟、只升华、张俊芳、熊建平、李文喜、王治平、任学锋、李少平、于世平、刘长余、韩晓溪、王世新、李泉山、何国模、李长兴、陆焕生、余国琮、陈树勋、张好生、张永根、张德铨、杨大峥、梁肃、卢金发、叶厚荣、周绍熹、曹秀荣、赵克正、蔡世彦、王家瑜、朱坦、陆锡蕾等。

（《天津日报》2011 年 1 月 16 日）

6 米长蟒蛇与柬埔寨 6 岁男孩同吃同睡

据英国《泰晤士报》11 月 27 日报道，许多儿童都会将小猫小狗作为自己的宠物，但令人惊奇的是，柬埔寨 6 岁男孩萨姆巴斯·乌欧恩的宠物竟是一条长 6.1 米、重达 120 公斤的雌性巨蟒。据悉，萨姆巴斯从 3 个月大时就和这条名叫“幸运”的巨蟒成了形影不离的好友，迄今已与它同住同睡长达 6 年。

幼年蟒蛇溜进家

6 岁男孩萨姆巴斯·乌欧恩住在柬埔寨首都金边市约 40 公里之外的西特·特波村。6 年前，当萨姆巴斯只有 3 个月大时，一条本来居住在森林中的雌性缅甸蟒蛇不知何故突然出现在他家的院子中，当时它只有不到半米长。母亲金姆·坎娜拉认为这是个好兆头，相信它能给一家人带来好运，于是祈祷收留下这条蟒蛇，并为它起名“查姆奴恩”（柬埔寨语中“幸运”的意思）。

奇怪的是，蟒蛇“幸运”似乎通人性一般，真的从此留下不走了。更让人惊讶的是，尽管蟒蛇“幸运”的外形让许多成年人心惊胆寒，但年幼的萨姆巴斯居然和它一见如故，很快就成了好朋友，无论到哪里玩耍都要将它带在身边。

怎么撵都撵不走

尽管 6 年前来到家中时只有不到半米长，但随着时间推移，如今“幸运”已经长成了一条全长 6.1 米，重达 120 公斤的“超级巨蟒”。和它相比，萨姆巴斯简直就像一个玩具娃娃，而“幸运”完全可以轻而易举地将萨姆巴斯碾成肉酱。但实际上，蟒蛇“幸运”对小主人的感情极其深厚，从不肯离开萨姆巴斯半步，为他充当起“守护神”。

有趣的是，尽管萨姆巴斯的父亲先后3次将它送回森林中，但它每次又自己溜了回来。母亲金姆·坎娜拉说：“当‘幸运’长大之后，我们曾试图将它送回森林中，但它却拒绝离开。每次总是刚把它送走，结果不一会儿就发现它又再次蜷缩在萨姆巴斯身边，同吃同睡同洗澡。”

据悉，目前萨姆巴斯全家人都已将“幸运”当成了他们家的一名成员，每天不仅和它一起休息、吃饭、洗澡，有时甚至还向它祈祷平安。萨姆巴斯一家表示，他们无法想象没有这条巨蟒的生活。在接受记者采访时，萨姆巴斯将脑袋亲昵地靠在“幸运”的背上，他说：“我非常爱这条蟒蛇，就像它是我的姐姐一样。它时刻都在保护我，让我远离危险。”

据悉，蟒蛇“幸运”在当地也颇有名气，每天，许多村里邻居和省内民众都要来到萨姆巴斯家中一睹它的风采。不可思议的是，部分人甚至认为“幸运”具有治疗疾病的能力，并将它当做“蟒神”一般来顶礼膜拜。据母亲金姆·坎娜拉说：“一些人还要求得到蟒蛇的尿液作为‘圣水’，听说一些人还真的因此治愈了疾病。”

（《重庆晚报》2007年11月28日）

三峡大坝昨下闸蓄水

千古峡江顿失滔滔　高峡平湖初步显现

记者剑文三峡梯调中心1日9时电　三峡总公司总经理陆佑楣刚刚在这里下达了三峡大坝下闸蓄水的命令。从这一刻开始，中华民族“高峡出平湖”的百年梦想渐渐变成现实。未来15天内，蓄水将达135米高程。

中心多媒体屏显示，此刻三峡坝前水位106.11米，上游来水量1.2万立方米/秒。

记者礼兵三峡大坝1日9时20分电　此刻，大坝第20号导流底孔弧形闸门在强力液压启闭机作用下紧紧闭合了，刚才还巨流喷涌的20号闸室外已波平浪静。

三峡大坝22个导流底孔只保留3个宣泄江流，流量控制在3500～4000立方米/秒，以保证葛洲坝电厂发电和下游通航。

记者忠贤葛洲坝1日11时电　三峡大坝下闸蓄水两小时后，葛洲坝二江电厂中控室电脑屏幕显示：入库流量3713立方米/秒，葛洲坝坝上水位66米，坝下水位39.4米。值班员赵阳说，现在流量刚好达到发电最低要求，葛洲坝21台机组中有10台在运转发电。

1小时前，二号船闸送走了驶向下游的3条机驳拖船。

记者周芳秭归港1日11时电　温驯的江水已经漫过港口的6级台阶，比上午

9时涨了约1米。

“我亲眼看到江水一点一点爬上台阶。”茅坪居民熊宇平兴奋不已。她5岁的女儿却不高兴：“小蚂蚁跑得太慢，淹死了好多。”长江5号飞船经理张宏斌盼望水早点蓄到位：“到那时，风平浪静的江面会让旅客感觉更舒适、更安全。”

记者志兵归州1日14时电 归州水位较上午9时上涨了1.5米。当靠江最近的副食店老板郑家运卖出今天第4包香烟时，江水终于淹没了原秭归县实验小学校址。

老归州城边的鸭子潭已与长江完全融为一体。江边看水的彭树森老人有些惋惜：“再也看不到人们成群结队到潭中舀桃花鱼的景象了。”

记者月波巴东港1日15时电 尽管江水在迅速上涨，但巴东港并未受多大影响，西上东下的客船不时停靠。巴东旧城遗址已淹没大半，江面宽了70多米。

对岸神农溪口已展宽至400多米，江水倒灌约10公里。约1小时前，县旅游部门成功炸除了溪中涨水后碍航的“神农石”。

记者剑军巫山1日17时30分电 由宜昌开往重庆的“江山1号”客轮在长长的汽笛声中驶离巫山港时，港口通往县城的“人”字形路分叉部分已全部没入水底；巫山水位较上午涨了近两米。

记者立新奉节1日19时电 瞿塘江水已失去了往日的汹涌，只在江风吹拂下泛起涟漪。据航道部门测定，夔门水位已升至108米。

落日余晖下，有不少摄影爱好者在拍摄夔门摩崖题刻，风箱峡段也有不少游客在参观、留影。

记者礼兵三峡大坝1日24时电 此时大坝中央控制室电脑屏幕显示：坝前水位108.89米，过去15个小时蓄水2.78米。值班人员说，首日蓄水达到预期。

截至记者发稿时，蓄水仍在进行中。

（《湖北日报》2003年6月2日）

浙江岱山县一轿车冲入房屋二层致2人死亡

中新网舟山4月5日（记者 **江耘** 通讯员 **翟若冰**）4月5日凌晨2时30分许，浙江岱山县岱东镇北峰海塘上发生一起意外事故。一辆帕萨特轿车在海塘上由南向北行驶过程中，冲入碶门管理房二层。事故造成车内2人死亡，车辆严重损毁。目前，事故尚在进一步调查中。

事故现场位于上船跳村，距离最近的一户村民约在50米外，该村一苏姓村民告诉记者，“凌晨2时30分的时候，我们听见外面传来嘭的一声，也不知道发生了什么事情。早晨出门才发现，对面的碶门管理房钻进去了一辆汽车。”

报警的是清晨6时许经过现场的一名拖拉机驾驶员。当地公安、消防、卫生部门接讯后，第一时间赶往现场。经勘验，确认车内2名男性死亡。

记者在事故现场看到，该车车头钻入管理房的二层，完全堵住该层进出口，驾驶室和副驾驶位置严重损毁，车尾没有吊挂牌照。

记者通过消防梯从窗户进入管理房。只见现场一片狼藉，两名约 20 多岁的男性青年横卧现场，前挡风玻璃、装饰碎片等洒满地面。公安、消防人员勘察现场之后，将 2 人的遗体小心地通过窗户抬下来。

汽车的水箱半吊在车外，发动机机油沿着管理房的白色墙面流下来，让附近围观的人看得揪心。车子后座上露出一叠合同，海风吹得纸张瑟瑟作响，在这个清明节清冷的早晨，合同已经不知道能否再履行了。

（中国新闻网 2011 年 4 月 5 日）

附二：新闻通讯类

为了共同的母亲河

——闽粤汀江流域水资源保护见闻

长汀县庵杰乡涵前村，一座神奇的山峰冲天而立，势如腾龙。茂林修竹中，清泉潺潺，穿过岩下石门，流向远方。这里，就是汀江源头龙门。

源起龙门的汀江，穿越长汀、上杭、武平、永定，南下广东。在大埔县三河坝与梅江、梅潭河汇合，更名韩江，经梅州、潮州、汕头，奔向南海。

这条纵贯两省的大江，自古以来就是闽西、粤东经济文化联系的大动脉，是闽粤人民共同的母亲河。同在海峡西岸经济区这片热土上，如今的汀江水，哺育着约占闽西人口 70%的 200 万儿女；其下游的韩江水，则是沿岸 1400 多万粤东百姓的生命之源。

隆冬时节，记者从汀江源头出发，沿江了解水资源保护状况。一路上，青山逶迤，碧水滔滔，见证了沿江人民坚持科学发展的历程，以及为保护母亲河所作的努力与奉献。

省政府连续 8 年，每年拨款 1000 万元治理长汀水土流失

“这里流的都是山上的树根水、竹根水。”龙门前，一位老农指着源头清泉，形象地说明了森林与水源的关系。

汀水流三江。长汀，是闽粤赣诸多水系的发源地。“山清水秀”被当做长汀县首要的战略目标。

“为封山育林，我们县自上世纪 50 年代初剿匪后，第一次下了‘县长令’。”长汀人告诉记者，上个世纪 90 年代，林业是长汀县的财政支柱。过度采伐导致山林稀疏，水源得不到涵养，平日里江浅水少，遇暴雨则山洪肆虐，冲荡下游。痛定思痛，长汀县狠下决心封山育林，取缔上游所有的小造纸厂，禁止利用阔叶林生产香菇，并推广烧煤、烧沼气，积极帮助农民转产，以利山林休养生息。

如今，长汀 390 万亩林地中，天然林占了百分之八九十。今年 12 万立方米的经济林采伐指标，只用了 3 万立方米。同时大力实施水资源涵养工程，在植被稀疏地带种植阔叶林，仅今年就种了 1002 亩。

值得一提的是长汀的水土流失治理

长汀曾是我国南方红壤区水土流失最严重的县份，1985 年全县水土流失面积近 150 万亩，占了国土面积的 31.5%，以河田为中心的水土流失区“山光、水浊、田瘦、人穷”，被称为“南方荒漠”。2000 年，省委、省政府把“以长汀为重点的水土流失综合治理”列入为民办实事项目。此后，省长换了 3 任，而省里每年拨出 1000 万元专项资金支持这个项目的力度不减。如今，长汀水土流失面积比例已减至 14.03%，“南方荒漠”将“绿梦成真”！

岂止长汀。海峡西岸经济区战略提出后，汀江沿岸各县都把森林资源保护放在首位。不论干流支流，沿江的第一重山，全部列为生态公益林。闽粤交界的棉花滩水库“龙湖”周边，生态公益林面积达 24.75 万亩，占了永定县生态公益林总面积的 1/3。

2006 年 1 月，龙岩市人大常委会出台《关于加强汀江流域水资源保护的决定》，严禁汀江沿岸生态公益林的一切砍伐和打枝割草。目前，龙岩市生态公益林面积为 656.7 万亩，确保了汀江流域的水源涵养和水土保持。

龙岩市 5 年拆除沿江猪舍 13 万多平方米，关闭“小造纸”企业近 70 家

棉花滩大坝边，有座横跨闽粤的“红楼河鱼山庄”。老板娘范秋英告诉记者，店里经营十几种特色河鱼，汀江水好，河鱼肥美，来自两省的顾客络绎不绝。记者站在小楼临江的窗边，看到附近有一口沼气池。店老板科潘坛说，这是他花 3000 多元建的，为了处理餐厅垃圾，避免污染汀江。

“我们为同处海峡西岸感到荣幸！”潮州市环保局负责人接受记者采访时，对上游的感激之情溢于言表。他说，目前韩江水质达到国家优良标准，是广东水质最好的河流之一。

沿江而下，记者看到一幅幅柳荫垂钓、轻舟竞渡、舒臂畅游的图景。

为了碧水长流，汀江沿岸干部群众做了不懈的努力。

2002 年以来，龙岩市拆除沿江猪舍 13 万多平方米，关闭“小造纸”企业近 70 家。汀江中段的上杭县全面整顿矿产资源开发秩序，取缔未经审批的 21 家无证稀土矿点。

与广东山水相连的矿区永定县，2006 年严令毗邻汀江的 24 家矿山企业停产整治。2007 年又决定每年投入 500 万元，用 3 年时间治理 271 个矿产项目。

紫金矿业集团的排污治理，可谓保护汀江水质的一个大手笔

这个企业目前矿山环保人员达108人，占企业员工的10%；1992年至今，累计投入1.2亿元建设环保设施，每年还支付环保运行费用1000多万元。为了防止冶炼金矿产生的废液废渣排出，他们采用工业水闭路循环工艺，修建层层拦截设施，同时在排污口严格监测。去年7月，上杭连降大雨，环保人员包卫东、吴胜隆、江金科8天持续值守在排污口简陋的工棚内。24小时不间断监控排污口水质。

这两年，先后有6家国内具备甲级资质的环境监测机构专家共108人次来到上杭，对汀江水质进行检测，所有指标全部符合Ⅱ类水标准。

在广东，韩江被列为重点保护的江河，沿江县市建立水质保护联席会议制度，严格水源保护地的开发活动，整治排污企业以及畜禽养殖业，有序开发矿产资源。

汀江治理成为闽西、粤东的共同行动。2003年8月，闽、粤、赣13地市党政领导第八次联席会议修订通过的协作章程中有一条规定："加强区域内江河流域等水系的环境保护，维护生态平衡，促进区域经济的可持续发展。"2004年8月初，根据广东蕉岭县群众反映，武平县立即处理本县象洞乡养殖业污水排入蕉岭多宝水库的问题，迁走养殖场，圆满解决了这起跨省界水污染事件。

"闽西、粤东同属海峡西岸经济区，两省共饮一江水。我们有责任为下游送去达标水源，共同把母亲河保护好。"龙岩市环保局一位负责人说。

涵前村村民说："上、下游好比邻居，我们多作贡献，大家的关系就更和谐。"

俗话说，靠山吃山。然而，这句话对汀江沿岸的群众来说，并不适用。为了涵养水源、保护水质，他们作出了巨大的牺牲。

长汀县委负责人说，长汀积极转移农村剩余劳动力，目前已经建成一定规模的纺织产业集群，只是怕污染汀江，不敢办漂染厂，产业链无法形成，影响了经济效益。

永定县林业局负责人说，"龙湖"周边近25万亩森林划为生态公益林而不能采伐，仅此一项，每年为保护汀江作出的贡献就是2000万元。

"小造纸"曾经是长汀庵杰乡涵前村的传统产业，产品在东南亚颇受欢迎。但"小造纸"以新竹为原料，先用石灰水浸泡，然后在江边洗净涤清，泛着白沫的污水顺流而下。长汀县2001年起禁砍新竹，涵前村就此告别祖祖辈辈传下来的造纸工艺。村民江仰光当年是造纸好手，他说，过去村里造纸，每年要砍掉大量的新竹，产值100多万元，现在造纸的收入没有了。

禁砍新竹后，涵前村家家户户搭起菇棚种香菇，鼎盛时种植规模达200多万袋。村主任江仰荣也曾是种菇大户，他家的两层小楼就是种菇攒下的钱盖的。但是，种菇耗费木材。2005年，长汀县禁止利用阔叶林生产香菇，涵前村菇棚很快拆得一个不剩。

如今，涵前村引导村民种植烟叶和茶叶

“小造纸”取缔后种菇，菇棚拆了后种烟叶种茶，在一轮又一轮的护江行动中，江仰光完成了一次又一次的角色转换，这背后，是个人的经济损失。

“我是共产党员，应该带头执行党的政策。”江仰光说，“下游受污染，群众过不好，我们心里也不好受。”江仰荣的想法是：“上、下游好比邻居，上游污染下游，就像把垃圾扔到邻居家门口，要吵架的。我们多作贡献，吵架少了，大家的关系就更和谐。”

“再说咧，山绿了，水清了，来龙门旅游的人越来越多，现在，村里光饭店就开了三四家。我们保护环境，环境会回报我们的。”江仰光眼里满是对未来的憧憬。

（《福建日报》2007 年 12 月 27 日，作者：张红、谢宗贵、赖文忠、张杰）

3.5 万救命钱留给病友

前日 19 时许，在长沙湘雅医院，当白血病患者彭敦辉送走病友欧阳志成回到病房后，看到了欧阳志成留给他的 3.5 万元现金和两封信。读罢信件，捧着救命钱，彭敦辉顿时泪雨滂沱。

家住浏阳市文家市镇伍神岭村的彭敦辉，1999 年高中毕业后苦学食品加工技术。2000 年在老家开办了食品加工厂，直到今年 1 月生意才稍有起色。去年底，他感觉到身体有些不舒服，经医生仔细检查，被确诊为白血病。今年 3 月，他来到湘雅医院住院治疗。不到半年时间，家里便负债 20 多万元。而接下来的干细胞移植手术，还需要数十万元费用。

现年 29 岁，在隆回县山区当中学教师的欧阳志成，前年下半年也不幸患了白血病。今年 8 月 9 日，他再次来到湘雅医院治疗，恰好住在彭敦辉邻床。欧阳志成和彭敦辉的身材、脸型非常相像，而且两个都戴着帽子和眼镜。医护人员和病友都说他俩酷似亲兄弟。由于相同的命运和际遇，他俩成了一对无所不谈的好朋友，经常来到楼下散步。相约共同战胜病魔。

前不久，欧阳志成和彭敦辉的骨髓都配上了型，只待完成干细胞移植手术，便有望完全康复。为了筹集这笔手术费用，欧阳志成和年仅 23 岁的妻子四处奔走，尽管有关部门向他伸出了援助之手，但仍有 10 多万元不能到位。在这种情况下，欧阳志成决定放弃治疗。而彭敦辉的手术费用也差一大截，由于一时借不到这么多钱，他和家人同样心急如焚。

前日傍晚，欧阳志成不顾医护人员和彭敦辉的强烈反对，执意办理了出院手续。彭敦辉将欧阳志成送到楼梯口后，欧阳志成马上催他回去，说给他留下了一件礼物放在病床旁的抽屉里面。彭敦辉打开抽屉一看，里面是码放得整整齐齐的 3.5 万元现金，以及分别写给他和医院院长的两封信。

在写给院长的信中，欧阳志成表示，他已留下遗嘱，让家人在其去世后将遗体捐赠给医院作解剖研究之用，为攻克白血病尽自己最后的微薄之力。彭敦辉立即跑下楼，但早已不见了欧阳志成的身影。他马上拨通了欧阳志成的手机。欧阳志成说完“我走了，兄弟保重”几个字后，便匆匆挂断了电话。

（《长沙晚报》2005 年 8 月 24 日，作者：陈国忠）

邓家兄弟不寻常的求学路

——一边读大学一边当“猪倌”

新年的一天，天快黑了，荣昌县城郊一座石棉瓦盖的红砖房里，不时传出阵阵猪叫声。这就是西南大学荣昌校区大三学生邓费建、邓波兄弟的养猪场。

养猪场的大门敞开着，门背后，一位戴帽子、50 岁左右的中年男子躺在床上呻吟着，帽檐下，他的脸色青一阵、白一阵：这是两兄弟的父亲邓国洪，天气变了，他的心脏病又犯了。“糟糕，药没有了。”哥哥邓费建蹬上自己那辆锈迹斑斑的自行车，赶往城里给父亲买药。

养猪场光线很暗，为了节约电费，没有开灯。一个系着围裙、弓着身子的农妇将一锅食物残渣烧得热气腾腾。“剩菜剩饭里的油盐多。不打整干净，猪儿不喜欢吃。”这位农妇叫谢世先，是邓家兄弟的母亲。她正将从学校食堂运回来的剩菜剩饭煮沸、去油、除盐，然后和着青饲料喂猪。谢世先是去年儿子开学过后从家里赶来的，在这里，她一边帮助儿子喂猪，一边照顾生病的丈夫。

谢世先话不多。“孩子们能学有所用，自力更生，我们当家长的很高兴。”谈起两个念大学的儿子当“猪倌”，这位长年操劳的母亲感到很欣慰。

贫困家庭出了两个大学生

23 岁的邓费建和 19 岁的邓波家住荣昌县吴家镇民主村。2004 年，邓费建兄弟双双考上了西南大学，一个学动物医学，一个学动物科学。但是，这个家哪有钱交学费呢？当时，外出打过工的父亲已患风湿性心脏病好几年，基本丧失了劳动力，为给父亲治病，家里已一贫如洗、债台高筑。父母又是卖粮食，又是找亲戚和左邻右舍借，好不容易凑到 4000 元钱，连一个人的学费都不够。新生报到那天，兄弟俩一人拿着 2000 元到学校报到，向班主任介绍了自己的家庭情况，申请到了国家助学贷款。

贫困没有让兄弟俩垂头丧气，反倒成了他们奋斗的动力。在学校，邓费建、邓波都是品学兼优的大学生，一直担任学生干部，而且学习成绩名列前茅，年年都拿奖学金。兄弟俩也积极参加社会实践和勤工俭学：推销地板、销售饲料、畜牧科技下乡、和同学一起创办养兔场，甚至过年都只回家休息两三天。

看准市场当“猪倌”

2006 年上半年，生猪价格下跌，市场低迷。兄弟俩到学校附近的一个村作调查，发现村里原来有 500 多头母猪，已经卖掉、宰杀 400 多头。“下半年，猪价一定上涨。”他们的判断，得到老师的认同。

于是，兄弟俩谋划着办养猪场。10 多天后，他们把一份创业计划书交给各自的班主任。弟弟邓波的班主任赵子华老师感到不解：这个学习期勤奋、工作踏实，把班上的工作开展得有声有色的班长，怎么会冒出这么不切实际的想法呢？不说有没有能力办好养猪场，万一亏了，岂不是雪上加霜？兄弟俩说，做好了，是家庭，也是自己人生的一个新起点；做亏了，就当积累经验，也亏不了太多，几年就能挽回损失。

终于，班主任同意了他们的计划，还帮助他们联系学校食堂，把倒掉的剩菜剩饭转让给他们做饲料。父亲用家里的房子抵押贷款 1 万元，加上东挪西借，帮助兄弟俩把养猪场办起来了。100 多头仔猪刚刚住进修葺一新的猪舍不久，重庆遭遇了百年未遇的干旱高温天气，猪儿频频发生中暑，好在有专业知识和老师们的指导，他们没有因此损失一头猪。

兄弟俩分工合作，一个负责疾病管理和饲料配备，一个负责将学校的剩菜剩饭运输到养猪场喂猪。在西南大学荣昌校区的学生食堂外，一辆红色的机动三轮车一动不动地停在那里。它的主人，就是邓波。邓波说，每天中午 12 点和下午 5 点 40 分放学过后，他的第一个工作就是用三轮摩托车把师生倒掉的剩菜剩饭运到 5 公里外的养猪场喂猪，然后自己才吃饭并赶回学校。

“我感到压力很大，但也很充实。”当“猪倌”后邓波感觉很累，一年多来从没睡过一次午觉。陪伴他的那辆二手三轮车，是去年开学过后花了 2000 元从一个水果贩子那里买来的，主要用来运输饲料，有空还去批发一些水果来卖。当上“猪倌”后，原来从来不逃课的兄弟俩开始有了缺课记录。有时候猪生病，一天需要到养猪场几次，因此只能占用上选修课的时间。“事后，我们都会把缺了的课补上。”邓费建说。

“兄弟猪倌”初战告捷

刘松是海螺村里的农民，搞规模养猪已有五六年了。起初接触邓家兄弟俩时，刘松感觉并不好，他想：两个大学生不好好念书，跑来养猪，那还上大学干啥？慢慢的，刘松改变了原有的印象。“有时候，他们会到我这里来跟我探讨一些问题，看看我是怎样养猪，询问我是怎样管理养猪场的，同时，也给我提出一些防病治病、饲料配方方面的建议。”原来，养猪场开办起来之后，兄弟俩遇到问题，在学校就向老师请教，在养猪场，就去找养猪的农户交流。

一来二去，兄弟俩有了一个共同的感觉：专业理论、养殖技术和管理知识都得到增强。“考虑到我们资金周转困难，养猪场的饲料和兽药供应方破例让我们先期使用饲料。”邓费建说，由于在以往的社会实践中和一些饲料厂商结下友好关系，当得知他们兄弟创办自己的养猪场，一个饲料厂主动为养猪场解决饲料供应的难题。

去年 12 月，第一栏肥猪出槽，果然卖了个好价钱，扣除成本，净赚 1 万多元。现在，养猪场又引进了一批仔猪，父亲邓国洪用房子抵押的那笔贷款已经还上。养猪没有耽搁学习，也没有影响就业。相反，用人单位却十分看好他们的创业经历。今年即将毕业的邓费建接到 3 家用人单位的邀请，并和其中一家来自四川的大型牧业集团签订了协议。19 岁的邓波也将在明年毕业。他说，毕业后，想当一名教师。

（《重庆日报》2007 年 1 月 10 日，作者：郭小伟）

附三：新闻述评与新闻调查类

千万级“小官巨贪”十年查处愈多

科级腐败已成隐患

■ 自 2001 年以来，10 年里出现在媒体视野中涉案上千万的贪腐案例，科级（及以下）官员至少有 17 个，其中有 13 个案发在 2008 年之后，近三年来正在加剧

■ 权力大小不与行政级别绝对成正比，官不大，但长期扎根基层，关系网错综复杂，甚至亦可权倾一方。

■ 一些小额贪腐往往被从轻处理，或者视为“不正之风”，定性不同，一般不再细究，恐亦错过遏制巨贪苗头。

官小，胆大，钱多

值得注意的动向是，官方比以往更重视“小官巨贪”现象，科级腐败成为重点打击目标。

中国最小的官员正在最近因为“拒腐”或“贪腐”而受到远超其官位的关注。

一个是高调“退贿”——一年 9000 元“好处费”，公开退贿的是江苏省盐城市经信委行业处副处长张翕飞，张的职级为副科级，是中国最小的“官”，此前他在网上贴出 6 笔“退贿”清单，引发舆论热议。

另外一个则是高调贪腐——9400 万元，江西省鄱阳县财政局股长李华波携巨款出逃，还故意来电复函对监督体制加以嘲讽。至于股长，在中国的官员体系中，最小的副科级“官员”都算不上。

没有卷款近亿元的财政局股长出逃后故意的公开嘲讽，中国底层官员的贪腐能力可能仍被低估。虽然当下贪腐数额愈攀愈高，公众已不稀奇，但一个小小股长卷走近亿款项依然令人震惊。“最牛股长”并非个案。事实上，在各类贪腐大案中，“小人物”已然开始当“主角”，他们是底层的科级官员，以及诸多连官员都算不上的

人：股长、村官、部委里底层的收发员，甚至清洁队小领导。

根据公开资料，南方周末记者发现，自 2001 年始，10 年里出现在媒体视野中涉案上千万的贪腐案例，科级(及以下)官员至少有 17 个，6 个涉案金额近亿元或上亿元。这显然不是全部，最高法一位负责职务犯罪的法官说："很多案件没公开。"

多方调查和研究显示，近三年科级腐败正在加剧——

南方周末择取的 17 个大案中，有 13 个查处时间集中于 2008 年之后。

2008 年 12 月，北京市第一中级法院公布：3 年来 21 件"小官员大腐败案"已超过该院所审理的一审职务犯罪案件的三分之一，涉案金额高达 3.4 亿元。

另一个事实是，这个中国级别最低的贪官群体，贪腐罪行完全不亚于任何级别的贪官。

被称做"中国法官第一贪"的吉林省高院执行庭原执行员李征达，就贪污了 4500 万元，主要来自法院执行款。而 1949 年以来落马的最高级别司法官员、最高法院原副院长黄松有一审时被认定的贪污受贿金额只是 510 万元，远远少于一个执行员。

值得注意的动向是，官方比以往更重视"小官巨贪"现象，科级腐败成为重点打击目标。今年年初，山西省纪委在全省各地播放的一部警示教育片，就叫《小官大腐警示录》——在上述 17 个"千万级"小官巨贪中，4 个来自山西，在该省 2008 年起发动的"煤焦领域反腐败专项斗争"中落马。

反腐败专家、中央党校教授林喆也发出"腐败落势化"警告：腐败从高职位向下落，即向科级官员及科级以下滑落，腐败现象在向基层渗透，贪官正在"低龄化"。

林喆认为，科级官员最接近基层，而大批的项目投资最后都落实到基层，他们是直接的经手人和掌管人，"由于这个级别的官员人数众多，(贪腐)一旦扩展开来将危害极大"。

寻租要挑领域，位高不如权实

小官巨贪，无不处于过去 10 年中国最容易寻租的领域，并恰巧手握关键权力，借此顺势而为，胆大心细，最终"一鸣惊人"。

科级官员贪腐频出的地方，总让人感觉"似曾相识"。17 个巨贪，几乎都是在"重要部门"或"特殊领域"——3 个来自国土部门，3 个来自交通部门，而 4 个山西官员都跟煤炭有关。

土地、交通、资源，三个领域都映射了中国过去 10 年经济发展的惯有模式。比如国土与交通经常"前腐后继"，背景则是中国过去 10 年房地产开发疯狂繁荣，而地方政府亦严重依赖"土地财政"；同时在经济发展上，往往以大量诸如修路这样的基建投资作为拉动 GDP 的惯用手段——从而两部门具有强于其他部门的重要性及"实权"，哪怕他只是一个科级官员。

由此，辽宁省抚顺市国土资源局顺城分局原局长罗亚平，敢于对包括自己上司在内的官员吼叫:“是我弄来的钱给你们开支的,你们都是我养活的,没有我来赚钱,你们只能去喝西北风。”

这位正科级女官员,被叫做“土地奶奶”,握有黄金地段土地征用和审批权,但大量土地出让金,后来都进了她的腰包:受贿3000余万元、3000余万元来源不明。

中国十年繁荣的房地产业,惠及了“土地奶奶”等官员。而全国各地遍地开花的土地征用,还孕育了一批腐败“村官”。安徽合肥城郊的村官刘怀寅受贿额高达近千万元,他被指控的11起受贿事实,有9起涉及征地,他曾一次就收受浙江一开发商“咨询费”340万元。

相比之下,交通领域作为传统易贪腐领域在新的基建大潮中也不“弱势”,自2009年起,中纪委针对某个领域突出问题所采取的对策,恰是“工程建设领域突出问题专项治理”。

论贪腐波及面之广,非资源领域莫属。有的小小一个部门,竟掌握地方经济命脉。在湖南耒阳市,一个“矿产品税费征收管理办公室”每年收税4亿元,掌握该市1/4的财政收入,成为“最肥科级单位”。去年,这个办公室55人被立案调查,从主任到下属站点站长、班长,均在其中。

山西官员占据了17个“千万级”小官巨贪中的4席,无论是县检察院反贪局长穆新成,县煤炭局长郝鹏俊,还是县公安局刑警队长关建军,无一例外都插足煤炭业。

房子的多少,成为近几年饱受高房价痛苦的公众评判官员贪腐程度的重要指标。“土地奶奶”罗亚平拥有27套房子,仍不及县煤炭局长郝鹏俊的36处——其中35处在北京,基本都位于二环附近的黄金地段。

南方周末记者还注意到,事业单位和国有企业,由于政事不分、政企不分,成为许多官员的“赚钱机器”。比如江苏赣榆县的贪官徐永进,更曾将三个局长、国企董事长、融资委主任、金融办主任等“六顶官帽一人戴”。

另外值得注意的是,权力大小不与行政级别绝对成正比,有时还体现为具体“影响力”。许多科级贪官的特点是:官不大,但长期扎根基层,关系网错综复杂,甚至亦可权倾一方。而处级以上干部,则有跨部门和跨地域交流要求,作为“流官”,往往未必有科级官员那般更隐秘的影响力。

比如在山西涉黑的关建军已41岁,仍只是山西阳泉的一名巡警队长,不过,其父、其妹夫、其弟媳也都在当地公安局工作,公安背景深厚,依靠亲属在当地形成组织,承包煤窑,开办赌场,经营高档会所,甚至进军房地产业。

被“忽略”的位卑者,被放纵的“政绩共同体”

一些小官大贪,要么是处于关键岗位,跟领导有种种利害关系,由此被信任和放纵,形成“政绩共同体”;要不就是位卑之至,根本不为人重视,以为贪腐不了,却积少成多。

如果说上述科级贪腐官员,至少还有某个单位“一把手”的头衔,而另外一些小官巨贪，则更是底层的办事人员。

综观案例，对“小官”甚至小办事员的监督，实非无章可循，而是有法不依。但因为对方位卑，往往就不被重视，但积少成多，养成巨贪。

一个例子是，此前的2005年7月，11名来自教育部、国土资源部、国家工商总局、国家统计局、国家外汇管理局、中国贸促会、建行总行等部委和企事业单位的收发员，以及阜成门邮局大客户组负责人刘建海，被控以加大邮资的方式，一点一滴共侵吞150万元公款。

此后，由北京市检察院统一布置，西城、东城、海淀区检察院又相继查办一批类似案件，涉及国家电网公司、供销合作总社、国家专利局等单位。

西城区检察院最初的线索，是北京阜外医院举报该单位收发员，牵扯出阜成门邮局大客户组负责人刘建海。该区反贪局局长推测刘手里的几十个大宗单位客户也可能“吃回扣”，刘果然供出了20多家。

通过对账，检方发现：相关单位的实付资费与实际业务量相差甚大，由此可解释，为何邮资通过银行直接划拨而不经收发员之手，他们仍有机会贪污——收发员较少直接到邮局领取“好处”，多数是通过购买手机充值卡变现，购卡费计入邮资的“附加费”中。

起诉书中称，贪污额最高的是国家统计局收发员，三年半的时间里私吞24万元；教育部收发员被指控侵吞22万余元；国家工商总局收发员侵吞18万元。案发后，涉案单位每月的邮资总额降幅达1/3。

而在聚集燕山石化等众多企业的北京燕山地区，被挖出的最大贪官，居然是燕山清洁队一名原队长。8年里，他共贪污公款220万元，其中大部分是清洁费。“新疆国税系统第一贪”不过是一个普通工作人员胡瓦尼西·卡利卡依达尔，他凭借在正式发票联和存根联上动手脚，不到4年时间共贪污税款507万元。庭审时，他将矛头指向单位：“是单位的管理有漏洞”。

另一种情况则是，主管领导对一些关键岗位的“小官”，因为种种利害关系，有着天然的信任和放纵，往往使其要害权力基于一身，腾挪之间，变成巨贪。比如林喆分析，会计常常被当做领导“钱袋子”，许多行为都带有“为领导服务”意志，因此容易得到庇护。“不能只打老虎，苍蝇就不管了，苍蝇慢慢可能变成老虎。”清华大学廉政与治理研究中心主任任建明说。任认为，监督不能仅仅看职级，另外也应看岗位的重要性。

2004年受审的国家自然科学基金委员会财务局经费管理处会计卞中，被认定贪污1262.37万元，挪用达2亿元。检察官发现，谁是会计、谁是出纳分得并不清楚。卞中实际职权远超会计应有权限，他不仅负责登记账目，还包揽整个自然科学基金的拨款工作，连财务局长的人名章也能轻易拿到。而他的直接主管领导——一位副处长，亦同时被查。

而“最牛股长”李华波挪走近亿元巨款的主要手段，是绕过申请和领导审批等层层程序，虚填划拨单，盖上私刻假公章，拿去给会计开支票，然后到银行兑现。这样，他仅需要买通身为副股长的会计和信用社主任，即可完成腾挪大计。

至于搬走1800万元的厦门市灌口镇会计陈伯伟，同样轻而易举绕过审批程序，他的领导承认，所有银行预留印鉴，都交由陈一人保管。

与涉及金融等专业领域的犯罪不同，科级官员的贪腐手段，虽日益精进，但其手段的高明程度其实有限——每个单位均制定了严格的财会制度，每年都会接受审计，类似虚开支票、改税票、报假发票的粗糙手段，在许多环节都可能被识破——然而类似不合规之处却被屡屡放纵，种种看似上级官员管理上的问题，实则体制上的弊病。

而南方周末列表中的二十多个案例，绝大多数是“群蛀”现象，很少官员是“一个人在战斗”。财政局股长李华波之前的“最牛股长”——湖北省巴东县国土局矿产资源管理股原股长彭侠获刑4年后，前同事潘家琪、上司原巴东国土局局长胡国品也因贪污受贿锒铛入狱。

究其原因，除了“腐败共同体”，基层官员还形成了“政绩共同体”。“土地奶奶”罗亚平敢于跟上级“叫嚣”的资本，来自其以泼辣风格，在民风彪悍的东北能够推动强拆，保证地方的“土地财政”，此前她就曾被走投无路的拆迁户拔刀捅伤。

而将自己的行为归为单位或领导意图，是“小人物”们最经常采取的辩护理由之一。庭审“邮资案”时，核心人物邮局大宗客户负责人刘建海就辩称，由于邮局竞争激烈，自己完全是服从领导安排。

反腐“抓大放小”，“不正之风”恐成温床

查办大案要案成为反腐主线，由此难免“抓大放小”；而一些基层贪腐，往往被归入“不正之风”。而上述种种趋势，亦为小官巨贪的发育，提供了环境。

一个不容忽视的背景是，清华大学廉政与治理研究中心主任任建明说，类似国有企业改革的“抓大放小”，1993年以来，查办大要案成为反腐主线，重点监督一些位高权重的官员尤其是一把手。这亦是各级纪检部门工作成绩的主要体现，而由此对一些小官大权的职位可能会形成监督盲区。

林喆说，基层的一些贪腐，往往被当做“不正之风”处理。在一些地方，“潜规则”公然行之。近几年，一些中央部委几乎年年整改，又年年审计出上亿元假发票。

而从已有经验看，上述“不正之风”，背后或许就藏有贪腐，但因为定性不同，也便不再细究。

进一步说，尽管中国的死刑罪名列世界前列，看似严厉，但从经济角度而言，贪腐的“成本”仍然很低。因为一些政治考量，为了避免牵连太多，引发局部震荡，一些小额贪腐和不正当收入往往被从轻处理。一位东部省份基层检察院公诉科检察官告诉南方周末记者，贪腐金额低于5万元一般不立案，改正即可。近几年的一些窝案因贯彻“抓大放小”原则，而被批评纵容犯罪。

类似环境之下，一些案子或许早已败露，却往往视而不见。比如贪官湖北省巴东县国土局矿产资源管理股原股长彭侠的线索，来自检察官在饭桌上听到的民间

"谈资"。这位官员写的《桃花园随笔》,比因被曝出贪腐日记而出名的广西烟草局长韩峰还早,据称"不堪入目"。

而上述种种趋势,亦为小官巨贪的发育放过了苗头,或者提供了环境。"法律制度就相当于一个指挥棒,会影响人的行为选择。"任建明说。比如重惩贪污受贿,轻判挪用侵占。

从上述小官巨贪们涉案资金的分布来看,"少贪多挪"现象明显。与挪用2亿元的国家自然科学基金委会计卞中类似,江苏省扬州市公路建设处财务科王勇等三位官员,贪污受贿共1000多万元,挪用1.35亿元。卞中和王勇均将挪用的公款用于经营活动。

"挪用公款的经营收入,属于非法所得。但一些官员对挪用公款不太有犯罪感,都是拿去应急,再悄悄还上。"林喆说。

相比贪污受贿,挪用公款风险较小。按照现行法律,挪用公款最高刑为无期徒刑;而贪污受贿只要够上10万元,即过死刑门槛,但实际执行中,贪污10万元乃至几十万元也少有死刑判决,除非"情节非常恶劣"。

另外,上述最高人民法院法官认为,一些"小官"的背后往往有"大官",只是暂时未被发现。2006年,汉口火车站财务科长耿小菊贪污公款800余万元被审,同时被法办的还有时任武汉铁路分局副局长刘志祥。

如何遏制小官巨贪趋势,已不容忽视。此前的2008年,中央宣布将建立健全惩治和预防腐败体系的时间表,由2010年推迟至2012年,如今只剩一年多的时间。此间如何"织网",最终形成缜密的反腐体系,当为公众所盼。

不过根除沉疴显然难以速达,而且往往也不仅是纪检一家可以解决。此前针对山西蒲县煤炭局原党总支书记郝鹏俊案,曾有媒体采访经办此案的蒲县纪委副书记孔宪民,媒体问:"郝的煤矿很多炸药雷管都是通过公安局正式批出来的,是否会查公安局,郝逃税,税务稽查部门有无责任?"孔宪民回答:"这些问题,只有领导批了我们才会去查。税务的问题也不是税务局没查过,是一个经营管理体制问题,是大环境。"

(《南方周末》2011年3月31日,作者:苏永通)

附四:工作总结与工作计划安排类

渝中区科学技术协会工作总结

渝中区科协近五年来,在区委、区政府的领导下,在市科协的指导下,认真贯彻《中华人民共和国科学技术普及法》和《全民科学素质行动计划纲要》(以下简称《纲要》),全面服从、服务于全区的任务目标和区委、区政府的工作大局,紧紧围绕"四中心、两高地、一枢纽”、“服务重庆、发展渝中”的功能定位和发展战略，树立全区“一盘棋”的思想，按照“服务强区、创新活区、人才兴区、实干立区”的工作要求，以发展为第一要务、推进“效益渝中、魅力渝中、活力渝中、和谐渝中”建设为主线，以宣讲科学精神、弘扬科学精神为主旋律，切实履行党和政府联系科技工作者的桥梁纽带职能，以开展“执政为民、清廉从政、服务发展”为动力，坚持科学发展观，坚持贴近实际、贴近生活、贴近群众，采取不同形式，开展了多系列、多层次的群众性科普活动，普及了科学知识，传播了科学思想，提高了公众的科学素质，在社会上产生了广泛的影响，取得了良好的社会效果。

一、拓展阵地，壮大队伍，夯实基础

1.科普宣传阵地有新的发展。5年来我们在科普阵地建设上，一方面继续巩固已有的科普宣传阵地，坚持办好社区科普宣传黑板报；定期更换科普画廊内容；每季印制一期《渝中科普》，向市民群众发放；继续与新闻电视中心合作，联合制作播出“科技与生活”专题栏目。另一方面，我们更注重拓展新的科普宣传阵地，增添新的科普宣传设施，为此，我们一是继续实施“科普画廊工程”。在15个社区建设15个社区科普画廊的基础上，继续采取市场运作的方式，进行科普画廊建设，而且还积极调动街道的积极性，实施科普画廊工程，五年新增科普画廊160米。二是发展社区科普图书室。我们借社区图书室达标验收之势，增加科普读物的藏书量，并统一制作科普读物标志，提高科普书籍的使用率。三是增加《科普大篷车》电视科普节目的播出时间。四是继续拓展渝中科普教育基地，重庆市规划展览馆、区环卫三所、重庆市少年宫成为我区新的科普教育基地。五是尝试利用信息网络开展科普知识宣传。大坪街道在开通局域网的基础上，又开辟了“科普知识园地”栏目，极大地方便社区群众学习科普知识，受到群众好评。六是实施化龙桥社区青少年科学工作室工作，今年已建成投入使用，为实施未成年人科学素质行动发挥了重要作用。

2.科普志愿者队伍素质得到提升。2005年我们建立了大学生科普志愿者队伍，2006年建立了渝中科普志愿者专家服务团，2007年建立了渝中科普志愿者宣传队。我们的科普志愿者队伍具有以下特点：一是层次高，基本都是大学的专家、教授，以及我区具有较高层次的专业技术人员；二是突破地域限制，实现资源共享、共用，如在我们专家服务团和宣传队中有重庆大学、重庆邮电大学、第三军医大学、重庆工商大学等的教授、学者，全区各中小学的退休教师等。他们积极参与我区科普活动，举办讲座，开展咨询，为我区的科普事业贡献力量。

二、以“科技周”、“科普日”为抓手，促进科普活动蓬勃开展

五年来，我们举办了一系列形式多样、内容丰富的科普活动，既承办了市级重点活动，又开展了全区性科普活动以及社区科普活动；既突出了社区群众、青少年学生、进城务工人员的重点，还在机关干部中开展了科普活动，打造了科普活动“品牌”，得到市、区领导的肯定，推进了科教进社区、进机关、进学校、进军营，促进了城区文明建设，提高了全民科学文化素质。

1. 承办市级重点科普活动不负重托。在2005年科技活动周中，我们承办了由市科协、英国驻重庆总领事馆文化教育处联合主办的中英精英科技年的科普报告会，邀请英国爱丁堡国际科技节主任、爱丁堡科技中心有限公司负责人、物理学博士西蒙·盖吉先生到我区作“如何成功举办科技节”的报告。在2005年全国科普日活动中，我们承办了重庆市全国科普日活动启动仪式。我们紧扣“树立科学发展观，共建和谐社会——科学普及，你我共参与”活动主题，突出建设节约型社会重点，在解放碑中心购物广场，举办“珍惜资源、节约重庆”主题活动。举行“珍惜资源，从我做起”千人宣誓、万人签名活动。向广大市民散发“珍惜资源，从我做起”倡议书2万多份，举办“科学发展观”专题展览，展出展板200多块，我们邀请市节水办、市电力公司、市自来水公司、市燃气有限公司、海尔集团、LED绿色照明公司等单位，开展节约水、电、气的大型科普宣传活动，进行实物、模型展示，发放宣传资料，将节约“一度电、一方气、一滴水”理念带给市民。我们还组织青少年学生开展电脑机器人表演、遥控车足球比赛，以及科普书籍、青少年读物、科普摄影作品、硬笔书法获奖作品展示，等等，在全市营造了全国科普日活动的良好氛围。

2. 全区重点科普活动纷彩缤呈。几年来，在全国科技日活动周、全国科普日期间，我们在全区开展了一系列科普宣传活动。如举行“崇尚科学、传承文明、反对邪教”硬笔书法比赛活动，组织全区街道科协在解放碑、火车站广场、朝天门码头、牛角沱汽车站、大坪支路、急救中心主干道、西三街口、化龙桥头等人员密集地段开展科普宣传活动，组织机关干部、社区群众参加了中国科协组织的“科学发展观——资源节约与可持续发展”知识大赛活动。在机关干部中举办讲座，在进城务工人员中举办故事会，在青少年学生中进行科幻绘画比赛，在学校举办各类讲座、论坛，组织开展科普游园活动，对社区科普站长进行培训，等等，为普及科学知识发挥了重要作用。

3. 社区科普活动丰富多彩。近几年，社区科普活动不断创新，与文化娱乐、计划生育、健康教育等工作相融合，更加贴近群众、贴近生活，更加注重参与互动。如七星岗街道将举办全国科普日活动与街道文化节相融合，整合辖区资源，将科普知识贯穿在丰富精彩的文艺表演之中，起到了事半功倍的效果；并同时开展医疗咨询、计生宣传、科普图片展示等，使科普活动开展得有声有色；上清寺街道科协在社区举办“科学普及、时尚生活”家庭才艺大比武，吸纳数百居民群众参与到科普活动中来，他们还采取“以奖代费”的形式支持帮助各社区科普站多开展科普活动。朝天门街道在每个社区都组织开展了各具特色的科普活动，有的开展有奖知识问答、有的组织文艺表演、有的组织青少年学生进行“动手又动脑”的创意大赛。大坪街道在科技周、科普日期间，街道科协都在社区开展了形式多样、内容丰富的科普活动。通过社区科普宣传活动，调动了广大社区群众学科学、用科学、爱科学的积极性，促进了社区文明建设。

4.在进城务工人员中开展科普活动独具特色。为了摒弃生活陋习，提高进城务工人员素质，争当文明市民。我们分别在南纪门劳务市场、东水门社区居委会农民工公寓等进城务工人员密集地区开展了院坝故事会、放映科普电影、保障安全健康讲座等活动。邀请市急救中心主任、区疾控中心的专家为农民工讲解常见病、性病、传染病的预防和治疗；邀请全国故事大王肖化老师宣讲摒弃生活陋习、做文明市民的故事。肖化老师幽默诙谐的语言、生动形象的故事，引来进城务工人员阵阵欢声笑语，同时又给人以教育和启示，发人深省，使进城务工人员在欢乐愉快的氛围中受到教育，得到启迪，提高做文明市民的自觉性。

5.采用讲座形式，在机关干部中普及科学知识。我们在机关干部科普活动中，每年都要举办各类讲座、报告会。2004年组织近百名机关干部参加英国爱丁堡国际科技节主任、爱丁堡科技中心有限公司负责人、物理学博士西蒙·盖吉主讲的"如何成功举办科技节"科普报告会，开阔机关干部的视野，更新了观念，增长了知识。2005年我们联合区委宣传部、区直机关党工委邀请重庆大学副校长、重庆大学可持续发展研究院长陈德敏教授为渝中区委中心组全体成员、全区副处级以上领导干部共300余人作《树立科学发展观，建设节约型社会》科普报告，对提高机关干部、特别是领导干部的资源节约意识，坚持以人为本和全面、协调、可持续的科学发展观，将发挥积极的作用。

三、以科技创新大赛为龙头，推动青少年科技教育不断发展

在青少年中普及科学知识，推进科技教育，提高青少年的综合素质，是区科协的一项重要工作任务。为此我们注重与区教委合作，加强对青少年科技辅导员协会的指导，注重整合各方面资源，积极打造青少年科普活动精品。

1.提出政协提案，将青少年科技教育纳入对学校的评估体系。为了推进青少年科技教育，从制度上得到保证，在2005年政协会上，我们提出了将"青少年科技教育纳入对学校的评估体系"的提案，得到了有关部门的重视，把青少年科技教育开展情况纳入了对学校的督查评估范围。

2.以创新大赛为龙头，在青少年中普及科技知识。2005年以来，在中小学生中组织开展了科技创新大赛。以科技创新大赛为主线，推动了全区青少年科技教育活动蓬勃开展，全区参加科技活动的师生达2.5万人次。在第20届科技创新大赛中，共获得全国一等奖6个、二等奖5个、三等奖5个；重庆市一等奖52个、二等奖51个、三等奖41个。青少年科技活动开展得有声有色，极富成效，优势项目仍然处在全市领先地位，而且机器人项目也开始起步，在第五届机器人大赛中，获得市一等奖1个，全国三等奖1个，取得了历史性突破。在第21届青少年科技创新大赛中，参加重庆市创新大赛评比，获一等奖11个、二等奖5个、三等奖7个。参加全国创新大赛展评，获二等奖1个、三等奖3个。2件小发明作品参加全国宋庆龄发明奖评比，分别获金奖、银奖。第22届青少年科技创新大赛中，获一等奖12个、二等奖7个、三等奖12个，其中有2件创造发明作品和2幅优秀科幻绘画获得选送参加全国青少年科技创新大赛参评资格。这是我区获得选送全国参赛成绩最好的一届。我区获得了重庆市青少年科技创新大赛优秀组织奖。

3.整合资源，共同开展青少年科技教育。在青少年科技教育工作中，我们注重整合区级有关部门资源，形成你中有我、我中有你的工作局面。2005年我们联合区关心下一代工作委员会、区教委共同举办青少年“信息与人生”科技夏令营。组织了我区10所中学100名优秀学生参观重庆邮电学院。通过听专家教授讲座、参观实验室、开展大手拉小手活动，使青少年学生亲身感受信息时代科技发展日新月异，同时体验大学生活。2007年6月，组织100名中学生到西南大学开展“心理健康与成才”夏令营活动，与学校的教授、大学生开展了一系列互动活动，包括听取辅导报告，参观西南大学心理学实验室、生物学院、化学学院、博物馆等。此外，还充分发挥电力科技展厅作为我区科普教育基地的优势作用，组织开展了“电力杯”青少年科技知识竞赛、青少年绘画比赛，培养中小学生的创新精神和实践能力。各街道社区每年也结合暑期活动，开展演讲、才艺演出等丰富多彩的青少年科技活动，推动了我区青少年素质教育不断向前发展。

四、坚持反邪教，开展硬笔书法竞赛活动

为了反对邪教，传承中华民族优秀文化，弘扬科学精神，按照市科协的部署，2005年组织机关干部、辖区单位职工、社区群众、中小学生参加了重庆市“长安杯”崇尚科学、传承文明、反对邪教硬笔书法大赛，经过广泛宣传发动，我们共收到参赛作品近万份，在作品中有反对邪教的文章，有唐诗、宋词等，经过区书法家协会专家评审，共评出成人组一等奖15名、二等奖26名、三等奖30名、优胜奖25名、青少年组一等奖10名、二等奖21名、三等奖27名。我们将优秀作品制成17块展板在全区科技活动周开幕式上展出。我们还选送了200件作品到市组委会参加评审，获得市级奖励35个，区科协、区教委分别获得了优秀组织奖。在全国科普日活动期间，我们组织了100多名机关干部、社区群众、中小学生参加了9月18日在市委小礼堂举办的“长安杯”重庆市崇尚科学、传承文明、反对邪教硬笔书法大赛颁奖仪式暨庞中华先生书法艺术报告会，聆听了庞中华先生声情并茂、快乐书法的讲座。

2007年5月，在全市范围内举办了“崇尚科学、反对邪教”网上知识竞赛活动，我们从贯彻落实《全民科学素质行动计划纲要》的角度，认真进行了组织、发动，成效明显。通过这次活动，提高了传播了科学思想，弘扬了科学精神，促进了全民科学素质的提高，在全区营造了“崇尚科学、反对邪教”的良好氛围。

五、竭诚服务，推进“建家”工作深入开展

我们坚持从讲政治的高度，切实履行党和政府联系科技工作者的桥梁纽带职责，增强为科技工作者服务的意识，竭诚为科技工作者服务，努力将科协建设成为“科技工作者之家”。为此，我们做了以下几项工作：一是加强对区级学(协)会的联系与指导，推动学术交流，活跃学术思想，发挥智力优势为渝中经济社会科技发展献计献策。二是积极实施“金桥工程”，促进科技与经济结合；2006 年我们建立“金桥工程”专门委员会，邀请专家进行辅导培训，经过牵线搭桥，我区有三个项目在市金桥办立项；2007 年报了三项。三是关心老科技工作者的困难，组织对他们的走访慰问，听取他们的意见和呼声，并通过政协提案进行反映和呼吁。四是热情接待，主动帮助科技工作者解决困难和问题，使“建家”工作取得新的进展。

2007 年 1 月推荐了 10 名科技工作者为区政协委员(科协界别)。2 月，与市科协一起共同向全英中国学联赠送了一条中国铜梁龙，实现了中国留学生用舞龙来庆祝中国新年的愿望。4—5 月，协助市科协组织重庆大学生参加第二届中英科技创业大赛，有两组学生入围前 20 名。

为重学兴教，奖励人才，回报祖国。2006 年 10 月英国诺丁汉中国学联与共青团渝中区委、渝中区科协联合设立了“英国诺丁汉中国学联——助梦想起航”奖学金，帮助家庭贫困但品学兼优的学生完成大学学业。奖学金设立时间为期 5 年。英国诺丁汉中国学联主席熊榆博士、渝中区政府副区长吴刚、重庆市科协国际部部长张诗德等领导出席了首届“助梦想起航”奖学金颁奖仪式。通过此项工作，成功地建立了海外学子关心和联系渝中学子的纽带。

六、加大对科普活动的宣传，扩大科协的影响力

我们不仅注重精心策划、精心组织开展好群众喜闻乐见的科普宣传活动，而且注重对科普活动的宣传报道工作，扩大科协的影响力，吸引更多的社会单位参与到科普活动中来。5 年来，在重庆 CQTV—都市频道“渝中 30 分”报道我区开展的科普活动不少于 20 次；特别是在全国科普日期间，《重庆日报》、《重庆晨报》、《重庆晚报》、《重庆时报》、《重庆青年报》分别对我区的科普日、科技周、青少年科技创新活动、社区科普宣传教育、《纲要》培训等活动进行了宣传报道，为全区学习贯彻落实《纲要》营造了良好的氛围。2006 年以来，增加了“科普大篷车”电视科普节目的播出时间，由 2005 年的每周 1、3、5 播出，改为每天播出(除休息日)。

七、实施《纲要》，推进科普事业发展

2006 年是实施《纲要》的第一年，我们主要从加强学习、提高认识、领会精神、掌握实质、搞好宣传入手，增强贯彻实施《纲要》的自觉性、主动性。突出政府推动、全民参与、提升素质、促进和谐的方针。争取领导支持，得到区委、区政府领导的高度重视。《纲要》颁布实施以来，我们采取切实有效的措施，不断推进我区科普事业发展。一是成立了由区委、区政府分管领导任组长，区级有关部门负责人为成员的渝中区全民科学素质行动领导小组；二是加大科普经费投入，做到了逐年增加，为实施《纲要》奠定了坚实的基础；三是区委、区政府设立“渝中青少年科技创新奖”，这是我区青少年科技创新的最高荣誉奖，是大力实施《纲要》，推进未成年人科学素质行动的重大举措；四是已将《纲要》贯彻落实工作纳入区委、区政府对区级部门和街道的目标管理考核；五是积极开展《纲要》的培训工作，于今年举办了包括区《纲要》领导小组成员，区级各部门分管领导及工作人员，各街道科协主席及秘书长，部分社区科普站站长，学会、协会负责人等参加的两次实施《纲要》工作培训。

五年来，我们虽然做了大量工作，取得了一些成绩，但实施《纲要》，推进科普，任重道远，我们要在今后的工作中，不断总结经验，与时俱进，大胆探索，努力开拓我区科普事业的新局面，为渝中区的社会、经济、科技的进步和发展作出新的更大的贡献。

××区2010年农经工作总结

2010年，××区农村经营管理工作在区委、区政府的正确领导和上级业务主管部门的精心指导下，认真落实中央1号文件精神，紧紧围绕农民增收、维权，狠抓农村财务的规范管理、农民负担的监督管理、农村土地承包关系的稳定完善以及农民专业合作组织建设等方面的工作，较好地完成了全年目标任务。

一、2009年主要工作

(一) 进一步规范村集体“三资”管理

1. 加强财务公开，民主管理工作。5月11日至13日、8月10日至12日和10月20日至23日，由村务公开领导小组办公室牵头，区委组织部、区监察局、区农委、区民政局等部门组成村务公开督查组，对全区五个镇2010年一季度、二季度和三季度财务公开民主管理情况进行了督查，督查情况在全区范围内进行了通报。有力推进我区财务公开、民主管理工作。

2. 抓农村产权制度改革试点工作。我区2004年对全区18个城中村、城边村进行了“村改居”改革，由于涉及的集体土地、集体房屋、社会保障、集体资产量化与处置等诸多问题，“村改居”改革很难进一步推进。按照区委、区政府的要求，我委于11月18日拟定了《××区村(居)集体经济组织股份制改革试点的指导意见》，《意见》从成立组织营造氛围、清产核资摸清家底、界定范围确定股权、分类处置量化到人、因地制宜稳步推进等几个方面对清产核资、股权的界定、股权的分类处置和量化到人的程序和范围进行了规范，为我区开展农村产权制度改革试点，进一步推进“村改居”改革工作提供了制度保障。

3. 全面完成农村“三资”清理和委托代理服务工作。今年5月24日全省农村“三资”清理动员培训会议和6月2日全省农村“三资”培训视频会议后，根据省“阳光村务二程”建设办公室工作安排，对全区范围内的54个村(居)开展了村级资产、资源、资金的全面清产核资工作，全区54个村(居)共清理出货币资金为10083.81万元；资产清理前为13080.02万元，清理后为15570.42万元，增加2490.4万元；资源清理前为38130.2亩，清理后为51516.62亩，增加13386.42亩；债权清理前为4147.65万元，清理后为3277.76万元，减少869.89万元；债务清理前为

3626.88 万元，清理后为 1553.45 万元，增加 2073.43 万元。指导各镇结合实际，在现有会计委托服务中心、土地流转服务中心等基础上，整合资源，设立了农村集体“三资”委托代理服务中心。同时，在坚持集体“三资”所有权、使用权、审批权、收益权和基本核算单位“五不变”的前提下，经村集体经济组织成员大会或村民代表大会讨论同意，由村集体经济组织或村民委员会与镇“三资” 委托代理服务中心签订委托代理协议，进一步完善了“三资”委托代理服务工作。

（二）强化了农民负担监管

1.加强农民负担监督，健全各项制度。配合区财政局开展村级公益事业建设“一事一议”财政奖补试点工作。制定了《××区村级公益事业建设财政奖补试点工作实施方案》，加强了“一事一议”农民负担监督管理工作。在全区五个镇 54 个行政村建立了涉农收费公示栏，严格执行涉及农民负担案（事）件责任追究制度。全区未发生一起涉及农民负担案（事）件。居民生活用电实现城乡同网同价，农民真正得到了实惠。

2.开展了农民负担政策落实情况自查自纠工作。自查自纠情况表明：一是涉农收费严格按照有关规定执行。二是“一免三补”的税费改革政策全面兑现。三是村级财务管理得到进一步规范。四是农村土地承包政策法规全面落实。但也存在一些不容忽视的问题：一是部分涉农收费不够规范。二是少数村报刊征订费超标。各镇针对存在问题认真进行了整改。

3.抓良种补贴工作。印制《省委、省政府致全省广大农民朋友的一封信》1.2 万份，发放到全区每户农户手中。结合新型农民培训项目和科技三下乡活动，大力宣传党中央、国务院的各项惠农政策。转发了省农委、省财政厅《2010 年农作物良种补贴项目实施方案》，下发了《××区农作物良种补贴工作实施意见》，组织实施了农作物良种补贴工作。2010 年农作物良种补贴农作物种植面积总计 22567.275 亩，补贴资金 321811.63 元。其中一季稻 18847.96 亩，补贴资金 282719.33 元；棉花 379.82 亩，补贴资金 5697.30 元；玉米 3339.50 亩，补贴资金 33395 元。农作物良种补贴资金已通过涉农补助资金“一卡通”方式发放到农户手中。

（三）依法稳定和完善农村土地承包关系

1.建立健全农村土地承包经营权流转工作制度。3 月 26 日召开各镇农经站长会议，就认真贯彻落实《××区农村土地承包经营权流转实施细则》，进一步规范了农村土地承包经营权流转工作进行了布置。开展了农村土地承包经营权流转情况调研，针对当前我区农村土地承包经营权流转工作存在的问题，提出下步工作措施。

2.进一步加强农村土地承包经营权流转管理和服务工作。五个镇都成立农村土地承包经营权流转服务中心，进一步明确了工作部门和职责，规范了农村土地承包经营权流转的申请、登记、备案工作，同时还结合“三资”清理工作，各镇对农村土地资源进行了清理登记，进一步加强了农村土地承包经营权流转管理和服务工作。

3.认真做好农村土地承包来信来访案件办理工作。今年区、镇两级本着认真接待，及时处理，切实维权要求，接待来信来访近20次，在区、镇有关部门的积极配合下，多数问题得到及时处理，农民群众比较满意。

（四）大力加强农民专业合作组织建设

1.开展《农民专业合作社法》的宣传培训。《农民专业合作社法》自2006年10月31日颁布，于2007年7月1日起实施，为全面实施好《农民专业合作社法》，我们结合送科技下乡和新型农民培训，进行培训宣传。

2.农民组织化程度进一步提高。今年我区共有农民专业合作组织38家，比上年增加了4家，今年新增加的农民专业合作组织为：黎阳镇提子生产专业合作社、奕棋镇林塘村九龙养殖专业合作社、××区东风畜牧水产养殖生产合作社、××区中蜂蜂业生产专业合作社。奕棋振华苗木合作社获得省级农民专业合作组织称号。

二、下一步工作重点

（一）进一步指导好农民合作社工作

一是做好组建新农民专业合作组织的引导和指导工作，力争全区农民专业合作组织数量形成一定的规模。

二是指导现有的农民专业合作社，规范运作。

（二）进一步加强农村“三资”电算化管理与委托代理工作

建立健全农村“三资”委托代理制度，全面实行农村“三资”委托代理。村（居）经济组织召开村民会议或村民代表会议表决通过后，出具书面委托协议。且表决结果要上报各镇政府备案。

（三）进一步规范财务公开制度

要继续把财务公开作为村务公开的重点。

各镇结合农村财务管理电算化试运行，逐步推行所有收支逐项逐笔公布明细账目。有集体经济收入的村民组，要逐步推行组务公开，强化村组财务管理。要抓住第七届村委会换届之机，组织对村级财务进行全面清查，发现问题要及时处理，清查结果实行公开，接受监督。

（四）进一步推进农村产权制度改革试点工作

按照规范性文件立项申报的要求，在充分调研广泛征求意见的基础上完善《××区村（居）集体经济组织股份制改革试点的指导意见》，指导好各试点社区根据《意见》设定的清产核资、股权的界定、股权的分类处置和量化到人的程序和范围稳步推进。

（五）进一步完善农村土地承包管理

以党的十七大精神为指导，以推动土地规范化流转为重点，建立健全土地流转的程序和各项工作制度，做好土地流转前、中、后的服务工作。

（六）进一步实施好农作物良种补贴项目

农作物良种补贴面积的申报严格实行“农户申报、镇区审核、村组公示”的工作程序，补贴资金全面推行“一卡式”社会化发放。

泰州市科协2007年工作总结和2008年工作要点

2007年工作总结

2007年在市委、市政府的正确领导和省科协的精心指导下，泰州市科协坚持以邓小平理论和“三个代表 ”重要思想为指导，深入贯彻落实科学发展观，紧紧围绕中国科协“七大”和市第三次党代会精神，切实坚持“三服务一加强”工作方针，以创建“和谐、奋进”科协为目标，找准科协工作服务经济社会发展的切入点和着力点，合力推进各项工作进位争先，圆满完成了全年各项工作目标和任务。市科协被评为省辖市科协工作综合先进单位。

一、以实施《纲要》为主线，努力构建社会化大科普工作体系

1.统筹协调，全面实施《科学素质纲要》。年初，召开了全市科协工作暨实施《纲要》动员部署会议，对全年实施《纲要》工作的目标、任务和工作重点作了全面部署。在《泰州日报》分九个专题对《纲要》进行宣讲和解读。各市（区）结合各地特点，积极采取有力措施，加大实施《纲要》和重点工作的推进力度。靖江市委常委会召开专题会议，研究部署《纲要》实施工作；泰兴召开了贯彻实施纲要促进会，市政府领导作了动员讲话；姜堰市通过《泰州日报·姜堰新闻》举办“溱湖杯”《纲要》知识有奖竞赛。高港、姜堰以市（区）委办下发了《全民科学素质纲要实施方案》。为认真贯彻落实《省政府全民科学素质行动计划》，市科协成立专门班子，在认真研读《省行动计划》内容和主要精神的基础上，着力体现泰州全民科学素质工作的特色，研究制订了《泰州市实施〈江苏省全民科学素质行动计划〉意见》，并经市全民科学素质工作领导小组讨论，报市政府常务会议讨论后下发。由市委常委、宣传部部长缪志红同志作序的科普宣传手册在全市广泛印发，进一步增强了《纲要》的实施力度。

2.整合资源，深入开展重点人群科学素质行动。一是注重加强机关干部科普工作。5月22日，市委组织部、市级机关工委、市科协联合举办了《纲要》解读科普报告会。中国科技馆原馆长、《纲要》起草组组长王渝生以《实施科学素质纲要，提高自主创新能力》为题，从4个层面对《纲要》进行了精彩的解读，市级机关干部代表300多人听取了报告。7月份邀请了国家探月工程卫星系统总指挥兼总设计师、泰州籍院士叶培建为市级机关近300多名干部作了“航天技术与中国航天的发展”科普报告会，给广大机关干部奉上了一道丰盛的科普大餐。二是深入开展农村科普工作。围绕建设社会主义新农村，提高农民科学素质，开展科普示范乡镇创建，举办农村党员基层干部科技素质培训和健康进万家等多种科技服务活动，取得显著成效。4月25日至9月27日，市科协和普济医院联合举办了“健康进万家”活动，普济医院抽调了30多名重点科室的专家分赴四市二区22个乡（镇）开展健康服务，行程3000多公里，接待群众8000多人次，3000多人听取健康讲座，接诊病人1872人，实施手术5例，发放资料1.5万多份，受到了广大群众的欢迎和称赞。各市（区）依托电大分校、农校、就业中心、成教中心等培训基地，以及远程教育平台对农村党员、基层干部、农民致富带头人实施培训。兴化市科协“订单式”科普活动深受欢迎。今年以来坚持以开展科普示范创建活动带动农村科普上台阶，对照全国科普示范市（区）创建验收标准，加强组织领导，落实责任，加大经费投入，重视基础建设，狠抓资料管理，营造浓厚氛围。为夯实创建基础工作，各市（区）不断深化创建科普示范村活动和抓好“一站一栏一员”试点工作，全市已申报科普示范村52个。靖江、泰兴、姜堰被评为全国科普示范县（市），泰兴镇等12个乡镇（街道）被评为泰州市科普示范乡镇。同时泰兴市开展的农村科普工作队试点工作，接受了国家、省科协的评估验收。三是广泛开展城区科普工作。以社区科普学校、社区广场、科普画廊为载体，促进科普进社区、进家庭，提升社区居民科学素质。与市无管办、江苏移动泰州公司联合举办了十佳科普短信评比活动，共收到参赛短信8600条，评选出十条最佳科普短信，并以群发方式向60万市民发送；与市经贸委、市总工会联合开展“我为节能献一计”活动，共有23885名市直企业职工参与，征集合理化建议11254条，采纳2546条，实施1447条，直接创造经济效益5865万余元；组织科普志愿者200多人次在城区开展了“爱护生命、远离毒品”、“食品安全”、“防震防雷”、“健康新概念”等科普活动50多场次。深化科普文明街道（社区）创建工作。海陵区通过了省科普示范城区验收，并被评为全国“科教进社区”活动先进集体，成立的“科普大学”好戏连台。11月份，全市有2个街道、16个社区通过了省级科普示范街道（社区）初验。全市新建科普教育基地8个，社区科普活动中心10个。四是扎实开展青少年科技教育工作。自2007年4月至2007年11月共分五个阶段，在所辖有关市（区）组织开展了“科普大篷车泰州行”活动。有30所学校5.7万多名师生参与了宣传教育活动，其中兴化市还举办了观后感征文比赛。组织全市近15万名中小学生参加省科技创新大赛、“金钥匙”科技竞赛、信息学奥赛、电脑创意大赛等活动。泰州中学张子旸同学获国际化学奥赛金牌，被北京大学免试录取。在省第十八届青少年科技创新大赛中，我市有6所学校获团体奖，46名学生获省个人奖，其中5名学生获一等奖；在省首届职业教育创新大赛中，我市18名学生获省级奖，市科协普及部获优秀组织奖。11月份组织全市1100名中学生参加了全国青少年信息学奥林匹克联赛（江苏赛区）的竞赛，共有339名学生获得了省级奖。13人次获省级一等奖；44名老师获辅导学生的相应等级证书，泰州市获省前五名团体奖杯。积极参与全国百城青少年电脑创意大赛主题活动。会同市教育局联合举办了泰州市中小学信息学奥赛辅导老师培训班暨工作研讨会和泰州市中小学科技教育特色学校创建培训班，全市270多名中小学校长、科技辅导老师参加了培训。12 月份会同市教育局验收命名了 27 所泰州市科技教育特色学校。

3. 构建特色，全力打造主题科普活动品牌。坚持统一部署，创新形式，团结协作，构建特色的原则，努力打造“科普宣传周”和“全国科普日”活动品牌。5 月份，以“实施科学素质纲要，共建和谐美好新泰州”为主题，成功举办了泰州市第十一届科普宣传周。市委、市政府对本届科普宣传周高度重视，多次专题听取汇报，审定活动方案，召开由市 56 个部门、单位参加的市科普工作领导小组(扩大)会议，对切实搞好科普宣传周工作提出明确要求。5 月 19 日，市领导缪志红、王振南等出席了科普宣传周开幕式。本届科普宣传周活动方案被中国科协主办的《科普动态》全文登载。《新华日报》、《江南时报》等省级报纸 7 次报道了我市科普宣传周活动。市科协被评为省优秀组织单位，靖江市科协举办的“水利杯”科普知识电视大赛获省“最佳活动奖”。9 月份举行以“节约能源资源，保护生态环境，保障安全健康”为主题的全国科普日系列活动，市委常委、宣传部长缪志红参加启动仪式，并开通“科普惠农热线”。组织开展“科教进社区、进乡村、进企业、进军营”活动，全市共举办各类重点科普活动 80 项，科普报告会 8 场次；科普展览 20 场次，培训班 12 期，播放科普录像 34 场，制作科普展板 260 块，张贴科普挂图 1000 张，发放科普资料 3.4 万份，参与公众达 20 多万人次。

4. 筑牢阵地，切实加强科普基础设施建设。积极争取市政府项目资金的进一步支持，今年市财政又划拨专项资金 80 万元，用于电子科普画廊二期工程建设；同时加大社会融资力度，为高标准建设电子科普画廊提供必要的资金支撑。今年全市科协系统共建设科普画廊 80 个，科普宣传栏 214 个，科普图书室 128 个，与市文化中心同步建设的市科技馆正在紧张建设之中。“科技与信息”电视栏目播放质量不断提高，对泰州科普网实现了全面改版更新。

二、以科技创新服务为根本，努力促进经济社会又好又快发展

1. 深入实施“千名科技专家兴农富民工程”。一是加强组织领导。6 月份召开全市“兴农富民工程”推进会议，总结推广典型经验，检查重点项目实施进度，健全考核机制，实行动态管理，调整了部分重点项目。二是加大专项资金投入。市本级项目专项资金增加至 40 万元。泰兴市将“工程”项目扶持资金与市高效规模农业项目奖励资金统一安排；姜堰市把参与“工程”项目实施的科技示范户纳入小额低息贷款投放对象。三是工程项目取得显著成效。共新增对接村 84 个，新增实施项目 92 个，带动农户 10715 户，辐射农户数 37740 户，推广新品种、新技术 165 个，培育扶持新农技协 47 个，建立扶持科技示范基地 67 个，培训农民 217316 人次，参与项目实施专家 297 人，带动农民增收 9465.4 万元。泰州市海陵区现代农业示范园区被评为全国科普惠农兴村计划先进集体，泰兴市西桥蚕桑协会、兴化市春禾林业协会沙福祯分别被评为江苏省科普惠农兴村计划先进集体和先进个人，市科协评为省“送科技下乡、促农民增收”优秀组织奖，是全省科协系统唯一获奖的单位。四是强化考核表彰。12 月份联合市委组织部等六部门对在实施“工程”中做出显著

成绩的10个先进单位和20名个人进行表彰奖励，同时对10个“工程”项目专家组的工作业绩进行了考核并发放专家津贴，极大地调动了全市上下深入推进“工程”的积极性。省科协领导高度肯定了这一做法，专题下文向全省推广我市的经验。

2.精心组织“院士、专家泰州企业行”活动。由中国科技咨询服务中心与市人民政府联合举办，市科协承办的“院士、专家泰州企业行”活动于11月22—23日在我市举行。中国科协党组成员、书记处宋南平书记和省科协吴国彬副主席亲临指导，中国工程院欧阳平凯等10多名院士、专家，分别介绍了医药、化工行业国内外发展动态，发布最新科技成果项目187项，为企业解决科技难题26项，8家重点企业与院士、专家所在单位建立了合作关系。“燃气分布式供能系统技术研究与产品开发”、“钛白粉工艺技术”和“抗癌中药安体康注射液纳米级脂肪乳制剂的生产工艺研究”三个项目已经被列为“中国科协海外智力为国服务行动计划”。

3.深化科技服务经济活动。“金桥工程”、“讲、比”竞赛、厂会协作是科协为建设创新型城市服务的重要品牌。今年“金桥工程”项目立项40项，完成项目30项。累计投入4.3522亿元，新增效益2.5646亿元，节约资金7.8143亿元，新增产值13.9186亿元。“讲、比”竞赛立项83项，内容包括产品创新、技术改造、科技成果转化等。江苏林海集团的“KT01汽油机机加工一个流”项目预计全面销售额达2.4亿元，利润2400万元；江苏海阳化纤有限公司科协申报的“尼龙6民用切片开发”项目预计每年将新增效益300万元。市科协荣获省“金桥工程”先进单位称号。

4.认真举办学术交流活动。一年来，全市共组织开展学术交流和学术研讨等各类活动100余次，参加人员达1.8万多人次。市医学会和普济医院于5月26日举办中德微创外科技术交流会暨微创外科新技术研讨班。市电机工程学会4月18日举办了供用电新技术、新产品介绍会，省牧院科协于5月28日承办了江苏省小动物兽医师联谊会第二届会员大会暨第二届小动物疾病研讨会，会议特邀南京农业大学侯加法等6名教授作了5场学术报告。各市(区)创造性地开展学会建设工作，泰兴开展的“创建五星级学会”活动，姜堰市农学会举办的“溱湖八鲜”研讨会，海陵区成立的“科技专家协会”等都有力地推进了全市学会工作的改革和发展。

三、以履行桥梁和纽带职能为基本，竭诚为广大科技工作者服务

1.畅通联系渠道，健全服务运行机制。充分发挥各级科协及所属团体在“提供服务、反映诉求、规范行为”方面的作用，在党和政府与科技工作者之间建立畅通稳定的联系渠道。进一步建立和完善为科技工作者服务的机构和制度，院士办公室、科技交流中心工作取得新进展。

2.营造舆论氛围，宣传表彰优秀事迹。加强与组织部门、宣传部门、新闻媒体的合作，广泛宣传优秀科技工作者的先进事迹。在市科协第三次代表大会上与市人事局联合对五年来为科协工作作出突出贡献的10个先进集体和30个先进个人予以表彰和奖励。《泰州日报》以专版和新闻报道相结合的形式大力宣传优秀科技工作者的创新、创优业绩。

3.维护良好形象,加强职业道德建设。引导广大科技工作者牢固树立社会主义荣辱观,积极开展"八荣八耻"宣传教育活动,注重学风建设,创建"学习型机关",在市读书节活动中3人获奖。

四、以建设"奋进和谐"科协为目标,增强科协机关服务功能

1.召开市科协第三次代表大会。12月份,在市委的关心支持和省科协的精心指导下,全市科协系统广大干部职工共同努力,圆满召开了泰州市科学技术协会第三次代表大会,选举产生了新一届科协委员会,为促进科协事业的蓬勃发展提供了坚强的组织保障。

2.完善科协工作目标管理体系。今年市科协重点工作首次纳入了市委、市政府对各市(区)的年度工作目标考核体系,市科协相继下发了《2007年度各市(区)科协工作考核意见》、《泰州市科协市级学会年度工作考核意见》等文件。在市科协指导下,有关市(区)科协和市级学会顺利完成了换届。

3.努力为广大科技工作者服务。一是走访慰问科技工作者。市委常委、宣传部部长缪志红带队深入扬子江药业集团、林海集团、泰州市人民医院、泰州职业技术学院等单位,走访慰问了长期奋战在科研一线的优秀科技工作者,体现了"科技工作者之家"的温暖。二是与市委宣传部联合举办了乡镇科协主席培训班,邀请省委党校方在农教授、市委农工办姚灿华副主任分别作了实施《纲要》和社会主义新农村建设的辅导报告,通州市刘桥镇科协秘书长丁松林作经验介绍,全市70多名乡镇科协主席、秘书长参加了培训。三是组织30名科技工作者和学会干部分赴韩国考察交流,学习国外经验。四是精心组织科普专业技术职称评审工作,2007年报考参培人数达92人,报考人数和考试达线人数为历年之最。

4.着力加强机关自身建设。一是以制度为本,夯实内部管理。在集体讨论、党组研究的基础上制定下发了《泰州市科协党组关于加强机关作风建设的工作意见》等8个文件。二是以教育为先,强化思想建设。认真组织中心组学习活动,选择高质量的学习笔记、心得等编印《优秀学习笔记(心得)选编》,在市级机关中心组学习成果检查评比中列为优秀成果进行推广。组织开展了"机关作风建设与构建和谐社会"大讨论。三是以党建为基础,促进廉政建设。制定了《泰州市科协2007年党建工作意见》,建立《党建园地》,开展"算好清廉七笔账,走好人生每一步"的主题教育,健全《领导干部重大事项报告制度》和科级干部廉政档案。

2008年科协工作要点

2008年全市科协工作指导思想:在党的十七大精神指引下,高举中国特色社会主义伟大旗帜,全面落实科学发展观。充分发挥桥梁纽带作用,努力提升服务能力和水平,科学定位、突出重点、创新思路,团结动员广大科技工作者为实现"全面达小康、建设美好新泰州"的奋斗目标再立新功。

一、全面贯彻实施《纲要》,大力提升科普工作水平

1.全面实施《纲要》。建立健全全民科学素质监测评估体系,认真组织开展全民科学素质评估工作。面向未成年人、农民、城镇劳动人口、领导干部和公务员等重点人群,深入实施科学教育与培训,科普资源开发与共享、大众传媒科技传播能力、科普基础设施等“四大基础工程”,全面加强我市公民科学素质建设,积极参与全国文明城市创建工作。

2.继续深入开展科普示范创建活动。力争年内海陵区、兴化市、高港区分别创建成国家级和省级科普示范市(区)。创建科普示范乡镇10个,科技特色学校30个,新建一批电子科普画廊。

3.以科普“六进”活动为载体,推进城乡科普工作向纵深发展。大力开展“科普进乡村”活动,传播农业科技、实用技术;开展“科普进社区”活动,传播科学文明、卫生保健、环保节能知识;开展“科普进校园”活动,增强青少年科学兴趣;开展“科普进机关”活动,提高公务员的科学素质;开展“科普进军营”活动,推进科技强兵建设;开展“科普进企业”活动,促进企业员工提高业务技能和技术创新的能力。

4.着力抓好大型科普活动和科普培训工作。注重依托科普活动品牌扩大科协的影响,以“节能减排”为主题,精心策划好第十二届科普宣传周和全国科普日系列活动。有计划地开展培训工程,提高骨干队伍综合素质,为全面提高公众科学素质奠定人力基础。

二、充分发挥优势,促进经济社会又好又快发展

1.积极开展“节能减排”科技服务活动。以“院士泰州行”、“海智计划”、科技工作者合理化建议等活动为载体,搭建院(所)企合作、国际技术合作的有效平台,有针对性地引进高、新技术成果。充分发挥泰州市节能技术服务中心的作用,为企业制定节能规划、推广节能新技术、开展能源使用效率评估等提供服务,切实解决企业在节能减排工作中的难点课题。

2.深入推进“千名科技专家兴农富民工程”。积极落实省、市关于《实施“5112”教育富民工程的意见》,组织科技专家下农村、进农户,开展科技咨询、科普讲座,解答农民生产中的实际难题,推广农业先进适用技术,探索高效规模农业发展之路,增加专家对接项目,促进农村产业结构调整和农民增收致富,力争推出一批在全国有影响的典型。

3.积极组织“三项”科技服务活动。组织全市所属学会、企业科协广泛开展“金桥工程”、“厂会协作”、“讲、比”竞赛等活动,促进科技成果有效转化。把科技服务沿江行、非公企业服务行、科技服务乡村行组织好、实施好,为企业增产增效提供科技保障。

4.深入开展学术交流活动。组织科技工作者开展高层次学术交流活动。力争承办中国科协组织的“中日韩商务论坛”。鼓励和支持学会、市(区)科协举办和承

办全国性、国际性重要学术交流活动。组织泰州市第六届自然科学论文征集和评选，编印《科技工作者建议》，不断活跃学术活动氛围。

三、强化服务职能，不断提升履职的效能和水平

1. 畅通联系渠道，健全服务运行机制。充分发挥各级科协及所属团体在“提供服务、反映诉求、规范行为”方面的作用，在党和政府与科技工作者之间建立畅通稳定的联系渠道，坚持面向广大科技工作者、面向基层一线，不断完善服务工作体系，准确及时地反映科技工作者的意愿，切实维护科技工作者的合法权益。

2. 营造舆论氛围，宣传表彰优秀事迹。开展“泰州市优秀科技工作者”评选活动，加大人才推荐、表彰工作力度。办好泰州科普网“优秀科技工作者巡礼”栏目，加强与组织部门、宣传部门、新闻媒体之间的合作，广泛宣传优秀科技工作者的先进事迹。做好科普专业技术人员职称评审工作。努力营造有利于优秀人才成长的政策环境、工作环境、生活环境和社会环境。

3. 维护良好形象，加强职业道德建设。大力加强科技工作者职业道德建设，恪守“坚持真理、诚实劳动、亲贤爱才、密切合作”信条，倡导“献身、创新、求实、协作”精神，进一步加强学风建设，净化学术环境，维护社会形象。

四、注重自身建设，切实提高“三个服务”的能力

1. 强化信息宣传工作。健全全市科协系统宣传考核体系，构建培育三级宣传网络和骨干队伍，大力强化市级以上新闻媒体的组稿报道能力。经过改版扩容后的泰州科普网要进一步加快科技信息流的传递速度，增加科普知识的宣传和公众对话平台。加强与新闻媒体的沟通与联系，积极打造科协组织的新形象。

2. 推进学会改革发展。强化主体建设，切实增强学会对会员和科技工作者的凝聚力。加强制度建设，促进学会规范、有序和健康发展。认真组织市级学会新建和换届工作，稳步推进学会工作人员的聘任制和职业化建设。力争在行业技术标准制定、专业技术咨询、继续教育与培训等方面取得新的突破。

3. 提高机关工作效能。进一步完善机关各项规章制度，广大干部职工要牢固树立勤政、廉政意识和遵章守纪意识，大力弘扬“团结、敬业、创业、奉献”精神，不断提高科协“三个服务”的能力，深入开展“先进处室”评选活动，努力打造“和谐、奋进”的科协群体。

市发改局2010年综合治理和平安创建工作总结

市综治办：

今年以来，在市委、市政府的正确领导和市综治委的直接指导下，我局认真贯彻党的十七届五中全会精神，落实科学发展观，按照市综治委下达的《2009—2010

年××市机关企事业单位党政领导社会治安综合治理暨平安单位责任书》要求，认真履行市综治委成员单位职责，狠抓工作落实，取得明显成效。现将我局2010年综治平安创建工作总结如下。

一、加强领导 落实责任

稳定是发展的基础。我局充分认识到稳定工作的重要性，将稳定工作作为头等大事来抓，把综治工作列入重要议事日程，从加强思想认识、完善组织网络、落实各项制度方面入手，做到了三个到位。

1.思想认识到位。局党委始终把平安建设作为全委重点工作来抓，牢固树立防范意识，做到主要领导亲自抓、分管领导具体抓、各科室工作人员共同抓。我局成立了白主要领导任组长，分管领导任副组长，局机关各科室负责人为成员的平安创建领导小组，下设办公室负责创建工作的协调、检查指导等工作。领导小组定期召开会议，研究创建工作，制订了创建"平安单位"的总体计划，加强了对社会治安综合治理工作的领导，落实了各项综合防范措施。

2.组织网络到位。为了增强单位防控功能，我们重点从完善组织网络方面下工夫。在局平安创建领导小组的基础上，各股室也相应建立了创建组织，设立兼职综合治理工作人员，并明确各级"创安"工作目标，主管领导与各股室签订了社会治安综合治理目标管理责任书，形成了横向到边，纵向到底，上下联动的创建工作网络。构建了多层次、全方位的社会治安综合治理防控网络。

3.管理制度到位。为了促进全局综合治理工作，健全制度建设，我们从两方面入手，不断加大平安建设力度。委班子对综合治理工作做到"思想上有位置，组织上有班子、工作上有布置"。同时，我们不断健全和完善各项安全防范制度，如《突发、重大事件事前预警制度》、《安全保卫制度》、《××市发改局关于加强网络安全保密管理工作的通知》等各种规章制度，有效保证单位安全防范工作。

二、加强管理 完善机制

管理落实是做好工作的基础，机制健全是完成任务的保证。我局注重在规范管理、健全机制上狠下工夫，切实把各项规章管理制度落到实处，全力推行群防群治。

1.制订计划。我局按照"平安建阳"实施意见的具体要求，明确本部门职责，结合本部门工作实际相应制定了创建"平安单位"工作的活动计划，明确本单位开展创建"平安单位"工作的指导思想、工作目标和具体实施步骤，为指导本单位工作开展指明了方向。

2.建立责任追究制。主要领导对综治工作负总责，分管领导具体负责，将平安单位工作列入各有关股室的目标考核内容，并进行严格考核，严格执行责任追究制度，对造成重大安全事故的，要严肃追究有关领导及直接责任人的责任。

3.签订承诺书。与干部职工签订了争当"平安家庭"、共建"平安单位"承诺书，明确了干部职工应做的工作和应负的责任。将平安创建工作作为对干部职工考核的重要内容,实行一票否决制度。贯彻“谁主管,谁负责”的原则,做到职责明确,责任到人。

4.强化依法办事意识。要求各股室人员增强依法办事意识,切实做好安全保卫和保密工作。建立健全各项规章制度,完善各种防范措施,加强对涉及国民经济重要数据的资料、文件和对外招商中的保密。不断完善机关、宿舍的安全保卫工作,确保财务室、档案室、文印室等重点部位的安全。提高自防、自保、自治能力,确保单位实现“三无”(无发生刑事、治安、重大灾害事故案件)。对涉及安全保卫的各项工作,坚持做到有章可循,违章必究,不留盲点,不出漏洞。

5.制订应急预案。结合本委实际,制定了《××市发展和改革局突发公共事件应急物资保障预案》和《××市发展和改革局维稳防恐反恐工作预案》。并积极为社会治安综合治理和维稳工作提供社会物质基础保障,保障我市各项社会事业项目的建设。

6.做好挂村服务工作。××市莒口镇中布村是我局扶贫帮困、“互动联动”村,党委始终把这村的服务工作纳入议事日程,始终把村党支部作为一个科室来管理。今年来,局领导带领机关人员到这个村调研、指导工作共 6 批 32 人次,并指导这个村按制定好的《挂钩帮扶、“互动联动”三年工作计划》抓好各项工作落实。同时,为中布村争取到上级扶持资金 20 万元,用于该村的建设,另外,还争取到 5 万元资金,用于村水渠毁坏项目建设。

2006 年度大明镇党委政府领导班子工作总结

2006 年,大明镇党委、政府在县委、县政府的正确领导下,坚持以邓小平理论和“三个代表”重要思想为指导,认真贯彻落实党的十六大和十六届五中、六中全会精神,努力完成上级党委、政府部署的各项工作任务,团结带领和充分依靠全镇各族干部群众,全面落实科学发展观,继续实施“工业强镇、产业富民”的发展战略,以加快发展为主题,以项目建设和招商引资为抓手,围绕增加财政收入和农民收入两条主线,坚持重点抓工业,突出抓项目,关键抓效益,全面推进全镇工业化、产业化、城镇化进程和社会主义新农村建设,党建、精神文明建设和民主法制建设进一步加强,全镇呈现出经济健康快速发展,各项事业明显进步,社会和谐稳定,人民安居乐业的良好局面。

截至 9 月底,GDP 达到 16154 万元,同比增长 25.8%,其中第一产业增加值 9774 万元,增长 17.5%;第二产业增加值 2087 万元,增长 74.4%;第三产业增加值 4293 万元,增长 21.1%。截止 11 月底,财政收入实现 916 万元,完成全年任务的 114.5%;农民人均纯收入达到 3578 元,比 2005 年增加 528 元。预计年末,全镇 GDP 达到 24240 万元,增长 28.6%;财政收入首次创历史最好成绩,突破 1000

万元，比2005年增加512万元，增长104.9%。

一年来，我们主要做了以下几个方面的工作。

一、项目建设和招商引资成效显著，工业经济发展势头强劲

坚持“工业强镇”的发展思路，实施“项目建设提速年”的发展战略，把加快工业发展作为经济工作的核心来抓，把项目建设作为推动工业经济发展的切入点，立足产业基础，发挥资源优势，围绕矿产资源开发和农畜产品深加工，集全镇之力突出发展工业经济，使工业成为拉动镇域经济增长和提高“两个收入”的主导力量。对于重点项目党政主要领导亲自抓、负总责，分管领导和工作队成员具体抓。采取负责人包项目、包进度、包全部的“三包”方法，对全镇所有投资项目分解到每个党政负责人，使人人抓项目，人人懂项目，人人关心项目。2006年全镇共新上100万元以上的项目13个。截至11月末，重点以上规模工业企业实现产值9600万元，比2005年增加2370万元，增长33.3%，年末可实现产值1亿元以上。

强力推进重点工业项目建设，确保重点项目达产达效，将宏大铁矿、同仁矿业等几个重点项目放在全部工作的重中之重。宏大铁矿投资3000万元，完成了一期工程三、四系列15万吨生产线的试车生产，从而使一期工程四个系列全部投产，达到了原计划每年生产30万吨铁精粉的设计目标。在此基础上，下半年又启动了二期工程，二期工程计划投资1.5亿元，生产能力每年60万吨。现在已投入资金8000多万元，完成了设备订购、项目审批等相关手续，厂房工程招投标、水、电设计、冬季取暖等工作正在进行，二期工程计划2007年10月1日前试车投产。一、二期工程全部投产后，生产能力可达90万吨/年，是蒙东地区最大的铁选厂之一。每年可以实现销售收入3亿元以上，安排就业500人以上，年实现税收3500万元以上，因矿石贮量在1.7亿吨之多，服务年限可达10年之久，能给我镇带来巨大的经济效益和社会效益。投资1600万元的哈达城子明森铁选厂年生产能力在5万吨以上，现已全部建设完工，完成了所有征山占地和行政审批工作，准备今冬明春试车生产。投资3000万元的同仁矿业年生产能力在10万吨以上，现已基本完成征山占地和行政审批工作，今冬计划取暖施工。玉成河道治理项目已完成场地、水、电、路，购进采砂船等工作，明年春季也可开工生产，可年产铁精粉2万吨以上。鑫顺烧结厂不断做大，延长了铁精粉的产业链条，为铁粉深加工做出了有益的探索。通过重点工业项目建设，逐步形成了梯次跟进、后劲充足的企业发展群体，保证后续税源充足，实现财政收入目标，从而有效地带动当地经济发展。

切实把招商引资作为项目建设和经济发展的突破口。随着各项基础建设的日臻完善，我镇吸纳和承载大项目的能力不断提升。我们不断优化投资环境，制定更加优惠的用地、基础建设等优惠政策，为外来投资者提供全程服务，全面提升招商引资的规模和质量，进一步扩大招商领域，创新招商方式，提高招商效果，2004、2005年连续两年在全县招商引资工作中名列前茅，2006年，我镇招商引资达到1.264亿元，完成年度任务的126.4%。

二、产业结构不断优化升级，新农村建设进展顺利

坚持用工业化理念谋划农业，以市场为导向，以龙头企业为依托，加强农村合作经济组织建设，提升农业产业化经营水平，降低农民对传统农业的依赖，促进农业增效、农民增收、农村繁荣，加快社会主义新农村建设。

突出发展设施农业和设施畜牧业。大力发展以蔬菜产业为主体的设施农业和以烟叶、桑蚕、大葱、万寿菊为重点的特色产业，不断提升产业的规模化水平。通过政策扶持、组织引导等综合措施，2006 年全镇日光温室达到 1544 亩，冷棚 1000 亩，植桑 2200 亩，大葱 5000 亩，烤烟 1620 亩，万寿菊 3000 亩。6 月末家畜存栏 124459 头(只)。其中，奶牛存栏 2738 头，位居全县之首，规模化奶牛养殖小区 8 处，牛舍建筑面积总计 2 万余平方米，5 处股份制奶站运行良好；肉牛存栏 14202 头，肉羊存栏 74870 只；畜牧业比重占农业比重的 60%以上。大力加强畜禽疫病防疫力度，认真做好春秋两季的疫苗接种和防疫工作，防疫密度达到了 100%，疫病防控能力进一步提高。

努力提高龙头企业和经合组织的带动能力。培育壮大华盈色素有限公司，壮大万寿菊产业的发展规模；鼓励扶持苏蒙茧丝绸有限公司，开辟桑蚕产业的广阔前景。2006 年，这两个“农”字号企业，实现销售收入 2000 万元，带动农户 2700 多户，人均增收 400 元。为不断推进蔬菜、奶牛、桑蚕、大葱等各项产业基地的规模化发展、产业化经营，组建完善了各类农村合作经济组织 18 个，加强农村人才资源开发工作，壮大了经纪人队伍，全镇共有各类经纪人 125 人，提高了农民进入市场的组织化程度，增强了辐射带动能力，为农业增产、农民增收奠定了基础。积极发展劳务经济，认真组建镇、村、组三级劳务输出服务管理组织，加快劳动力市场建设，加强外出务工者的职业技能培训，全年劳务输出 1.2 万人次，争取劳务创收 4800 万元，人均增收 960 元。

全面加强农业基础建设。全年完成新造林和补植造林 5300 亩，其中退耕还林 1750 亩，荒山造林及京津风沙源治理 260 亩，继续抓好封育禁牧和护林防火工作，杜绝了乱砍滥伐现象，没有重大火灾火情发生。经过近几年的努力，我镇的森林覆盖率已提高到了 32%。春季完成大明灌渠清淤 7000 米，汇地 2.5 万亩，新打配机电井 8 眼，解决人饮安全用水 4 处，完成二西、二东农业开发项目扫尾工程。

新农村建设进展顺利。制定了切实可行的《大明镇建设社会主义新农村实施方案》，并按方案要求积极稳妥地推进社会主义新农村建设。一年来，以“六改”为抓手，主要抓了烧锅店、马站、平房店、二肯西四个试点村的新农村建设工作，目前各试点村都有了切实可行的增收项目，环境卫生全面改善，人们生活水平普遍提高，“十一五”期末力争有 80%的村成为新农村建设示范村。

三、基础设施建设步伐加快，城镇化进程稳步推进

大明镇作为全县五年中心镇之一，在城镇化进程中，我们按照“扩大规模、完善

功能、美化环境、提高品味”的要求，打造文化旅游型新城镇。

完善城镇规划，提升城镇文化品位，加强城镇基础设施建设，塑造城镇新形象。一年来，我们进一步加大投入力度和工作力度，加强基础设施建设，坚持建管并举，规范整顿了街路沿线牌匾、广告，改善了镇容镇貌，加强对街路卫生、垃圾清运的日常管理，提高环境卫生质量。依托辽中京丰厚的文化底蕴，大力发展旅游业，加强旅游资源的整合包装和推介。成功举办了2006年度大明庙会暨第四届辽中京文化艺术节，商品交易额突破8亿元，切实起到了“文化搭台、经贸唱戏”的效果，有力地推动了当地经济发展和社会进步。对交通运输、粮食购销、钢材加工、餐饮服务等第二、三产业进行规范管理，鼓励发展，进一步膨胀了城镇人口，壮大了城镇规模，提升了城镇档次。

公路交通状况得到改善。为了提高全镇各级公路的通行运载能力，投入230万元，维护整修了“兴哈线”、“马四线”、“二郝线”等镇村两级公路220公里，使我镇的交通环境得到全面改善。

四、财政增长后劲势大力沉，财政收入实现历史性突破，社会各项事业协调发展

财政牵动经济工作全局，做好财税工作是确保镇村两级运转的根本措施，良好的财政状况是促进社会各项事业协调发展的前提保障。

一年来，我们按照“保工资、保运转、保重点”的原则，坚持开源与节流并举，增收与节支并重，千方百计抓好财税工作，通过“壮大主体财源，培植后续财源”的方式，大力加强财源建设。强化税收征管工作，坚持依法治税，完善征管措施，减少税源流失，确保均衡入库，不断提高地方财政的收入比重。建立健全财务管理制度，严格执行“零户统管”和政府采财制度，合理安排财政支出，优化支出结构，强化支出的有效性。通过增节并举的措施，截至11月底，我镇财政收入达到916万元，完成年度任务的114.5%，预计年底将超过1000万元，其中宏大实现的税收占到一半，实现历史新突破。

财政增长势头强劲，2007年下半年，宏大铁矿二期60万吨铁精粉项目、同仁10万吨铁精粉项目可以试车投产。今冬明春，明森5万吨铁精粉项目即可试车投产，玉成2万吨铁精粉项目可望在明年夏季投产。预计2007年我镇可产铁精粉30万吨以上。以上这些企业在2008年可以全部达产达效，每年可以实现税收4000万元以上，使我镇有望成为全市税收大镇、经济强镇。

实施“科教兴镇”战略，巩固“两基”义务教育成果，全面推进素质教育，教育教学质量明显提高。合理调整中小学布局，整合优化教育资源，2005、2006两年，共撤校5所，校并点6所，改造危房3015平方米，累计投资162万元。不断深化卫生改革，基础设施建设得到加强，医疗救助水平和卫生保健普及率进一步提高，全面启动新型农村合作医疗工作，为改变因病致贫、因病返贫现象奠定基础。认真贯彻计划生育这一基本国策，狠抓计划生育队伍建设及基础建设，稳定低生育水平，人口自然增长率控制在5‰以内。2006年，我镇的计划生育工作迎接了翁牛特旗、喀喇沁旗等旗县的观摩考察和自治区、市、县三级计生部门的年度检查，并以优异的成绩获得了自治区、市、县各级计生部门的认可和好评。加强国土资源管理工作，科学实施土地流转机制。文化广播事业迅速发展，完成了全镇30个村的光缆干线架设和电视网络整改工作，有线电视覆盖率达到100%，入户率达到58%，群众文化生活水平进一步提高。

民政、武装、人大工作进一步加强。启动了农村低保救助体系，农村特困救助范围不断扩大。今年我们争取到了自治区投资10万元，加强了八肯中、大明两处敬老院的改造升级，敬老院基础建设得到全面加强，进一步提高集中供养能力。按时保质保量地完成了新兵选送工作，基层民兵整组工作全面加强。充分发挥人大代表的参政议政作用，人大代表的素质明显提高。充分发挥群团的桥梁纽带作用，老干部及关心下一代工作都有了新进展。

五、民主法制建设成效显著，精神文明建设不断加强

全面开展了“四五”普法活动和依法治镇活动，全社会法制意识明显增强。认真学习贯彻《行政许可法》，坚持依法行政。加强社会治安综合治理，强化社会治安属地管理和一把手负责制，加大对“法轮功”、“门徒会”等邪教组织的打击力度。进一步完善信访制度，坚持分级负责、归口管理原则，加大控制越级上访和群体上访工作力度，把矛盾消灭在萌芽状态。深入开展民间纠纷排查工作，着力解决群众反映的难点、热点问题。加大安全生产监督管理力度，牢固树立“安全生产责任重于泰山”的思想，对矿山、企业、学校、卫生院、敬老院等人员集中地区和敏感地区进行安全防范知识教育，确保安全生产。

努力提高精神文明建设水平。广泛开展“文明乡镇”、“百十佳”等主题创建活动，深入实施《公民道德实施纲要》，大力加强公民思想道德建设，扎实推进群众性精神文明创建活动，着力提高公民文明素质，大力倡导科学、文明、健康的生活方式，努力改善农村脏、乱、差的环境状况。突出重点、狠抓落实，广大群众的思想道德和科学文化素质得到提高，为构建和谐文明提供了源源不断的精神动力和智力支持。

六、提高执政能力，全面加强党的建设

按照“三个代表”重要思想的要求，紧紧围绕提高党的执政能力和保持先进性这一主题，健全党建工作机制，全面加强领导班子自身建设和党员干部队伍建设，深入开展“三五”创建活动，启动实施党员带农户“1+2”阳光计划，全面深化“支部抓协会、党员带群众”工作模式，努力探索党建与经济发展的最佳结合途径，把我镇各基层党组织建设成为永葆先进性、富有战斗力、能够承担改革和发展重任的坚强领导核心。

加强领导班子和干部队伍建设。首先，加强班子成员的政策理论学习，提高领导班子分析、研究、解决复杂问题的能力，引导班子成员树立正确政绩观、权力观，团结协作，开拓创新，增强了班子的凝聚力和战斗力。坚持民主集中制原则，充分发扬集体决策、分工协作的团队精神，形成了团结一心、共谋发展的强大合力。其次，引导干部树立正确的政绩观，弘扬实事求是的工作精神和务实高效的工作作风，坚持深入基层、深入群众，办实事、求实效，建设一支真正把心思放到干事业上，把工夫下到抓落实上，把本领用到促发展上的干部队伍。

加强基层组织建设。探索保持党员先进性教育活动的长效机制，深化服务型政府建设。加强了"五好"党委、"五好"村党组织和"五好"农民党员队伍建设。深入开展"支部抓协会、党员带群众"活动，全镇的18个产业协会有力地推动了各项产业的蓬勃发展，为当地经济发展和农民增收做出了卓有成效的贡献。在全镇30个村全面实施党员带农户"1＋2"阳光计划，即一名党员同时带动两户，其中一户富裕户，一户相对贫困户，党员在中间发挥桥梁作用，促进资金互补、信息共享、市场共占，三户结成一环，共同发展，找到了党建带经济的最佳结合点。为农村无职党员"设岗定责"，党员在联户责任区担负治安、文明创建、致富领头人的职责，无职党员"有岗"，不仅提高了党员素质，而且促进了各项工作的顺利开展。与此同时，做好党员发展、党员教育、党费收缴等日常性基础性工作。

完成了第六届村委会换届选举工作。经过全镇干部群众的共同努力，利用一个月的时间完成了全镇29个村的换届选举工作，改变了大明镇往届村委会换届遗留村较多的现状。

加强党风廉政建设，把从严治党方针贯穿于党的思想、政治、组织、作风、制度建设的各个方面，严格落实党风廉政建设责任。坚决纠正损害群众利益的不正之风，认真解决群众关心的难点、热点问题，切实维护好、实现好、发展好最广大人民群众的根本利益。

2006年，在县委、县政府的正确领导下，在全社会各界的关注和帮助下，在全镇广大党员干部和群众的共同努力下，全镇经济快速增长，社会各项事业全面进步，人民生活水平显著提高，为下一步加快发展奠定了坚实基础，我们已经走出了低谷，看到了希望，迎来了光明。但也存在着工业发展起点较低、产业结构不尽合理、经济实力有待加强等不容忽视的不足和问题。今后的工作中，我们将认真总结经验，努力克服不足，抢抓机遇，创新进取，为构建和谐大明而努力工作！

附五：述职与领导讲话类

2006年度大城子镇党政领导班子述职报告

2006年，大城子镇党委、政府在县委、县政府的正确领导下，在全镇各族干部群众的共同努力下，深入实施“工业强镇、产业富民”的发展战略，围绕增加财政收入和农民人均收入两大目标，坚持全党抓经济，重点抓工业，突出抓项目，全面推进工业化、产业化、城镇化进程，党的基层组织建设，精神文明建设和民主法制建设进一步加强，全镇呈现出经济快速发展，社会和谐稳定，各项事业全面进步，人民生活水平稳步提高的良好态势，圆满完成了县委、县政府下达的各项工作任务。

截至 11 月末，国内生产总值达到 2.24 亿元，增加 19.9%，其中第一产业增加值 8577 万元，增长 30%；第二产业增加值 6449 万元，增长－0.2%；第三产业增加值 7374 万元，增加 28%；财政收入完成 769.6 万元。

预计年末 GDP 达到 2.49 亿元，增长 21.5%，完成任务的 100%；财政收入完成 820 万元，完成计划 1014 万元的 80.8%；农民人均纯收入达到 3270 元，完成年初计划。

一年来，我们重点抓了以下几方面的工作。

一、以建设社会主义新农村为目标，加快推进产业化进程

按照“生产发展、生活宽裕、乡风文明、村容整洁、管理民主”的总体要求，立足全镇实际，围绕发展设施农牧业，增加农民收入这个中心，大力推进农业产业结构调整，做大做强设施农业、设施畜牧业两篇文章，实现了农业增效、农民增收和农村稳定三大目标。

1. 农业结构继续优化。全镇蔬菜、花卉、食用菌、大垄高台土豆种植等优势产业不断发展壮大，以上五家、下五家、呼和三个村为主体的蔬菜产业基地和以马架子地区为主的万亩马铃薯种植繁育基地基本形成，全镇棚室蔬菜面积达 5060 亩，其中年内新建日光温室 314 个，完成任务 104%，发展冷棚 1000 亩，完成任务的 100%，发展露地蔬菜 2000 亩，食用菌年内突破 43.97 万个单位，花卉面积达到 182 亩，烟叶种植突破 1500 亩。

2. 畜牧业又有新发展。六月末牲畜存栏 10 万头(只)，超额完成了县里下达的工作目标，其中出栏肉牛 5000 只，肉羊 3.1 万只，生猪 4000 头，发展奶牛 600 头。

3. 劳务经济发展较快。按照健全组织、完善制度、强化培训的工作思路，加大劳务输出力度，完成劳务输出 7539 人，其中有组织输出 4077 人，劳务输出实现增收 3621 万元，超额完成任务。

4. 新农村建设进展顺利。作为市级新农村建设示范村的梁东村各项工作进展顺利，全年积极争取上级扶持资金 77 万元，自筹 150 万元，完成生态移民搬迁任务，新建房舍 155 间，搬迁农户 31 户，一个设施完备，村容整洁的新村庄顺利建成。

5. 农村经济合作组织成为繁荣农村经济的主力军。一年来，我们推行了“支部＋协会”工作模式，年内新建农民经合组织 2 个，培养各类农村经济人 50 名，圆满完成县里下达的工作任务。

6. 农业基础设施建设日趋完善。全年完成新造林和补植林 1.6 万亩，其中：退耕还林 2000 亩，荒山造林 2000 亩，人工造林 1200 亩，封山育林 1000 亩。经过近几年来的生态建设，森林覆盖率由1998年的35%提高到43%，钓鱼台水库灌渠改造工程圆满完成，新建水源工程6处，打配机电井21眼，新增灌溉面积3400亩，完成水土保持治理面积3000亩，水资源合理开发利用取得明显成效。

7.乡村公路建设步伐加快。今年以来，我们通过会战等形式完成镇村公路整修349公里，新建桥涵3座，乡村公路的通行能力得到明显增强。

二、围绕项目建设和招商引资，全力推进工业化进程

大力实施了“工业强镇”战略，年内我们重点抓了煤炭、有色金属、农副产品深加工三大主导产业开发工作，特别是煤炭企业的关井压产，资源整合工作圆满完成，全镇由原来的8家煤矿企业经过关井，保留、拟保留成现在的4家，面对煤炭行业的不利影响，我们采取立足资源优势，加大招商引资力度，吸引葫芦岛、唐山、辽宁等地有实力的客商来我镇投资兴业，成功引进了山河达矿业、金鑫矿业、旭日矿业、三贤矿业等重点工业项目，预计年末可完成固定资产投资1.59亿元，招商引资7005万元，分别完成任务的106%和100%。

三、围绕构建和谐社会，推进社会各项事业协调发展

实施科教兴镇战略，社会各项事业协调发展，加大教育投入力度，努力改善办学条件，完成乡镇机构改革后的中学教学布局调整。卫生事业得到不断发展，镇卫生院，大城子中蒙医院购置了先进医疗设备，改善了农民就医条件，广播电视事业发展迅速，完成了四龙、梁东等村有线电视安装，使全镇的广播电视覆盖率达到97%。计划生育工作成绩显著，人口出生率控制在6‰以内，稳定了低生育水平，落实农村最低生活保证金制度，全年累计发放低保资金33万元，关注弱势群体的生产生活，自筹资金17.5万元，为敬老院新建房舍15间，实施了原马架子敬老院的搬迁，改善了院民条件。农村人才开发工作扎实有效，社会治安各项措施得到落实，健全和完善了治安防范体系，平安大城子建设扎实推进，认真做好信访工作，全年无一例集体越级上访，妥善解决了关系群众切身利益的热点难点问题，狠抓了安全生产工作，无重特大安全事故发生，安全生产形势整体平稳。精神文明建设得到加强，大力加强了公民思想道德建设和社会主义荣辱观教育，着力提高了公民的文明素质，共青团，妇联，关工委等工作也取得了新的成绩，为构建和谐大城子提供了源源不断的精神动力和智力支持。

四、以“三五”创建活动为载体，全面加强党的基层组织建设

一年来，我们坚持“围绕经济抓党建，抓好党建促经济”的方针，突出乡镇党委的执政能力建设和党的先进性建设这条主线，以改革创新为动力，以创建“五好”乡镇党委为目标，全面加强了党的基层组织建设，一是认真开展了村级党组织的先进性教育活动，健全了农村党员学习教育等党建长效机制，巩固了学教成果，顺利通过了自治区、市、县三级党委的验收，得到了上级领导的好评和肯定。二是全面加强了以创“五好”先进党委、“五好”村党支部，“五好”农民党员队伍为主要内容的党的基层组织建设，加强领导，分类指导，全镇一类村党组织达到 6 个，二类村党组织 13 个，全部达到了五好标准，在全县农村基层组织建设拉练会评比中获第二名的好成绩，镇党委在七一期间被自治区党委评为先进党委。三是“扶主导产业，促农民增收”下乡活动扎实有效，“支部＋协会”党建工作模式在全镇得以推广，促进了全镇各项主导产业的发展。四是圆满完成了镇党委、镇政府和村委会的换届选举工作，提升了基层组织建设水平。

五、以落实党风廉政建设责任制为主要内容，深入推进党风廉政建设和反腐败斗争

年初，镇党委制定下发了《大城子镇 2006 年落实党风廉政建设责任制实施方案》对全镇的党风廉政建设和反腐败工作任务进行了分解、明确了领导班子和领导干部的责任范围和工作目标，并将党风廉政建设纳入了目标管理，形成了一级抓一级，层层抓落实的工作局面，制定了“党风廉政建设”等八项制度，从制度上保证了党风廉政建设各项工作的落实。认真开展了纠风工作，全镇投资环境明显改善，实行了“零户统管”和“收支两条线”的财政管理体现，源头治腐工作效果显著。

总之，2006 年，我镇在县委、县政府的正确领导下，做了一定工作，为下一步经济社会发展奠定了坚实的基础，但也存在着一些矛盾和问题，主要表现在工业经济总量偏低、产业结构不合理，资源开发步伐缓慢，受煤炭企业关井政策的影响，主体税源减少，后续税源乏力，财政收支矛盾突出，对此，我们在以后的工作中，将认真研究，采取切实有效的措施，认真加以解决，努力把大城子镇的经济建设和社会事业推上一个新台阶。

求真务实　锐意进取
努力推动全镇经济实现新跨越

——王铁钢同志在全镇经济党建政法工作会议上的讲话

同志们：

这次全镇经济、党建、政法工作会议是镇党委、镇政府在春节后召开的第一个综合性会议，也是结合全镇实际，落实上级会议精神统筹部署全年工作的重要会议。这次会议的主要目的是号召全镇各族干部群众认清形势、攻坚克难、抓抢机遇、乘势而上，推动全镇经济建设、政治建设、文化建设和社会建设协调发展。主要任务是贯彻落实县委十三届二次全委(扩大)会议、县十四届人民代表大会第四次会议、全县农村经济工作会议及优化发展环境会议精神，回顾总结全镇 2006 年各项工作，安排部署 2007 年经济、党建和政法工作，表彰奖励在 2006 年取得优异成绩的先进集体和先进个人，动员全镇广大干部群众进一步统一思想，振奋精神，确保完成今年全镇经济和社会发展的各项任务。下面，我讲五个方面的问题。

一、2006 年工作简要回顾

2006 年，镇党委、镇政府紧紧围绕“工业强镇、产业富民”的发展思路，牢牢抓住增加财政收入和增加农民收入两条主线，团结带领全镇各级干部群众以加快发展为第一要务，开拓创新，扎实工作，圆满完成年初确定的各项工作目标。截至 2006 年底，全镇 GDP 达到 24240 万元，比上年增长 28.6%；财政收入突破 1000 万元，达到 1009 万元，比上年增加 512 万元，增长 106.8%；农民人均纯收入达到 3578 元，比上年增长 528 元；全年招商引资 1.264 亿元，完成年度任务的 126.4%。

(一) 围绕招商引资和项目建设，工业经济势头强劲

坚持“工业强镇”发展战略，扎实开展“项目建设推进年”活动，把加快工业发展作为经济工作的核心来抓，把招商引资和项目建设作为工业经济发展的切入点，集全镇之力发展工业，成功实现了工业经济的率先崛起。努力优化经济发展环境，出台优惠的招商引资政策，营造浓厚的招商引资氛围。

2006 年全镇新上 100 万元以上的项目 13 个，规模以上重点企业实现产值 9600 万元，全年招商引资总额达到 1.264 亿元，招商引资工作连续三年全县第一。宏大矿业在原有一期工程一、二系列的基础上，2006 年又投资 3000 万元，实现了一期工程三、四系列 15 万吨生产线的顺利投产，宏大矿业年产铁精粉可达 30 万吨，同时于 2006 年 9 月启动年产铁精粉 60 万吨的二期扩建工程，预计在 2007 年 10 月 1 日前试车投产。一、二期工程全部投产后，宏大矿业年产铁精粉可达 90 万吨，年实现销售收入 3 亿元以上，完成税收 3500 万元以上，安排就业 500 人以上，将给大明镇带来巨大的经济和社会效益。明森矿业投资 1500 万元，全面完成了工程建设，并于 2007 年 1 月顺利试车。同仁矿业、玉城沙业等项目河道治理等项目的征山占地、行政审批、通水通电等前期工作已全部就绪。鑫顺烧结厂克服原料不足，累计生产球团 1 万吨，实现了铁精粉的转化增值。重点工业项目建设以及梯次跟进的企业发展群体，使我镇的工业经济彰显出巨大活力，为我镇的经济发展和社会进步提供了强大的动力保证。

(二) 围绕优化主导产业和龙头企业，农业经济蓬勃发展

2006 年，我们坚持用工业化理念谋划农业，以市场为导向，以龙头企业为依托，健全完善农村合作经济组织建设，全面提升农业产业化经营水平。突出发展设施农牧业和特色产业，全镇日光温室大棚达到 1544 亩，植桑 2200 亩，大葱 5000 亩，烤烟 1620 亩，色素万寿菊 3000 亩。6 月末家畜存栏 8.58 万头(只)，其中奶牛存栏 2738 头，位居全县之首，新建奶牛小区 2 处，全镇规模化奶牛养殖小区 8 处，奶站 4 处，纪家店村、毛家村奶站效益突出。肉牛存栏 14202 头，三姓庄、马站等村肉牛养殖初具规模。畜禽疫病防疫力度全面加强，顺利迎接了自治区、市和县各级部门的检查验收。

鼓励扶持和培育壮大了苏蒙茧丝绸有限公司和华盈色素有限公司。一年来，这两个“农”字号企业，实现销售收入2000万元，带动农户2700多户，人均增收400元。为推进主导产业和特色产业的规模化发展，全年共组建完善各类经合组织18个，培养壮大经纪人队伍，共有各类经纪人125人，提高了农民进入市场的组织化程度，增强了经济发展的辐射带动能力。

（三）围绕促进生产发展和村容整洁，基础设施建设明显改善

组织全镇劳力养护乡村两级公路220公里，公路通行运载能力明显增强，荣获全县公路建设“养护杯”第一名。坚持封育禁牧、造林绿化相结合，全年造林5300亩，其中退耕还林1750亩，荒山造林及京津风沙源治理260亩，森林覆盖率达到32%，生态环境进一步好转。完成大明灌渠清淤7000米，解决人饮安全用水4处，完成二西、二东农业综合开发扫尾工程。

以烧锅店村为试点的新农村建设进展顺利，制定了《大明镇建设社会主义新农村实施方案》，试点村以“六改”为抓手，确定了切实可行的增收项目，环境卫生全面改善，人们生活水平普遍提高。

（四）围绕增收节支和开源节流，财政收入实现翻番

一年来，我们强化税收征管，完善财务制度，合理安排支出，特别是大力加强了主体财源建设，通过多措并举，全镇财政收入由2005年底的488万元猛增到2006年底的1009万元，增长106.8%，实现翻番目标，是大明镇历年来增幅最大、增速最快的一年。这1009万元的财政收入中，其中的502万元是由我镇的支柱企业宏大矿业完成的。而正是由于财政收入的显著增加，镇政府在未占用一分项目资金的基础上，实现了消赤减债目标。一年来，我们用于教育、优抚、计划生育、公路建设、民兵训练等支出60万元；偿还债务124万元；归还专项资金34万元；补发2000年欠发工资15万元。特别是在村级转移支付中，全额发放村干部工资，累计资金66万元，拨付各村经费及农业普查、妇幼、防疫员工资等计30万元。

（五）围绕提高人民生活水平和质量，各项事业全面推进

实施“科教兴镇”战略，巩固“两基”义务教育成果，合理调整中小学布局，整合优化教育资源，2006年，共撤校并点6所，改造危房3015平方米，累计投资162万元。不断深化卫生改革，基础设施建设得到加强，医疗救助水平和卫生保健普及率进一步提高，全面启动新型农村合作医疗工作，全镇参加合作医疗的比例达到88%，为改变因病致贫、因病返贫现象奠定基础。认真贯彻计划生育这一基本国策，进一步稳定低生育水平，人口自然增长率为4.8‰，计划生育率为98.7%，性别比为115。全年迎接了翁牛特旗、喀喇沁旗等旗县的观摩考察和自治区、市、县三级计生部门的年度检查，并以优异的成绩获得了自治区、市、县各级计生部门的认可和好评。文化广播事业迅速发展，完成了全镇30个村的光缆干线架设和电视网络整改工作，有线电视覆盖率达到100%，入户率达到58%，群众文化生活水平进一步提高。启动了农村低保救助体系，全镇享受农村低保共555户、862人，农村特困救助范围不断扩大。争取到自治区敬老院改造资金10万元，加强了八肯中、大明两处敬老院的改造升级，敬老院基础建设得到全面加强，进一步提高集中供养能力。

(六)围绕平安建设和综合治理,社会稳定工作成效显著

认真落实"平安建设"方针,全面开展了"四五"普法活动和依法治镇活动,全社会法制意识明显增强。认真学习贯彻《行政许可法》,坚持依法行政。加强社会治安综合治理,强化社会治安属地管理和一把手负责制,加大对"法轮功"、"门徒会"等邪教组织的打击力度。进一步完善信访制度,坚持分级负责、归口管理原则,加大控制越级上访和群体上访工作力度,把矛盾消灭在萌芽状态。深入开展民间纠纷排查工作,着力解决群众反映的难点、热点问题。加大安全生产监督管理力度,牢固树立"安全生产责任重于泰山"的思想,对矿山、企业、学校、卫生院、敬老院等人员集中地区和敏感地区进行安全防范知识教育,确保安全生产。

2006年可以说是大明镇取得丰硕成果的一年,在全县各项工作综合评比中,镇党委、镇政府分别在招商引资、财政收入、维护社会稳定、防范和处理邪教、计划生育、公路建设、农业综合开发、林业生产、教育工作等方面被评为先进乡镇或先进集体。这些成绩的取得,得益于各村各单位的积极工作,得益于全镇人民的团结协作,得益于社会各界的鼎力支持。大明供电所为全镇工农业发展提供了电力支持;铁营子、八肯中、大明三个信用社为全镇经济提升提供了资金支持;八肯中国税所、大明地税所为增加地方财政收入提供了政策支持;大明、八肯中派出所为维护社会稳定提供了环境支持;大明镇总校,大明、八肯中卫生院为全镇社会进步注入了智力支持和健康保证,各村也从本村实际出发,为强镇富民做出了突出成绩,在此,我谨代表镇党委、镇政府向全镇各村各单位和各族干部群众表示衷心的感谢!充分肯定成绩的同时,我们也要清醒地看到存在的问题:一是农业主导产业还不突出,产业化水平还不能适应富裕农民的需要;二是工业经济发展刚刚起步,强势还不明显;三是由于村委会换届、村组账目混乱等原因,社会稳定工作任务繁重;四是由于受历史债务影响,财政状况还不能满足经济发展的需要。这些问题,还严重制约着全镇经济发展和社会进步,因此,面对成绩,我们绝不能沾沾自喜,更不能故步自封,我们必须要正视这些问题,在以后工作中采取切实可行的措施,认真加以解决和改进。

二、2007年经济工作的主要任务

2007年全镇经济工作的总体要求是:以"三个代表"重要思想和党的十六届六中全会及县委十三届二次全委(扩大)会议精神为指导,全面落实科学发展观,继续实施"工业强镇、产业富民"的发展战略,紧紧围绕财政增收和农民增收两大目标,努力实施招商引资和项目建设两大举措,加快推进工业化进程,带动农业产业化和城镇化,稳定推动全镇经济和社会全面发展。

今年经济和社会发展的主要指标是:①GDP达到3亿元,同比增长25%;②财政收入必保完成1400万元,力争突破1500万元,比去年增长50%;③农民人均纯收入突破4000元,人均增收500元;④固定资产投资达到2亿元;⑤招商引资突破

1亿元；⑥新增设施农业1000亩，其中暖棚400亩，冷棚600亩；⑦种植万寿菊4000亩，桑蚕1000亩，烟叶1500亩，大葱5000亩；⑧6月末家畜存栏达到9万头（只），其中牛存栏2万头；⑨人口自然增长率控制在5‰以内。为实现上述目标，我们要支持实事求是，创造性地开展好以下工作。

（一）大力实施“工业强镇”战略，推进工业化进程

坚持“工业强镇”的发展战略是实现工业化的关键，而工业化则是经济社会发展的必由之路，因此我们必须把加快工业发展作为经济工作的核心来抓，把招商引资和项目建设作为推动工业经济发展的突破口，提升招商引资的规模和质量，抓好项目建设的管理和收益。为此，我们要立足产业基础上项目，围绕资源优势去招商，做大做强做长工业经济，使工业成为拉动经济增长的主导力量。

实施项目建设，抓好项目效益。紧紧围绕“项目建设效益年”活动，鼓励扶持在建项目，积极发展新建项目，谋划引进适宜项目，把项目效益摆在首位，注重项目的开工投产率，资金到位率、企业收益率和财政贡献率。一是巩固宏大矿业一期工程年产30万吨铁精粉生产能力，协调做好二期60万吨的扩建工程，为其提供良好的生产和建设环境，保证在2007年10月1日前试车投产，使宏大矿业年产铁精粉能力提高到90万吨。二是确保明森矿业实现达产达效。明森矿业的征山占地、行政审批等工作已基本完成，并于今年1月试车成功，要协调各方面因素，年内确保完成3万吨铁精粉的生产目标，实现税金150万元。三是对于新引进的彩印厂、钼冶炼厂、铜冶炼厂和即将准备落户大明的60万吨铸件厂等大中小企业，我们要提前谋划，全力运作，积极做好项目开工前的各项准备工作，及时进行项目所需的水、电、路等配套工程建设，避免因配套服务跟不上而影响项目主体工程投产，进而影响外来客商入驻大明的积极性。项目所在村也要顾全大局，积极配合，确保各个项目的顺利入驻。

实施招商引资，注重招商效果。招商引资是我镇经济振兴的希望所在，对招商引资工作我们要高度重视，全力推进。今年，我们招商引资总额要突破1亿元。在具体工作中要采取切实有效的招商引资方法，注重招商引资的效果，一是继续推行招商引资奖励办法和优惠政策，形成“人人都是招商资源，人人都有招商职责”的浓厚氛围，以情招商，以商招商，以鼓励社会各界人士积极参与招商，努力吸引外地客商入驻大明。二是鼓励扶持村办工业，各村要围绕自身的资源优势、地域优势和产业优势招商引资上项目、办工业，镇党委、镇政府将给予政策倾斜和资金扶持，有条件的村可以利用远离居民，成片可供利用的非耕地或非基本农田建设工业小区，采取股份制形式合办企业，为招商引资打造新支点。三是积极落实招商项目。目前我们已引进了投资300万元的广达彩色包装印刷厂，该厂坐落在原八肯中乡政府院内，可安排劳动力150余人，预计5月份即可开工投产；葫芦岛客商投资的钼冶炼厂、安新县客商投资的铜冶炼厂已签订意向协议，引资额达到500万元；生产能力60万吨的铸件厂即将落户大明，此项目正在洽谈中。

（二）大力实施“产业富民”战略，推进产业化进程

坚持“产业富民”的发展战略，提升农业产业化经营水平，促进农业增效，农民增收，农村繁荣。

重点发展以蔬菜为主体的设施农业。在蔬菜产业的发展上，今年我们将本着“扩建旧棚、开发新棚”的原则，采取资金倾斜、政策扶持和规模奖励等综合措施，加大规模小区建设力度，以西沟、烧锅店、纪家店等村为重点扩大日光温室建设规模；以曹家、石柱洼为重点发展冷棚，年内全镇新增暖棚 400 个，新增冷棚 600 亩，使设施农业成为农民增收致富的主要载体。

突出发展以养牛为主体的设施畜牧业。以提高效益为核心，进一步推行畜产业标准化生产，建立健全动物防疫和畜产品安全体系。发展壮大以烧锅店、纪家店、郝家店、毛家等村为主的奶牛养殖规模，完善奶牛养殖小区功能，提升奶站服务能力，提高奶牛存栏量和产奶量，全镇奶牛存栏力争突破 3000 头。规范提升以三姓庄、城里、马站等村为重点的肉牛养殖规模，通过抓大户、建小区、加强技术指导等综合措施，全镇实现肉牛存栏 2 万头的目标，不断提高畜牧业在农业中的比重，使之成为增加农民收入的又一有效途径。

积极发展以万寿菊、桑蚕为主体的特色产业。围绕华盈色素和苏蒙茧丝绸两大龙头企业，进一步扩大基地规模，提高种植水平，年内新发展万寿菊 4000 亩，桑蚕 1000 亩，有条件的村也要积极发展大葱、烟叶等特色种植业，使农民增收向多元化发展。

努力改善农业基础条件。一是完成投资 367 万元的曹家、烧锅店两个村 6900 亩的农业综合开发任务。二是完成投资 1742 万元的覆盖一棵树、平房、哈尔脑三个村 1.8 万亩的土地整理工作。三是完成春季工程造林 500 亩，非工程造林 2500 亩。四是完成平房店村饮水安全工程。通过以上项目的实施，进一步提高全镇农业的综合生产能力。

加大劳务输出力度。完善劳务输出基地建设和劳动力市场建设，依托神农劳动力转移培训中心，加强对外出务工者的职业技术培训，努力提高外出务工者的组织化程度。要建立健全镇、村、组三级劳务输出服务管理组织，做好培训、维权和信息三项服务，实现劳动力转移由季节型向常年型、由自发型向有组织型、由体能型向技术型的三大转变。年输出务工人员达到 1.66 万人次，其中有组织输出 5000 人次，争取劳务创收 6000 万元。

（三）大力发展社会事业，全面提高人民生活水平

巩固“两基”达标成果，做好迎接国家检查准备。完善投入机制，加大中小学布局调整力度，整合优化教育资源，进一步加强薄弱学校和危房改造力度。加强职业技术教育，推进素质教育，提升教育整体水平。加强卫生基础设施建设，改善医疗条件，完善卫生防控和救治体系，全面提高医疗服务质量和水平，深化新型农村合作医疗工作，强化大病统筹，使人人享有初级卫生保健。大力发展广播电视事业，开展积极健康的群众文化活动，推进有线电视光缆传输工程，继续做好“村村通”工作，使光缆传输覆盖率达到90%以上。加强公路交通建设，积极争取资金，争取项目做好桥涵修建，做好镇村两级公路的维修养护工作，提升公路的通行运载能力。

加强计划生育工作。继续坚持一把手负总责和一票否决制度，落实“三为主”要求，巩固“三结合”成果，稳定低生育水平。强化计划生育优质服务，以服务促管理，推进计划生育工作整体上水平。关注人口安全，提高人口素质。实现年初确定的人口控制目标。

（四）大力强化财源建设，确保财政收入稳步增长

财政收入水平是衡量一个乡镇经济实力的标志。目前，大明镇的财政收入状况较以前有了明显好转，今年确定的财政收入任务是1400万元，我们要力争达到1500万元，实现县政府给我们下达的财政收入任务。2007年，我们继续坚持强化征管与开源挖潜并举，增收与节支并重的原则，努力壮大主体财源，积极培植后续财源。一是加强支柱财源建设，就是确保宏大矿业正常生产和顺利扩建，壮大主体财源。二是培育后续财源建设，通过引进钼、铜冶炼厂等一些中小项目企业，构筑新兴财源。三是切实强化税收征管，坚持依法治税，完善征管措施，加强税源管理，不断提高地方财政收入比重，最大限度地减少税收流失，确保均衡入库。挖掘潜力，寻求增长点，力求把经济发展的成果最大限度地体现到财政税收上来。四是切实抓好节支工作。建立健全财务管理制度，严格控制财政支出，继续实行“零户统管”和政府采购。强化预算约束，按照“保工资、保运转、保重点”的原则，合理安排财政支出，优化支出结构，强化支出的有效性，把有限的资金用在经济和社会发展最需要的地方。

三、高度重视社会稳定工作

社会稳定是经济发展和社会进步的前提基础，是构建和谐社会、建设社会主义新农村的根本保障。因此，我们要树立稳定压倒一切的原则，树立只有稳定才能发展，先稳定后发展，先稳定后和谐的思想，围绕平安乡镇建设，将社会稳定工作放在重中之重的位置，为全镇经济发展提供良好的外部环境。

维护经济安全。高度重视矿山企业的安全生产工作，进一步建立健全安全生产责任制，加强安全生产的组织领导，对企业员工进行安全知识培训，对企业机械设备定期进行安全检查，切实起到维护人民群众生命财产安全的作用。对于防火、防汛、防疫等涉及广大群众切身利益的安全工作，要坚持属地管理的原则，实行责任追究制度，各村要切实负责抓好本村范围内的“三防”工作，对于因疏忽、懈怠而引起的危害群众利益的不安全问题，要追究村主要领导和相关人员的责任。

维护政治安全。加强社会治安防控体系建设，坚持打防控一体化，严厉打击各种刑事犯罪，对破坏社会稳定的不利因素和不法分子要加大打击力度。镇政府已设立举报违法犯罪行为的“奖励基金”，目的就是要树立正气，打击邪气。各村要高度重视防范和打击“法轮功”和“门徒会”等邪教组织工作，发现苗头，要及时汇报，及时处置，因防范措施不力，造成“法轮功”等邪教组织群体活动猖獗的，实行一票否决，并追究村主要领导责任。要做好治安防范工作，以防范促稳定，要采取人防、技防、物防等多种措施加强安全防范工作。要认真做好民事调解工作，民事调解是遏制犯罪的第一道防线，各村干部必须高度重视民事调解，要敢于负责，能调解则调解，不能调解要汇报，不要推脱不管，把矛盾激化，造成后患。

维护社会安全。认真贯彻《信访工作条例》，全面落实信访责任制，努力解决事关群众利益的热点、难点问题。自 2006 年村委会换届开始，我镇的信访案件不断出现，造成群众上访的原因主要有村委会换届引发矛盾激化、村级资产处置不当、村务财务不公开等问题，这些问题虽然是历年积压下来的，但都是人为的。针对这些情况，年初，镇党委、镇政府出台了《大明镇关于加强信访工作维护社会稳定的决定》、《村务公开管理规范》和林业、土地、农经等方面的规范性文件。这些文件的出台，对信访工作和村务公开工作进行了详细具体的安排部署，采取党政领导包案，从机关干部中抽调选派支部副书记，组建信访工作队等有效措施解决各类信访事项，排查各类信访隐患，确保社会政治稳定。因此，我们村级干部要严格程序，依法办事，要公开党务、村务、财务，实行民主管理；要找准位置，加强自我约束。为官一任，守土有责。关注弱势群体，完善困难群众社会救助体系，逐步扩大农村低保覆盖范围，帮助解决困难家庭治病及子女上学、就业等实际问题。要加强敬老院、学校的安全管理，及时搞好安全隐患排查，确保学生安心学习，五保老人安心生活。

四、扎实推进社会主义新农村建设

建设“生产发展、生活宽裕、村容整洁、乡风文明、管理民主”的社会主义新农村是我们党在“十一五”规划中提出的农村发展的新战略。我们要立足于生产发展，着眼于环境整治，塑造有文化、懂技术、会经营、守法纪的新型农民。而其中生产发展是基础，特别是 2007 年中央 1 号文件明确指出要发展现代农业，建设社会主义新农村，就更深入指出要把发展生产、找准产业支撑放在新农村建设第一位。就我镇目前情况看，就是要农民发展设施农业，实现生产发展、生活宽裕目标，镇政府已出台优惠政策，这就要求各村必须认真领会，结合新农村建设，搞好产业发展，以产业做支撑来建设新农村。今年，我们将围绕产业发展以“六改”为抓手，从试点村入手，大力推进社会主义新农村建设，截至“十一五”期末，力争全镇 80％的村成为社会主义新农村建设示范村。

五、完成 2007 年工作的要求

（一）切实把全镇干部群众思想统一到发展经济中来

发展是硬道理，发展是我们党执政兴国的第一要务，我们在座的干部必须要统一思想，提高对发展经济的认识程度，进而深入做好群众的思想工作，切实转变他们的发展理念，培养大局意识和整体观念，形成拧成一股绳，化作一个力，上下一条心，干群一个劲，共同促进经济发展的社会大氛围。

（二）切实优化经济发展环境

经济的快速发展离不开宽松的环境。我们要牢固树立“人人都有发展职责、事事关系发展形象”的理念，从全镇经济发展大局出发，不说影响环境发展的话，不做影响环境发展的事。目前，在发展工业的环境上，我们的干部群众普遍存在三怕心理：怕肥水外流、怕吃亏上当、怕担风险责任，表现为不顾大局、不顾整体、处处小农观念，明里帮忙，暗里捣乱，明说支持，暗要好处。因此我们必须大力改善投资环境，优化政策环境和法制环境，为外来客商排忧解难，提供全方位服务，严厉查处影响投资环境的人和事。加强对群众的教育引导，带头做好群众的思想工作，增强发展意识，共同营造一个宽松、诚信、优良的发展环境。

（三）切实把各项工作落到实处

决策再好，不落实也等于零，只有把工作落到实处，才能把任务圆满完成，才能确保各项经济指标的顺利实现。在具体工作中，我们要突出重点抓落实，要抓住经济发展中的关键环节，今年我们的思路就是重点抓工业、突出抓农业、关键抓稳定。这就是我们工作中的重点，要求我们要不折不扣地落实。要责任到人抓落实，今年，我们实施领导包村、联络员入村、选派支部副书记的办法，把各村的目标任务具体化，制定综合目标考评，就是要求各村支书、主任，各单位都要明确职责，真抓实干。要坚持不懈抓落实，各项工作都有困难，有困难才需要干部，面对困难，必须要想办法、想思路来克服困难，必须要有攻坚克难的勇气和决心，这样才能抓好落实。

同志们，2007 年是我镇经济发展优势凸显、发展任务繁重的一年。我们一定要坚持以科学发展观统领经济社会发展全局，牢牢抓住加快发展这个主题，抢抓机遇，求真务实，锐意进取，乘势而上，为实现社会主义新农村建设宏伟目标，构建和谐大明而努力奋斗！

（2007 年 3 月 18 日）

加强反渎职侵权工作，服务和谐地区建设

根据最高人民检察院关于地方各级人民检察院渎职侵权检察机构统一更名改局的要求，经县委批准，从 2007 年 6 月 1 日起，县检察院原“渎职侵权侦查科”正式更名为“反渎职侵权局”。此举标志着我县反渎职侵权工作进入了一个全面加强的新阶段，这是县检察院强化法律监督职能，推动反腐败斗争深入开展的一项重大举措，也是我县检察事业发展史上的一件大事。在此，我谨代表县检察院党组和全体检察干警，向多年来一直关心和支持检察工作的县委、县人大、县政府、县政协以及各司法机关、行政执法部门和新闻单位表示衷心的感谢！

全国检察机关渎职侵权检察机构统一更名改局，背景深刻，意义深远。这是党中央、最高人民检察院组建“反贪污贿赂局”之后，着眼于反腐败全局而推出的又一重要举措。通过更名改局，加强反渎职侵权工作，是深入开展反腐败斗争和提高党

的执政能力的需要，是尊重和保障人权的需要，也是新形势下强化检察机关法律监督职能的需要。加强反渎职侵权工作，严肃查处严重渎职失职和利用职权侵犯公民权利的犯罪，反映了我们党和国家依法治“权”和反对腐败的决心和信心。近年来，县检察院反渎职侵权工作在县委的坚强领导下，呈现出良好的发展势头。2002年以来，共立案侦查渎职侵权犯罪案件 15 件 15 人，其中重特大案件 4 件 4 人，累计为国家挽回直接经济损失 100 余万元。相继开展了“严肃查办国家机关工作人员利用职权侵犯人权犯罪案件专项活动”，“集中查办破坏社会主义市场经济秩序渎职犯罪专项工作”，通过依法履行反渎职侵权职能，为促进民主执政、科学执政、依法执政和公正司法，维护社会和谐稳定发挥了积极作用。

当前，在体制转轨和经济转型的特定时期，渎职侵权犯罪总体来说还较为突出。特别是国家机关工作人员利用职权侵犯公民人身权利、民主权利的案件，国家机关工作人员徇私舞弊、滥用职权、放弃监管、破坏社会主义市场经济秩序的案件，司法和行政执法当中不公正、不严格、不廉洁、不作为的案件等，在某些行业和领域还呈易发、多发态势，反渎职侵权斗争的任务还相当繁重。

反渎职侵权局的成立，使我们既面临发展的机遇，也面临着严峻挑战。面对新的形势和任务，县检察院将以更名改局为新的起点，进一步加强机构和队伍建设，切实增强责任感和使命感，抓住机遇，应对挑战，拼搏进取，加大查办案件的力度，努力提高执法水平，提高办案质量，推动我县反渎职侵权工作深入开展，服务于全县工作大局，为构建和谐社会环境做出新的更大的贡献！

（宁兰生）

全面落实科学发展观　大力推进劳动和社会保障工作

（劳动和社会保障局局长、党总支书记　白俊英）

在县人大、县政协会议召开之际，我谨代表县劳动和社会保障局全体人员表示热烈的祝贺！

回顾过去的一年，劳动和社会保障局在县委、县政府和其他几大班子的领导下，在市劳动和社会保障局的指导下，我们围绕全县经济社会发展和构建和谐宁城大局，以科学发展观统领一切，大力推进就业再就业、社会保障体系建设、建立和谐稳定劳动关系这三项重点工作，不断加强机关建设和干部队伍建设，各项工作都取得了可喜的成绩。

在安排未就业人员就业和下岗失业职工再就业工作中，我们以落实国务院 36 号文件精神为主线，以解决好体制转轨遗留的下岗失业人员再就业为重点，全面展开工作。2006 年，新增就业 2872 人（其中下岗失业人员就业 2335 人，安置“4050”下岗失业人员 1667 人），开发公益性岗位 293 个，城镇登记失业率为 4.8%，充分就业社区达标 2 个，完成职业技能鉴定 260 人，成功创业 95 人，发放小额担保贷款

121.3万元，天义城区基本消除零就业家庭，拨付再就业资金补贴530万元。全县劳务输出11.2万人，劳务输出总量17.3万人次，实现劳务总收入6.2亿元。

在社会保障体系建设工作中，我们以贯彻国务院38号文件为重点，树立“社保资金就是财政资金”的观念，力求达到“全额征缴社保费、足额发放养老金”这两个目的，2006年，确保了各项社会保障待遇的按时足额发放。养老保险新增参保1703人，参保人数达到19753人；启动实施了合同工参加养老保险工作。医疗保险新增6363人，参保总人数为35121人；筹备完成了计算机管理信息网络，这在我市各旗县中是第一家；解决了全县关闭破产企业退休职工参加医疗保险遗留问题；提高了参保职工住院报销比例、退休人员个人账户划入比例，降低了参保职工住院治疗自负比例，使我县的医疗保险参保职工待遇跃居全市最高水平。落实农民工参加工伤保险“平安计划”，工伤保险新增2520人，参保总人数9154人。生育保险新增609人，参保总人数7097人。提高了企业离退休人员社会化管理服务工作水平。

在劳动关系调整工作中，我们始终以维护劳动者合法权益为目标，以抓好保障农民工工资、劳动争议仲裁、劳动保障执法监察为主要措施，维护和谐稳定的劳动关系。在过去的一年里，共受理劳动争议仲裁案件55起，结案53起。受理群众举报案件9起，结案9起，其中追讨农民工工资19.2万元。劳动用工年检623家。全年共签订劳动合同11804人，各类用人单位劳动合同签订率达到85%以上。基本实现了县内建筑工程项目全部实施农民工工资保障金制度，并从今年开始将这一制度向道路交通领域推进。开展企业劳动保障诚信守法评价活动，评选出10家劳动保障诚信守法单位。

我们劳动和社会保障工作成绩的取得，源于上级领导的关心和支持，得力于社会各界的理解与鼎力相助，得益于全局工作人员的齐心努力。为此，我们劳动和社会保障局领导班子表示深深的谢意！

成绩属于过去，我们未来的工作任重道远。在新的社会背景条件下，劳动和社会保障问题在一段时间内相对集中地暴露。主要是我国经过20多年的经济市场化社会建设，我国劳动就业和社会保障制度的转型与经济发展模式的转变几乎同时到来。一方面，以往“下岗”、“待业”等含义的隐形失业，转变为显性存在，由国营企事业单位“各负其责”的保障形式，转变为社会化的保障机制。对于尚不健全的社会保障体系而言，无疑形成巨大的压力。另一方面，随着中国经济规模的日渐扩大，和在世界经济格局中的比重不断提高，维持多年的劳动密集型产业的同质性扩张，无疑受到遏制和挑战，此类产业吸纳新增就业人口的能力，也相应地受到阻碍。中国经济产业升级、结构转型，显然已经迫在眉睫。由此带来的就业需求的增速减缓，和劳动力结构与市场需求错位所导致的结构失衡，都为劳动和社会保障工作造成新的压力。

2007年，是“十一五”发展的第二年，也是我县财政收入及各项事业建设向新新目标迈进的一年。我们要以党的十六届六中全会精神为指导，全面落实科学发展观，以强烈的发展意识、高昂的精神状态、饱满的工作热情，全面提高劳动和社会保障工作水平。一是以强化输出质量为核心，以提高人员技能为重点，以增加收入为目标，进一步扩大劳务输出；二是结合全县工业化发展，树立“大就业”观念，全面贯彻落实新的就业再就业政策，推进城乡统一就业；三是以确保发放为目标，以扩面征缴为主要任务，完善制度、强化管理，加快完善社会保险体系；四是以协调劳动关系为主线，以维护劳动者合法权益为重点，促进劳动关系的和谐稳定。通过实施这些措施，提高劳动和社会保障服务层次，营造良好经济发展环境，为我县的经济和社会事业发展作出更大的贡献。

附六：答记者问类

朱镕基回答比利时《自由比利时报》记者巴盖的采访

（2001 年 9 月 6 日）

巴盖：人们的印象是，对中国来说，只有美国才是重要的。请问欧洲对中国的重要性何在？

朱镕基：中国一贯主张在和平共处五项原则的基础上，发展同世界上一切国家的友好往来和互利合作。中国重视与美国的关系，也重视与欧洲国家的关系。欧洲在历史上曾是文艺复兴的摇篮和两次工业革命的发祥地，为人类文明进步作出过重要贡献。欧洲也是当今世界上一支重要的政治和经济力量，在国际上有着重要的影响力，对维护世界和平、促进人类共同发展负有重要的责任。中国和欧洲之间没有直接的利害冲突，在重大国际问题上有着相同或相似的立场，经济上互补性很强。当前双方正处于各自内部发展的重要阶段，都有进一步加强合作的愿望和需要。中国一直从战略高度看待和处理同欧洲国家的关系。在世界走向多极化和国际社会面临各种新挑战的形势下，双方有着广泛的共同利益。一个致力于改革开放和迈向现代化的中国，与日益强大的欧洲加强和发展全面伙伴关系，不仅对双方有利，而且有助于世界的和平、稳定与发展。

巴盖：中比今年庆祝建交 30 周年，请你对中比关系作一总结，并指出今后还应在哪些方面取得进展？

朱镕基：中比建交 30 年来，两国关系取得了巨大发展，各个领域的合作都硕果累累。双方领导人及各界人士往来日益密切，相互了解不断加深。两国贸易额从建交初期的 2000 万美元增至去年的 36 亿美元。比利时成为中国在欧洲的第六大贸易伙伴。比在华投资项目则从无到有，至今年 6 月已达 358 个，实际投入 4.3 亿美元。中比科技合作富有成效，迄今已执行了 200 多个合作项目。文化交流日益活跃，双方文艺团体的互访和精美的文物、书画展览为两国人民提供了丰富多彩的艺术享受。教育领域的合作日益扩大，双方互派留学生人数逐年增多，迄今中国留比学生已超过1000人。省际友好合作关系也取得了可喜的进展。回顾30年来中比关系的巨大发展，我们感到由衷的高兴。

与此同时，我们也感到中比关系还有巨大发展潜力，中方愿与比方一道，将中比关系不断推进到更高水平。对今后两国关系的发展，我有以下几点想法。

第一，进一步加强人员交往。尽管现代化信息技术越来越先进，但它代替不了人与人之间的感情交流和沟通。双方应加强接触、加深了解，增进信任、减少误解，扩大共识、推动合作。第二，进一步挖掘经贸合作的潜力。中比经济互补性强，前景十分广阔。中国正在实施"十五"计划和西部大开发战略，欢迎更多的比利时企业家参与中国的经济建设，特别是在信息、生化等比利时拥有优势的高新技术产业加强对华合作。第三，进一步加强文化交流对增进两国人民了解和友谊的桥梁作用。中比、中欧两种不同文明相互补充和借鉴，可以为世界的持久和平和普遍繁荣作出有益的贡献。第四，深化在国际事务中的磋商与合作。中比之间没有直接的利害冲突，在维护和平、促进发展方面有共同利益和立场。我们愿就联合国事务以及军控、环保、跨国犯罪等人类共同关心的问题经常与比方交换意见，加强协调与合作。

（《朱镕基答记者问》，人民出版社2009年版）

外交部发言人答记者问

本报北京4月30日电　外交部发言人洪磊4月29日和30日分别就《金融时报》关于美国可能收紧对华签证政策报道、摩洛哥发生恐怖爆炸袭击事件和联合国秘书长斯里兰卡问题专家小组报告等答记者问。

问：《金融时报》近日报道，由于中方限制美国外交官在华活动，美国政府可能收紧对华签证政策。中方对此有何评论？

答：我们注意到有关报道。美方已通过外交渠道向中方作出澄清，表示有关报道不属实。我也可以告诉你，中美之间的各项交流活动都在正常进行，不存在限制与被限制的问题。

问：摩洛哥马拉喀什市发生恐怖爆炸袭击事件，造成多人伤亡。中方对此有何评论？

答：中方谴责在马拉喀什发生的恐怖爆炸事件。我们一贯坚决反对任何形式的恐怖主义行径。

问：据报道，联合国4月25日发布的有关斯里兰卡武装冲突的报告称，泰米尔猛虎组织和斯里兰卡政府在内战最后阶段的行为有可能构成战争罪和危害人类罪。中方对该报告有何评论？

答：我们注意到联合国发布了秘书长专家小组的有关报告。斯里兰卡国内已成立相关机构对内战期间有关问题进行调查。中方相信斯政府和人民有能力处理好各项有关问题。我们希望国际社会能够为斯政府的有关努力提供支持与配合，为斯政府稳定国内局势，加快经济发展营造有利的外部环境，避免采取使问题复杂化的举措。

（《人民日报》2011年5月1日第二版）

河南省文明办负责同志就组织开展“文明中原系列行动”答记者问

谢建晓

［**提要**］近日，省文明办召开了“文明中原系列行动”工作部署及新闻发布会，部署安排在全省广泛开展“文明中原系列行动”。问：请您谈谈“文明中原系列行动”的重要意义和总体思路。把“文明中原系列行动”纳入精神文明创建活动评价体系，列入创建文明城市、文明村镇、文明单位和文明社区工作考评内容。

近日，省文明办召开了“文明中原系列行动”工作部署及新闻发布会，部署安排在全省广泛开展“文明中原系列行动”。为此，记者专门采访了省文明办负责同志。

问：请您谈谈“文明中原系列行动”的重要意义和总体思路。

答：当前，中原经济区已经正式写入国家“十二五”规划《纲要》，全省上下正在为建设中原经济区而努力。为认真贯彻落实省委、省政府的工作部署，不断深化精神文明创建活动，为建设中原经济区创造良好社会环境，省文明办决定在全省组织开展“文明中原系列行动”。开展这一活动的总体思路是，坚持以邓小平理论和“三个代表”重要思想为指导，深入贯彻落实科学发展观，按照“建设中原经济区关键在做，关键在实，关键在效”的要求，以提高公民素质和社会文明程度为目标，围绕弘扬中原文化、提高文明素质、优化社会服务、维护社会秩序、改善城乡环境等方面，找准切入点和突破口，每年抓几个作用大、影响大的活动项目，大力组织实施“文明中原系列行动”。力争一年抓出工作亮点，三年形成规模效应，五年取得明显成效，为建设中原经济区，实现中原崛起、河南振兴营造良好社会环境、提供强大精神动力。

问：请您介绍一下“文明中原系列行动”包括哪些内容。

答：主要包括五个方面的内容。一是弘扬中原文化。充分利用各类媒体和各种宣传文化阵地，充分挖掘根文化、姓氏文化、都城文化、汉字文化、功夫文化、河洛文化等优秀文化资源，大力宣传推介中原文化，让人们认知传统、继承传统、发扬传统，感受传统文化的魅力。把传统文化和时代精神结合起来，大力弘扬焦裕禄精神、红旗渠精神、愚公移山精神，提高中原文化的影响力和吸引力。二是提高文明素质。加强社会公德、职业道德、家庭美德和个人品德宣传教育，培养良好的道德品质和社会风尚。发扬新时期中原人民“平凡之中的伟大追求、平静之中的满腔热血、平常之中的极强烈责任感”的“三平”精神，培育奋发进取、理性平和、开放包容的社会心态。广泛开展文明礼仪宣传教育，养成科学文明健康的生活方式和文明礼貌的行为习惯，展示现代河南人的新形象。三是优化社会服务。以窗口行业、执法部门和与群众生产生活密切相关的行业以及党政机关为重点，积极推行优质规范服务，大力加强诚信教育，推进首问首办负责制、社会服务承诺制、公示制、阳光政务、电子政务等，简化工作程序，方便服务对象，提高服务水平。广泛开展志愿服务活动，为生活困难群众和特殊人群开展送温暖、献爱心活动，促进社会公平，维护社会稳定，增进社会和谐。四是维护社会秩序。深入进行法律法规和社会公德宣传教育，大力推行文明行为守则，引导人们爱护公共设施、维护社会公共秩序。切实加强对城市公共场所、主次干道、重点地区的建设和管理，完善奖惩机制，加大执法力度，努力创造安全畅通的交通秩序、公平诚信的市场秩序、安全稳定的治安秩序。五是改善城乡环境。大力治理环境污染，不断提高人们的环保意识，使保护环境、爱护家园成为全社会的自觉行动。加强公共设施、环卫设施、交通设施和市场设施建设。开展城乡人居环境集中整治，实施净化、绿化、美化工程，切实解决“脏、乱、差”问题，努力创造整洁优美的城乡环境。

问：今年要组织开展哪几项活动？

答：前一段时间，我们对部分省辖市创建文明城市工作进行了暗访、调研和督导，看到城市面貌有了很大变化，但同时也发现，在市民素质、城市管理和硬件设施等方面还存在一些不可忽视的问题，城市文明程度还有待于进一步提升。根据调研的情况，我们确定了今年要组织开展的三项活动，简称“一开办两整治”。一是开办“文明中原大讲堂”。以“传播文明，培育精神，引领风尚”为主旨，以传承弘扬中原文化、培育弘扬民族精神和时代精神、传播倡导现代文明、积极宣传和维护河南人形象为主要内容，举办“文明中原大讲堂”系列讲座。省、市、县(市、区)分别组织举办。城市社区、单位组织举办小型专题讲座。讲座场所相对固定，长期坚持，建立制度，形成品牌。河南电视台、河南文明网、大河网和各级电视台、新闻网站可开设“文明中原大讲堂”栏目，精选全省讲座内容，制作播出。二是集中整治市场环境。以改善环境、完善设施、规范管理、文明经营为目标，以治理环境脏乱、设施破旧为重点，组织对各类市场存在的乱倒垃圾、乱摆摊点、场外经营等突出问题进行集中清理。对市场的经营设施、环卫设施进行全面清理整修。对各类马路市场进行综合治理，统一规划建设，加快退路进场进店。加强市场规范管理，维护市场良好经营秩序，健全清扫保洁、垃圾清运制度，创造良好购物环境。三是集中整治城市道路和公共设施。按照平整、畅通、便利、整洁的要求，重点整治人行道路面毁坏破损、坑洼不平、地皮裸露，行道树和绿化带残缺断垄等突出问题，重点治理乱停乱放、乱搭乱建等挤占人行道现象。按照净齐美的要求，重点清理主次干道、商业街道和广场、游园、车站广场等公共场所的残留障碍物，改造有碍观瞻、有损形象的破旧设施，更新配置环卫设施和休闲活动设施。

问：确保“文明中原系列行动”取得实效的具体要求是什么？

答：开展“文明中原系列行动”是深化精神文明建设的有效载体，是推进中原经济区建设的有力抓手，各地各有关部门要统一思想、提高认识，把这项活动作为当前和今后一个时期精神文明建设的一项重点工作，摆上重要位置，加强组织领导。一是同频共振，统一行动。各级文明办要按照全省统一部署，做好组织协调、督促指导工作，周密部署安排，精心组织实施。有关部门要各负其责，密切配合、相互支持，形成强大工作合力。二是发动群众，积极参与。要围绕"文明中原系列行动"的实施项目，利用平面媒体和网络媒体，动员群众积极建言献策，让群众挑毛病、找问题，提出意见、建议，开展监督评议。要充分发挥各级文明单位的示范带动作用和社会志愿服务活动的引领作用，吸引更多的群众参与到活动中来，使"文明中原系列行动"收到实效，形成品牌。三是项目运作，建立机制。对"文明中原系列行动"每年的重点工作实行项目管理。各省辖市要研究制订具体详细的工作方案，制定活动安排表和时间进度表，报省文明办备案。省文明办适时进行督查、考评。同时，把"文明中原系列行动"纳入精神文明创建活动评价体系，列入创建文明城市、文明村镇、文明单位和文明社区工作考评内容。

（大河网 2011 年 4 月 30 日）

平等保护劳动者休息休假权

——国务院法制办负责人就《职工带薪年休假条例》答记者问

新华网北京 12 月 16 日电（记者　田雨）国务院总理温家宝日前签署国务院令公布《职工带薪年休假条例》（以下简称条例），条例将于 2008 年 1 月 1 日起施行。针对职工带薪年休假这一广大职工非常关心的问题，记者近日采访了国务院法制办负责人。

问：条例出台的背景是什么？

答：实行职工带薪年休假（以下简称年休假）制度，是世界各国劳动制度的普遍做法。党和国家高度重视我国的年休假制度建设。1991 年 6 月，中共中央、国务院下发了《关于职工休假问题的通知》，规定各级党政机关、人民团体和企事业单位，在确保完成工作、生产任务，不另增加编制和定员的前提下，可以安排职工的年休假，职工年休假的天数要根据各类人员的资历、岗位等不同情况有所区别，最多不得超过两周。全国人大常委会 1994 年 7 月制定的劳动法和 2005 年 4 月制定的公务员法，都对职工休假事项作了原则规定，职工的休息权利已经得到一定程度的保障。同时，从近年来的实践看，也还存在一些问题，主要是：目前已经实行年休假制度的仅是机关、事业单位和一部分团体、企业，还有相当一部分企业、团体以及有雇工的个体工商户没有实行年休假；在已经实行年休假制度的单位，由于工作繁忙等原因，许多职工实际上多年享受不到年休假待遇；职工因单位工作需要未能享受年休假的，也没有得到相应的经济补偿。随着我国经济社会的发展，广大职工和社会各界普遍呼吁尽快健全我国的职工年休假制度。2007 年 8 月，法制办根据国务院常务会议精神，约请有关部门共同研究，起草了《职工带薪年休假条例（草案）》，通过报纸、网络等新闻媒体将草案征求意见稿全文公布，广泛征求社会公众的意见。从反馈的意见看，各地、各部门和社会各界普遍认为，党的十七大闭幕不久国务院就着手健全年休假制度，并公开征求社会各界的意见，这是国务院认真践行科学发展观、高度关注民生、科学民主决策的又一重要举措。各方面对通过行政法规规范年休假制度给予了充分肯定，对征求意见稿的主要内容表示赞同。同时也提出一些意见和建议。我们根据这些意见和建议对《职工带薪年休假条例（草案）》作了修改完善，报经国务院常务会议审议通过予以公布，自明年元旦起施行。这里需特别说明的是，条例的起草得到了各地、各部门和社会各界的大力支持。对此，我们表示衷心的感谢。

问：哪些人可以享受年休假？

答：休息权是我国宪法规定的公民权利，劳动者应当平等享有。为了平等保护各类职工的休息休假权利，充分调动广大职工的工作积极性，条例对各类用人单位实行广覆盖，规定：机关、团体、企业、事业单位、民办非企业单位、有雇工的个体工商户等单位的职工连续工作 1 年以上的，享受带薪年休假。单位应当保证职工享受年休假。

问：年休假的天数是多少？

答：在征求意见过程中，一些地方、部门和网民希望将年休假天数由最多 15 天增加为 20 天或者 25 天。我们会同有关部门反复研究后认为，要求增加休假天数的心情完全可以理解，但是年休假天数应当与我国现阶段的经济社会发展水平和企业等单位的承受能力相适应。因此，条例规定：职工累计工作已满 1 年不满 10 年的，年休假 5 天；已满 10 年不满 20 年的，年休假 10 天；已满 20 年的，年休假 15 天。同时，条例还规定：国家法定休假日、休息日不计入年休假假期。

问：职工因工作原因不能休年休假的怎么办？

答：目前，确有部分职工因工作需要不能休年休假。为了保障这部分职工的权益，条例规定职工因工作原因未能享受年休假的，单位除正常支付工资收入外，还要支付相应的补偿。对于补偿的标准，在征求意见过程中，有不少意见认为，应当符合劳动法关于“法定休假日安排劳动者工作的，支付不低于工资的 300% 的工资报酬”的规定。据此，条例规定：单位确因工作需要不能安排职工休年休假的，经职工本人同意，可以不安排职工休年休假。对职工应休未休的年休假天数，单位应当按照该职工日工资收入的 300% 支付年休假工资报酬。

问：年休假与其他休假的关系是什么？

答：目前，我国职工可以享受的其他休假主要有：寒暑假、探亲假、病假、事假等。条例对年休假与这些休假的关系作了明确规定：第一，年休假与寒暑假。在我国，学校一直实行寒暑假制度，教职员工享受的寒暑假天数（寒假 2 至 3 周，暑假 5 至 6 周）远远超过条例规定的年休假天数。因此，条例规定：职工依法享受寒暑假，其休假天数多于年休假天数的，不享受当年的年休假。第二，年休假与病、事假。

征求意见过程中，一些部门、地方和网民提出，在保障职工年休假权利的同时，也要保证单位正常的工作秩序，对于较长时间休病假、请事假的职工，不应当再享受年休假待遇。我们经与人事部、劳动保障部、全国总工会反复研究，采纳了上述意见，条例规定：职工请事假累计20天以上且单位按照规定不扣工资的，不享受当年的年休假；累计工作满1年不满10年的职工请病假累计2个月以上的，累计工作满10年不满20年的职工请病假累计3个月以上的，累计工作满20年以上的职工请病假累计4个月以上的，不享受当年的年休假。第三，年休假与探亲假。征求意见过程中，一些部门、地方和网民提出，探亲假与年休假是两种功能不同的休假制度，不应互相冲抵。我们经与有关部门研究，认为这种意见有道理。据此，条例删去了征求意见稿中关于探亲假冲抵年休假的规定。

问：为了保证条例的贯彻落实，条例作了哪些规定？

答：在征求意见过程中，许多意见认为，职工相对于用人单位来说处于弱势地位，如果监督措施过于原则、可操作性不强，年休假制度在许多单位特别是企业可能难以落实。据此，条例对年休假的监督机制作了三个方面的规定：一是，县级以上地方人民政府人事部门、劳动保障部门应当依据职权对单位执行本条例的情况主动进行监督检查。二是，工会组织依法维护职工的年休假权利。三是，单位不安排职工休年休假又不依照本条例规定给予年休假工资报酬的，由县级以上地方人民政府人事部门或者劳动保障部门依据职权责令限期改正；对逾期不改正的，除责令该单位支付年休假工资报酬外，单位还应当按照年休假工资报酬的数额向职工加付赔偿金；对拒不支付年休假工资报酬、赔偿金的，属于公务员和参照公务员法管理的人员所在单位的，对直接负责的主管人员以及其他直接责任人员依法给予处分；属于其他单位的，由劳动保障部门、人事部门或者职工申请人民法院强制执行。

（新华网2007年12月16日）

让更多的书法人才脱颖而出

——赵长青就首届中国书坛兰亭雅集42人展系列活动答记者问

浙江书法具有深厚的传统积淀，但浙江书法界低调务实，从“重学养、重基础、重品格、重个性”这“四重”原则的提出可见一斑；浙江书法界同时又具有可贵的探索精神，继策划“百年西泠·中国印”大型篆刻海选活动之后，又推出“首届中国书坛兰亭雅集42人展暨兰亭书法双年展、兰亭论坛”系列活动。这是浙江的魅力与实力所在。浙江书法，一直得到中国书协的关心与重视，在首届中国书坛兰亭雅集42人展系列活动进行之际，我们采访了本届活动组委会主任、艺术与学术指导委员会顾问、中国书协分党组书记、驻会副主席兼秘书长赵长青。

记者：赵书记，“首届中国书坛兰亭雅集42人展暨兰亭书法双年展、兰亭论坛”

活动自启动以来，在书法界引起了极大关注，您作为本届活动组委会主任、艺术与学术指导委员会顾问，请您谈谈举办这次活动的意义。

赵长青：6 月 25 日，胡锦涛总书记在中央党校省部级干部进修班发表重要讲话，指出：大力推进文化创新，全面推进文化体制改革，最大限度地焕发广大文化工作者勇于创新的积极性，使全社会的文化创造活力充分释放、文化创新成果不断涌现，使当代中华文化更加多姿多彩、更具吸引力和感染力。我认为，这次活动就是书法界深入贯彻讲话精神，推动书法大发展、大繁荣的一个具体体现。

其次，大家都知道，中国书法史上伟大的书家王羲之在兰亭雅集上，创作出千古杰作《兰亭序》，世代流传。举办这次活动，能够充分发挥地缘优势，挖掘兰亭雅集的历史文化内涵，很好地弘扬兰亭精神，学习传统，发扬传统，使中国优秀传统文化得到传承与发扬。

第三，可以推出书法人才。书法要发展，关键在人才。这项活动完全符合中国书协组织的当代书坛名家系统工程的要求，是具有创新性的活动。通过这次活动，通过有效的程序，最终选出 42 人，举行首届中国书坛兰亭雅集 42 人展，这不仅仅是王羲之等 42 位名人雅士当年兰亭雅集的情景再现，而且是要借此推出我们这个时代有代表性、有前途、大家认可的人才，并且充分展示他们的艺术风采，为广大书法家发挥其艺术才华、创作出无愧于时代的优秀作品搭建平台。

记者：您觉得这次活动的亮点在哪儿？

赵长青：兰亭雅集是书法史上的佳话，它因时相传，绵延不绝。中国书协举办的“兰亭奖”和这次的兰亭雅集 42 人展系列活动，应该说是兰亭精神在时代的丰富与发展，对繁荣当代书法艺术具有积极的意义，它是现实与历史的结合，这是一大亮点，它和中国书协提出的出精品、出人才的宗旨是一致的；同时，它追求创作与学术上的完美结合，既展示创作成就，又重视学术交流，血肉丰满；这次活动还是地方政府和权威专业组织相结合举办活动的有效尝试。

记者：中国书协是这次活动的艺术指导单位，请问，以前中国书协以这种身份参与的活动多吗？

赵长青：中国书协以艺术指导单位的身份参与一些活动以前也有，比如“百年西泠·中国印”大型篆刻海选活动，主要是一些以地方为主举办的活动。它可以充分调动地方的积极性，团结尽可能多的社会力量，共同推进书法事业的和谐发展。还可以减少环节，有利于活动的开展；而中国书协则围绕中心、服务大局，集中精力抓艺术上的一些关键环节，保证多出精品、多出人才。这样做，对方方面面都有利。需要指出的是，经营性的活动中国书协不参与，只负责艺术指导。

记者：中国书协将从哪些方面对这次活动进行指导帮助？

赵长青：中国书协作为这次活动的艺术指导单位，将全力支持活动的开展，不只是挂名而已，而是有名有实，侧重于艺术上把关指导。活动伊始，便与主办方加强沟通协调，并将此次活动作为中国书协今年的一项重要活动，纳入到“中国当代书坛名家系统工程”。具体地说：1. 对整个活动要严格把关；2. 对推出哪些人才，同样要参与把关，保证德艺双馨；3.对活跃在中国书坛的作者予以推荐，为专家评选提供依据；4.对活动进行现场指导。

记者：中国书协一直在对评审工作进行改革和创新，这次“首届中国书坛兰亭雅集42人展”活动采取个人自荐、公众推选与专家推举并行的方式，引人注目，改变了以往展赛单一由专家评选的方式，这些是否会为中国书协主办的展览，譬如即将举行的九届国展的评审提供更多的思路？

赵长青：评审工作一直是中国书协的工作重心之一。去年，我们按照中央和中国文联的要求和规定，对兰亭奖的评审工作进行了改革和创新，确立了阳光评审、规范评审、学术评审与和谐评审的基本原则，实行了阳光计票大厅和分阶段评审流程、组织工作与评审工作两权分离的运行机制，成功地举办了第二届中国书法兰亭奖。九届国展是今年中国书协举办的数项展览中规格最高、规模最大、涵盖面最广的展览，我们要借鉴兰亭奖和其他展览的成功经验和做法，同样包括兰亭雅集活动的成功经验，继续推进展览、评奖、学术“三位一体”的格局，坚持阳光评审、学术评审、规范评审、和谐评审的原则，继续推进评审制度的改革，通过制度的完善，充分调动广大书家和书法工作者的积极性，创作出无愧于时代的艺术精品，培养和推出人民信赖和需要的艺术人才。为广大书家和书法工作者投身艺术实践、发挥艺术才华、创作无愧于时代的优秀作品提供条件，搭建平台。

记者：当下的展览日益多样，既有中国书协主办的影响极大的国展等系列展览，也有地方或其他社会组织主办的展览；既有综合性的展览，又有个展、群体展，还有提名展、主题展等等，您如何看待当前展览的多样化？如何更好地发挥展览在推动和促进中国书法事业繁荣与发展中的作用？

赵长青：展览形式的多样化是当前书法艺术事业繁荣的标志。书法事业的发展，展览起到关键性的作用。任何一次具有重大影响的展览，都推出、涌现出一批新人和优秀作品。书法展览发展到今天，展览的模式从简单的分类评选、悬挂展示发展到规范评审、学术评审等理念的提出，书法展览评审日益规范、主题日趋多样化、主体参与者逐渐分化、学术品位持续提升、包装愈向立体化发展等，都说明书法展览也在与时俱进。中国新时期书法艺术的发展已经有近三十年的历史，期间举办的不同规模、不同性质、不同类别的展览不计其数，展览形式与规模，除具有国展性质的展览之外，还有地区展、风格展、行业展、几个人或几十个人的联展等等，形式多样，种类繁多，共同推动着书法事业的发展。

目前，书法展览在策划、规模、现代科技运用、展品包装、媒体宣传以及对于社会经济文化发展的推动力诸多方面，还有很大的提升空间。随着现代信息的发达，媒体对展览的关注、介入也不同以往。我们要在总结过去经验教训的基础上，不断调整充实、改革完善，不仅要关注数量，更要关注质量，以适应现代社会的需求。

（原文刊于《书法报》，转引自书法热线网，作者：毛羽）

主要参考书目

[1] 邵培仁.传播学[M].北京:高等教育出版社,2007.
[2] 王文科,张默.新闻采写基础[M].杭州:浙江大学出版社,2005.
[3] 新闻战线编辑部.人民日报1980年得奖优秀作品[M].北京:人民日报出版社,1981.
[4] 中国新闻学会联合会秘书处.1986年全国好新闻作品[M].北京:人民日报出版社,1987.
[5] 夏琼.新闻评析[M].北京:高等教育出版社,2002.
[6] 宋兆宽.新闻评析的理论与实践[M].北京:中国广播电视出版社,2007.
[7] [美]朱利安·哈瑞斯,克利·雷特,斯坦利·约翰逊.全能记者必备[M].北京:中国新闻出版社,1988.
[8] 谢晖.新闻文本学[M].北京:中国传媒大学出版社,2007.
[9] 尹均生.写作学概论[M].武汉:湖北教育出版社,1987.
[10] 杨宝军.新闻理论教程[M].北京:中国人民大学出版社,2005.
[11] 程天敏.新闻写作学[M].广州:广东高等教育出版社,1987.
[12] 艾丰.思考的笔[M].北京:人民日报出版社,1987.
[13] [美]丹尼尔·威廉森.特写写作技巧[M].北京:新华出版社,1986.
[14] [美]施拉姆,波特.传播学概论[M].陈亮,等译.北京:新华出版社,1984.
[15] [美]塞伦·麦克莱.传媒社会学[M].曾静平,译.北京:中国传媒大学出版社,2005.
[16] [美]施拉姆,等.报刊的四种理论[M].中国人民大学新闻系,译.北京:新华出版社,1980.
[17] [苏]谢尔比茨基.信息学概论[M].刘克,译.南京:江苏科学技术出版社,1985.
[18] [法]瓦耶纳.当代新闻学[M].丁雪英,等译.北京:新华出版社,1986.
[19] [加]麦克鲁汉.人的延伸——媒介通论[M].何道宽,译.成都:四川人民出版社,1992.
[20] 戴元光,邵培仁,龚炜.传播学原理与应用[M].兰州:兰州大学出版社,1988.
[21] 沙莲香.传播学[M].北京:中国人民大学出版社,1990.
[22] 童兵.理论新闻传播学导论[M].北京:中国人民大学出版社,2002.
[23] 方汉奇.中国新闻事业通史[M].北京:中国人民大学出版社,1992.

[24] [美]杰克·富勒.新闻的价值[M].北京:新华出版社,1998.
[25] 杨保军.新闻价值论[M].北京:中国人民大学出版社,2003.
[26] 刘建明.新闻学前沿:新闻学关注的 11 个焦点[M].北京:清华大学出版社,2005.
[27] 陈作平.新闻报道新思路——新闻报道认识原理及应用[M].北京:中国广播电视出版社,2000.
[28] 穆青.新闻散论[M].北京:新华出版社,1996.
[29] 穆青.论新闻[M].北京:新华出版社,2003.
[30] 刘智.新闻文化与符号[M].北京:科学出版社,1999.
[31] 曾庆香.新闻叙事学[M].北京:中国广播电视出版社,2005.
[32] [美]梅尔文·门彻.新闻报道与写作[M].展江,主译.北京:华夏出版社,2003.
[33] [美]沃尔特·福克斯.新闻写作——报刊记者指南[M].北京:新华出版社,1999.
[34] 刘志宣.新闻写作技艺:新思维·新方法[M].上海:复旦大学出版社,2005.
[35] 高钢.新闻写作精要[M].北京:首都经贸大学出版社,2005.
[36] 周胜林,尹德刚,梅懿.当代新闻写作[M].上海:复旦大学出版社,2004.
[37] 张惠仁.新闻写作学[M].成都:四川人民出版社,1994.
[38] 宋春阳,孟德东,张志攀.实用新闻写作概论[M].上海:复旦大学出版社,2005.
[39] 林永年.新闻报道形式大全[M].修订本.杭州:浙江大学出版社,2003.
[40] 张浩.新编新闻传媒文书写作格式与范本[M].北京:蓝天出版社,2005.
[41] 耿煜.最新新闻传媒写作技巧与范例[M].北京:企业管理出版社,2006.
[42] 姚里新.中西新闻写作比较[M].北京:中国广播电视出版社,2002.
[43] 郭光华.新闻写作[M].北京:中国传媒大学出版社,2006.
[44] 李法宝.新闻写作的艺术与技巧[M].广州:中山大学出版社,2005.
[45] 殷俊,等.媒介新闻评论学[M].成都:四川大学出版社,2005.
[46] 陈永庆.新闻智慧——一个新闻人的手记[M].北京:北京广播学院出版社,2002.
[47] 刘保全,彭朝丞.消息范文评析[M].北京:新华出版社,2001.
[48] 何纯.新闻叙事学[M].长沙:岳麓书社,2006.
[49] 胡志平.新闻写作创新智慧[M].北京:新华出版社,2003.
[50] 王蕾.外国优秀作品评析[M].北京:中国广播电视出版社,2000.
[51] 刘海贵.新闻传播精品导读[M].上海:复旦大学出版社,2005.
[52] 胥亚.薪闻名作三百篇[M].长沙:湖南人民出版社,2003.
[53] 汤世英.中外新闻作品研究[M].武汉:武汉大学出版社,2000.